大是文化

看得到的中國史

用100件文物，見證中華文明的誕生、融合和擴展。
文物與歷史碰撞，你對世界來龍去脈的理解馬上不一樣

北京聯合大學應用文理學院
宗教研究所前所長 **佟洵**
上海信息管理學校文物保護與
修復專業專任教師 **王雲松** 主編

目錄
CONTENTS

第2篇 文明的曙光

目錄

CONTENTS

第3篇 人類利用金屬的第一個時代——青銅時代

目錄

CONTENTS

第4篇 爭霸與爭鳴的時代潮流

目錄

CONTENTS

第6篇 民族大融合的多彩時代

目錄

CONTENTS

第7篇 萬國來朝的盛世時光

目錄

CONTENTS

第8篇　多元文化碰撞交融的時期

目錄

CONTENTS

第9篇　封建王朝的最後輝煌

目錄

CONTENTS

推薦序一

去博物館不要走馬看花

歷史評論家／公孫策

書架上有兩本重量不亞於磚頭的書：《看得到的世界史》（*A History of the World in 100 Objects*，分上、下冊，大是文化出版），那是從大英博物館的八百萬件館藏中精選一百件，以之講述人類兩百萬年歷史。現在你手上這本書，則是從大陸和臺灣所有的博物館中，精選出一百件，以之講述中國一百七十萬年歷史。

我超喜歡前面那兩本「巨著」的，但也同樣理由喜歡本書：它們將博物館裡珍藏物件賦予歷史生命，讓我們從此去博物館不再是走馬看花，而能進入歷史情境，乃至思考人類的未來。

歷史是用文字記載的人類記憶，然而，文字記載的未必就是真實。說得露骨些，文字記載可能為尊者諱、為賢者諱，甚至為政治力或作者本人的意識形態服務而扭曲事實（對比司馬遷《史記》和司馬光《資治通鑑》就會產生很多疑問，此處不多說）。

可是人的行為假不了，為自己的需要或喜好做出來的器具假不了。看到秦始皇陵的兵馬俑，我們印證了史書記載的秦始皇「暴君形象」，可是看到故宮博物院裡的「秦量」（本書第二六五頁），經過本書作者的詮釋，我們知道了，秦始皇不只是一個暴君，他能統一天下也不是單靠武力，秦朝對後世的影響，比我們以往認知的還要深遠很多。

另一個讓我們可以對歷史更深層思考的例子：「越王勾踐劍」（本書第二一七頁）。那把寶劍確實令人讚嘆，埋在地下兩千三百多年，出土時仍完好如新，甚至還曾有報導：「試之以紙，二十餘層一劃而破」，劍身的花紋圖案更令人嘆為觀止，充分展現當時越國的鑄劍技術與工藝水準。但也想起了從前讀史的一個疑問：吳越兩個偏處東南的小國，吳王夫差與越王勾踐憑什麼一度稱霸中原？原來是因為當時（春秋末期）最頂級的鑄劍師（如干將、莫邪）就在吳越兩國，也就是說，只要「國防科技」能夠領先，小國也可以稱霸國際。

但是，鑄劍技術領先的越國後來怎麼被楚國滅掉？答案可能在「青銅柄鐵劍」（本書第二〇三頁）中：那把鏽蝕不堪的鐵劍，外貌完全不能跟前述勾踐用劍比，但是鐵器時代來臨了，青銅劍在長度和硬度上都無法跟鐵劍相抗衡，而且「目前出土的鐵劍，以在楚國發現的為多」（第二〇五頁）——楚國的國防科技超越了越國，且楚國大、越國小，於是楚國滅了越國。

雖然上述只是個人推論，但我想要說明的是，如果我們進入博物館只是走馬看花，只是驚嘆工藝之美，走過就以為「我都看過了」，那真是入寶山而空手回（或許買了很多紀念品，不算空手而回，但未能將裡面蘊藏的文化歷史內涵，多少沉澱一些在自己的知識庫裡，總是可惜）。

現在大陸和臺灣的博物館精華已經在你手中了，一百七十萬年的歷史軌跡也盡在書裡，好好用它。

推薦序二

別具逸趣的方寸大千

歷史作家、媒體專訪歷史名師／陳啟鵬

剛出道教書時，我發現一個有趣的現象，就是無論我故事說得再怎麼活靈活現，學生都不太會提問，但只要我一把實物或圖片拿出來展示，立刻就會在課堂上引爆一波「問」潮，有人是摸著東西細細觀摩、指指點點，有人則是絮絮叨叨、愛不忍釋，此時的熱絡，就彷彿之前的故事全都白說了似的。

後來參觀故宮，終於對這樣的落差恍然大悟。猶記得當時參觀的是故宮三寶之一的「翠玉白菜」，我驚訝的發現，翠玉白菜並非如我想像跟真白菜一樣大，而是只有手掌這般大小，這表示，即使我對翠玉白菜的故事再怎麼如數家珍，還是會在字裡行間錯過許多資訊，而這些資訊，是唯有看到真品才能有所體會，於是我進一步體會到，為什麼瑾妃好不容易從妹妹珍妃那邊把翠玉白菜要過來，卻不怎麼愛惜的隨手種在花盆裡，那是因為，儘管翠玉白菜雕工精巧，但在眾多珍珠瑪瑙與名貴寶石中，一點兒也不起眼，種在花盆裡觸發人們不經意發現的驚奇，已經是沒什麼鑑賞眼光的瑾妃，所能想到最好的展示方式了，後來我把這個發現告訴學生，學生若有所思，同樣心有戚戚焉！

是的，口頭將這些奇珍古玩描述的再傳神，都比不上活生生看一眼，而這也是本書《看得到的中國史》書名的由來，因為唯有看到實物上的斑駁，才能體會刻畫在上面的情感，加上鉅細靡遺的解說，才能感受到物裡蘊藏的曲折。原本歷史是看不到的，但透過此書圖文並茂的解說，可以化虛無為具體，就算只是圖片，也能讓人「眼見為憑」，所以古人為什麼說「睹物思人」、「睹物興情」？不就是因為透過手、眼「玩物」，才能全然感受承載在物上的滄桑？

所以，當我看到書中介紹的《祭姪文稿》書法時，同樣也明白了，為什麼永遠只記得「第一」的人們，也能對顏真卿這幅「天下第二行書」念念不忘，那是因為在草稿一撇一捺塗改的背後，顏真卿流瀉的悲憤是如此的驚心動魄；於是，我也體會了，千古第一女詞人李清照為什麼寧願三餐不繼，也要想辦法把喜歡的金石書畫買回家，那是因為把玩古玩或字畫時的近距離接觸，才能真正領略隱藏在其中的悲歡離合，那種與物同遊、意在言外的心情，是真的可以讓人神往到茶不思、飯不想的。

古代皇帝收藏珍玩的小盒子叫做「多寶格」，每一次的開合，都能讓人在層層疊疊的收納中，玩出令人出乎意料的驚奇；而這本書也像是古文物的「多寶格」，透過翔實的圖文並茂，能打開我們前所未見而吟詠再三的視野。想感受到與古人同遊物外的喜悅嗎？請準備好整以暇的心情，慢慢深入這別具逸趣的方寸大千。

作者序
感受歷史，放眼未來

中華文明經歷了五千多年的歷史變遷，但始終一脈相承，積澱著中華民族最深層的精神追求，代表著中華民族獨特的精神標識，為中華民族生生不息、發展壯大提供了豐富滋養。文物，是中華文明發展程度的重要標誌，承載著燦爛的古代文明，傳承著優秀的歷史文化，講述著中華民族在歷史進程中創造的輝煌，維繫著自強不息、厚德載物、天人合一的民族精神。

文物，尤其是國寶級文物，是不可再生的歷史文化資源，是中華文明永不磨滅的「金色名片」。深藏在各大博物館中的國寶級文物，猶如「養在深閨人未識」的少女，對於大多數人來說，很難睹其風采、賞其神韻，更談不上了解其所承載的歷史、文化、智慧和精神。自中國總書記習近平提出：「讓文物說話、把歷史智慧告訴人們，激發我們的民族自豪感和自信心……」後，各大博物館陸續策劃出形式多樣、風格各異的展覽，一大批國寶文物走出倉庫，和普羅大眾親切見面。電視、網路媒體也陸續推出《如果文物會說話》、《國家寶藏》等節目，以新穎的形式，將歷史和現實結合起來，掀起了一股欣賞國寶、品味文明的熱潮。

在人類漫長的歷史發展過程中，每個民族、國家都在創造著自己的文明。而中華文明的起點從中國大地上有人類活動的那個時間開始。從最早的元謀人，到鄖縣人、藍田人、北京人、山頂洞人……隨著越來越多的古人類遺址被發現，文明之光如同繁星，光輝璀璨，那些看似不起眼的頭蓋骨化石、打磨石器、陶罐，無聲的訴說著中華大地上數十萬年前乃至上百萬年前的往事。

進入新石器時代，中華文明的曙光早已普照在東方大地，仰韶文化、河姆渡文化、半坡文化、紅山文化、良渚文化、大汶口文化、龍山文化等如雨後春筍般的茁壯成長，遍布大江南北，黃河、長江成為孕育中華文明的母親河。那一件件出土文物，**無論是石器、陶器，還是玉器、青銅器，都以其獨特的造型和用途**，以及其所蘊含的文化精髓，**向人們揭示著中華文明演進的歷程**。

鑲嵌綠松石獸面紋銅牌飾、后母戊鼎（按：舊稱司母戊鼎）、婦好鴞尊、青銅神樹、四羊方尊、天亡簋、毛公鼎……一件件被世人追捧的青銅重器，將中華文明帶到了青銅時代。青銅文化是中華文明的重要組成部分，每一次考古挖掘都給世人帶來驚豔的豐碩成果，大量文物的出土，不斷的豐富著人們對中華文明的認知，豐富著中華文明的每一個片段。

秦始皇兵馬俑橫空出世，睡虎地秦簡（按：又稱雲夢秦簡）揭開了秦代律法的神祕面紗，滿城漢墓（按：又稱中山靖王墓）、馬王堆漢墓、廣州南越王墓（按：又稱南越文王墓）、雷台漢墓……讓人們清楚的看到了橫掃中華大地的秦漢大一統狂飆。三國兩晉南北朝的對峙和分裂背後，隱藏的卻是第一次民族大融合的壯闊波瀾，朱然墓的挖掘、鄧縣畫像磚的出土、高洋墓的壁畫、李賢墓的鎏金銀壺（按：鎏音同「流」）以及王羲之、顧愷之的傳世名作，讓人們對於魏晉南北朝時期的認識更為直觀，尤其是這一時期對於中華文明的繼承和發展更是成績顯著，為大唐盛世的到來奠定了基礎。

李靜訓墓的珍寶、虞弘墓的異域風情，讓人們領略了隋代雖然短暫卻燦爛的文明之光。大唐的雄風和文明的進程則被《步輦圖》、唐三彩、何家村窖藏、法門寺珍寶等表現得淋漓盡致。即便是五代短短的半個世紀，也有讓人驚豔的《韓熙載夜宴圖》。而兩宋、遼、金、西夏、大理這一系列朝代和地方政權，雖然南北東西分裂對峙，卻掩蓋不住這一歷史時期光輝璀璨的文明成果和文化成就。宋代五大名窯的瓷器、異彩紛呈的繪畫和書法藝術、遼金的民族文物、西夏文的典籍、大理的阿嵯耶觀音像，無不向人們訴說著**中華文明多元融合**的特色。

元、明、清的大一統，一方面奠定了現代中國的大格局，另一方面則進一步促進著中華文明的發展。大量的傳世文物、國家寶藏，承載著這一時期最具代表性的文明特徵。元青花和明清兩代色彩繽紛的彩瓷，無不在告訴人們，中國瓷器在不經意間改變了世界其他民族的生活；大量的書畫作品和流派向人們訴說著元明清的藝術傳奇；一件件瑰麗的文物、一幅幅多彩的畫卷……讓人們對中華文明的博大精深有了最親密的接觸。**五千年不斷裂的文明史**正是因為這樣的成長，而使中華民族屹立於世界民族之林，這樣的文明奇蹟在全世界來說也是罕見的。

中華文明的第一個特性就是「和」，和諧、和平。中華民族熱愛和平，深知和平對文明的保護作用，也深知戰爭對文明的破壞作用。和諧是和平之上的一種更高、更美的境界，包括人與自然的和諧、人與人的和諧，以及個體的人自身的和諧。中華文明本質上是一種「和」的文明。

第二個特性是包容。越來越多的考古資料證明，中華文明的組成，既包括較早定居於黃河、長江流域的以農耕為主要生活來源的華夏文明，也包括若干以游牧為主要生活來源的草原文明等。中華文明的演進過程，是多種文明因素的整合。整合的模式是以華夏文明為核心，核心向周圍擴散，周圍向核心趨同，核心與周圍互相補充、互相吸收、互相融合。五十六個民族共同締造了中華民族的文明。

第三個特點是開放，不故步自封。中國的漢唐盛世，都是開放的朝代，中外文化的交流十分活躍。漢代通西域，帶來了中亞和西亞的文化。

兩漢之際，佛教傳入中國，在思想觀念、生活習俗和文學藝術等許多方面，對中國固有文化產生了深遠的影響。至於唐代，對外文化交流更加頻繁。絲綢之路的繼續延伸，形成雙向交融的文化格局，唐代文化既得以向外廣泛傳播，同時也從海外得到很大的補充。當時的長安、洛陽、揚州、廣州等大都市，都是中外文化交流的所在。到了明代，一個具有標誌性的對外交流活動，就是鄭和下西洋，其足跡遠達東南亞、南亞、西亞、東非，密切了中國與一些國家的外交關係，成為中華文明對外開放的壯舉。

本書以大陸和臺灣各大博物院館的館藏國寶為對象，以中華文明發展的歷史脈絡為依據，講述國寶本身的故事，揭示文物所承載的文化內涵。對於大多數人來說，**這些國寶分藏在不同的博物院館，很難一件一件的去參觀，而本書則將分散的國寶聚攏在一起**，足不出戶，便能領略國寶的魅力，真切的感受到中華文明的博大精深。

第1篇

人類的起源與進化

文明的發展和人類的進化相依相伴，從考古挖掘出土的人類化石和器物已經證明，中華文明的萌芽早已體現在這些不起眼的史前文物之中。

從元謀人開始，鄖縣人、藍田人、北京人、馬壩人、山頂洞人……這些古人類遺址中，文明的痕跡雖然寥若晨星，但是卻昭示著其未來的進程。那些打磨的石器、細膩的石刀、屍體上的鐵礦粉、粗糙的陶罐……無不是中華文明起源的最好物證。

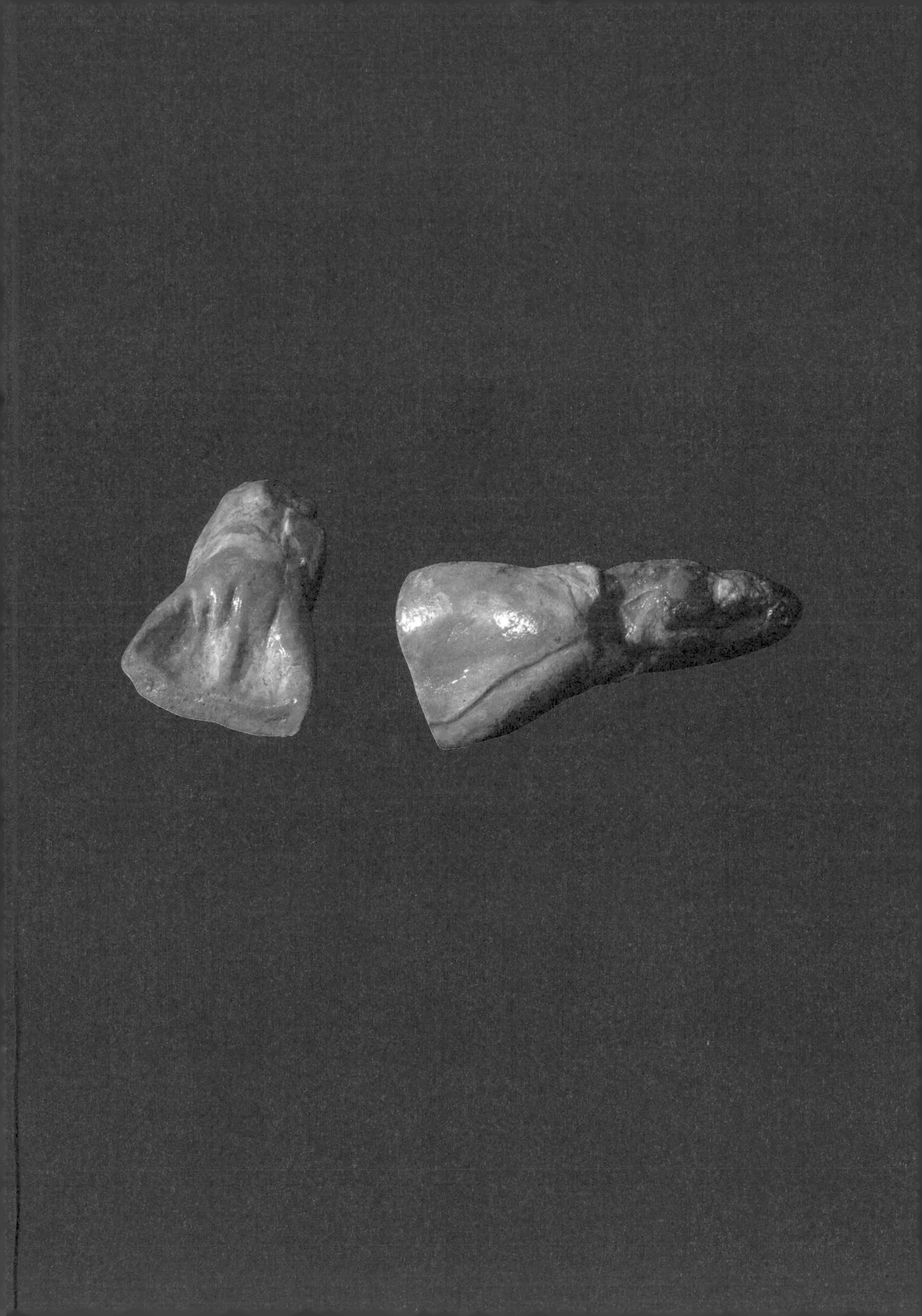

▼中國人類歷史的開篇

01 元謀人牙齒化石

年代：距今約一百七十萬年；**尺寸：**左側門齒長十一．四公釐、寬八．一公釐、高十一．二公釐；右側門齒長十一．五公釐、寬八．六公釐、高十一．一公釐；**材質：**化石；**出土地：**一九六五年雲南省元謀縣上那蚌村出土；**收藏地：**中國地質博物館。

當我們打開國中歷史教科書，看到對中國歷史的講述，首先映入眼簾的是關於中國人起源的探索。人猿相揖別，經過了漫長的歲月，終於有了人類的出現，而教科書告訴我們的是，目前發現的近七十處古人類化石遺址，其中最早的可能是生活在距今約一百七十萬年的元謀人。

從猿到人的進化

元謀縣地處雲南北部，距昆明一百一十公里。元謀盆地為南北向的地塹盆地，長約三十公里，平均寬約七公里，是滇中高原海拔最低的盆地之一，平均海拔僅一千零五十至一千一百五十公尺。金沙江的一級支流（按：水源處的支流）龍川江由南向北流過這裡。元謀盆地特殊的地質構造，造就了這裡的傳奇，很早就吸引了國內外學者的關注。

一九六五年初，為配合四川攀枝花地區和成昆鐵路的建設，中國地質科學院派遣趙國光、錢方、浦慶餘等學者對中國西南地區的新構造運動進行研究，選擇了元謀盆地作為研究重點。四月初，學者們在上那蚌村附近開始工作，發現了不少化石和地質現象。五月一日，錢方等人前往上那蚌村西北尋找化石，該地長期受雨水沖刷，細沙黏土多被沖走，很容易挖出化石。下午五點左右，錢方發現了兩顆相距十幾公分疑似人牙的化石。一顆齒冠露出地表，牙根在土中；另一顆則是全在土中。同時出土的還有雲南馬牙化石、齧齒類動物的下頜骨，以及其他化石碎片。

第二天，這些學者來到該地繼續挖掘，試圖尋找其他的古人猿的化石史料，但沒有收穫。九月，學者們結束野外考察後，將牙齒化石帶回北京，請相關專家鑑定。著名的古生物學與古人類學家胡承志鑑定，認為**這兩顆化石的形態和北京人同類牙齒化石基本相似**，屬於直立人類型，故將其定名為「直立人．元謀新亞種」（按：簡稱元謀直立人）。其特徵如下：齒冠粗壯，輪廓呈三角扇形，向切緣兩端擴展，除基部較凹外，唇側大部扁平，唇側溝和淺凹發育，舌側齒冠基部底結節和指狀突發育，舌側表面呈明顯的鏟形，被中脊分為明顯的兩半，在舌側齒窩中，有較多的釉質褶皺發育，齒根頸部橫切面幾乎呈橢圓形，齒根的唇舌徑方向較薄。

事實上，在元謀發現人類化石絕非偶然。考古挖掘足以證明**這裡是「人猿相揖別」的一個關鍵區域**。在元謀及其鄰縣祿豐已經發現了比元謀人更為古老、在體質上與人類有較多相似性的古猿化石。一九七五年，科考工作者在祿豐先後進行了十次挖掘，出土的大量化石證明祿豐古猿生活在八百萬年以前，屬於人猿超科——遠古人類和猿類的共同祖先。更為重要的是，在元謀還發現了距今四百五十萬至五百二十萬年的**蝴蝶梁子古猿化石**和距今三百九十萬至四百三十萬年的竹棚古猿化石，這足以證明在元謀從猿到人是一個連續進化的過程。

元謀人牙齒化石的發現引起了學術界的高度重視，圍繞牙齒化石的出土地點，諸多專家進行了挖掘和多學科研究。一九七三年十月至十二月，中國科學院古脊椎動物和古人類研究所採用考古學方法，對元謀人化石所在的小山丘進行了大規模的系統挖掘。

這次挖掘繪製了該地詳細的地層剖面圖，並在附近地層**發現了人工打製的石器和炭屑**、哺乳動物化石、軟體動物化石和孢粉化石等，但沒有發現新的人類化石。這次挖掘確定了元謀人化石所處地層的沉積性質，根據地層沉積物情況和伴生動物的化石，專家們主張元謀人的年代位於早更新世（按：地質時代中新生代第四季的早期）。

一九七三年到一九七四年，錢方等人再次去元謀盆地考察，並採集了元謀組古地磁標本。一九七六年七月二十五日，用古地磁方法測定其絕對地質年代為距今約一百七十萬年。

元謀人的歷史地位

考古研究顯示，人類起源和發展的脈絡是：人和現代類人猿的共同祖先是埃及猿，由此分兩支演進：一支經森林古猿逐步演化到現代類人猿，另一支經過**臘瑪古猿↓南方古猿（纖細種）到直立人。南方古猿（纖細種）已會製作工具了**。

中國是發現早期人類化石的重要地區之一。在湖北建始、巴東發現過南方古猿的牙齒。研究者將元謀人的牙齒形態與類人猿、巨猿、南方古猿、北京人、智人（按：又稱新人）的牙齒做了比較、研究，認為元謀人牙齒與北京人牙齒相比，差異更大。元謀人生存時代遠比北京人早，形態上與北京人不同的地方，反映了他們可能具有從纖細型南方古猿向直立人過渡的特點。這一性質說明，元謀人為早期的直立人代表，又反映出南方古猿的某些性狀，說明元謀人在人類社會開創時期，從南方古猿向直立人過渡階段上的重要意義。

元謀人遺址出土的文化遺物雖少，但其意義也不可低估。我們從**石器和用火**兩方面來看：元謀人具有代表性的三件刮削器石器，雖然比較粗糙簡單，但均進行過第二步加工，它已不是「第一把石刀」，它是目前中國發現的與人類化石伴生的最早的石器，說明了遠在一百七十萬年前，元謀人已使用石製工具從事生產勞動了。

元謀人的遺址中，有與人類化石、石器、動物化石等伴生的炭屑和燒骨；山西芮城西侯度的文化層中，有經火燒過的，呈灰黑和灰綠色的哺乳動物筋骨、鹿角及馬下頰齒；陝西藍田公王嶺人類化石的堆積中，也有炭屑存在。這些史料雖較少，但為探索人類對火的使用這一問題，提供了極為重要的線索。值得注意的是，上述這些火的遺跡，常常是與人類化石、動物化石或石器共存，反映出火的使用與人的活動有著密切的關係。

幾十年的研究認為，元謀人是中國境內目前發現的最早的人類化石，後來經過多方努力，仍未在此取得突破，僅發現了門齒和脛骨，這些史料對於認識元謀人的整體特徵還是不夠的。因此，我們還是寄希望於在這一地區，能夠發現更好的人類化石史料，為元謀人的研究注入新的活力。

▼比「北京人」還老四十萬歲

02 鄖縣人頭骨化石

年代：距今約一百萬年；**尺寸：**長二十六公分、寬十九公分、高十二公分；**材質：**化石；**出土地：**一九八九年湖北省鄖縣青曲鎮曲遠河口的學堂梁子出土；**收藏地：**湖北省博物館。

走進湖北省博物館的「鄖縣人」展廳，首先看見的是兩個人頭骨化石。這兩件人頭骨化石就是發現於鄖縣曲遠河口學堂梁子的「鄖縣人」（按：鄖音同「云」）。

該展廳以鄖縣人的發現為線索，介紹了長江中游地區古代人類化石的發現情況。鄖縣人頭骨化石的發現，對於填補長江中游地區古代人類發展演化資料的空白，具有十分重要的學術意義。

頭骨化石的發現

一九七五年，中科院的工作人員在湖北鄖縣梅鋪龍骨坡遺址發現四顆猿人牙齒，為上內側門齒、下外側門齒、上第二前臼齒和上第一臼齒，另外還發現了具有人工打製痕跡的石核。此次發現拉開了鄖縣古人類化石發現的序幕。這也為日後該地區的重大發現奠定了基礎。

一九八九年，在湖北省鄖陽地區組織的第二次文化普查工作中，當地的文物工作者根據

村民提供的線索，了解到鄖縣青曲鎮彌陀寺村在平整土地時發現很多化石，當地村民稱為土龍骨。文物工作者到達當地後，和村民舉行座談，村民反映學堂梁子在當年平整土地時發現的化石比較多。於是文物工作者就在一位村民的帶領下，來到學堂梁子進行實地調查。

其中一個叫王正華的人首先在穿過耕地東西的小路中部北邊地界，發現了一些鈣質和土膠結合在一起的石塊，同時又發現了四塊動物肢骨化石。於是他就蹲下來繼續尋找，並開始用手鏟往下清理，隨即叫來耕地的主人曹鈺用鋤頭向下清理，在清理到三十公分時，發現了一枚化石，拿起仔細一看，其表面露出星星點點的牙齒琺瑯質，王正華隨即判定這是一枚古人類的頭蓋骨化石。興奮的王正華趕緊叫來隨行的另外幾位隊員，分享喜悅之情。過了幾天，王正華又和另外一位同道來到曲遠河口調查，在發現化石的地點又發現新的鈣質結合碎塊，清理修復後發現是**左側枕骨和部分頂骨**（修復後化石模型即如右頁圖所示）。

一九九〇年五月，經文物局批准，由湖北省文物考古研究所聯合地、市考古單位對學堂梁子進行第一次試掘。此次挖掘共布設四個探方（按：代號為T，探方是考古挖掘活動中的最小工作單位），由南向北依次為T646、T745、T845、T945。在隨後的挖掘中，考古隊員李文森在清理**T745**的西壁時，發現了一個圓圓的結核塊。他將這一發現立即報告給考古隊負責人李天元，根據大小來看，認為很有可能是頭骨。為了謹慎行事，李天元讓民工（按：臨時參加工程建設或其他勞動的人）先去清理其他探方，自己一人留在這裡仔細的清理這塊結核塊。

臨近中午，化石終於暴露出了枕骨部分，並可以看到枕骨圓枕，這是一件人的頭骨化石無疑。根據暴露的情況來看，頭骨顱頂朝上，底朝下，枕面朝東，面部向西。擔心牙齒受損，李天元小心翼翼的把頭骨從探方壁取下來，皇天不負有心人，這件頭骨的牙齒完好無損的保留在齒槽內。他又花了一陣子把牙齒輕輕的剔除出來。總共發現六顆牙齒：一顆外側門齒、兩顆前臼齒、三顆臼齒。中間被堅硬的結核物覆蓋，內側門齒情況不明，犬齒脫落，牙齒保存基本完好。這件頭骨化石的左側第三臼齒為釘型齒。這是一種畸形齒，是**臼齒退化的反映，是人類特有的一種情況**。從已有的特徵來看，這是一件遠古人類化石。挖掘者將其編號為 EV9002。

對化石的深入研究

這兩件頭骨化石在發現之後，該如何研究？怎麼研究？這是首要問題。第一件頭骨化石因為種種原因，研究未能開展。現在又發現了一件化石標本，對其進行研究是當務之急。於是湖北省方面特地從北京聘請專家對化石標本進行觀察和翻模，以方便日後研究。一九九一年，李天元在《中國文物報》上首次公開報導了一九九〇年鄖縣發現的第二件頭骨化石，文中指出該化石眉脊粗壯，前額低平呈坡狀向後傾斜，枕骨圓枕發育明顯，顱頂低矮，認為屬於直立人，並提出了「鄖縣人」的命名，同時也認為一九八九年發現的頭骨化石也是直立人類型。

鑒於這兩件人頭骨化石的重要性，第一件頭骨化石被評為「七五」（按：第七個五年計畫，亦稱「七五」計畫，指大陸制定的從一九八六年到一九九〇年底發展國民經濟的計畫）期間「全國十大考古發現」之一；一九九〇年發現的第二件頭骨化石被評為一九九〇年度「全國十大考古發現」之一。從此以後，鄖縣人頭骨化石走向世界，受到國際學術界的廣泛關注。

遺址中發現的石製品原料為礫石，以直接打擊法為主要的打片和加工方法，也有砸擊法。石器以礫石器為主，石片石器少見。石器類型則以砍砸器為主，加工方法為單面加工，少數為雙面加工。與人類共存的動物化石有二十八種，有第三紀的殘留種如劍齒虎等；第四紀早期的典型種如桑氏鬣（按：音同「列」）狗、大熊貓武陵山亞種、雲南馬（按：也稱滇馬）、小豬、秀麗黑鹿、短角麗牛等。動物群的性質和藍田公王嶺動物群相似，時代為早更新世晚期。

發現的價值及意義

鄖縣人屬於直立人類型，其許多形態特徵與中國國內及亞洲的人類化石是一致的。當然這一研究結果，也受到一些同行的異議，有的研究者認為鄖縣人更為古老，屬於猿人，但是考古學者李天元透過細緻的比對研究，最終還是證明鄖縣人**屬於直立人**。他的研究成果也在世界著名的《科學人》（*Scientific American*）雜誌上進行了發表。

鄖縣人頭骨發現後，先後有美、法等國學者與中國學者進行合作，研究鄖縣人頭骨化石。這也為鄖縣人得到世界的認可提供了很好的機會。鄖縣人也曾被美國《發現》（*Discover*）雜誌評為一**九九二年世界五十項重大科技成果之**一；一九九九年，鄖縣人化石入選法國舉辦的全世界「直立人重大發現」展覽，可見鄖縣人在國際學術界的重要影響。

總之，鄖縣人化石的發現豐富了中國直立人的資料，為探討長江中游地區以及東亞早期人類的起源提供了重要資料。

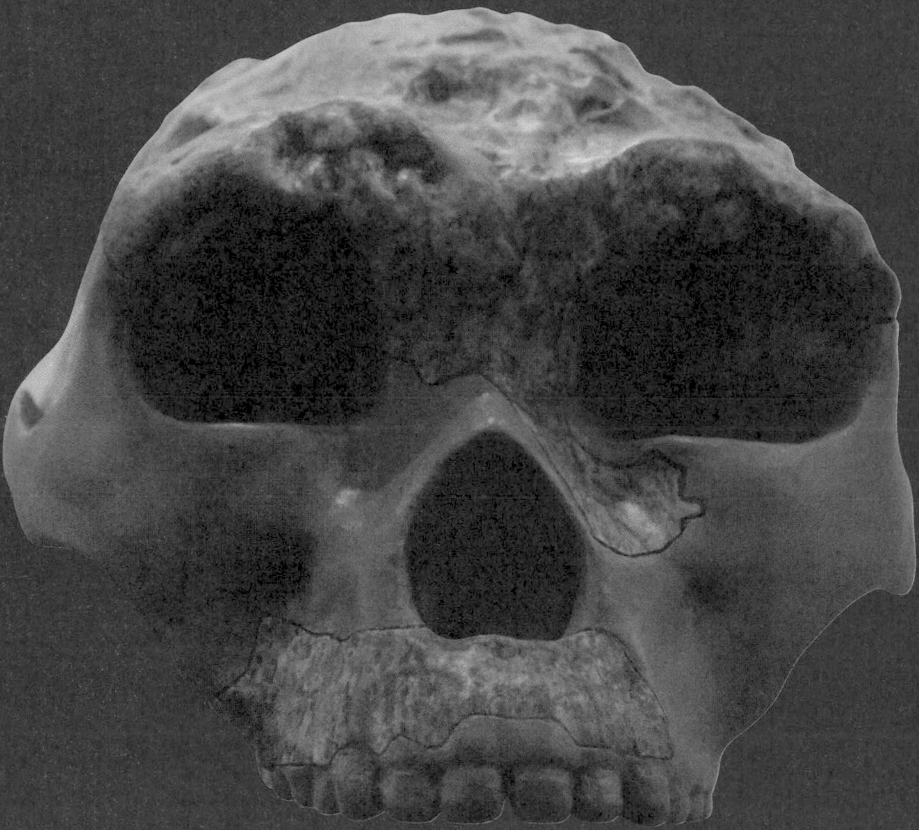

▼亞洲北部最早的直立人

03 藍田人頭骨化石

年代：分別距今一百一十五萬、六十五萬年；**尺寸：**長十八．九公分、寬十四．九公分；**材質：**化石；**出土地：**一九六三至一九六四年陝西省藍田縣公王嶺和陳家窩出土；**收藏地：**陝西歷史博物館。

陝西是中華文明的發祥地之一。陝西境內有很多從遙遠的舊石器時代開始的重要考古發現。其中陝西藍田發現的人類頭蓋骨化石，是繼北京人頭蓋骨化石發現之後又一次重要的發現，對中國古人類研究具有深遠的意義。

藍田人頭骨化石的發現過程

藍田縣位於陝西關中平原東部，秦嶺北麓，在歷史上是關中通往東南方、向各省市的重要通道。這裡盛產美玉，唐代詩人李商隱詩云「藍田日暖玉生煙」，就是描寫藍田玉。這裡地質發育良好，是科學考察的理想之地。

一九六三年六月，由幾名科學家組成的科考隊從北京出發，到陝西藍田進行地質考察，重點是尋找脊椎動物化石。此次科考隊的隊長由張玉萍擔任，隊員有黃萬波、湯英俊、計宏祥、丁素因和張宏等。六月二十日到六月二十九日，科考隊在陳家窩西南的黃土剖面上，撿到了幾塊哺乳動物化石，隨後轉移到其他地方調查。

七月初的一天，科考隊來到公王嶺。此時正值雨季，隊員們碰上了暴雨，無法進行正常的調查活動。便停在路邊的商店裡避雨，避雨的人很多，隊員們就和他們聊了起來，順便問問看這裡是否發現過「龍骨」。其中一位說：「這裡的龍骨很多，就在公王嶺背後的半山腰上。」並拿出了兩塊化石給他們看，隊員們一看很高興，便決定在這裡住下來，第二天去考察公王嶺。傍晚，雨過天晴，一名隊員先去打頭陣了解情況，為第二天的考察做準備。科考隊在這裡挖掘了幾天就發現了十幾種哺乳動物化石，其中有三門馬、變異狼、田鼠等，隊員們滿載而歸。

七月十九日，科考隊又回到了陳家窩進行試掘，當時正值盛夏，大家的幹勁仍然很足。先是在黃土中找到了一些豬牙和鹿牙化石，後來又在一個鈣質結核中找到了一件「老虎化石」，化石被一層結核包裹著，未能看清全貌。黃萬波為了攜帶方便，將表層的鬆土又去掉了一些。這時，他發現了結核中的白點，一個被挖斷的牙根，不像是虎牙，用細針剔除牙齒周圍的黃土時，露出了馬蹄形的齒槽骨。根據經驗，這應該是一個靈長類動物的下頜骨。回到駐地修復後發現，這是一完整的直立人下頜骨化石。

這一發現引起了古脊椎與古人類所的高度重視，第二年又再次組織對藍田進行挖掘，這是一支由古人類學家、地質學家賈蘭坡帶隊的綜合性的隊伍。大家到了藍田後，分頭行動，以求在上一年的基礎上有更大的發現。來到藍田沒多久，在公王嶺挖掘的黃慰文、武英等又有了重要發現。

五月二十三日傍晚，當時還下著雨。黃、武兩人急忙跑到了賈蘭坡的駐地。黃慰文掏出一個紙包物，說這是剛挖掘出來的。包得很嚴實，賈先生一層一層的拆開，拆到最後情不自禁的喊了起來：「人牙！居然發現了人牙，說明這裡還可能有其他的人類化石。」於是大家更加認真的工作起來，隨後又發現了大量的動物化石，但是這些化石很糟，有的一動就碎，而且化石又密密的重疊在一起，如果一件一件的取出來十分困難。經過商議後，大家決定把這些化石用箱子裝起來，搬回室內慢慢整理。

這些化石被帶到北京修理，從八月分開始，一直持續了幾個月。先是在十月九日，清理出一顆牙齒，經鑑定是一顆猿人牙齒。十月十二日上午，又清理出新的化石來，考古學家裴文中看到後非常激動的說：「是猿人頭蓋骨無誤了。」於是大家奔相走告，無比興奮。

至此，我們知道藍田人化石出自兩個地點：在陳家窩發現了下頜骨，在公王嶺發現了猿人頭蓋骨化石，包括完整的額骨、頂骨的大部分、右側顳骨的大部分、左鼻骨的大部分和右鼻骨的鼻根部，以及右上頜骨的大部分並附帶有第二、三臼齒和左上頜骨的體部和額突部。

藍田人頭骨化石的研究

人類學家吳汝康研究發現，藍田猿人的頭蓋骨骨縫已經癒合，上面第二臼齒的磨耗達到二度，估計此藍田猿人的年齡大約在三十歲。由牙齒、上頜骨、顳骨椎體和顱中窩等較為細小的特徵來看，此藍田猿人可能為女性。額骨前部的眶上圓枕碩大粗壯，在眼眶上方形成一條橫行的骨脊。圓枕的兩側端明顯向外側延伸，圓枕之後明顯縮窄。眼眶約呈方形，眶頂很平，沒有眶上孔和淚腺窩。從眶上圓枕的形態和圓枕後的明顯縮窄、額鱗非常低平、頭骨的高度很小等來看，藍田猿人的特徵**比北京猿人和爪哇猿人的特徵更為原始**。根據頭骨殘片，專家對藍田猿人進行復原的結果來看，估計其腦容量在七百八十毫升，比現代人平均腦量的一千三百五十毫升要小很多。

藍田猿人生活的年代，陳家窩猿人下頜骨被發現於厚約三十公尺的第四紀紅土礫石層中。在紅色土層的底部有一層厚約一公尺的礫石層，下頜骨就埋在礫石層以上一公尺的紅土中，初步判斷地質年代在中更新期。根據古地磁測年，陳家窩直立人的時代在距今七十萬至六十萬年，公王嶺直立人的時代為距今一百一十五萬至一百一十萬年。

在公王嶺，透過考古挖掘所得的石器共十三件，其中石核七件、石片四件、直刃刮削器一件、有使用痕跡的石片一件。原料多為石英岩，占十一件，其他為石英脈和石英細砂岩，各一件。除此之外，科考人員在公王嶺附近的紅色土中也採集到了一些舊石器，有石核、石球、刮削器等。從石器文化來看，藍田猿人的文化具有較多的原始性，主要表現在：**經第二步加工的石器數量較少**，而且相當粗糙，修製技術較差，器形不規整，石器類型還不多，有的標本表現出的石器類型特徵不明顯。

與藍田猿人伴出的動物化石種類達到了四十多種，森林動物如獼猴、虎、象、貘、野豬、毛冠鹿、水鹿等，另外還有草原動物如馬、牛、獅子、大角鹿以及一些南方動物種屬。

藍田猿人頭骨化石的發現填補了人類進化的空白，**首次在洞穴以外的地層中發現了人類化石**，而且層位明確也有伴生的動物群，具有很高的科學研究價值，是中國乃至全人類的一筆寶貴財富。

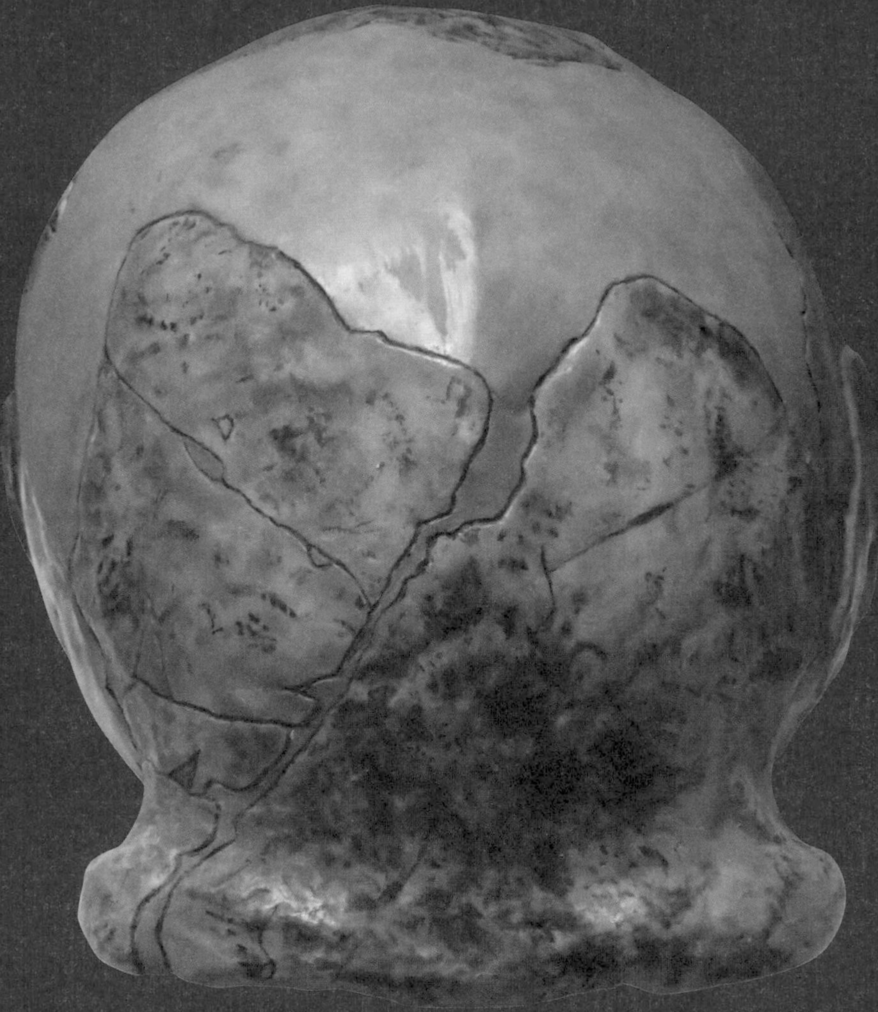

▼失蹤的骨化石

04 北京人頭蓋骨化石

年代：距今約七十一萬至二十三萬年；**尺寸：**不詳；**材質：**化石；**出土地：**一九二九年北京市房山區周口店龍骨山出土；**收藏地：**化石在第二次世界大戰中下落不明，模型藏於中國國家博物館。

周口店北京猿人遺址雖然不是中國最早發現人類化石的地點，卻是最早得到世界公認的直立人化石地點。早在一九二〇、一九三〇年就開始了挖掘研究工作，並且得到了世界學術界的認可，在世界上享有很高的知名度。

因此，周口店北京猿人遺址與敦煌莫高窟、長城、秦始皇陵及兵馬俑、泰山、北京故宮於一九八七年被聯合國教科文組織列入世界文化遺產名錄，成為中國第一批世界文化遺產。由此可見，北京猿人遺址的重要性。

北京猿人的發現

早在北宋時期，在現在北京市西南約五十公里的房山周口店，就有發現「龍骨」的傳說。久而久之，當地人把周口店附近的那座小山稱為龍骨山。一九一八年，周口店附近龍骨山發現化石的消息，引起了北洋政府礦政顧問、瑞典學者安特生（Andersson）的注意。他便去周口店地區進行走訪和調查，但並無多大收穫。

直到一九二一年，安特生和美國古生物學家格蘭傑（Granger）、奧地利古生物學家師丹斯基（Zdansky）赴周口店考察，發現了北京猿人遺址的洞穴堆積。他們還發現了動物化石，而且注意到了石英石片，認為這些可能和古人類活動有關。隨後，師丹斯基進行了兩次短暫挖掘，發現了兩枚人類牙齒化石。這一發現為後來的考古活動奠定了堅實的基礎。

一九二七年，中國地質調查所正式開始挖掘北京猿人遺址。這次挖掘發現了大量的動物化石，和一枚人類的左下第一臼齒化石。在第二年的挖掘中發現了除牙齒之外的人類頂骨、額骨、下頜骨、肱骨等化石。

一九二九年的考古挖掘工作由年輕的古生物學家裴文中主持，這一年是北京猿人挖掘工作最為重要的一年。年底，挖掘工作步入尾聲，國外的資助逐漸停止，挖掘現場的工人們也一副無精打采的樣子。年輕的裴文中有初生牛犢不怕虎的精神，執意要弄明白洞穴底部的堆積情況。十二月二日，裴文中又一次腰繫繩索下到洞中，雖然已經臨近天黑，他仍聚精會神的工作，突然，他驚喜的發現了一個猿人的頭蓋骨，其中一半已經露出土來。他小心翼翼的把這件化石挖出來，第二天，他向北京彙報了這一重要發現，在電報中寫道：「頃得一頭骨，極完整，頗似人。」這一消息的宣布，足以震驚整個學界。

自第一件完整的頭骨發現之後，負責挖掘工作的裴文中不斷的在挖掘中改變工作方法，使整個挖掘活動更加有規範和細緻。如採用一乘一公尺的探方（按：一般根據遺址的情況有一乘一公尺、五乘五公尺、十乘十公尺等大小），每五十公分厚為一水平層。這些都為之後的發現奠定了科學的基礎。

一九三五年的挖掘工作由賈蘭坡主持，在第一地點發現了豐富的石製品和人類用火的痕跡。一九三六年是周口店挖掘中大豐收的一年，短短的半個月裡，在下文化層的第二十五水平層中，發現了三個直立人頭蓋骨，還有豐富的哺乳動物化石和石製品。一九三七年仍有人類化石和石製品出土。但隨著盧溝橋事變爆發，周口店北京猿人遺址的考古工作不得不中斷。

從一九二七年到一九三七年，十年的挖掘共獲得了五個完整的直立人頭蓋骨、一百四十多枚牙齒及一些肢骨，共代表了**四十個個體**。**另外還有上萬件石製品**和哺乳動物化石，這些資料為復原北京猿人的生活場景提供了重要的資料。北京猿人發現的個體之豐富，實屬罕見。這為我們探討人類起源問題提供了重要資料。

人類由猿人進化

研究發現，北京人頭骨最寬處在左右耳孔稍上處，向上逐漸變窄，剖面為抛物線形。頭蓋骨低平，額向後傾，比猿類增高，和現代人相比仍較低。北京人的腦容量在一千零四十三毫升，介於猿和現代人之間。他們的頭蓋骨比我們現代人要厚。眉脊粗壯，左右連接在一起。顱頂有明顯的矢狀脊，頭骨後部枕骨圓枕發達。北京人的面部、吻部（按：指其前突的口部）前突，下頜不明顯。有扁而寬的鼻骨和顴骨，顴骨面朝前，表示他們的鼻子較寬，面部扁平。

他們的牙齒較猿類稍有退化，但比現代人的牙齒要粗大、複雜。其犬齒和上內側門齒的舌面，有由底結節伸向切緣的指狀突；上內側門齒的舌面呈鏟形。**鏟形門齒是蒙古人種較為典型的特徵**，因此可斷定北京人屬於蒙古人種。北京人**頭部的特徵又和爪哇人相似**，所以北京人也是直立人。**北京人的身高**根據發現的長骨推斷，應該在一百五十六公分左右。

北京人使用的工具有石製品、骨角器等，並知道用火。他們石器的製作以石片石器為主，石核石器不多，且多為小型。原料是就地取材，一般取自洞口不遠處的河灘，有石英脈、砂岩、石英岩、燧石（按：俗稱火石）等，也有來自幾公里外的水晶。他們的石器加工技術有直接打擊法、碰砧法和砸擊法。以砸擊法打製的兩極石核和石片占出土石器的比例最大，這是北京人的特色工具。

這些石器的器形包括砍砸器、刮削器、雕刻器、石錘和石砧等類型，能夠滿足北京人不同的生活需求。他們用砍砸器進行狩獵活動，用刮削器來加工處理獵獲的動物，用雕刻器**加工動物骨頭，製成生活用品或裝飾品**。

在他們居住的洞穴內發現了大量的碎骨，據此推測北京人可能製作骨器。一些動物骨骼上的切痕，也能間接證明北京人已經會加工骨器。在他們的洞穴中也發現了灰燼層，有許多石頭被火燒過，這些灰堆有的集中分布。因此，我們認為北京人很可能已經會用火了，但是否為人工取火，目前還不得而知。

失踪的頭蓋骨

一九三七年八年抗戰爆發後，國難當頭，為了使這些化石能夠得到妥善保管，太平洋戰爭爆發前夕，中國政府將北京猿人頭蓋骨化石**交由美國自然歷史博物館代為保管**，然而在交給**美國陸戰隊負責運輸後**，**北京猿人頭骨就下落不明**，杳無音信。時至今日，仍是一宗懸案。

北京猿人頭蓋骨化石的發現在當時的學術界引起了極大的轟動，為研究早期人類的起源提供了不可多得的史料，為人類的多地區起源理論提供了史料支撐。雖然是一九二〇、一九三〇年做的工作，從今日的眼光來看，仍然具有重要的學術意義，畢竟就人類頭蓋骨化石而言，從此之後再也沒有發現完整的頭骨化石了。

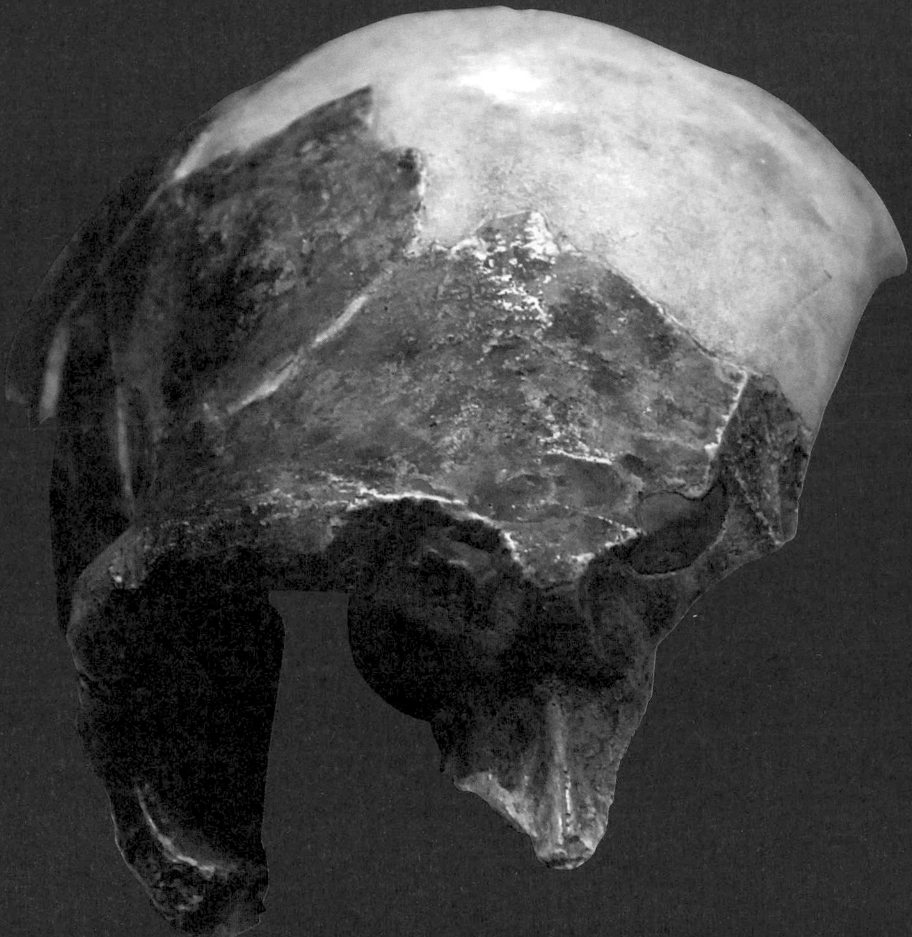

▼華南地區最早的古人類

05 馬壩人頭骨化石

年代：距今十三．五萬至十二．九五萬年；**尺寸**：具體尺寸不詳；**材質**：化石；**出土地**：一九五八年廣東省韶關市曲江區馬壩鎮出土；**收藏地**：廣東省博物館。

提起馬壩人，即使是相關專業人員對其了解都十分有限，更別說普羅大眾了。下面就讓我們一起走近馬壩人，了解馬壩人的生活環境和情況，認識**五嶺以南的古人類**。

馬壩人的發現與研究

馬壩人的發現和當年的農業大生產運動緊密相關。一九五八年五月，廣東省曲江縣馬壩鄉農民為了擴大豐收，在周邊區域積極調查肥源（按：肥料的來源）。他們發現當地獅子山附近的稻子長得特別肥壯，就想是不是這裡的土中有天然的肥料，大夥兒三五成群來到這裡一探究竟。最後來到了獅子山的岩洞內，因為當地的自然環境原因，岩洞內的石頭經過很長時間的自然風化形成土壤，這些土壤富含磷。看到如此一塊寶地，當地政府決定在此開辦磷肥加工廠，大量挖取洞內的堆積土層。

六月底，在洞中的黃褐色黏土中，挖掘出了十九種古脊椎動物化石，其中有一塊破碎的頭骨化石。恰逢廣東省委第一書記陶鑄在當地視察工作，發現此情況後，指示當地加強對這些化石進行保護。八月二十一日，廣東省博物館技術員楊岳章受命前往當地進行調查，並將發現的化石標本帶回廣州。之後，楊岳章、麥英豪等五人再赴化石發現地進行詳細調查，並由楊岳章整理寫成簡報，連同化石標本送至中國科學院古脊椎動物研究所進行鑑定。

九月中旬，在廣東省文物管理委員會副主任商承祚主持下，中國科學院裴文中、吳汝康、周明鎮三位專家和當地研究人員對化石發現地再次進行了考察。

獅子山是一個石灰岩山，東北距馬壩鎮馬壩墟約一．五公里，因為山的外形像獅子，所以當地群眾取名獅子山。在山的北面約一公里處，有一砂石底的馬壩河橫貫其間，東邊與二疊紀砂岩、頁岩組成的坭領山相連，其餘三面是現代沖積層。在獅子山相對高度二十五公尺以下發現三層溶洞（按：又稱鐘乳洞、石灰岩洞）。人類頭骨化石發現於溶洞北側的一條東西向的裂隙中，裂隙已變成深溝，全長六十三公尺，寬一至兩公尺，由底到頂高約十公尺。

這條裂隙就是第二次挖掘的重點，在這裡再次發現了大量化石，其中發現的人頭骨化石僅保留頂蓋部分，雖然已成數塊，但可黏連起來，有額骨和部分頂骨，右眼眶和鼻骨的大部分保存較好。頭骨的石化程度相當大，呈淺灰黃色，雜有黑色斑塊。頭頂的骨縫大部分已經癒合，矢狀縫僅有前端一小段尚可辨認，冠狀縫大部分尚可辨別，但很不明顯。如以現代人骨縫癒合的年齡為標準，則為中年以上的個體，但化石人類骨縫的癒合要遠早於現代人類。頭骨上肌肉附著的骨脊不明顯，但頭骨表面較為粗澀，頭骨的容積甚大，可能是男性個體。因此，馬壩人頭骨可能屬於一中年男性個體。

馬壩人的頭骨，根據吳汝康的研究，具有以下特徵：馬壩人眉脊粗壯明顯突出，形成一條橫條，但向上與額骨鱗部相續，其間僅有淺溝相隔。馬壩人眉脊前緣的輪廓和爪哇猿人、中國猿人不同，比發現的尼安德塔人（按：簡稱尼人）的直，**介於爪哇猿人和尼安德塔人之間**。馬壩人的眼眶約呈圓弧形，與尼安德塔人相似，與爪哇猿人不同。馬壩人的鼻骨，與爪哇猿人和尼安德塔人相似，比現代人寬闊。鼻額縫則和中國猿人、索羅人、羅德西亞人相似。頂骨在前囟處的厚度為七公釐，小於中國猿人和索羅人，與尼安德塔人相似。

這些特徵均說明馬壩人原始的特性，但同時又有些進步的特性，如顱骨骨壁較薄。因此，專家意見還是傾向於馬壩人**屬於早期智人**。馬壩人**具有直立人向智人的過渡性特徵**。與馬壩人伴生的脊椎動物化石有鬣狗、大熊貓、貘、劍齒象等十九種，因此，其地質年代為中更新世之末或晚更新世之初。

根據吳秀傑研究員與國外學者研究發現，馬壩人右側額骨表面的痕跡呈半圓形，大小在三十平方公釐，整個痕跡下凹一．五公釐。痕跡表面粗糙，呈現出波紋狀隆起的細脊，在痕跡周邊有明顯的癒合現象。經過比對研究發現，這種形制的創傷痕跡，很有可能是受到一種鈍性物體打擊後所致。根據外傷痕跡的形態和部位，這種痕跡很可能是當時人類之間**暴力行為的結果**。這一研究對於我們認識當時的人類行為模式具有重要啟示。

馬壩人發現的意義和價值

馬壩人頭骨化石是在華南地區第一次發現的古代人類頭骨化石，擴大了以往發現古人類化石的範圍——以往我們發現的古人類化石主要集中在華北地區。後來在南方地區也相繼發現一些古人類化石，但馬壩人化石的特徵較這些化石早，馬壩人屬於早期智人化石，說明在中國華南地區也生活著早期智人，這為古人類在這一地區的發展演化提供了重要的資料。就史學價值而言，馬壩人作為早期智人的代表，**介於北京人和丁村人、河套人之間**，填補了中國人類發展過程中的一個重要環節，在中國人類化石的聯結上有重大意義。同時，馬壩人的發現**擴大了中國舊石器時代早期智人的分布範圍**，填補了華南地區人類進化系統上的空白，對華南地區古人類研究提供了重要證據，尤其是將廣東的歷史提早到了一個遠古時期。

馬壩人的價值還在於對中國古人類學、考古學及史前史學提供了明顯的線索，啟發考古學家和人類學家們將注意的重心由北而南，並從廣東、廣西逐漸向西南發展，找到越來越多、越來越早、越來越重要的古人類化石及其文化遺存，建立起有中國特色的考古和史學理論體系。中國學界自馬壩人化石發現以來，已取得多方面的重大進展：一方面，發現了數量甚多的古人類化石，人類演化過程的每個時期幾乎都已有了標準的化石代表，從而確定了中國作為人類起源與發展的重要地區的無可爭辯的地位；另一方面，已經採用鈾系法、氨基酸法、古地磁法等多種先進的科學方法，對中國一系列古人類化石地點做了相對年代的測定，這樣就可以有更充實、更有說服力的證據，進一步研究人類的起源及發展。

▼破解東亞人種起源之謎

06 山頂洞人頭骨化石

年代：距今三．四萬至二．七萬年；**尺寸：**長二十一公分、寬十五公分、高十七公分；**材質：**化石；**出土地：**一九三三年在北京市房山區周口店山頂洞出土；**收藏地：**化石在第二次世界大戰中下落不明，模型藏於中國國家博物館。

對於周口店遺址我們知道最多的是北京猿人，其實考古工作者在周口店也發現了時代晚於北京猿人的人類化石。這些發現為我們認識智人的發展演化，以及東亞蒙古人種的起源問題提供了重要的史料。

山頂洞人的發現

山頂洞，顧名思義是位於山頂的一處洞穴。該地點是在一九三〇年因為尋找周口店第一地點的猿人遺址堆積的界限而發現的。一九三三至一九三四年進行的考古挖掘，發現了豐富的人類化石、文化遺物和大量動物化石。文化遺物包括石製品、骨角器和裝飾品。

山頂洞在當年被挖掘時結構還是很完整的，洞口和全部洞頂尚在。隨著環境的變遷，我們

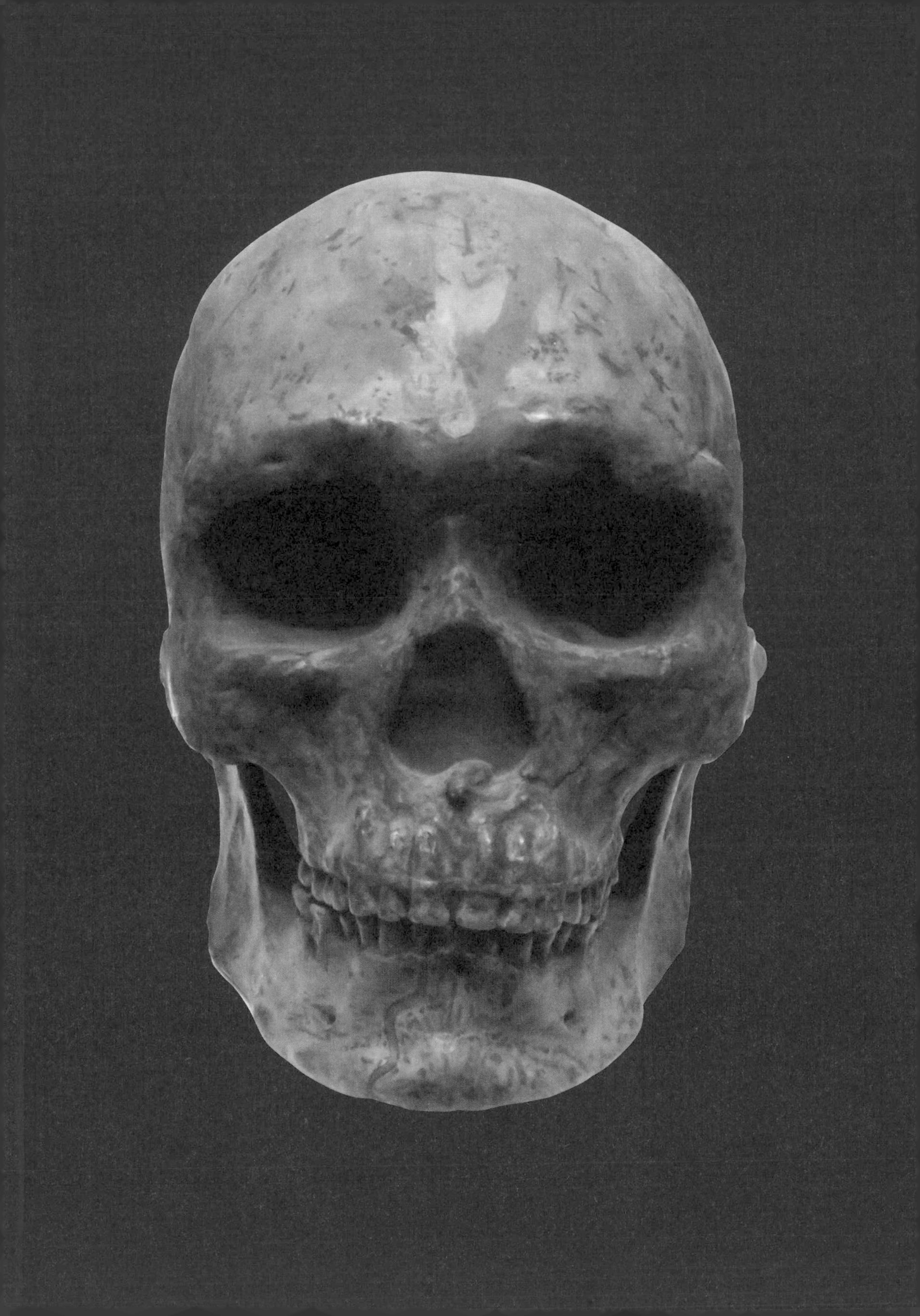

今日看到的山頂洞已經和以往有所不同。山頂洞的堆積為灰色土，比較疏鬆，夾雜有大量的灰色岩石碎塊。根據地層堆積情況，從上到下可以分為五層，其中在洞口和上室發現三層。其中第一層、第二層都發現了人類化石、裝飾品和石製品等遺物。第三層發現的遺物很少，在洞底的石鐘乳和石灰岩上有燒烤過的痕跡，說明當時的人類在此層面生活過一段時間。下室發現兩個文化層，在第四層發現了三個完整的頭骨和軀幹骨，其身體周圍撒有赤鐵礦粉。第五層未見人骨化石，僅發現人牙化石。第五層下發現大量的動物化石，說明人類之前有動物在此棲息。

山頂洞遺址雖然面積不大，但是發現的人類化石史料相當豐富。這批化石史料包括三個完整的頭骨、一些殘破的頭骨碎片、下頜骨和零星的牙齒以及部分軀幹骨。經研究發現，這批史料共代表了不同年齡和性別的八個個體，包含兩個成年男性、三個成年女性、一個少年、兩個幼兒。在這三個完整的人頭骨中，有一個六十歲左右的老年男性，編為一〇一號。一個青年女性和一個中年女性，分別編號為一〇二號和一〇三號。這些化石均在抗日戰爭期間遺失，至今下落不明。

境內發現最早的真人

德國古人類學家魏敦瑞是研究山頂洞人頭骨的主要學者，他透過研究認為一〇一號老年頭骨的測量指數接近西歐的克羅馬儂人，但是根據形態觀察來看，則確定是**原始蒙古人種**。一〇二號青年女性頭骨則認為是美拉尼西亞人類型，一〇三號中年女性頭骨是愛斯基摩人類型。直到一九六〇年，隨著中國同時期的人類化石的增多，古人類學家吳新智在原有基礎上，根據山頂洞人的頭骨模型，對這三具頭骨進行了進一步研究。

他認為老年男性頭骨，在面骨方面，幾乎所有的指數與現代或化石的蒙古人種相近的程度，大於其與西歐智人化石的相近程度，其中以鼻指數最為明顯。如鼻骨較窄、有鼻前窩、顴骨突出且較直，這些都是典型的蒙古人種特徵。

一〇二號頭骨的面骨部分，主要測量數值和指數都是與蒙古人種的現代類型或化石類型很相近，而且相近的程度要比現代美拉尼西亞人相近程度大，特別是在上頜齒槽指數大大的超出了後者的變異範圍，所以從測量數值上看，一〇二號頭骨更接近蒙古人種。

在形態上，這個頭骨也具備蒙古人種的特徵：其中鼻根部沒有明顯的凹陷，眼眶傾角小於九十度，為垂直型，顴骨突出朝向前方。另外，鼻骨的形狀和梨狀孔下緣的類型在蒙古人種中也常見。因此，一〇二號頭骨不管是從測量結果還是形態特徵都是蒙古人種。

一〇三號頭骨的測量資料顯示是與現代愛斯基摩人、美洲的印第安人和中國人有密切關係的原始蒙古人種。從形態觀察來看，一〇三號頭骨比前兩個頭骨具備了更顯著的蒙古人種特徵。它顴骨的位置和形狀、鼻骨的形狀、明顯的鼻前窩、垂直型的眼眶傾角遺跡面部，和鼻梁的扁平程度，說明其具備的蒙古人種特徵已相當一致。

山頂洞這三具頭骨的性狀相當複雜，其共同特點是：在形態觀察上都有著不同程度的蒙古人種特徵；在測量結果上，除了具有全世界智人的一般原始特徵，和中國境內發現的共有特徵之外，各項特徵都和蒙古人種現代的地區性種族特徵類似，如中國人、愛斯基摩人和美洲當地居民。因此，我們認為山頂洞人是原始的蒙古人種。現代蒙古人種的支系，是在山頂洞人和其他與其相近體質特徵的人的類型逐漸發展演變而來。因此，山頂洞人的發現與研究，對於我們認識中國人的體質特徵有重要意義，同時也**為愛斯基摩人和印第安人的起源提供了重要史料**。

已有審美觀念和信仰

山頂洞人遺址除出土了人類頭骨化石之外，還有大量的其他文物。山頂洞所用的石器數量很少，總共才二十多件。最能代表山頂洞人的是其**發達的裝飾品**。遺址中發現了十分豐富的裝飾品，有穿孔的獸牙、海殼、小石墜、小石珠等。發現的穿孔牙最多，有一百二十五件，大部分是獾、狐、鹿、野狸和小型食肉動物的犬齒，均在齒根部雙面鑽有小孔。有的因長期佩戴，導致小孔變形明顯。其中有五件出土時呈半圓形排列，可能是成串的項鍊飾品。製作精巧的七顆小石珠，原料為白色石灰岩，形狀大小相近，最大的直徑六．五公釐，孔眼為單面鑽，表面染成紅色。散布在死者頭骨周圍，應為頭飾。另外還有石墜為天然的黃綠色礫石磨製而成，一面有磨製痕跡，在中央對鑽小孔，局部染色。這些製作精美的裝飾品，反映了山頂洞人的審美情趣。

山頂洞人的生活以漁獵和採集為主，在遺址中發現的大量動物骨骼，應該是他們的狩獵成果，野兔和北京斑鹿是他們主要的狩獵對象。此外，洞中還發現有魚類的化石，說明他們也以漁獵來作為食物來源的補充。

山頂洞人製作骨器和裝飾品的技術先進，他們不僅掌握了單面鑽孔技術，也會雙面鑽孔。有的孔洞很細，說明技術已經達到了相當的高度。他們還**用顏料對器物進行染色**，使之更為美觀，說明有了自己的審美意識。而對死去祖先進行**埋葬，則說明他們有了靈魂觀念**，希望死去的祖先能夠順利到達另外一個世界，而不被野獸吃掉。

▼最古老的陶製品

07 紅陶罐

年代：距今一·四萬年；**尺寸**：口徑二十公分、高十八公分；**材質**：陶；**出土地**：一九六二年江西省萬年縣仙人洞遺址出土；**收藏地**：中國國家博物館。

陶器是一種再普通不過的器物，但同時又是一種非常實用的器物。直到今天，我們的生活仍然離不開陶器。陶器的發明，改變了人們的飲食結構，人們可以藉此吃烹飪後的熟食、喝水。那麼最早的陶器是長什麼樣子？如何製作出來？下面讓我們到江西省萬年縣仙人洞遺址一探究竟。

古人類的生活遺跡

仙人洞遺址地處江西省萬年縣東北十五公里的大源鄉小河山，以往在仙人洞洞口發現有動物骨骼和螺殼。一九六二年，江西省文物管理委員會的專業研究人員到此做考古調查，當地縣文化館的一名工作人員反映了仙人洞發現過骨骼化石等情況，於是一行人便去調查。此次調查，在洞口發現動物骨骼化石和螺殼，並採集到了穿孔石器和礪石各一件；在洞口右側緊靠洞

壁發現一大片膠結堆積，高在一．三公尺左右，斷面上有不少動物骨骼、螺殼、蚌殼及陶片，因此確認該遺址是一處有人類活動的洞穴遺址。

仙人洞處在一處四面為高山的狹長盆地中。盆地東北為較好挖掘的石灰岩山嶺，叫小河山，高約一百公尺，盆地西南為紅土高山，有許多山坡延伸到盆地上面。在小河山一帶，有一條名叫文溪水的小河，河面寬約二十公尺，沿著山腳從東南流向西北，注入樂安江。仙人洞在盆地西北小河山的山腳下，洞口朝向東南，距文溪水七十公尺、高出水面三公尺。洞口開闊呈岩廈（按：又叫岩棚），剖面為弧形。良好的自然環境，為古人在此生活提供了便利條件。

仙人洞遺址從一九六〇年發現以來，曾多次展開考古挖掘。一九九三年、一九九五年和一九九九年，北京大學、江西省文物考古研究所與美國安德沃（Andover）考古研究基金會聯合組成「中美農業考古隊」，對該遺址和吊桶環遺址又進行了多次考古挖掘。再次證明洞穴堆積較厚，文化層次清晰，是**華南地區舊石器時代晚期到新石器時代過渡的重要遺址**，並且發現了大量的遺物，為研究華南地區的文化演變脈絡，提供了寶貴的資料。鑒於仙人洞遺址和吊桶環遺址的重要性，其考古發現成果被評為一九九五年「全國十大考古發現」之一。在新世紀來臨之際，又被評為二十世紀一百項重大考古發現之一。

歷史年代最早的中國陶器

一九六二年在仙人洞遺址第一次挖掘時發現的紅陶罐，是仙人洞遺址最具代表性的出土文物。此次挖掘在洞口共布設三個探方，總計挖掘二十八平方公尺。根據地層關係，可以把這些遺物分為兩期。第三層為第一期文化，第二層為第二期文化。這件陶罐屬於第一期文化。第一期發現的文化遺物有石器、骨器、角牙器和蚌器等兩百多件，還有人骨和動物骨骼。石器可以分為打製和磨製兩類，石器原料有石英脈、砂岩和燧石，其中砂岩占多數。骨器三十多件，絕大多數經過磨製。器形有針、錐和刀等。角牙器四件、蚌器五十二件，完整者僅有四件，另外還發現燒骨等遺物。陶器共發現九十多片，僅復原一件，這便是我們在中國國家博物館展廳中看到的陶罐。

發現的陶片均為夾砂紅陶，質地粗糙，摻雜有大小不等的石英粒，最大的徑長一公分，厚〇．五公分。這些陶片火候很低，質地疏鬆易碎，挖掘時都不易取出。陶片厚薄也不均勻，厚的有一．四公分，薄的僅有〇．七公分，甚至一塊陶片的厚薄都不均勻。器壁內凹凸不平，應是手製，因為破碎嚴重，導致器形不易辨別。從陶片來看，口緣多為直口，也有微向內斂的。腹片的弧度較小，沒有發現耳、足等附件。復原的這件陶罐，脣稍外侈，腹壁近直，下部微向內收，底部殘，陶胎厚且厚薄不均勻，內外表面均飾繩紋。仙人洞遺址發現的陶器，具有較為原始的特徵，說明**仙人洞製陶水準還處在初始階段**，還在探索、摸索中。

根據吳小紅、張弛等學者對仙人洞發現陶器的最新研究顯示，仙人洞遺址的陶片最早到距今兩萬年前。這**比東亞和世界其他地區的陶器早了兩千至三千年**。仙人洞遺址的陶器是目前為止，我們所知最早的陶器。這一年代資料的確認，將更新我們以往對於陶器的一些認識。

紅陶罐發現的意義

陶器因為其易碎性，對於時代人群的反映比較敏感，長期以來我們都是以陶器為基礎，對古代文化遺存尤其是史前文化遺存進行研究。但是，囿於早期陶器資料的限制，發現的遺址堆積情況各異，很難發現完整的器形，採用傳統的方法研究，顯然行不通。因此，對於早期陶器的研究應該加強多學科合作，整合資源，採取新的研究路徑。仙人洞陶器的研究便是各方密切合作的結果。特別是對其年代的最新確認，開拓了我們的研究視野。

以往我們把陶器的燒製和新石器時代緊密聯繫在一起，認為陶器是新石器時代開始的標誌之一，也有人認為陶器的製作是農業發生的標誌。其實在**舊石器時代晚期，狩獵採集者們就開始使用陶器蒸煮食物了**。有觀點認為，早期陶器是用於蒸煮蚌類食物，這顯然和農業沒有多大關係。仙人洞遺址 · 四萬年前陶容器的確認，修正了我們以往的認知，也為一些觀點提供了間接的證據，提醒我們應該打破學科內部的界限，把舊石器晚期和新石器早期的文化遺存結合在一起來看，這樣更容易幫助我們發現問題、解決問題。

▼ 仙人洞遺址出土的陶器碎片。

08 水洞溝遺址的骨柄石刃刀

年代：距今一．一萬年；**尺寸：**不詳；**材質：**骨、石；**出土地：**一九八〇年寧夏回族自治區靈武市，水洞溝遺址十二號地點出土；**收藏地：**水洞溝遺址博物院。

水洞溝遺址是中國較早展開考古活動的舊石器時代遺址，從一九二〇年至今仍然在進行考古挖掘。在水洞溝遺址發現了很多重要的文化遺物，如鴕鳥蛋殼珠飾，這些蛋殼上染有赤鐵礦粉，說明愛美之心，古已有之。另外就是發現了骨柄石刃刀，說明當時人類高超的石器製作技藝。

水洞溝遺址的發現

水洞溝遺址位於寧夏銀川市東南三十公里，靈武市以北四十六公里處，海拔高度一千兩百公尺。遺址邊緣有一條溪流，溪流將水洞溝盆地和遺址切割出十公尺的峭壁，形成三級階地。該遺址於一九二三年由法國學者桑志華（E.Licent）和德日進（P.Teihard de Chardin）發現並挖掘，是中國最早展開系統研究的舊石器時代遺址之一。他們在一處黃土斷崖上發現了一條黑色的灰燼層，灰燼層中包含有石製品和破碎的動物骨骼。桑志華和德日進遂在此挖掘，在文化堆積中清理出重達三百公斤的石製品，有石核、石片和石器，同時還發現了許多動物化石，包括野驢、犀牛、鬣狗以及鴕鳥蛋殼。這些發現確認了水洞溝是一處古人類棲息的營地遺址。

德日進將水洞溝的地層劃分為三層：上層為黃土時期以後的河湖相堆積，中層為第四紀黃土和底部的礫石層，下層為上新世紅土層。這為以後水洞溝遺址的地層劃分奠定了基礎，以後對水洞溝地層的劃分也不出此範圍，與早期的劃分能夠對應上。其上部為新石器時代遺物的全新世地層，中部為舊石器時代文化層，下部為更早的堆積。

至今水洞溝遺址先後發現了十二個地點。一號地點在一九六〇年、一九六三年和一九八〇年分別被挖掘，其文化堆積厚達十一公尺，出土了大量石製品和動物化石。二號地點先後經過五次挖掘，累計挖掘面積達一百平方公尺。第二、三層發現了火堆、灰燼和紅燒土，推測是古人居住的地點。另外，**還發現了製作精美的鴕鳥蛋殼珠飾（臨夏鴕鳥，已絕種）**。三號至十二號地點，都是進入新世紀之後新發現的。在這幾處地點也發現了鴕鳥蛋殼珠飾，具有細石葉技術特徵的石器和勒瓦婁哇技術（按：舊石器時代人類採用的一種打製石器的獨特技法，使用這種技法打下的石片薄而規則、整齊，無須修整即可作為工具使用）的石核和石葉，以及細石葉和細石核。

骨柄石刃刀——骨、石複合工具的代表

十二號地點位於水洞溝遺址中心區以北四公里處，因當地磚廠取土而被發現，遺址大部分

堆積已經被破壞殆盡，遺留下的文化層在剖面上清晰可見，為一條綿延約五十公尺的透鏡狀堆積，最厚處達一．六公尺，平均厚度在〇．五公尺。該地點出土九萬多件石製品以及大量動物化石、骨器等。本書要介紹的骨柄石刃刀就是在十二號地點發現的。

這種骨、石複合工具，是人類的生產生活、技術水準發展到一定階段的產物。**同時要具備高超的製骨技藝和細石葉剝離技術，除此之外還需要懂得用何種膠**，把這兩種不同材質的工具黏接在一起。它是一種把細石葉鑲嵌或捆綁到骨器上，用於從事生產生活的新型複合工具。不僅在水洞溝遺址，這種複合工具在中國東北、內蒙古以及甘肅都有數量較多的發現，如在平谷區的上宅文化遺址、秦安的大地灣遺址、赤峰的多處遺址總計發現二十多件骨柄石刃器。這種工具從舊石器時代晚期一直延續到新石器時代末期，主要分布在北方地區。因此，可以推測這種複合工具是，人類適應北方地區自然環境創造出的一種新型工具。

一般認為這種骨柄石刃刀是一種反映狩獵採集經濟的工具。那麼骨柄石刃刀到底是如何使用的？據研究，其使用方式多為刮削、切割，主要目的是用來切割食物和皮革加工。這在十二號地點發現大量的動物骨骼可以找到佐證。其中野兔和普氏羚羊化石的比重超過七〇％。根據民族學研究，美國印第安人捕獵長耳大野兔、叉角羚的主要目的是獲取其皮革來製作服飾，這兩種動物和水洞溝十二號地點發現的野兔、普氏羚羊有相似的特徵和體型。據此我們推測，水洞溝發現的骨柄石刃刀等複合工具是，對動物皮革進行加工處理、縫製衣服的一個具體體現。

十二號地點文化層的年代距今一．二萬至一．一萬年。這一時期剛好處在新仙女木事件（按：為地質年代上著名的氣候突變事件，在此期間北極耐冷植物——八角仙女木花不斷的向南方擴展，故以此為象徵命名）之後，是一個氣候相對寒冷的階段。對這些高流動性的狩獵者而言，禦寒是生存中需要解決的一個重要問題，精緻的皮革服飾具有良好的保暖性能，能夠滿足當時人們的禦寒需求，這種複合工具能廣泛傳播的原因之一可能就是和當時的氣候有關。

這一推斷某種程度上也得到了實驗室證據的支持，有學者運用環境掃描電子顯微鏡和X射線光電子能譜技術（X-ray photoelectron spectroscopy，簡稱XPS），對平谷上宅遺址發現的骨柄石刃刀進行觀察顯示，骨柄石刃刀的刃部殘留有磷、鈣、碳等物質成分，說明是一種加工肉類的工具。而且在刃的背面發現了有意識摻入的一些礦物質，如鋇鹽，說明當時的古人對於膠有了一定的

▼ 水洞溝遺址出土的細石葉和細石核。

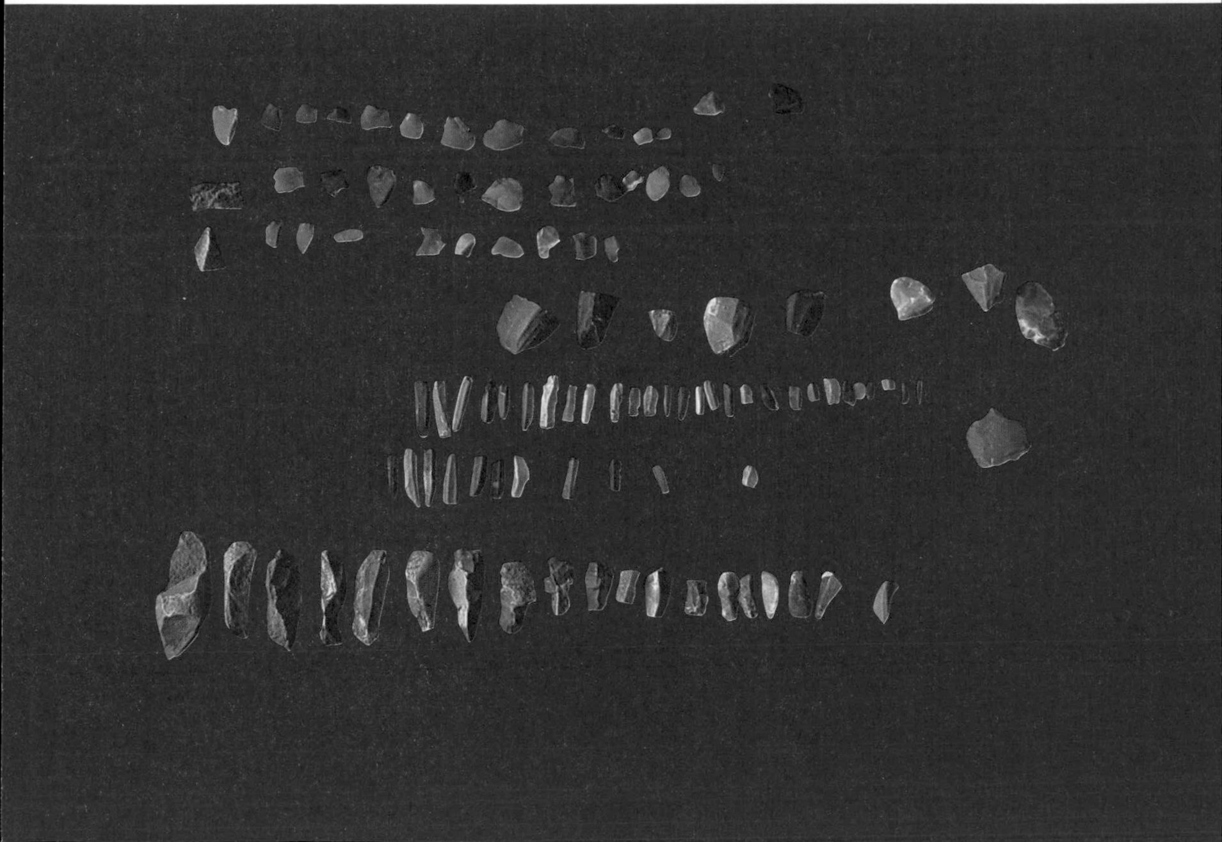

認識，用其來加固工具。

這項研究也進一步證明推測的合理性。骨柄石刃刀是當時人類因高流動性、適應惡劣環境而做出的一種反應，是人類面對自然環境的一種自我保護意識的體現，反映了在舊石器時代晚期，人類對環境變化在工具上的一種回應。它**說明了環境的變化刺激了人類的發明創造**，反映了人類適應環境、環境影響人類的相互關係。至於為何骨柄石刃刀這種複合型工具，能夠在人類的生產活動中流行如此長的時間，原因還有待我們進一步去探索。有一種可能是，這種工具在不同時期使用的方式是不同的，例如在新石器時代能夠使用這種工具的人，可能是地位比較高的人，這種工具具備了顯示一個人地位的功能，有一定的象徵意義。

第2篇

文明的曙光

當人類走完漫長的舊石器時代，便開啟了一個嶄新的時代——新石器時代。在新石器時代早期，南北差異明顯，彼此之間的聯繫不多，相同的文化因素較少。到了新石器時代中期，裴李崗文化一枝獨秀，其中賈湖地區是裴李崗文化中最耀眼的明星。

到新石器時代晚期，大半個中國大陸刮起了一股彩陶之風，中原以外的其他地區也不甘示弱，紅山文化的神廟、積石塚、祭壇，反映了紅山文化神祕的特性。大汶口文化、良渚文化的新發現層出不窮，一次次的改變了我們對那個時代的認識。這個時代就像是一個大熔爐，奠定了中華文明多元化的進程。

▼改變飲食方式的開始

09 石磨盤和石磨棒

年代：裴李崗文化，距今約七千六百至五千九百年；**尺寸：**磨盤長五十公分左右、高八公分；磨棒長三十公分左右；**材質：**石；**出土地：**一九七八年河南省新鄭市裴李崗村出土；**收藏地：**鄭州博物館。

石器是人類在漫長的演進過程中，最常使用的一種製作工具的材料。從**舊石器時代的打製石器到新石器時代的磨製石器**，雖然加工的技術在變化，未改變的是某種工具的功用。石磨盤和石磨棒伴隨人類的生產生活走過了幾千年。

石磨盤與石磨棒的出土

一九七七年的一天，河南省新鄭縣新村公社裴李崗村村民李鐵蛋在村西平整土地時，意外在地裡發現了一個形狀呈橢圓形的石板，在旁邊還發現一根石棒。於是，他把發現的東西裝到麻袋裡去找縣文化館的工作人員。當縣文化館的薛文燦看到之後，第二天便組織相關人員去裴李崗村實地調查。沒過幾天，考古隊員就來到裴李崗村進行試掘。

根據提供的線索，他們布置了探方進行挖掘，雖然有些發現，但是沒有發現石磨盤的蹤影，於是，擴大挖掘面積，終於在不遠處，發現了一個印痕。考古隊員推測這是李鐵蛋取走石磨盤後留下的印痕，拿來一對，果然嚴絲合縫的對上了，最後考古挖掘確認這裡是一座墓葬，石磨盤、石磨棒是在墓葬中發現的。

這一發現為這種神祕的石器找到了可靠的出土背景，也揭開了裴李崗文化的神祕面紗。一九七八年，河南省相關文物考古部門對該地進行了深入的考古挖掘，這次挖掘中共發現灰坑五個、墓葬二十四座。大量文物出土於墓葬之中，其中有石器三十二件、陶器九十八件、綠松石一件。這次挖掘出土的石磨盤和石磨棒共計八套。磨盤為黃色砂岩製成，製作琢磨兼施，整體平面為橢圓形，兩頭寬窄不一，前寬後窄，磨盤底部琢製有四個柱狀短足。磨棒是和磨盤相配套的，為圓柱形，中部較粗，兩端略細。有的磨棒因使用時間較長，中部已經磨損變細下凹。

後續裴李崗遺址考古工作者還進行了多次挖掘活動。當地考古工作者以此為契機，加快了尋找這種古老文化的步伐。在隨後的時間裡，在河南各地發現了一百五十多處裴李崗文化遺址，出土了大量具有代表性的文物，為研究新石器時代早期文化發展提供了資料，更**為仰韶文化找到了更早的源頭**。

早期糧食加工工具

石磨盤和石磨棒在舊石器時代就是人們使用的工具之一，進入新石器時代，石磨盤和石磨棒的形式、構造相對固定下來。這種工具的分布範圍十分廣泛，延續的時間也很長。對於我們來說，提到石磨盤，首先想到的是新石器時代中期，裴李崗文化發現的石磨盤。因為這種石磨盤最具典型性，**呈鞋底狀，有四個小矮足。石磨盤是用一整個石塊磨製而成的，很難想像在七、八千年前，古代的勞動人民是如何製作出這麼精緻的器具**。同時，我們也可以看出這種器具在古人的日常生活中所起到的重要作用，以至於他們花費很大的精力去製作一套石磨盤和石磨棒。

石磨盤與石磨棒是如何使用？是用來加工什麼的呢？著名考古學家梁思永認為，石磨盤和石磨棒是**加工穀物的工具**。一九三〇年十月，他在結束黑龍江昂昂溪遺址的挖掘之後，路過通遼在熱河做考古調查，在林西遺址採集到一件石磨盤和四件石磨棒。他認為磨盤、磨棒組合使用是毫無疑問的，並轉引美國考古學家喀乙德論證磨盤、磨棒功能所用的民族誌資料：「在何卑家裡最使人感覺興味的是，屋裡地上石砌的槽裡，斜放著一排三塊或更多的石片，這就是他們的磨盤。這些磨盤還附帶有長形磨棒，研磨時磨棒在磨面上由上往下推。有時三個人同時協作，第一個在較粗的盤上將玉米磨成粗粉；第二個較細的磨得稍微細點，第三個更細一點。」這種觀點在以後的研究中很流行。

考古學家石興邦對磨盤、磨棒進行穀物脫殼磨粉的功能提出疑問，認為人們發現的石磨盤、石磨棒和帶鋸齒牙的石鐮，應該是採集經濟的反映，並指出在舊石器晚期到新石器早期發現的這種工具，是在農業發達之前，人們**用於磨製採集來的植物種子和果實**的工具。後來更多的考古資料證明了石先生觀點的合理性。加上近些年科技的進步，我們透過對石磨盤表面提取的物質進行澱粉粒分析，以及對磨盤表面的微痕分析，顯示石磨盤可能不只是用來加工穀物，也有證據顯示是**用來加工塊莖類植物的**。其表面不只有一種植物的殘留，裴李崗石磨盤上發現的植物種類有橡子（按：又稱橡實）、薏苡屬以及根莖類植物。吉縣柿子灘發現的磨盤、磨棒主要用於野生穀類、塊莖和堅果加工，還兼用作研磨和飾品的加工製作。

由此，我們可以得出石磨盤存在一器多用的情況。那麼石磨盤又是如何使用的？民族學資料給了我們提示，石磨盤是放置在皮革上或竹編的器皿中來使用的，一是防止石磨盤在使用時滑走，四足使石磨盤在使用時更加牢固；二是防止加工好的穀物落到地上，方便收拾。

石磨盤還有一個特殊的用途，那就是作為隨葬品，放置在墓中。人們為什麼要把石磨盤和石磨棒放置在墓中？根據考古資料推測，石磨盤、石磨棒在裴李崗文化中是一種重要的生產工具，在當時的經濟生活中扮演重要的角色。當時的人在死後也捨不得丟棄原來使用的工具。考古挖掘也發現這些埋**有石磨盤和石磨棒的墓葬一般都是女性墓**，說明在那時存在初步的社會分工。但是，對於石磨盤、石磨棒的研究我們不能一概而論，因為石磨盤、石磨棒發現的地域之廣，延續時間之長，而且存在一器多用的現象，因此，我們要具體到每個遺址，結合遺址情況具體問題具體分析。

石磨盤與石磨棒的價值與意義

裴李崗文化石磨盤、石磨棒的發現，首先向我們展示了當時的石器製作水準已經達到了很高的程度。石磨盤作為食物的加工工具，說明人們已經走出茹毛飲血的時代，開始了食物的生產加工，這對於保證身體的營養健康具有重要作用。他們不斷的累積經驗，促進原始的農業發展，為後來中國農業文明的輝煌奠定了早期基礎。裴李崗先民也把石磨盤和石磨棒作為隨葬品，這又賦予了這種工具一種新的文化內涵。

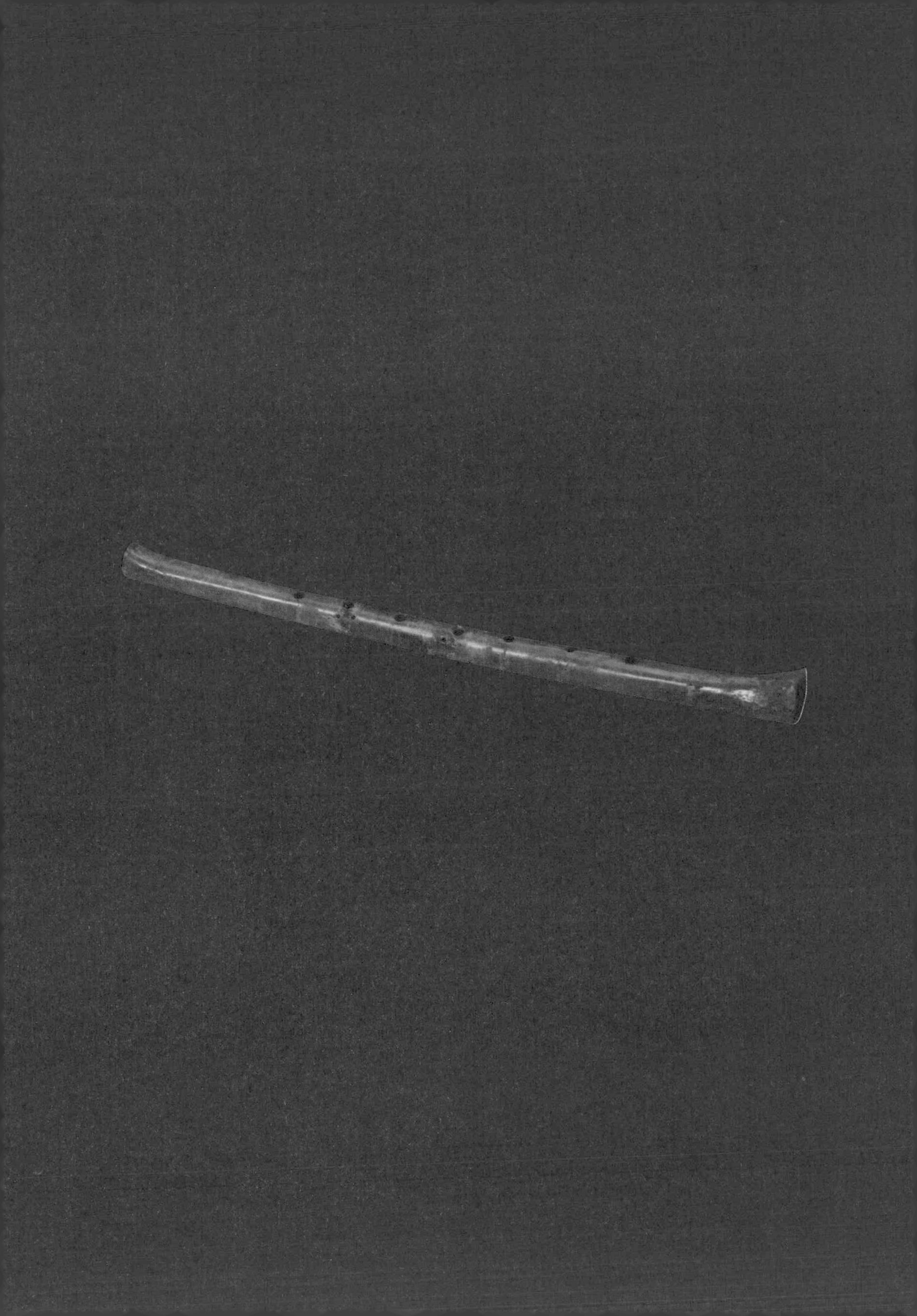

▼世界上最早的可吹奏樂器

10 骨笛

年代：賈湖文化，距今約七千至五千八百年；**尺寸**：長二十四．六公分；**材質**：骨；**出土地**：一九八六年河南省舞陽縣賈湖遺址出土；**收藏地**：河南博物院等。

說到賈湖骨笛，不得不提到著名考古學家張居中。張先生是賈湖骨笛的發現者、研究者。正是他帶領考古隊員長達四年的挖掘，才使得賈湖骨笛得以重現天日，才讓我們能夠聆聽來自遠古的笛聲。

最早的文字，最早的酒

賈湖遺址早在一九六〇年就已經被發現。一九六一年，舞陽縣文化館的文物專員朱幟被下放到今北舞渡鎮賈湖村勞動，他勞動之餘，在村東的溝坎、井壁上發現了陶片、人骨和紅燒土顆粒，遂確認這是一處新石器時代遺址。

十八年後的一九七九年，賈湖村修築水壩，破壞了遺址的主體。村裡小學師生在取土坑開荒種地時發現了石鏟和陶壺，這些文物由學校的老師賈建國等上交給了縣文化館。這些文物再次引起了朱幟的注意，此時正值新鄭裴李崗遺址發現之初，河南各地隨即開展了針對新石器早期遺址的調查工作。以此為契機，一九八〇年，考古學家趙世綱在許昌得知賈湖遺址的新發現後隨即前往調查，經調查，確認賈湖遺址是一處裴李崗文化遺址。

一九八三年，賈湖村民要求在遺址西側規畫住宅基地，為了配合此次工作及進一步了解賈湖遺址的內涵，河南省文物研究所派專人對賈湖遺址進行試掘。此次試掘發現窖穴、墓葬以及石、骨、陶等器物。從一九八三年到一九八七年，賈湖遺址先後經歷了六次挖掘。其中的第二次至第六次挖掘就是由考古學家張居中主持的。在一九八六年三月到六月的第四次挖掘中，考古隊首次確認了三支七孔骨笛。這是賈湖骨笛的第一次橫空出世。此外，在賈湖遺址中還發現了**具有原始文字性質的刻劃符號**、**世界上最早的含酒精的飲料**、**中國最早的家豬和具有馴化**（按：由其他地區引進的植物品種，逐漸具備適應新耕地及新氣候的能力）**特徵的稻米**等。

墓葬主人的心愛之物

賈湖遺址墓葬中共發現三十多支骨笛，其中前六次出土二十五件，完整者十七件、殘器六件、半成品兩件，其中可以復原或大致復原者十一件。在這二十五件骨笛中，有二十二件出土於墓葬中，一支半成品發現於窖穴，兩支殘器在地層中發現。其中有七座墓隨葬兩支骨笛，其餘均隨葬一支。骨笛在墓葬中放置的位置是較為固定的，均放置在死者下半身，剛好是手容易拿到的位置。

隨葬骨笛的墓主人，以男性墓居多，有十三座男性墓，均為成年男性，只有一座是三十歲左右的成年女性墓。收藏在河南博物院的這支骨笛出自賈湖M282，該墓是賈湖遺址中當之無愧的大墓，墓內有兩個個體的人骨，甲位於墓底正中，身首異處，頭骨和軀體脫離，面向西北方向，下頜骨位於骨架西〇．三公尺處，頸椎散亂，左肱骨稍向下錯位，右肱骨上端向外錯位稍呈傾斜狀，兩小臂交叉置於骨盆上，下肢保存完好，在甲的胸部是另一個體的右邊下頜骨，即乙。經鑑定，甲為三十五歲左右的男性，乙為四十五歲以上的男性。

該墓共出土隨葬品六十件，有陶器、骨器、石器、牙器等。其中出土了兩件骨笛，放置在墓主左股骨內外兩側。分別編號為M282-20和M282-21。展出的這件是M282-21，這件骨笛出土時置於墓主人左股骨外側，出土時斷為三截。經過仔細觀察後發現，這件骨笛並非入土後斷裂，而是在墓主生前已經折斷，可能是出於某次意外事故。**即使已經斷為三截，墓主人仍然不忍心丟棄**，而是在兩處斷茬處鑽了十四個小孔，用細線精心綴合後繼續使用。在當時的生產技術條件下，想要製作出一支骨笛，並非易事。這一方面說明骨笛製作的難度之大，另一方面也說明墓主人對他生前所使用的這支骨笛的珍視程度，或許這件笛子，伴隨他走過很多年，是他的心愛之物。

另外，據挖掘者研究，該墓出土的另外一支笛子是這件笛子的「克隆」版（按：即Clone版，複製版）。理由是，這支笛子在折斷後繼續使用；這兩支笛子的絕對音高只差不到兩分；這件笛子較另外一件相對質樸，體現在音階上；最後是另一支笛子上有試音孔，應該是根據這支笛子製作留下的。由此可見這支笛子的重要性，可以說可能是所有賈湖骨笛的「祖先」。

該墓是一座合葬墓，而且經鑑定這兩位墓主人均為男性，墓內又出土了兩件骨笛。經過觀察，考古工作者發現墓內甲的肢骨保存相對完好，雖然有一定的錯亂，但不是十分嚴重；乙只發現下頜骨，而且鑑定的結果是乙的年齡比甲大。加上骨笛的出土位置來看，這兩件骨笛的主人應該是甲。至於乙的下頜骨為何在甲的墓裡發現，這其中具體的原因我們不得而知。

八千年仍不啞的世界第一笛

經古生物學家鑑定，**賈湖骨笛是用鶴類動物的尺骨鑽孔製成的**。其製作方法和過程，據研究，和現代民族管樂器很相似。研究發現，賈湖人已經有了音差的基本概念，因此，在笛子製成後會運用打小孔的方式調整個別音孔的音差，反映了當時的音律水準和計算水準。

賈湖骨笛的發現具有深遠的意義，其數量之多、製作之精美、年代之久遠讓觀者無不感到驚嘆，並深深的被七、八千年前古人精湛的技術所折服。中國科技大學教授、骨笛的發現者張居中教授這麼評價：「賈湖骨笛是**中國目前出土的年代最早的樂器實物**，堪稱為『中華第一笛』。」賈湖骨笛不只是中國年代最早的樂器實物，更被認為是**世界上最早的可吹奏的樂器**。

實驗證明，賈湖骨笛不僅能夠演奏傳統的五聲或七聲調樂曲，而且能夠演奏變化多樣的樂曲。它的出土改寫了中國音樂史，刷新了我們以往的認識，其價值和意義無法比擬。賈湖骨笛自從發現以來，引起了國內外學界的廣泛關注。為了紀念這一重要的考古發現，其發現被銘刻在北京「中華世紀壇」青銅甬道的顯要位置。這是對賈湖骨笛最為充分的肯定。

▼端莊典雅的短髮女神

11 人頭形器口彩陶瓶

年代：仰韶文化馬家窯類型前期，距今五千九百至五千五百年；**尺寸：**高三十一．八公分、口徑四．五公分、底徑六．八公分；**材質：**陶；**出土地：**一九七三年甘肅省秦安縣邵店村大地灣遺址出土；**收藏地：**甘肅省博物館。

地處黃河上游的甘肅省，應該是中國境內彩陶發現最多的省分。從較早的大地灣文化到馬家窯文化都發現了數量驚人的彩陶製品。在其他地區彩陶藝術衰落之後，甘肅的彩陶仍舊相當繁榮，一枝獨秀。若說甘肅是彩陶之鄉，一點也不誇張。甘肅省博物館「甘肅彩陶」這一展廳，展示了一件人頭形器口彩陶瓶，那肅穆的面容把我們帶到了五千年前的遠古時期。

文明發祥地

大地灣遺址位於甘肅省秦安縣城東北四十五公里的五營鄉邵店村東南。文化遺存主要分布在清水河南岸的二、三級階地以及相接的緩坡山地上，分為山地和河邊階地兩部分，總面積達一百一十萬平方公尺。在遺址附近有一條清水河自東向西流過遺址所在的五營鄉。河兩岸的

河谷地帶分布著豐富的文化遺存，仰韶文化遺址就有十多處，大地灣遺址是目前所見最大的一處。五營鄉附近的河谷地帶寬為八百至一千公尺，南岸階地較北岸階地寬，達到五百至六百公尺。這種臨河、地勢又開闊平坦的地方，很適合古人選址居住。因此，大地灣成為仰韶文化在該區域的一個中心型大聚落，與其優越的地理位置關係密切。

大地灣遺址文化堆積十分豐富，從大地灣一期（老官台文化）一直延續到仰韶晚期，前後**共經歷了兩千年的發展歷程**。挖掘者把大地灣遺址分為五期，第一期為老官台文化時期，距今在七千八百至七千三百年；第二期為仰韶文化早期，大約距今六千五百至五千五百年；第三期為仰韶文化中期，距今大約在五千九百至五千五百年；第四期為仰韶文化晚期，這個時期的文化遺存最為豐富，距今五千五百至四千九百年；第五期的年代和常山下層的年代相近，大約距今四千九百至四千八百年。

大地灣的女神形象

甘肅省博物館所藏的人頭形器口彩陶瓶，因為發現年代較早，當時的認識還不十分明確。一九七八年，甘肅省博物館又對發現這件彩陶瓶的大地灣遺址進行了調查和挖掘。據了解，這件人頭形器口彩陶瓶出土於遺址菜子台區居住址的東部，菜子台居住址經挖掘，包含半坡、廟底溝、石嶺下文化遺存。因此，這件彩陶瓶的相對年代得以確定。再結合其瓶身所繪紋飾的風格，我們推測，這件彩陶瓶屬於大地灣遺址第三期的遺存，距今五千九百至五千五百年。

陶瓶為細泥紅陶，含有少量的白色細砂，器表打磨光滑，自腹部往下飾淺淡的紅色陶衣，器形為兩頭尖中間鼓的圓柱體，下腹部內收成小平底。雙腹耳已殘。陶瓶上腹破裂，經古人黏接起來，可見在當時製作這麼一件精美的物品是不容易的，所以即使破了古人也十分珍視，進行修復。

陶瓶器口做成圓雕的人頭像，人頭形象塑造得細緻生動，連人的髮型樣式也刻畫得很具體，左右和頭後都是披髮，前面留著齊瀏海。鼻為蒜頭形，眼鼻都鏤空成孔洞，顯得目光深邃，給人以神祕感。嘴微張，似成說話狀。兩耳中一耳殘，均有孔洞，應為某種垂墜裝飾品。頭頂有一圓孔，有一定的實用性，說明這件陶瓶兼具實用性和藝術性。器身上的紋飾，自上向下分為三

▼ 人頭形器口彩陶瓶局部。

層，由弧邊三角紋填充，形成富有變化的圖案。整件器物的裝飾融為一體，器腹部的裝飾像是這位女性所穿衣服上的圖案，與人頭像協調一致，給人一種輕快明亮的感覺。

這件陶瓶所展現的是一位落落大方的美女形象，體現了先民高超的藝術水準，它是先民對現實生活細緻觀察後進行的藝術再現。它把人的形象融於器物上，維妙維肖，成為一件集彩陶藝術和雕塑藝術為一體的傑作。

彩陶藝術中的女神文化

除了大地灣遺址，同處秦安的寺嘴村，在一九七五年平整土地時也發現一件人頭形器口紅陶瓶。瓶身為泥質紅陶，器表施一層橙黃色陶衣，表面略加打磨。該瓶的瓶口為陶塑人頭，雕塑的手法簡樸，造型單純。頭頂上有一孔，額上部有一層堆起的泥條，以表示頭髮。眼睛是鏤空的小圓孔，在圓孔外有一圈凸起的泥條，以突出眼睛。鼻子呈三角體，塑法簡單，無鼻孔。嘴是刻成的凹洞，略微張開。兩耳有小孔，用於垂繫飾物。從出土的另外兩件器物看，這件彩陶製作時期與大地灣的年代相當。

另外，在甘南藏族自治州卓尼縣木耳鎮冰崖村附近，也發現一件人頭形器口彩陶瓶。為泥質紅陶，繪黑彩，口徑六公分、底徑七公分、通高二十四公分。人面採用刻、塑相結合的手法。器口剔成篦紋狀垂發，填以黑彩。眉骨平直而隆起，鼻為三角倒錐形。兩眼鏤空，孔洞向下彎曲，口部也是孔洞，兩頭上翹。兩耳戳壓出兩個連結的凹坑。下腹部為幾何紋樣的彩繪。

彩陶塑造一位少女形象，其面部表情刻畫豐富，展現出祥和喜樂的神情。從其整體的風格來看，這件和大地灣出土的人頭形彩陶瓶基本同時。這三件作品中大地灣的製作最為精緻，器形瘦高，呈現一位亭亭玉立的少女；冰崖村發現的這件表情豐富、器形圓潤，展現出另外一種風格；寺嘴村發現的那件，相對簡單，製作也較為粗糙。

這種人頭形器口陶瓶發現的不多，在大地灣遺址僅發現一件，而且從出土的背景來看，這件器物可能出土於房址內。這說明這件器物可能是一件模仿祖先形象創造出來的器物，**擺放在房址內供人們紀念和拜謁**。這件陶瓶可能是大地灣人祖先崇拜觀念的一種具體表現。陶瓶所展示出的製作工藝水準，說明當時的物質生產水準已經有了很大進步，也反映出大地灣人獨到的審美情趣。

12 雙鳥朝陽紋牙雕

年代：河姆渡文化，距今七千至五千三百年；**尺寸：**長十六．六公分、殘寬六．三公分、厚一．二公分；**材質：**象牙；**出土地：**一九七七年浙江省餘姚市河姆渡遺址出土；**收藏地：**浙江省博物館。

一九七〇年河姆渡遺址的橫空出世，給當時的考古學界耳目一新的感覺。成組的干欄式（地板架高、高腳屋）建築、大量的水稻遺存，為我們打開了另外一扇窗，讓我們看到了在江南水鄉別樣的稻作文化遺跡，在中華文明史上寫下了濃墨重彩的一筆。在河姆渡出土了多件**象牙雕器物**，其中最具代表性的是一件精美的象牙雙鳥紋雕刻品，現藏於浙江省博物館，是該館的鎮館之寶之一。

稻作農業起源

河姆渡遺址**位於杭州灣南岸**的寧紹平原東部，四明山區北麓和慈溪南部山地之間的三角洲平原。西距餘姚市區二十四公里，東距寧波市二十五公里。遺址分布範圍東西長寬均在兩百多公尺，總面積約五萬平方公尺左右，保存情況良好。遺址地勢低平，地表平均海拔為一．一公

尺左右。

一九七三年夏，當地在遺址西北角的姚江邊建造排澇站，在挖掘排澇設備的坑基時，在距地表三公尺多的層位發現了一批骨器、石器和黑色陶器以及大量的動物遺骸。這引起了當地有關部門的重視，停工並報告給了當地文物部門等候處理。隨後，浙江省博物館派工作人員和當地的工作人員對遺址進行複查，嗣後進行了試掘工作，發現了一批有別於其他遺址的遺物。

同年十一月到一九七四年一月，為配合當地五金廠擴建工程，有關部門對河姆渡遺址進行了第一次正式挖掘，挖掘面積七百平方公尺，發現了大量的遺跡遺物，尤其是帶有榫卯結構的木建築遺跡的發現，具有重大意義。在一九七七年到一九七九年，專家又進行了第二次挖掘，進一步豐富了河姆渡遺址的文化內涵，補充了許多重要的資料。二十一世紀初，河姆渡遺址被評為中國二十世紀一百項考古大發現之一。

河姆渡遺址因為地處東南沿海，地下水位較高，保存了豐富的有機質遺存，如干欄式建築，結構清晰、布局嚴謹，為我們了解當時人們的居住生活提供了重要資料。尤其在河姆渡遺址下層，普遍發現有稻穀、稻殼、稻稈、稻葉和其他禾本科植物混在一起的堆積層，平均厚度約四、五十公分，保存完好，稻殼、稻葉等不失原有外形，色澤鮮黃，有的稻穀連稃毛都清晰可辨。經鑑定，它們屬栽培稻中的晚秈稻，這是**目前世界上已知年代最早的栽培稻**，說明當時中國長江流域及以南地區的原始居民，已經掌握了水稻種植技術，且中國是世界上栽培稻的起源地之一。而遺址中出土富有特色的骨耜（按：音同「四」，掘土用的農具）共九十九件，說明**當時已處於耜耕農業階段**；更重要的是，它對中國農業文明的產生和發展有舉足輕重的影響。

新石器時代的牙雕藝術品

在河姆渡遺址，考古工作者還發現了大量的骨、牙器。其中有一種十分奇特的器物，報告中稱為蝶形器，在河姆渡遺址發現了不同種類的此類器物，共計三十五件，有石質、骨質、木質三類。其中一件標本編號為 T226③B：79 的器物可以說是精品中的精品。

該件器物正面刻有連體雙鳥太陽紋，上下部均已殘損，兩角圓弧，正面磨光後陰刻圖案一組，中心鑽一小圓窩為圓心，外刻同心圓紋五周，圓外上半部刻「火焰」紋，似象徵烈日火焰，兩側各刻對稱的回頭望顧的鷹嘴形鳥各一。鳥頭中心鑽有小圓窩為眼睛，鳥頭上部兩側各鑽有不等的小圓孔兩個，下側各鑽有小圓孔一個，小圓孔和斜線共同組成連弧圖案，背

▼ 雙鳥朝陽紋牙雕局部。

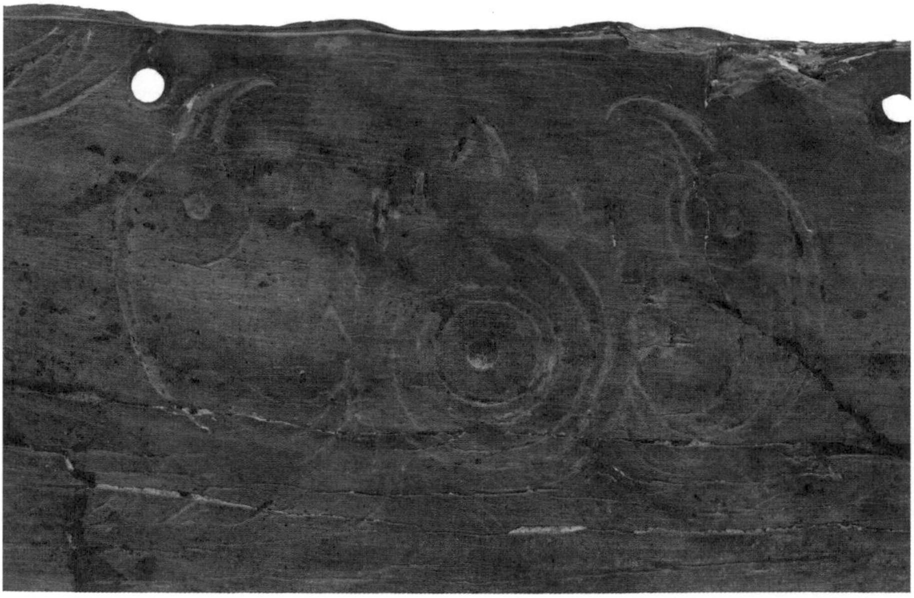

面製作較粗糙。可見，這件器物在使用中是有方向的，把刻劃有紋飾的這面朝向觀者。

河姆渡遺址發現的這件雙鳥朝陽紋器物，反映出河姆渡人的精湛技術工藝。當時的人們切取象牙後，磨製出雛形，然後用尖銳的工具進行雕刻，雕刻的線條流暢生動，動感十足，給人美的感受。

那麼**這種器物是做何用的**？這一直以來困擾著研究者們，直到現在還沒有形成一個確定性的認識。比較有代表性的觀點是考古學家王仁湘的「定向器」說。以白令海峽兩岸的阿拉斯加和楚科奇地區發現的古代愛斯基摩人製作的「有翼形骨器」為參考，認為兩者有異曲同工之妙，蝶形器應是用於鏢槍在飛行過程中的定向和平衡，提高命中率。

考古學家宋兆麟認為蝶形器是配合木桿使用的，作為干欄式建築的配飾來用。這些說法對我們認識這種器物的用途有所啟示。但是，蝶形器有不同的材質，而且製作的簡易程度也不相同，因此我們認為不同材質的蝶形器可能有不同的用途。就**這件雕刻雙鳥朝陽圖案的蝶形器而言，顯然可能不是一件實用器，應該是在某些特殊場合使用的一件器物**。這件器物是河姆渡文化的標誌性器物，是一件難得的藝術珍品。

河姆渡遺址發現的這件雙鳥朝陽牙雕，對後世產生了深遠的影響，開創了此類雕刻藝術的先河。王仁湘近期指出，良渚的微刻技藝都是陽刻與陰刻相結合的技法。這種「陰加陽」的藝術構圖傳統，線條細密構圖嚴謹，工藝異常精湛。他發現良渚文化「陰加陽」的藝術構圖傳統，是承自比其更早的崧澤文化與河姆渡文化。如果我們把這件雕刻器和良渚玉器上的雕刻圖案進行比對，會發現其在雕刻技法、構圖上都有相似之處。

因此我們可以說，以河姆渡遺址發現的這件雙鳥朝陽紋牙雕器為代表的這個時代的藝術形式，開創了微刻技藝的先河，為良渚人在玉器上進行微刻奠定了基礎，提供了技術保障。從文化傳承的角度看，河姆渡文化對後來的崧澤文化、良渚文化的產生和發展都有很大的影響。

13 人面魚紋彩陶盆

年代：仰韶文化半坡類型，距今六千八百至六千三百年；**尺寸：口徑三十九．八公分**、高十六．五公分；**材質：**陶；**出土地：**一九五五年陝西省西安市半坡遺址出土；**收藏地：**中國國家博物館。

我們很多人對仰韶文化的認識，可能都是來自陝西西安半坡遺址的人面魚紋彩陶盆。半坡遺址是中國完整揭露的一處史前聚落，發現了很多重要的遺跡和遺物。其中，魚紋彩陶盆是最為耀眼的一顆明星，巧妙的把人面和魚紋組合起來，形成新的圖案，顯示了當時人們獨特的構思和藝術想像力。

新石器時代村落遺址的代表——半坡遺址

陝西是中華文明的發祥地之一。這片土地孕育了輝煌燦爛的古代文明。尤其是關中盆地，是一個東西狹長、南北窄的地形，地理環境相對封閉，境內有渭河自西向東流過，水源充沛、土壤肥沃。西安半坡遺址就坐落在渭河支流滻河邊的二級階地上，離現在的河床八百公尺左右，高於河床約九公尺。遺址西到西安六公里，東南倚白鹿原，附近河渠縱橫，阡陌相連，是

西安富庶的地方之一。

遺址在一九五三年由西北文物清理隊發現。一九五四年到一九五七年間，中國科學院考古研究所等單位前後共進行了五次挖掘。總計挖掘面積一萬平方公尺左右。該遺址是中華人民共和國成立後，唯一一處採取大面積揭露法完整挖掘的遺址，對於認識當時的聚落布局意義重大。半坡遺址共發現完整的房屋遺跡四十多處，各種墓葬兩百多座，獲得生產工具和生活用具近萬件。這些遺跡和遺物，對於我們認識半坡人的生活面貌提供了很重要的資料。

繪製神祕圖案的陶盆

就遺物而言，人面魚紋彩陶盆是最為重要的一個發現。目前收藏在中國國家博物館的這件彩陶盆，為泥質紅陶，平折沿、方圓脣、腹部較弧、底部呈平底狀。口沿處繪間斷黑彩帶，內壁以黑彩繪出兩組對稱的人面魚紋。人面部呈圓形，十分規則。頭頂有似髮髻的尖狀物和魚鰭形的裝飾物。前額右半部塗黑，左半部為黑色半弧形。眼睛細而平直，似閉目狀。鼻梁挺直，成倒立的「T」字形。嘴巴左右兩側各有一條變形的魚紋，魚頭部呈三角狀，在人面的兩腮，像是人口中同時銜著兩條大魚。另外，在人面雙耳部位也有相對的兩條小魚，分列兩側，構成了人魚合體圖案。在兩個人面之間，有兩條大魚做相互追逐狀。整個畫面富有動感，形成了一幅生動的畫面。

經過幾十年的考古發現，考古工作者充分發現**這類器物有一定的分布範圍**：東到陝西臨潼，西至寶雞，北抵銅川，南達漢水流域，主要分布在關中地區和漢中地區。發現人面魚紋盆的遺址有：西安半坡、臨潼姜寨、寶雞北首嶺以及西鄉何家灣遺址。這些遺址均是屬於仰韶早期的半坡類型。

人面魚紋彩陶盆之謎

自人面魚紋彩陶盆發現以來，學者們對其內涵的解讀從來沒有停止過，從各個角度展開了不同的研究，形成了不下十種說法：有圖騰說、蟲形象說、生命之神象徵說、女陰象徵說。可以把這些不同的說法大致歸為三類：一是圖騰說，二是魚神崇拜說，三是女陰崇拜說。

其中，有些觀點已經為大家所熟知，如詩人聞一多的文章〈說魚〉，在文中，聞一多梳理了《詩經》、《周易》、《楚

▼ 人面魚紋彩陶盆局部。

辭》和古詩、民謠及其他史料之後指出，中國人上古以魚象徵女性，是配偶或情侶的隱語。他認為魚具有超強的生殖力，這與原始人類的**生殖崇拜和重視部落人口繁衍**的思想直接關聯。

史學家李澤厚在聞一多的基礎上，把這種祈求生育的觀念追溯到了仰韶文化時期。有研究者認為，人面魚紋是巫師頭部形象，圓圓的腦袋上頭戴尖頂的髮髻，口邊和耳邊裝飾有抽象和具象的魚紋。這種形象**與宗教祭祀中巫師的形象高度吻合**，巫師一般頭戴禮帽、臉戴面具，增強神祕感。

最近，學者林濤根據自己童年的經歷，對半坡魚紋彩陶盆進行了新的解讀。他認為人面魚紋彩陶盆上人與魚所表現的關係相當單純、質樸。其中人面並不是一個戴著面具的巫師形象，而是一個少年，一個在玩水、在和魚嬉戲，把頭深入水中享受小魚「親吻」的快樂少年形象。他還發現**這些人面除了少數是圓圓的眼睛，大部分都是緊閉雙眼，呈陶醉狀**，這是一種對美的體驗和傳達，是一種早期最為單純的審美活動。

不管怎麼說，半坡人在陶盆中繪製魚紋和人面，是基於當時的生活觀察，經過藝術加工而呈現出來的，與當時人們的生活息息相關。半坡人生活在河谷地帶，過著以農業生產為主的定居生活，兼營採集和漁獵，這種裝飾是生活的真實寫照。

這種人面魚紋彩陶盆也常常作為埋葬小孩的甕棺蓋來使用，底部往往鑽有小孔，說明這種盆除了有實用功能外，可能還是一種特製的葬具。盆內的形象如果是巫師的話，那麼他們的作用可能就是給這些死去的兒童招魂，盆底部的小孔是方便小孩的靈魂自由出入的通道。

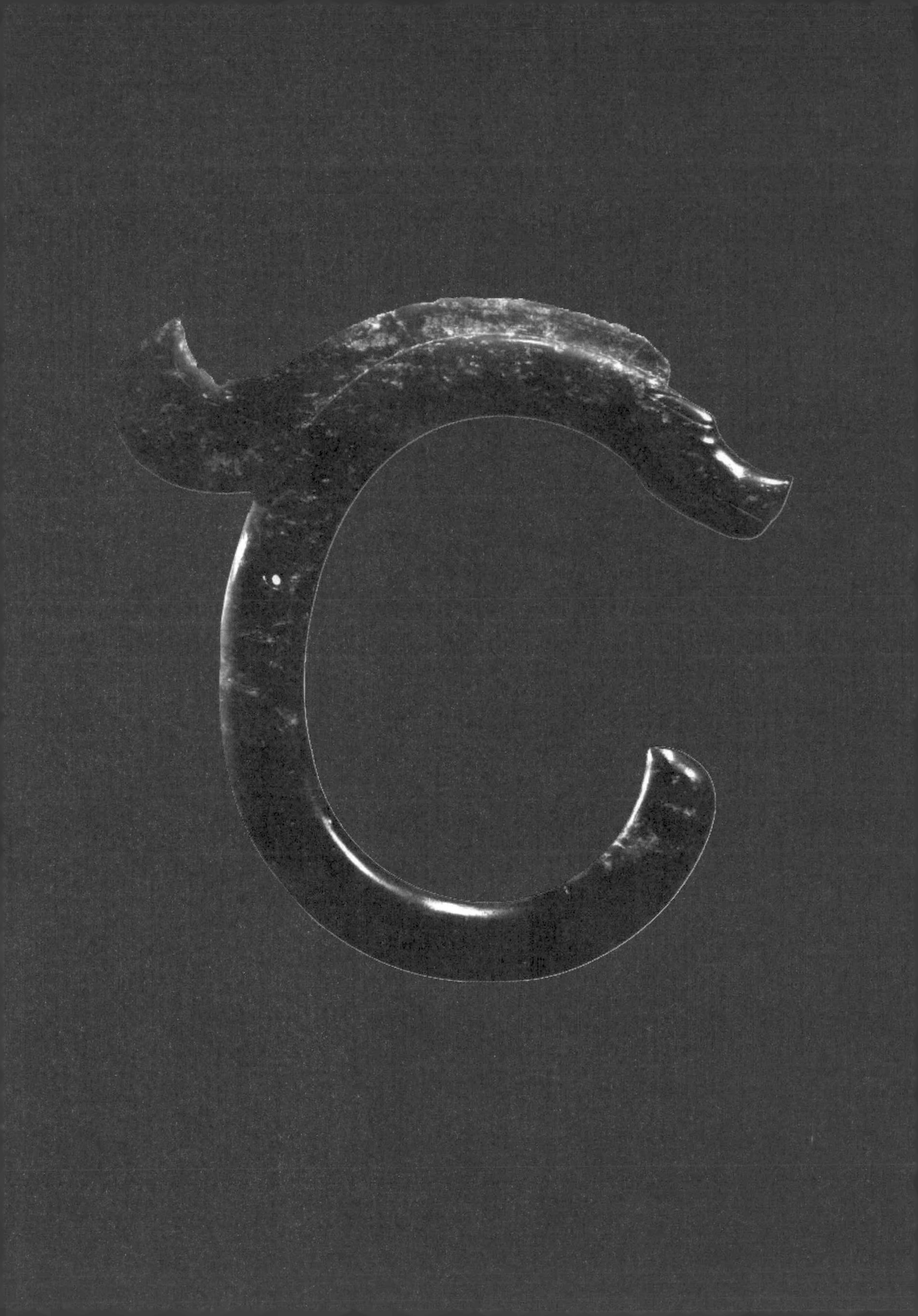

14 玉龍

年代：紅山文化，距今六千至五千年；**尺寸：高二十六公分**、直徑二・三至二・九公分、孔外徑〇・九五公分、內徑〇・三公分；材質：玉；**出土地：**一九七一年內蒙古自治區翁牛特旗賽沁塔拉村出土；**收藏地：**中國國家博物館。

我們常說：「我們是龍的傳人。」龍是一種古人想像出來的動物，為什麼我們會這麼說？背後的原因是什麼？筆者認為這是我們一種古老記憶的延續，在早期人類的生活中，出於某種需要，他們創造出了這麼一個神祕的形象。龍在傳統中國文化中，具有十分重要的文化意義。

C形龍，中華第一龍

紅山文化最為典型的標誌之一就是玉龍。在紅山文化（熱河——內蒙赤峰附近）玉龍發現之初，研究者**很難想像這種技藝精湛的玉器是來自三、四千年先民的遺作**。一九八〇年之前，所見到的玉龍多數是採集和徵集來的，其主要分布在內蒙古東南部、遼寧省西部和河北省北部。一九八四年在牛河梁遺址第二地點一號積石塚M4中出土兩件玉龍。這是第一次在墓葬中發現玉龍，也為以往發現的玉龍證明了其真實身分。

在以往的發現中，以一九七一年內蒙古翁牛特旗賽沁塔拉村北山崗上發現的一件玉龍最為重要。賽沁塔拉村在赤峰市以北一百多公里、翁牛特旗所在地烏丹鎮西北約十公里處。村北群山環繞，山南是一片開闊平緩的丘陵地，山下有季節性的河溝。玉龍就發現在半山坡上。

這件玉龍呈墨綠色，完整無缺。體捲曲，整體呈「C」字形。吻部前伸，略向上彎曲，嘴緊閉。鼻端截平，上端邊起銳利的稜線，端面近橢圓形，有對稱雙圓洞，為鼻孔。雙眼凸起呈梭形，前角圓而起稜，眼尾細長上翹。額及顎底皆刻細密的方格網狀紋，網格凸起作規整的小菱形。頸脊起長鬃，長二十一公分，占龍體的三分之一以上。鬃為扁薄片狀，通磨出不顯著的淺凹槽，邊緣收成銳角，彎曲上捲，末端尖銳。龍體橫截面略呈橢圓形，龍尾內捲，龍背上有對鑽的單孔，可能為懸掛而作。

原形是豬、是蛇，還是熊？

雖然在該遺址也採集到了一些紅山文化的陶片，但這件玉龍的發現地和遺址原有的地層關係不是十分明確。因此，這件玉龍的年代是一個值得研究的問題。遼寧省文物考古研究所名譽所長孫守道從其形態、雕刻風格、表現手法、加工技術等方面與商文化、二里頭文化、夏家店下層文化出土的玉器進行比對，均表現有較大的不同。把這件玉龍和阜新胡頭溝紅山文化墓地發現的玉器進行比對，發現其有很多相似之處。所以，玉龍的年代和胡頭溝墓的年代接近，為紅山文化時期。

再把玉龍和赤峰等地的獸形玉雕進行比對，大致能夠**看出其形態演變的一個規律：頭尾之間的距離不斷的擴大**。因此，這件玉龍的年代在距今大約五千年的紅山文化時期。遼寧大學考古系教授張星德由海金山遺址發現的勾雲形玉器出發，同賽沁塔拉玉龍進行比對，發現兩者的相似性主要表現在：整體做較細的彎勾狀，器體剖面做橢圓形，器身施對鑽圓孔。他認為二者技術手段和加工工藝相近，其年代也應相距不遠。

海金山遺址發現較多的陶器，陶器分為夾砂和泥質兩種。以泥質陶居多，火候較高、器表光滑，大部分內胎呈灰褐色、器表呈紅褐色，有的加一層紅陶衣。夾砂陶多呈灰褐色、火候低。陶器的紋飾有壓印之字紋、劃紋、附加堆紋、錐刺紋、窩點紋和彩陶。若把海金山的陶器和西水泉等遺址出土的進行對比，可發現其年代在紅山文化早期。因此，海金山遺址鉤形玉佩及和它有很大相似性的賽沁塔拉玉龍的年代在紅山文化早期。所以，這件玉龍的年代屬於紅山文化是靠得住的。

關於玉龍的原形討論，眾說紛紜，莫衷一是。有的學者認為是豬龍，有的認為是熊龍，還有鹿龍說、蛇龍說等。還有學者提出複合型動物說，如內蒙古文物考古研究所副研究員陸思賢認為：「玉龍作半圓蜷曲狀、昂首前視、長吻抿嘴、鼻端截平、軀幹蜷曲、似蛇形、鼻子像豬、眼睛像牛、下腮似蛇、突出的是頸、背部像是馬鬃，應該**是複合動物形象**，**是人們創造的神話動物**。」陸思賢認為，這種龍形象，非一般的動物，為了保持其神性，應該是紅山先民根據對各種動物的觀察，創造出來的一種複合的形象。

商代甲骨文中龍字和婦好墓中出土的玉龍都顯示，龍是一種巨頭、有角、大口、曲身的神獸。**在中國新石器時代的文化中，各個地區都發現了符合這種特徵的龍的形象**，如紅山文化的蜷曲形龍、凌家灘遺址出土的玉龍、湖北天門蕭家屋脊等的玉龍。這些可能都是原始的龍的形態，可見龍的形象從史前一直延續到了今天，成為中華民族的象徵。

以賽沁塔拉玉龍為代表的紅山文化玉龍，是東北地區史前先民精湛治玉工藝的體現，是他們留給後世的一筆寶貴財富，也是東北先民文化精神的物化形式，是當時人們神話思維的精神載體、思想願望的象徵形式、巫術思想的外在表現。

▼原始文字的鼻祖

15 刻符陶尊

年代：大汶口文化，距今六千五百至四千年；**尺寸：**高五十九公分、口徑三十八公分、底徑八．五公分；**材質：**陶；**出土地：**一九七九年山東省莒縣陵陽河出土；**收藏地：**中國國家博物館。

我們都知道龍山文化，龍山文化的命名得益於山東章丘市龍山鎮城子崖遺址的挖掘。那麼在山東地區比龍山文化更早的文化是什麼？在一九三〇年到一九五〇年我們是不清楚的。直到一九五〇年末，大汶口遺址的挖掘，讓人發現了不同於以往認識的仰韶（甘肅河南）、龍山文化遺存，加之在隨後其他遺址的挖掘，確認了大汶口文化早於龍山文化的層位。大汶口人創造了豐富的文化，人們在陶尊上還發現了刻符，**對於我們探討漢字的起源意義重大**。

大汶口文化的命名

大汶口文化是一支文化十分發達、延續時間很長的史前文化，其主要分布地域包括山東大部、蘇北、皖北等地，其影響的範圍很廣，在河南西部、遼東半島都可見到大汶口文化的原素。最早發現的兩處大汶口文化遺址是新沂花廳和滕州崗上。一九五二年十二月，南京博物院

曾對花廳遺址進行過調查並試掘，清理了一座墓葬。一九六三年又成立工作隊到花廳遺址挖掘，發現並清理墓葬二十座，出土各類文物三百多件。限於當時認識的局限性，專家並沒有分辨出這類遺存，而是和當時的青蓮崗文化聯繫起來，錯失了一個命名文化的機會。

崗上遺址未能識別出大汶口文化，是因為當時調查的人發現了彩陶，認為這是仰韶文化在山東的一個類型。直到一九六〇年，曲阜西夏侯遺址的挖掘，發現了龍山文化疊壓打破大汶口文化的地層關係，並發現了豐富的大汶口文化遺存。在此基礎上，專家正式提出了大汶口文化的命名，後被學界廣泛採納，至此，大汶口文化的研究步入了正軌。在隨後的幾十年，學者們圍繞大汶口文化的分布範圍、類型劃分、社會發展狀況等方面進行了深入研究。

刻符陶尊的發現

大汶口文化從早期到晚期**延續了兩千多年**，考古工作者經常會在大汶口文化晚期的一種大口陶尊的器物的上腹部發現有刻劃圖案，並且在刻後進行塗朱。大口陶尊的器形很大，一般口徑在三十至四十公分，通高在六十至七十公分。目前發現的在陶尊上刻劃圖案的遺址有陵陽河、大朱家村、前寨、日照堯王城、蒙城尉遲寺等，從發現的地域來看，主要分布在魯東南的日照地區。蒙城尉遲寺遺址與日照地區相去幾百里，發現的符號和日照地區一致，說明有這種符號的器物分布在一個廣泛的區域內，是大家所共同認同的，彼此之間知道符號所代表的具體含義。

日照地區發現的刻符陶尊較為集中，而且數量多，說明這裡是一處文化中心區域。**刻符陶尊多豎立於墓主人的腳端，刻劃符號朝向墓主人**。這些刻劃符號目前已發現三十多個，可分為八類，其象形元素主要包括日、月、山、樹、鉞、錛、王冠等。

中國國家博物館藏的這件大口陶尊形體較大，夾砂陶，筒形深腹、厚壁、尖底，器表飾籃紋。外壁靠近口沿處刻有一個符號，彷彿是在一座山上矗立著一棵大樹，具有抽象與寫實的雙重特點。

來自遠古的文字

關於這些陶尊刻符的研究，**主要爭論的焦點是這些符號是不是漢字**。一種觀點認為，是漢字。持此觀點的學者有于省吾、唐蘭、李學勤、裘錫圭等。唐蘭**認為這種文字已經規格化**，並且出現了簡體字，已是很進步的文

▼ 陶尊上的刻符。

字。有些學者還對這些刻符進行隸定（按：指將篆書改寫為隸書的經過），其中意見較為統一的是「斤」、「戉」兩字，對於其他的認定分歧較大。考古研究所杜金鵬主任則將發現的八種圖像分為禮兵、族徽和羽冠三類，並在其他研究者的基礎上，進一步認為羽冠類圖像是「皇」字的初文。引用欒豐實教授的話：「這一發現是大汶口文化陶文研究中的一個突破性進展，對中國文明起源的研究意義重大。」

另有以汪寧生為代表的部分學者認為，這些刻符不是文字，他認為這些圖像「屬於圖畫記事性質」，和真正的文字表音、能夠記錄語音的符號不同。這些圖形是「做器者一**種氏族標記**」。另外，考古學家王恆傑也認為，大汶口陶尊上的符號是圖像而非文字。

那麼，大汶口人為何要在體型如此碩大的陶尊上刻劃基本相同的符號？除了大口陶尊之外的其他器物上均未發現。邵望平教授認為，這種陶尊不僅形體碩大出眾，並且「這種大型陶尊似乎總與社會上受尊敬者、富人或權貴結有不解之緣。陶尊並非日常生活用具，可能與死者生前的地位有關，更可能與祭祀有關，是一種禮器」。關於其功能和用途，有祭祀說、王權象徵說、族徽說等。

筆者認為，這些刻劃在大口陶尊上的圖案應該就是文字。首先，這種符號有一定的分布範圍，而且所使用的載體都很固定；其次，在每一件大口陶尊上刻劃的圖案有相同的，說明這種符號在這個分布範圍內，人們是認識的，**大家都知道其要表達的意思**。從這兩點來分析，我們認為大口陶尊上的刻劃符號就是來自遠古的文字。

當然，對這些大口陶尊上刻劃符號的研究，我們不應該僅僅局限於符號本身，應該同時結合每個遺址所處的自然環境，如發現的「日、月、山」形圖案，很有可能就是當時人們對當地自然環境，經過長期觀察後的一種圖像化的表現，可能是他們對於天象、晝夜交替現象的一種認識的反映。我們還應該結合當時的社會歷史背景進行系統研究，以求對這些神祕的刻劃符號有個更為接近實際的認識。

總之，大汶口文化的陶尊刻符，發現的數量之多、分布範圍之廣、圖像內容之豐富，在史前是較為罕見的。這對於我們理解大汶口文化，走進當時人們的精神世界打開了一扇窗戶，吸引我們不斷的去探索、去追問。

16 三叉形器

年代：良渚文化，距今五千三百至四千五百年；**尺寸**：高四．八公分、寬八．五公分；**材質**：玉；**出土地**：一九八七年浙江省杭州市餘杭區良渚鎮，瑤山七號墓出土；**收藏地**：中國國家博物館。

良渚文化是中國史前文化中治玉水準最高的文明，無出其右者。不僅僅是製作工藝先進，其雕刻技術也是十分發達，在一公釐見方，能雕刻出四到五根線條。玉器的種類異常豐富，有琮、鉞、冠狀飾、璧、錐形器等。在這些器物中，最為特別的是三叉形器，目前僅發現於良渚文化當中。

神王之國——良渚古城

良渚文化是中國新石器時代早期確認的文化之一。自一九三六年西湖博物館的施昕更發現以來，良渚文化的發現與研究已經走過了八十多年的歷程。

良渚文化的核心分布區——長江下游環太湖流域，位於北緯三十度至三十二度、東經一一九．一〇度至一二一．五五度之間，與世界古代著名的文明發源地所處的緯度大致相當。

環太湖流域，西依茅山和天目山山地，北、南分別以長江和錢塘江為界，東瀕東海，總面積約三．六五萬平方公里，這裡依山傍水、土地肥沃、河流縱橫、湖泊星羅棋布，非常適合人類的生存繁衍。

良渚古城遺址是整個良渚文化的核心，是良渚文明的都城，它與良渚玉器等一同構成良渚文明最具代表性的物質遺存。**良渚古城遺址位於浙江杭州市餘杭區**，處於一處面積達一千平方公里的「C」形盆地北部。古城南北分別峙立著大遮山和大雄山兩座天目山餘脈，西部散布著一系列低矮山丘，這三處山體均距古城約兩公里，向東則是敞開的平原，整體有一種以山為郭之感。發源於天目山脈的東苕溪，自西南向東北蜿蜒流過，最終向北注入太湖。可見，古城所在的區域有著廣闊的腹地、優越的自然環境，由此帶來了豐富的資源和便利的交通條件。

自二〇〇七年良渚古城發現和確認之後，經過七、八年不間斷的考古挖掘、調查和勘探，良渚古城的結構布局和格局演變，清晰的呈現在人們面前。良渚古城的核心區可分三重，最中心為面積約三十萬平方公尺的莫角山宮殿區，其外分別為面積約三百萬平方公尺的城牆，和面積約八百萬平方公尺的外郭，堆築高度也由內而外逐次降低，顯示出明顯的等級差異。

同時古城北部和西北部還**分布著規模宏大的水利系統，和與天文觀象測年**有關的瑤山、匯觀山祭壇，在古城周邊也存在著廣闊的郊區。良渚古城核心區、水利系統、周邊郊區總占地面積達到一百平方公里，規模極為宏大。整個城市系統的布局與山形水勢充分契合，顯示了良渚先民在規畫古城之時視野之廣闊。

權貴階級專用的玉器

在良渚文化發現五十周年之際，浙江省的考古工作者在反山遺址發現了良渚文化貴族墓地，這是良渚文化發現以來最具影響的考古成果之一，在這些貴族大墓中發現了很多精美的玉器，引起了研究者們研究史前玉器的高潮，在隨後的幾十年時間裡，良渚玉器的研究一直是良渚文化研究的一個熱點。

在這些精美的玉器當中，以造型特殊的三叉形器，或稱為「山形器」，人們對這種形制特殊的玉器一無所知。在紅山文化（熱河）挖掘中，共發現五件三叉形器，分別出自南列的M12、M14、M16、M17和北列的M20，一般與玉鉞同出，放置在墓主頭部。在良渚文化的瑤山貴族墓地發現七件三叉形器，分別是M3、M10、M9、M7、M12、M2、M8。出土的位置也大致在墓主頭部。在浙江桐鄉普安橋遺址M11中也發現一件三叉形器。

從出土的地點來看，這些三叉形器主要在良渚遺址群內，這一帶是良渚文化的核心區域。另外，在嘉興地區也發現一件。其他良渚文化的分布區域至今未見到此類玉器出土。目前發現三叉形器的反山、瑤山、匯觀山，這幾處遺址都是良渚遺址群內埋葬貴族的高等級墓地，而且不是每一座墓都用三叉形器隨葬。由此說明，這種玉器是在貴族內部有更高身分地位的人才能隨葬的。所以，三叉形器是良渚社會特殊權貴階級所能使用的，有階級指示特徵的玉器。

從發現的這些三叉形器在墓中的出土位置來看，一般均位於死者頭部，**每墓只出一件**。這種玉器一般與玉梳背、錐形器和玉鉞共出。三叉形器和玉鉞是略高於半數高層貴族的配置，這兩種器物有必然的對應關係，即有鉞就有三叉器，反之亦然。如在瑤山墓地，根據出土器物並結合其他方面，南排墓地都有玉鉞隨葬，所以我們認為是男性貴族墓。而這些三叉形器均在南排墓內，這就表示這兩類器物的對應關係。

身分和神性的象徵

一般與三叉形器共出的還有較長的玉管，我們可以看到三叉形器的中間叉有豎向貫孔，兩側叉上有豎孔或橫穿，中叉上方與玉長管相接，可以判斷三叉和玉長管是組成一種套裝器來使用。由此，我們可以推斷三叉形器一般是男性貴族所使用的一種配飾。

我們可以看到三叉形器的一般形制是下端呈圓弧狀，上端為對稱的方柱，中間的方柱與兩邊的平齊或是低於兩端，這或許是時代早晚造成的形制差異。已發現的三叉形器多數沒有紋飾，少數正面刻劃有紋飾，僅有一件雙面都有刻劃。說明這種器物主要注重的是單面的視覺效果，同時也考慮雙面的視覺觀察。在其正面刻劃的紋飾有獸面紋和鳥紋等。

如反山 M14:135 為一件三叉形器。在其正面的中部刻劃有神人獸面紋，神人以寶蓋頭結構刻劃代替，獸面紋包括眼部、眼梁、鼻梁、鼻部、嘴部、下肢以及鳥形爪。眼部為重圈，重圈內有三組弧狀線分割，橢圓形眼瞼，眼瞼內填刻劃紋飾，紋飾中所填均為橢圓形螺旋線。在左右兩叉上刻有兩個鳥紋，鳥首內填劃圓形螺旋線以及小尖喙，鳥首下有垂囊，內填橢圓形螺旋線，鳥身的紋飾與獸面的重圈眼部特徵一致，刻有羽狀鳥尾。

這件三叉形器在背面也有紋飾，其可分為兩個主題：左右各為一半的重圈眼部以及鼻梁和眼梁，中間的凸塊之上部似乎僅為裝飾，內填圓形或橢圓形螺旋線和小尖喙組合。下部為鼻部，也可以視為左右雙眼和鼻部，其中雙眼內為圓形螺旋線刻紋，橢圓形眼瞼，之間以絞索狀弦紋相連，鼻梁上刻劃圓拱紋樣，鼻部內填圓螺旋形鼻翼圖案。**這種複雜的圖案刻劃技術，並非一般人所能掌握**，在那個時代可算是不折不扣的「高科技」。

那麼良渚人為何要製作這種形制奇特的器物用於裝飾？這些器物讓研究者們摸不著頭腦。它的原形是什麼？對此，學者劉斌認為，三叉形器可能是象徵神鳥的獨立性法

▼ 三叉形器紋飾細節。

器，並提到了三叉形器和鳥的關係，頗有新意。

學者王書敏順此思路，進一步認為鳥在良渚社會有深刻的社會文化屬性，**是良渚先民崇拜的神靈**，三叉形器是由鳥逐漸演變而來。他從外在形態、文化內涵和當地的文化傳統三個方面論證三叉形器和鳥的關係，最後指出良渚的三叉形玉器起源於良渚的圖騰崇拜神——鳥。它是鳥的化身、鳥的昇華，同時也是鳥神性的轉移——將鳥的神性轉移到三叉形器上。三叉形器借鑑了鳥的形態，也借鑑了鳥的神性。只有良渚社會的權貴階層才能使用這種帶有神性的物品——三叉形器不僅僅是其身分的象徵，更是其神性的象徵。

獨樹一幟的良渚玉文化

玉文化是中華文明的重要文化基因之一。在新石器時代，中華民族的先民們充分利用了一種珍貴的材料——玉。**紅山文化、淩家灘文化（安徽）和良渚文化是中國玉文化的重要代表**。其中良渚文化的玉器數量巨大、種類豐富，在中國史前玉器中獨樹一幟，是史前玉文化發展的最高峰，具有非常重要的地位，同時也是體現良渚文明的重要因素。

透過對良渚玉器的發現和研究可知，良渚人創造出一套以琮、璧、鉞、冠狀飾、三叉形器、玉璜、錐形器為代表的玉禮器系統，其中不僅許多玉器上雕刻有神徽圖案，而且玉琮、冠狀飾、玉鉞柄端飾等許多玉禮器的構形都與表現這一神徽有著直接的關係。玉禮器系統及神徽在整個環太湖流域的良渚玉器上表現得極為統一，是維繫良渚社會政權組織的主要手段和紐帶，顯示出良渚文化有著極強的社會凝聚力，且存在統一的神靈信仰。

良渚文化的玉器與崧澤文化相比，無論在數量上、規模上、種類上以及雕琢工藝上，都有了很大的發展，似乎有些一蹴而就的感覺。這種跳躍式的發展也正是伴隨著王權興起而產生的一種現象。良渚國王和權貴透過一**整套標示身分的玉禮器，及其背後的禮儀系統**，達到對神權的控制，從而完成對王權、軍權和財權的壟斷。以大量玉禮器隨葬的良渚文化的大墓，集中體現了王者的高貴以及男女貴族的分工。良渚文化所創造的玉禮器系統以及君權神授的統治理念，也被後世的中華文明吸收與發展。

17 銅刀

年代：馬家窯文化，距今五千至四千年；**尺寸：**長十二．五公分、寬二．四公分；**材質：**銅；**出土地：**一九七五年甘肅省東鄉族自治縣林家村出土；**收藏地：**中國國家博物館。

銅器的發明在人類文明史上具有重要的意義，改變了傳統的工具材質，對於提高生產力水準作用顯著。在仰韶文化遺址中就有銅器的發現，但是因為層位關係的問題，學術界對此持謹慎態度。甘肅東鄉林家遺址發現的**馬家窯文化銅刀**，**是中國目前發現的最早的一件青銅器**，對於我們探討中國早期銅器發展的問題意義重大。

馬家窯文化的林家遺址

甘肅東鄉林家遺址位於大夏河東岸黃土原上，從臨夏乘車東行約八公里至東原鄉政府，再往北走兩公里就是林家遺址。站在遺址上向西望去，大夏河縱貫東川河谷盆地，蜿蜒北流。林家臺地之下就是河流，古人選擇在此生活，也是為了取水的方便和有利農業的發展。

一九七七年至一九七八年，甘肅省博物館文物工作隊、臨夏州文化局、東鄉縣文化館共

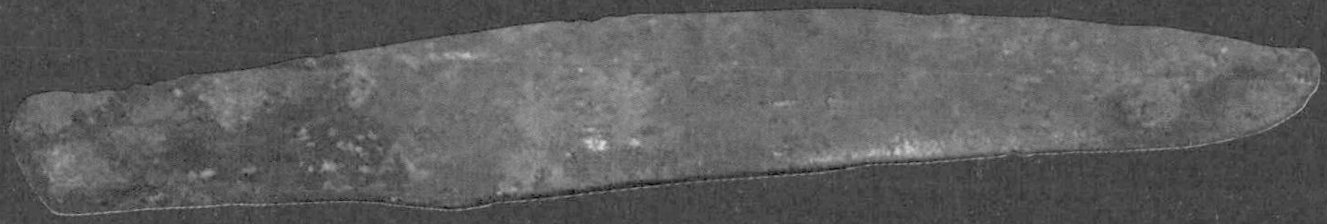

同對林家遺址進行了挖掘。在兩次挖掘期間，開設學習班，培養挖掘人員，先後有五十名當地的青年參加了學習。他們白天挖掘，晚上對資料進行整理。林家遺址兩次共挖掘了三千平方公尺，發現馬家窯時期房屋遺跡二十七處、製陶窯址三處、灰坑九十八個，獲取各類遺物三千多件，其中各類工具和生活用具兩千多件。遺物以石器為主，骨器次之。

此次挖掘基本弄清了馬家窯文化早、中、晚的堆積關係，為後續研究打下了堅實的基礎。同時，在窖穴、房址內的陶器中和灰層裡，考古人員**發現了大量的稷**和少量粟、大麻籽等穀物、油料作物標本。這些資料對於我們認識當時的農業生產提供了翔實的例證。

中國年代最早的青銅器

在林家遺址的考古挖掘中還發現了大量的生產工具，其中光刀就有兩百四十七件，包括石刀兩百零九件、陶刀二十二件、骨刀十五件和最讓人驚嘆的銅刀一件。

銅刀是在編號為F20的房址中發現的，其房屋結構比較完整，特別是灶保存完好。房屋門道朝向大夏河一邊，房址建在生土上，是一座半地穴式房屋。房間都是相互獨立，布局分散，強調各自生活的獨立性。在挖掘現場還發現了大量的骨器，其中有一把骨製匕首，為石骨複合工具；打磨的細石器作為把，動物的肢骨做成刀刃，為雙面刃，然後把柄和刃用膠黏合上去。刃部十分銳利，用手一摸都有被刺的感覺。但因其時代久遠，無法正常提取，還沒拿起來刀把和骨刃就分離了。

而青銅刀被發現在房屋的角落裡，刀身布滿銅鏽。刀由兩塊範（即模）鑄而成，刀身厚薄均勻，表面平整，有較厚的灰綠色鏽。短柄長刃、刀尖圓鈍、微上翹、弧背，刃部前端因使用磨損而凹入。柄端上下內收而較窄，並有明顯的鑲嵌木把的痕跡。該銅刀經北京鋼鐵學院冶金研究所檢驗，認定為含錫的青銅。它是中國目前發現的年代最早的一件青銅器。

更重要的是，在林家遺址編號為H54的灰坑中**發現了銅渣**，北京鋼鐵學院冶金研究所和中國社會科學院考古研究所實驗室，分別用岩相鑑定和中子活化法分析，證明銅渣不是天然礦石，也非煉銅殘渣，而是**一塊經冶煉但已風化成碎塊的含銅鐵金屬長期鏽蝕的遺物**。銅渣用中子活化法分析的結果顯示：含銅三六．五%、錫六．四七%、鉛三．四九%、鐵〇．四一%，酸不溶物占一半以上。此種銅渣在T57第四層中，也發現兩塊，都因風化而成為碎塊。這些證據顯示當時已經存在冶鑄銅器的活動，說明**林家遺址發現的這件銅刀是自己生產的**。

銅刀逐漸取代石刀

在甘肅境內除了林家遺址，也有**許多遺址發現了類似的銅刀**。**主要分布在河西走廊及洮河流域**，時間跨度在西元前三〇〇〇年至西元前二〇〇〇年。涉及的遺址除東鄉林家，還有馬廠文化永登蔣家坪，西城驛文化張掖西城驛二期，四壩文化火燒溝、乾骨崖、東灰山，齊家文化皇娘娘台、大何莊、商罐地、杏林、魏家窩子磨溝等。大致可以分為複合型和一體型兩類，林家發現的銅刀屬於一體型的。

由此可以看出，西北地方的銅刀起步早、形態進步、類型豐富，而且延續的時間長，自成體系。在其發展的過程中對中原地區產生了很大的影響。如果把目光投向遙遠的西方，我們可以看到**中亞、歐亞草原地帶也發現了很多類似的銅刀**，這些銅刀與中國西北境內尤其是甘肅地區發現的銅刀是存在密切聯繫的，相互交流可能也是存在的。

那麼這種獨特的銅刀為何突然間就出現在中國西北地方？除了來自外界的影響外，在內部也能找到一些因素。甘肅省文物考古研究所研究員郎樹德認為，東鄉林家銅刀與該遺址出土的石刃骨刀非常相似，顯示**銅刀是仿骨柄石刃刀的形制鑄造的**。也有學者指出，甘肅臨夏魏家台子遺址出土的銅刃骨刀，至少其結構和形態上是源於石刃骨刀。我們知道甘青地區是石刃骨刀分布密集的地區之一，在大地灣遺址、林家遺址、蘭州花寨子墓地、土谷台墓地、景泰張家台墓地、皇娘娘台遺址都有相關發現。因此在這一文化傳統下，生產類似形制的銅刀是自然而然的事。除了文化傳統外，也有專家指出其有冶煉技術的支撐。

這件銅刀的發現具有重要的意義，是中國目前發現的最早的一件冶鑄青銅器，把中國冶金史向前推進了一步，說明中國的甘肅地區也有可能是一處早期冶金技術的起源地。從使用石質工具到使用金屬工具，是人類發展史上的重大變革，具有劃時代的意義。從此之後，整個黃河流域都出現了銅器。尤其是進入到二里頭文化階段，青銅容器的普遍出現，開啟了輝煌的青銅文明，對中華文明產生了深遠的影響。

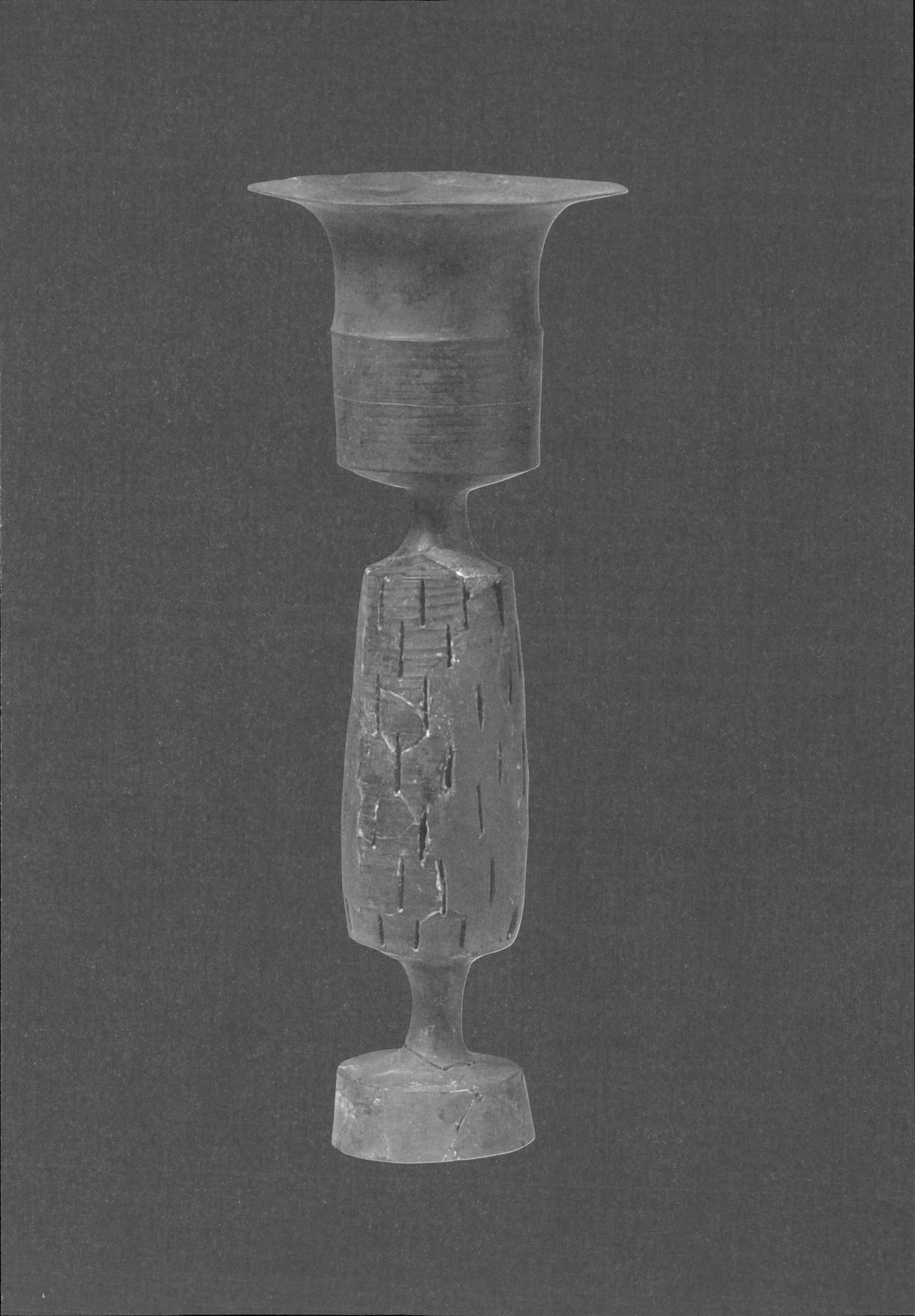

▼職業分工的開始

18 蛋殼黑陶高柄杯

年代：龍山文化，距今四千五百至四千年；**尺寸**：口徑八·八公分、底徑四·八公分、通高二十二公分；**材質**：陶；**出土地**：一九七二年山東省臨沂市河東區大范莊出土；**收藏地**：山東省博物館。

最新研究顯示，中國最早的陶器出現在距今兩萬年前，自此以後，陶器深刻的影響著人們的生活。經過漫長的發展，陶器製作工藝水準不斷提高，出現了許多新的器形。發展到龍山文化階段，出現了一種製作十分精緻的陶器——蛋殼黑陶高柄杯。這種陶器代表了中國新石器時代製作陶器的最高水準。

四千年前地球文明的最佳製作

「蛋殼陶」是一種製作精緻、造型小巧、外表漆黑黝亮、陶胎薄如蛋殼的陶器。其形制「黑如漆、亮如鏡、薄如殼、硬如瓷，掂之飄忽若無，敲擊錚錚有聲」，被譽為「四千年前地球文明的最佳製作」。中國著名考古學家梁思永曾評價：「可與中國製陶技術所造出的最美好的產品相頡頏，而形式的輕巧、精雅、清純之處也只有宋代最優良的瓷器可以與其媲美。」

一九三〇年在山東章丘龍山鎮城子崖遺址，考古人員最早發現這種漆黑如鏡的陶器——蛋殼陶器，但是對於這種器物的具體造型，不甚明瞭。一九六〇年三月到七月，山東省文物管理處曾對城子崖進行了挖掘，挖掘面積約一千七百平方公尺，出土文物十分豐富，以龍山文化遺存為主。

龍山文化的生活用具主要是陶器，骨角器較少。陶器以泥質和砂質黑陶為主，細泥黑陶、泥質和砂質的灰陶次之，橙紅色陶和黃白色陶很少。一般陶器的火候較高，陶質堅硬，表面大都是素面磨光，製作精緻，帶有光澤感。發現的主要器形有鬹（按：音同「規」）、盉（按：音同「禾」）、蛋殼陶器、鼎、罐、甕、杯、碗、盆、盤等。其中最為重要的發現是可以拼對完整的蛋殼陶器。可復原三件，一件上部為平沿寬大的圜底杯，形狀好似仰置的斗笠，下連一敞口圈足的杯形器座，座的上部刻劃和透雕了很細的花紋，共分為五圈，圖案複雜。一件上部為平沿寬大的直筒圜底杯，下連豆形器座，座上部透雕三角紋和菱形組成的寬頻圖案，製作精緻。另外一件形如高圈足杯，上部多為弧沿寬大的圜底杯，下連細長的圈座，底部呈束腰狀，外飾竹節狀。

直到**濰坊姚官莊遺址復原出了完整的蛋殼陶器**，這才為研究者認識這種特殊的器物提供了更為具體翔實的資料。對於這種數量很少、較為特殊的器物，不管是研究人員還是一般大眾，都會被它深深的折服，對這種神祕的器物充滿好奇。我們稱之為蛋殼陶，那麼這種陶器真有蛋殼那麼薄嗎？經測量，蛋殼陶一般最薄處在口沿部位，**厚度僅為〇·二至〇·三公釐**，**柄部稍厚些也不超過一公釐**——蛋殼陶的厚度還是要比雞蛋殼厚一些。因此，我們稱之為蛋殼陶，也只是一種較為誇張的說法。不管怎樣，在當時生產力水準還比較低下的情況下，蛋殼陶在當時絕對是「高科技」產品。

蛋殼陶生產展現的社會分工

蛋殼陶的完整器主要發現在規模較大的墓葬中，而且器形僅有蛋殼黑陶高柄杯一種。絕大多數墓葬只是一座墓中隨葬一件。唯有臨朐西朱封三座龍山大墓中隨葬不只一件蛋殼陶高柄杯。由此可見，能夠使用這種器物隨葬的人，其所擁有的財富較多或社會地位比較高。像西朱封大墓那樣高地位的人更少，他們是處在**金字塔頂端的統治者或王一級的人物**。一般在遺址其他遺跡單位基本見不到這類器物的完整器，多為碎片，所以我們也有理由推測這種器物可能不是一般的實用器，而是專門為墓主隨葬準備的特殊用品。

另外，有研究者對蛋殼陶器進行了實驗考古，**發現往蛋殼陶杯內加入水之後，其重心是不穩的**，所以我們可以進一步說明，這種器物不是作為實用器來使用的。另外還有一點是，這種陶器雖然質地比較堅硬，但是很薄，如果是古人拿來用的話，稍不留意，很容易破碎。所以從實用性的角度來看，蛋殼陶也不是日常生活所用的器物。

研究發現，蛋殼陶出現的地域範圍較為固定。至於在其他一些地區零星的發現，很有可能是透過交流的方式傳播過去的。在四千多年前能夠製作這麼精緻的陶器的人，也絕非一般的普通人，應該是有一群專門從事蛋殼陶器製作的陶工。他們手藝精湛，創造出這些精美絕倫的陶器。

如此精美絕倫的蛋殼陶，我們很難想像是怎麼做出來。根據相關研究，考古工作者大致梳理出了蛋殼陶的製作流程：首先，**工人對陶土進行多次淘洗**，去粗取細，然後對細膩的陶土進行翻搗、踩踏、反覆加工。其次，製陶工人再利用加工好的陶泥製作器物，器物成型後待其陰乾到一定程度，再放置於陶輪上刮削成薄壁，然後進行平、實、薄的細緻加工。再次，對加工好的器物施以鏤孔、刻劃、弦紋等裝飾，並將分開製作的器物各部分組合黏結在一起。最後入窯燒製，燒製成型後再對陶器進行滲碳、拋光處理。透過這個流程，可以看出蛋殼陶的製作需要多工種協作進行，**在單一行業內有了明顯的分工**。

當然，我們對於蛋殼陶的了解，還僅僅只是冰山一角。諸多背後的歷史文化資訊、技術資訊，還有待我們透過多種手段、多學科合作去解讀。

第3篇

人類利用金屬的第一個時代——青銅時代

當時間進入馬家窯文化晚期，一把鏽跡斑斑的青銅刀昭示著一個全新的時代——青銅時代的到來。二里頭、殷墟、三星堆、金沙、周原……讓人們親密接觸到了夏、商、周三代的文明奇蹟。

鑲嵌綠松石獸面紋銅牌飾展現著夏朝獨特的工藝之美，甲骨文講述著漢字歷史的悠久，后母戊鼎、婦好鴞尊、四羊方尊代表著商朝青銅文化的鼎盛和繁榮，而兩個玉篕的出土則告訴我們古老的絲綢之路的前身。

天亡簋、宗周鐘、毛公鼎讓西周的歷史從細節上更加清晰；而何尊的出土，讓我們知道了一個偉大而歷史悠久的名字——中國！

19 鑲嵌綠松石獸面紋銅牌飾

年代：二里頭文化，西元前一九〇〇至前一五〇〇年；**尺寸**：長十四・二公分、寬九・八公分；**材質**：銅、綠松石；**出土地**：一九八一年河南省偃師市二里頭遺址M4出土；**收藏地**：河南博物院。

夏王朝是中國最早的王朝。儘管目前還沒有發現像殷墟甲骨文那樣的明確文字史料，但是一般認為，考古發現的二里頭遺址就是夏王朝的都城遺址。因此，二里頭遺址中所展現出的高度發達的青銅文化，就是輝煌的夏王朝文明的實物見證。而這件鑲嵌綠松石獸面紋銅牌飾，無疑是其中最具特色和代表性的典型器物之一。

早期國家形成中的一個關鍵點

二里頭遺址**位於河南洛陽盆地東部的偃師市境內**，該遺址南臨古洛河、北依邙山、背靠黃河，範圍包括二里頭、圪壋頭和四角樓等三個自然村，面積不小於三平方公里。二里頭遺址發現於一九五九年。自發現以來，二里頭遺址的鑽探挖掘工作持續不斷，在三十多個年分中共進行了六十多次挖掘，累計挖掘面積達四萬多平方公尺，取得了一系列重要成果。

發現了大面積的夯土建築基址群、宮城和作坊區的圍垣，以及縱橫交錯的道路遺跡；挖掘出大型宮殿建築基址數座，大型青銅冶鑄作坊遺址一處，與製陶、製骨、製綠松石器作坊有關的遺跡若干處，與宗教祭祀有關的建築遺跡若干處，以及中小型墓葬四百多座，包括出土成組青銅禮器和玉器的墓葬。此外，還挖掘出大量中小型房址、窖穴、水井、灰坑等，出土大量陶器、石器、骨器、蚌器、銅器、玉器、漆器和鑄銅陶範等。這些成果使**二里頭遺址作為中國古代文明，與早期國家形成期的大型都邑遺存**得到了學界公認。

溝通人和祖先或天地、神靈的「神器」

一九八一年秋季，中國社會科學院考古研究所二里頭工作隊的考古人員，在編號為M4的墓葬中清理出了一件鑲嵌有綠松石的銅牌飾。這是考古挖掘中首次出土的銅牌飾，因此意義重大，同時也為探討其他散落於各地的同類器物的出土地點和年代，提供了重要的線索和依據。

這件銅牌飾長十四・二公分、寬九・八公分，整體為橢圓形，中間呈弧狀束腰，長邊的兩側分別有兩個半圓形的穿孔。銅牌飾的正面凸起，由許多不同形狀、大小的綠松石片鑲嵌、排列成動物紋樣。在一塊巴掌大小的銅牌上，鑲嵌兩百多塊綠松石，並組合成生動的圖案，其難度之大、工藝之精，令人嘆為觀止！

這種鑲嵌綠松石的銅牌飾是，中國二里頭文化時期一種頗具特色的藝術品。其圖案的主體為獸面紋，雙目圓睜、鼻梁筆直且與身脊相通，用勾雲紋表現出猙獰的面部、上揚的雙角和舞動的四肢。構圖上，直線、曲線的合理運用，使圖案更加美觀、生動。整個圖案給人以神祕、莊重、抽象、誇張的感覺。這件銅牌飾的圖案，引起了眾多專家和學者的關注與興趣，並紛紛做出了各自的解釋，有龍形說、狐紋說、虎龍紋說、鹿紋說、鳥形說、鴟鴞（也就是貓頭鷹）紋說等。其實，圖案的抽象與誇張，讓人很難統一到一種具體的動物形象，反而更能引起人們的聯想。不過，這種獸面紋一定具有溝通人和祖先或天地、神靈的作用。

高超的綠松石鑲嵌工藝

如此精美的器物，是在哪裡生產？是如何製作而成？考古工作者在二里頭遺址宮殿區以南發現的一處綠松石器製造作坊，為我們提供了非常重要的線索和依據。這個作坊遺址內出土了多達數千枚的綠松石塊粒，其中相當一部分經過了加工，帶有切割琢磨的痕跡，包括綠松石原料、毛坯、破損品和廢料等。這批史料為我們探尋鑲嵌綠松石獸面紋銅牌飾的生產地點、了解綠松石製作加工工藝，提供了絕好的標本。我們可以從中獲知，綠松石的原石開採後，要經過打擊、劈裂、切割、研磨到穿孔、拋光、鑲嵌、拼合等一系列的技術細節和工藝流程。

考古發現已經證明，二里頭文化自第二期開始，**鑄銅手工業和綠松石加工業**的專業化得以提升，這兩種手工業的生產彙集至圍垣作坊區內。玉器或有機材質上鑲嵌綠松石，使用傳統與不斷發展的冶金技術相結合，融入早期社會的政治秩序和宗教氛圍，進而創造出了新的複合形器物——鑲嵌綠松石獸面紋銅牌飾，成為後世「金鑲玉」的前身。這種較為特殊的器物組合在伊洛地區的二里岡文化短暫延續之後，就在中原地區徹底消失，但是「金鑲玉」的工藝傳統卻為殷墟文化所承繼。

這件銅牌飾華麗精美，在當時的歷史環境中，它絕對不僅只是一件單純的藝術品或者裝飾物，而應具有更為重要的用途和功能。這件銅牌飾出土的墓葬，是迄今為止在二里頭遺址內發現的等級最高的墓葬之一。也就是說，這件銅牌飾曾經的擁有者，是一名社會地位高、權力大的貴族。那麼，這件銅牌飾是一種用以「明尊卑，別上下」的重要禮器。值得注意的是，鑲嵌綠松石獸面紋銅牌飾都與銅鈴共出，這種特殊的、固定的器物組合，顯示了器物的所有者不僅掌握著世俗權力，還**控制著與天、神溝通的神權**。

▼中國最早的成體系的文字

20 「王為般卜」龜甲刻辭

年代：商，西元前一六〇〇至前一〇四六年；**尺寸：**長十八．六公分、寬十．二公分；**材質：**龜甲；**出土地：**傳河南省安陽市殷墟出土；**收藏地：**中國國家博物館。

文字是人類文明的重要標誌。甲骨文不僅是中國目前所知最早的成體系的文字，也是世界四大古文字之一。殷墟甲骨的發現是中國學術史上的一件大事，在史學領域，與流沙墜簡、敦煌文書、內閣大庫檔案有「二十世紀四大發現」之稱，至今仍是顯學。

大學者王國維透過對甲骨文的研究，發現《史記．殷本紀》中記載的**商代先公先王之名絕大多數都見於卜辭中**，商王的世系也可相互對應，從而證明司馬遷的《史記．殷本紀》基本上是正確的。這一發現使商代的歷史成為確鑿的信史，把中國有文字記載的歷史上推了幾百年，具有重要的學術價值。此外，殷商甲骨和甲骨文自身包含的內容也極其豐富，涉及殷代的政治、經濟、文化、社會生活等各個方面，是研究商代歷史與社會的珍貴資料。

二〇一七年底，甲骨文成功入選「世界記憶名錄」，這是一件能夠讓全體華人引以為豪的盛事。中國國家博物館收藏的這片「王為般卜」龜甲刻辭，保存完整，可以讓我們一睹殷商時期甲骨文的真實面貌，並了解甲骨文的選料、製作、記敘等具體內容。

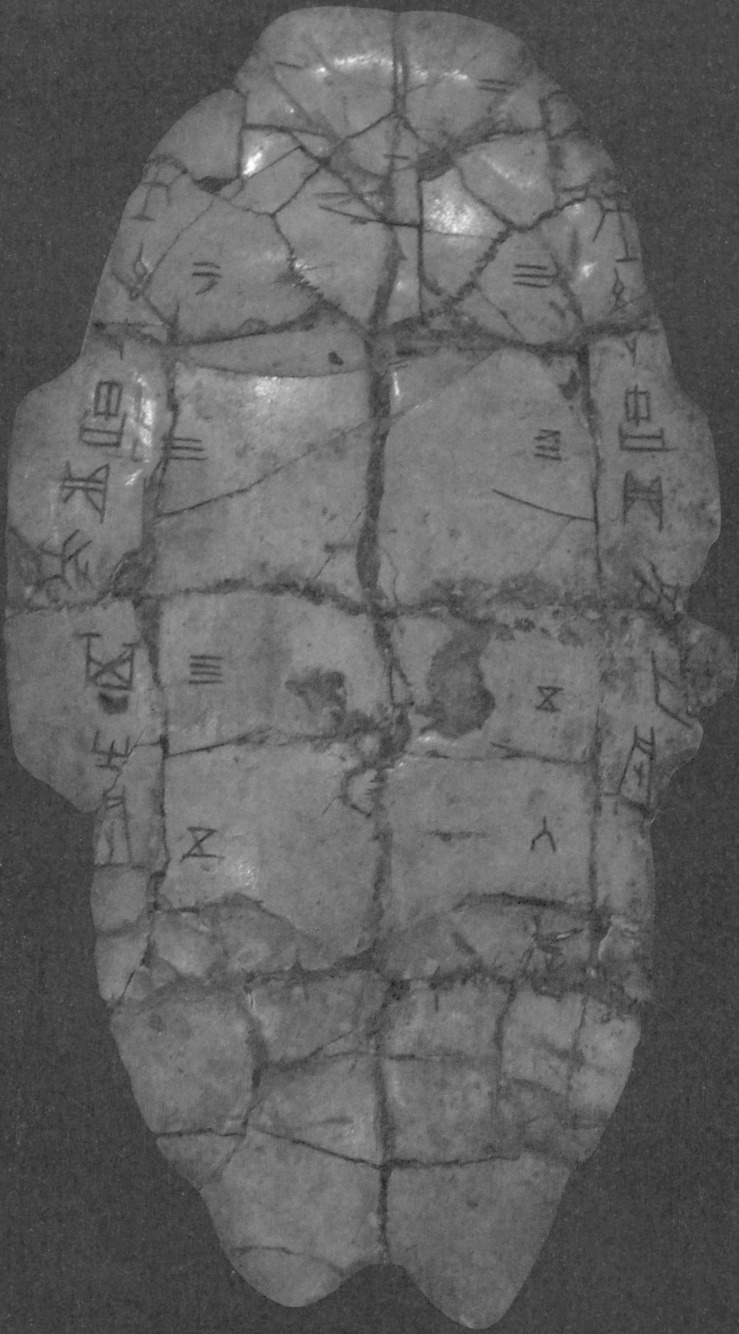

一塊特殊的龜甲

這片龜甲是龜的腹甲，其正面的左右兩側，分別刻有一條卜辭，可釋讀為：

戊午卜，古貞：般其有禍？

戊午卜，古貞：般亡禍？

「戊午」是占卜的具體日期，殷商時期以干支記日。「古」是貞人（負責占卜的專業人員）的名字；「般」是商王武丁時期一名貴族的名字。商王專門為「般」占卜是否會有災禍，可以看出「般」這個人的地位很重要。

這兩條卜辭的內側，還分別刻一行數字，即「一二三四五六」與「一二三四五六二告七」。這是序數，指灼龜時的占卜次序，也是對同一件事反覆、多次占卜的證據。

龜甲的背面有鑽鑿十三組，左右相對，右半部的七組鑽鑿以中甲首起為序，與正面序數的位置正好相對應。正中千里路（龜板正中有一條自上而下的直線，稱為「千里路」）有一條刻辭，是正面卜辭的占辭，也就是對卜問內容的回答，可釋讀為：

王占曰：吉。亡禍。

這片龜甲很可能出土於殷墟小屯C區著名的甲骨坑「YH127」，後來曾一度為著名的古文字學家唐蘭所收藏，現為中國國家博物館的藏品。

刻在甲骨上的文明

「甲骨」是龜甲和獸骨的通稱。一般而言，「甲骨文」是指刻在龜甲或者獸骨上的文字。**商王占卜所用的龜甲大都為各地的貢品**。據初步統計和推測，殷代各地貢龜的數量在一萬件以上。這些龜甲多來自南方，甚至**有的龜甲屬於大海龜，與現在產於馬來半島的龜同種**。

龜甲之中，腹甲占絕大多數，背甲則相對較少。在獸骨之中，殷墟各遺址均以牛的肩胛骨為主，也包括極少數的豬、馬、羊、鹿、人的骨骼。由於甲骨是商王與諸位祖先、各種神靈進行溝通、交流的重要媒介，因此在原料的選取上頗為慎重，整治、鑽鑿、刻劃等程序更是十分嚴格。

占卜時所用龜的腹甲，一般甲首裡面均鏟平，不留邊緣，甲橋只留一小部分，甲橋與腹甲連接處成鈍角，邊緣呈弧線狀。背甲有兩種處理方式，一種是從中脊鋸開，一分為二，邊緣經修整刮磨，近梭形；另一種，將完整的背甲剖開之後，鋸去首尾兩端，邊緣修整成弧線，整個形狀近似鞋底形，有的中部還有圓孔。

殷墟出土的占卜所用的牛肩胛骨，都要加工，削去反面直立的骨脊並加以磨平，鋸去骨臼的一部分並將臼角切去，然後將正、反兩面刮磨光滑。整治和處理後，還要在龜甲和獸骨的背面進行鑿、鑽。這些加工都是為了占卜灼龜時，能在正面呈現出卜兆。占卜時，用炭火燒灼甲骨的鑿鑽處，使甲骨的正面出現卜兆，然後根據卜兆的形態和走向，判定吉凶。最後，把所占問的事情契刻在甲骨上。

商王及少數王室貴族擁有專門的占卜機構。商王掌握的占卜機構既要占卜國家大事，又要占卜王的日常生活瑣事，且一事多卜，從正面、反面反覆卜問，因而卜事極為頻繁。甲骨的整治、占卜、契刻或占卜以後甲骨的處理等都需要專人負責，因此，就需要很多占卜機構人員。這些人大都是經過訓練、技術嫻熟的專業人員，在各項工作中都有一定的操作規程。所以，我們見到的卜甲、卜骨已經相當規範化了。

甲骨文和殷墟考古

甲骨文是中國發現的最早的、較為成熟的、成體系的文字，也是中國最早的文獻紀錄。那麼出土的甲骨文史料的數量究竟有多少？這是一個最基本的問題，也是公眾頗為關心的話題。甲骨文自一八九九年發現以來已有一百多年，由於種種原因，很多甲骨或保存於私人手中，或分散於中國各大博物館、大學等機構，或流散於歐美、日韓等國家。國內外公、私機構現藏甲骨的實際數量，據初步統計，**有十三萬片左右**。

說到甲骨文，就不能不提金石學家王懿榮和殷墟。一八九九年，王懿榮在北京發現中藥店中所售龍骨上刻有一些很古老的文字，意識到這是很珍貴的文物，開始重金收購，進而考證出這些「甲骨文」是「殷人刀筆文字」。一九〇〇年八國聯軍入侵，王懿榮自盡，甲骨轉歸清代作家劉鶚所有。古董商販為謀利，封鎖甲骨來源消息。後羅振玉等學者多方探求，得知甲骨來自河南安陽小屯村，於是多次派人去那裡收購甲骨，並對其上文字作了一些考釋，認為小屯就是文獻上所說的殷墟。其後，國學大師王國維對這些甲骨文上的資料進行了考據，進一步證實這裡就是盤庚遷都的都城。

一九二八年，在中研院歷史語言研究所所長傅斯年大力支持下，甲骨學家董作賓與臨時工作人員組成考古隊，開始對殷墟進行第一次為期十八天的試掘，總共出土八百多片有字甲骨以及銅器、陶器、骨器等多種文物。中國現代考古學由此發端。一九二九年春，由人類學家李濟主持對殷墟的正式挖掘。到一九三七年抗日戰爭全面爆發，共進行了十五次科學挖掘。一九五〇年以來，中國科學院及中國社會科學院又重新開始挖掘工作，至今未中斷。

甲骨四堂

自一八九九年王懿榮第一個購藏、鑑定甲骨文起，經過幾代學者的努力不懈，對於甲骨文的認識和研究已取得了豐碩的成果，其中有四位里程碑式的人物，為甲骨學的形成、發展與傳播奠定了堅實的基礎，做出了卓越的貢獻。

一九三九年，著名的古文字學家唐蘭先生就非常精闢的指出：「卜辭研究，自雪堂導夫先路，觀堂繼以考史，彥堂區其時代，鼎堂發其辭例，固已極盛一時。」雪堂是**羅振玉**的號、觀堂是**王國維**的號、彥堂是**董作賓**的字、鼎堂是**郭沫若**的曾用名，四位學者的字、號或名均有「堂」字，**被譽為「甲骨四堂」**，是甲骨學中絕對的殿堂級人物。

羅振玉（一八六六至一九四〇年），字式如、叔蘊、叔言，號雪堂，又號貞松，是中國近代著名的金石學家、目錄學家、古文字學家、敦煌學家。羅振玉首先確切打聽到甲骨文出土地為安陽小屯，明確甲骨文是盤庚遷殷以後「殷室王朝遺物」。他還是當時私人收藏甲骨最多的學者，並考釋出大量的單字，首創了對卜辭進行分類研究的方法，先後出版了《殷商貞卜文字考》、《殷墟書契》、《殷墟書契考釋》、《殷墟書契菁華》等著作，為甲骨文字的公布、考釋和研究提供了重要的資料。可以說，羅振玉是甲骨學的奠基者，開創之功巨大。

王國維（一八七七至一九二七年），字靜安，號觀堂，是中國近代最著名的學者之一，在哲學、文學、戲曲、美學、史學、古文字等方面均有深厚的造詣。王國維與羅振玉既是師徒、至交，還是親家，並締造了殷墟考古之前甲骨學研究史上的「羅王之學」。王國維不僅在考釋文字方面多有突破，更可貴的是，他利用甲骨文考證、研究商代歷史與典章制度，比如證實了《史記．殷本紀》的商王世系，糾正了其中以報丁、報乙、報丙為序的錯誤等。這將甲骨學推向了一個新的階段。此外，王國維還是最早對甲骨斷片進行綴合的學者，極大的提高了甲骨的學術價值。

董作賓（一八九五至一九六三年），原名守仁，字彥堂，號平廬，是著名的考古學家和甲骨學家。董作賓於一九二二年進入北京大學研究所國學門，師從王國維。一九二八年，中研院歷史語言研究所籌備處成立後，董作賓受聘主持了第一次殷墟考古工作，並參加了後來的歷次挖掘。董作賓歷盡艱辛，將殷墟考古所得甲骨整理出版，在刊布史料方面貢獻巨大。他在一九三三年發表的《甲骨文斷代研究例》中提出了「五期說」和「十項標準」，為甲骨學建立了科學研究體系，具有劃時代的意見。

郭沫若（一八九二至一九七八年），原名開貞，號尚武，曾用名鼎堂。郭沫若不僅致力於甲骨文資料的整理、文字的考釋，最為重要的是他以歷史唯物主義為指導，利用甲骨文資料研究商代社會歷史。其代表作有《卜辭通纂》和《甲骨文字研究》。

▼鎮國之寶，禮器之尊

21 后母戊鼎

年代：商後期，約西元前一四至前十一世紀；**尺寸：**通高一百三十三公分、口長一百一十公分、口寬七十九．二公分；**材質：**青銅；**出土地：**一九三九年河南省安陽市侯家莊武官村出土；**收藏地：**中國國家博物館。

青銅鼎是中國商周時期最重要、最具代表性的禮器，甚至是權力和地位的象徵。我們現在常提起的「禹鑄九鼎」、「一言九鼎」、「問鼎中原」、「三足鼎立」等成語和故事都與之有密切的聯繫。在眾多的青銅重器之中，商代的后母戊鼎以其體積最大、分量最重、精美的紋飾、高超的工藝和曲折的經歷，成為最耀眼奪目的禮器「明星」。

青銅器之王

后母戊鼎是目前中國發現的體積最大、分量最重（按：八三二．八四公斤）的青銅禮器，是當之無愧的青銅器家族中的「巨無霸」，也是社會知名度最高的青銅禮器，家喻戶曉、蜚聲中外。后母戊鼎口沿方折、上面有兩個立耳、鼎身為長方體、深腹平底、腹下有四個圓柱狀足

（其上半部中空）。鼎耳外廓飾雙虎食人頭紋，耳側飾魚紋。鼎身裝飾以雲雷紋為地紋的獸面紋和夔（按：音同「魁」）龍紋，四面相交處有扉稜。鼎足上部裝飾獸面紋，下部則為三道弦紋。該鼎腹內鑄有呈品字形排列的「后母戊」三字銘文。

后母戊鼎碩大厚重、莊嚴沉穩、裝飾華麗、繁簡適宜，整體具有恢宏雄霸的氣勢。鑄造這樣一件龐然大物，是如何完成並實現的呢？

第一步，肯定是要準備好充足的原料、足夠的人員、開闊的場地等。其次，由專業的陶工為大鼎製作模範，並雕刻好紋飾、銘文。接下來，由煉工按一定的比例配置銅、鉛等金屬料塊，在窯爐中將其熔化成合金液體，然後注入大鼎的模範製作內。僅僅這一鑄造工作的環節，就**需要數以百計人員同時參與**，規模之大、忙碌火熱的場景可想而知。這還要有統一的指揮、合理的分工以及緊密的協作，稍有差錯，很可能就功虧一簣。最後，澆鑄完成，冷卻定型，就可以除去模範，得到大鼎了；接著再用磨工將大鼎打磨光亮。

眾所周知，青銅主要是銅、錫、鉛的合金。合金成分分析的結果顯示，后母戊鼎的銅占八四．七七%，錫占一一．六四%，鉛占二．七九%，與殷商一般青銅器的成分基本相同，並且與《周禮．考工記》上所說的「六分其金而錫居一」的記載基本吻合。因此，完全可以說，后母戊鼎是中國殷商時期文明發達、科技先進的最好物證，它的出土，直接證實了殷商時期的科技發展水準。

▲ 后母戊鼎紋飾細節。

太大搬不動，差點來臺灣

后母戊鼎的名氣，不僅僅因其體積大、分量重、紋飾精、工藝高，還與其曲折的經歷有著密切的關係。一九三九年三月，河南安陽武官村村民吳希增等在農田中掘獲后母戊鼎，出土時雙耳斷損。因日偽搜尋，出於民族利益與情感，村民又將其埋於地下。一九四六年七月，安陽縣古物保存委員會獲悉后母戊鼎的埋藏地點後，在當地駐軍的協助下將其從武官村再次掘出，陳放於蕭曹廟供社會各界參觀。不過，此次后母戊鼎重見天日，只保留下了一隻耳，另外一隻耳至今下落不明。

一九四六年十月，后母戊鼎作為蔣介石六十壽辰的壽禮被運往南京。一九四九年四月，中國人民解放軍解放南京，后母戊鼎沒有來得及運往臺灣，留在「中央博物院」籌備處。一九五〇年三月，「中央博物院」籌備處更名為南京博物院，后母戊鼎成為南京博物院的藏品。之後，專業人員修復后母戊鼎，**為其仿製並裝配了缺失的一耳**。因此，我們現在見到的后母戊鼎，有一個耳並不是「原配」，若有興趣，可以辨別一下，考考自己的眼力和鑑別力。一九五九年三月，后母戊鼎被調入正在籌建的中國歷史博物館，也就是現在中國國家博物館的前身。

「司」、「后」之爭

圍繞著這件青銅大鼎，還有一個歷來爭論不休的問題，就是該鼎的名字是「司母戊」還是

「后母戊」？其實關於青銅器的改名或者命名存在不同意見，並不是什麼稀罕事，但是這件銅鼎的命名不僅在學界是個焦點，在社會上也是個廣受關注的焦點。二〇一〇年到二〇一一年，該青銅大鼎的收藏機構中國國家博物館，在圖錄和展覽中將以往命名的「司母戊鼎」改稱為「后母戊大方鼎」、「后母戊鼎」，激起了不小的波瀾。

「司」、「后」之爭，由來已久，至今尚無定論。一九四六年七月，也就是這件青銅大鼎再次出土後不久，《申報》特派員邵慎之將其銘文釋為「后妻戊」；而學者張鳳在《中央日報》發表文章將其釋為「司母戊」，自此就拉開了關於該鼎名稱中「司」、「后」之辯的序幕。一些著名的考古學家、古文字學家和歷史學家，如夏鼐、董作賓、郭寶鈞、容庚、曾昭燏、翦伯贊、陳夢家、胡厚宣等，都贊成「司」。他們認為，「后」這個字用於帝王配偶是在春秋才出現，《白虎通》中記載「商以前皆曰妃，周始立后」。殷墟卜辭當中並沒有此用法，而是以「毓」字來描述王后。

有學者經考證後認為「司」字應當「祭祀」之意使用。周禮的四時祭祀分別名叫礿、祠、嘗、烝，「祠」字金文省作「司」是合理的。因此這件青銅大鼎，自一九五九年入藏中國歷史博物館並展出至二十一世紀初，「司母戊」之名沿用了約六十多年，具有了相當的社會認知度。不過，另有一些專家和學者，根據新的學術研究與成果，主張應稱作「后母戊」。不管怎樣，這種探討無疑會加深人們對這件青銅大鼎的了解、認識和喜愛。

22 玉簋

年代：商武丁時期，西元前一二五〇至前一一九二年；**尺寸**：通高十二·五公分、口徑二〇·五公分、足徑十四·五公分；**材質**：玉；**出土地**：一九七六年河南省安陽市殷墟婦好墓出土；**收藏地**：中國國家博物館。

夏鼐先生曾說：「全世界有三個地方以玉器工藝聞名，即中國、中美洲（墨西哥）和紐西蘭，其中以中國的最為源遠流長。」中國玉文化的發展從舊石器時代晚期開始，工藝日益成熟。到了商代，商都殷墟不僅成為當時最大的玉器生產中心，並且開闢了以和田玉（按：又稱和闐玉）為主體的玉器新時代。

殷商燦爛文明的寶庫——婦好墓

婦好墓位於安陽北郊小屯村。一九七五年冬天，中國農村興起「農業學大寨」（按：在冬季農閒時，組織農民進行農田基本建設、興修水利）的熱潮，學大寨的重要行動措施之一就是平整土地。小屯村西北約一百公尺，大約高出村莊八十公尺的小土崗成了村民決定平整的對

象，崗地形狀類似三角形，東窄西寬，一萬平方公尺。由於此處是殷墟重點保護區，按規定不宜動土，但囿於形勢，不便直接阻止，因此中國社會科學院考古研究所安陽隊的隊員率先對此地進行了考古鑽探，很快就發現了建築基址遺跡，從而拉開了婦好墓考古的序幕。

一九七六年春，由考古學家鄭振香、陳志達率領的考古工作隊正式進駐此地，開始全面的考古挖掘。五月十六日，由工人何保國使用探鏟在八公尺深處正式發現墓葬。經測量，墓口長五．六公尺、寬四公尺、深八公尺，為一座面積約二十平方公尺的豎穴墓。挖掘之後，出土大量青銅禮器、武器以及各種不同用途的玉器、寶石器和象牙器等，隨葬品總數達一千九百二十八件，此外有海貝六千八百枚，另有少見的阿拉伯寶螺、紅螺等。

在各種文化遺物中，最能體現殷墟文化發展水準的是青銅器和玉器。青銅器以禮器和武器為主，其中禮器兩百一十件，類別有炊器、食器、酒器、水器等。禮器中有銘文的一百九十件，銘文凡九種，其中**鑄「婦好」或單一「好」字銘文的共一百零九件**，占有銘文銅器的半數以上，且有較多的大型重器和造型較新穎的器物，如偶方彝（按：音同「移」）、三聯甗（按：音同「眼」）、鴞（按：音同「宵」）尊等。

墓內所出武器有一百三十多件，有鉞、戈、矛和鏃等，以戈為數最多，是主要的武器，鏃也較多。墓內隨葬玉器七百五十多件，以深淺不同的綠色為主，褐色的占一定比例，白玉很少。其類別有禮器、武器（似為儀仗）、工具、用具和裝飾器等。這些玉器不僅充分反映了殷商時期製玉的技術水準，更重要的是展現出了當時光輝燦爛的玉文化。

仿銅玉製容器

婦好墓中出土的瑰麗多彩的玉器中，我們可以看出，從開料切割、琢磨成形、鑽孔到拋光工序，都應用了嫻熟的「勾」、「徹」、「擠」、「壓」等製作手法。玉器種類有琮、璧、瑗、環、璜、玦、圭、戈、矛、戚、鉞、刀、斧等大量禮儀性器物和其他裝飾性器物，最為特別的是兩件玉簋（按：音同「軌」），是殷商時期頗為難得的玉製容器。

這兩件同出的玉簋，雖然形制、紋飾不盡相同，但都與同時期的青銅簋相類似，可以算是「仿銅玉器」的代表。一件玉簋為白色，有黃斑；侈口圓脣，下腹微鼓，平底矮圈足；口沿下飾三角紋，腹飾饕餮紋（按：又稱獸面紋）三組，上下夾以弦紋；近底部飾菱形紋；足飾雲紋及目紋。另一件玉

▼ 婦好墓出土的白玉簋。

簋為青綠色，斂口平脣、腹部微鼓、圜底矮圈足；腹部有四條扉稜，其間飾勾連三角紋，內填「S」形紋；足飾雲紋。後者是中國目前發現的商周時期玉器中最早、最大的一件玉製容器。

玉石之路

如此精緻典雅的玉簋應該就是在殷墟製作而成。殷墟挖掘出的玉器作坊遺址可以證實這一點。那麼，玉簋的原料來自哪裡？也就是說原料的產地是什麼地方？是就地取材、在殷墟或者附近地區？還是更為遙遠的其他地方？解答這些問題的關鍵，最基本的是要對這些玉器進行科學的分類和準確的鑑定。根據玉器的色澤、外觀組織、硬度、比重幾種簡單的物理性質，最容易區分出來的就是硬玉和軟玉兩類。一般而言，玉器界人士將摩氏硬度為六．五至七度、比重為 3.24～3.43g/cm^3 的玉石稱為硬玉，摩氏硬度六至六．五度、比重為 2.89～3.20g/cm^3 的稱為軟玉。

專家對婦好墓出土的約三百件玉器初步鑑定，結果大部分玉器均為軟玉，其中青玉較多，白玉較少，青白玉、黃玉、墨玉、糖玉更少，並且**絕大多數都是產自新疆的和田玉，僅有少數幾件為產自遼寧的岫岩玉和河南的獨山玉**。

眾所周知，殷商王朝的政治和文化核心區域就在安陽，而殷墟出現如此眾多的和田玉產品，必定需要大量來自新疆的原料，且這些原料一定要能保持較為長久、穩定和順暢的輸入。所以當時的新疆，即便不在殷商王朝直接、有效的政治統治、軍事控制的勢力之內，也必然與殷商王朝保持著密切且頻繁的物質文化交流與往來。試想一下，在交通不便、設施不發達的三千多年前，在有萬里之遙的中原與西部新疆之間，就存在著如此規模的交流，是一件多麼不易的事情呀！難怪已有不少學者提出，早在西漢張騫鑿空西域、打通絲綢之路之前，中原與西部地區就已經存在著一條「玉石之路」。

▼一位女將軍的傳奇

23 婦好鴞尊

年代：商武丁時期，西元前一二五〇至前一一九二年；**尺寸：**通高四十五．九公分、口長徑十六．四公分、蓋高三．二公分、足高十三．二公分；材質：青銅；**出土地：**一九七六年河南省安陽市殷墟婦好墓出土；**收藏地：**中國國家博物館、河南省博物院。

殷墟是一座巨大的地下寶庫，**數以千計的墓葬**涵蓋了商王、貴族、平民等各個階層的各色人物，是當時社會狀況的真實再現。其中，婦好墓是迄今為止殷墟挖掘的高等級墓葬中保存最為完整的一座。這位婦好，在文獻中可以找到記載，既是王后，也是女將軍，還是祭司，而墓葬中出土的器物也見證了她傳奇的一生。

造型獨特的青銅禮器

一九七六年五月至六月，中國社會科學院考古研究所安陽工作隊的考古人員，在今安陽小屯村北挖掘了著名的殷墟婦好墓（編號 76AXTM5）。這座墓葬保存完好，沒有遭受過任何破壞，隨葬器物極其豐富、精美，是迄今為止殷商王室墓中最完整的一批，對於研

▼ 婦好鴞尊正面。

究殷代的歷史、考古、藝術等各方面都具有極為重要的價值。婦好墓中出土的隨葬器物多達一千九百二十八件，另外還有海貝六千八百枚。在如此眾多的隨葬器物中，青銅器就有四百三十多件，約占總數的四分之一。在如此眾多的**青銅器中，有兩件可被稱為「鴞尊」的器物**，可以說是別具一格、獨領風騷。

鴞尊兩件，造型、紋飾、大小基本相同，堪稱是一對「孿生兄弟」。鴞尊的整體造型就是一隻鴟鴞，鴞首渾圓、略微仰起、寬喙內鉤、圓目突出、雙耳豎立；頸部短粗、胸部前挺、雙翼收攏於身側；兩足粗壯有力、四爪著地、寬尾下垂。鴞的背部至頸部有一半圓形寬鋬（按：音同「判」，器物側邊供手提拿的部分）。

鴞首分為前後兩部分。前半部分與喙部、頸部相連，喙上飾饕餮紋。耳羽內各飾一條倒立的夔龍紋，龍首有角、大口張開、龍身彎曲向上、龍尾內捲；耳羽背面飾有「W」形狀的條狀紋飾（參考右頁圖）。後半部分為一半圓形蓋，鑄有高冠、尖喙、寬尾的鳳鳥；鳳鳥身後是一長角、捲尾、作站立狀的龍形蓋鈕（參考下頁圖）。

鴞尊頸部左右兩側各飾一條夔龍紋，首尾有兩個頭，一隻龍頭伸至鴞喙，口向上，足前伸；一隻龍頭伸至鴞翼上方，口向下，足前屈。鴞尊的前胸中部飾有一個牛面饕餮紋，頭上長有一對大角，雙眼鼓出為橢圓形。翅膀前端飾有三角形頭的長蛇一條，蛇身緊盤，上飾對角雷紋，蛇尾與翅並行。鴞尊粗壯的雙腿上各有一條頭向下、口大張、身子豎直向上，尾部捲曲的夔龍紋，雙足似蹄，飾四個蟬紋表現出四爪。尾的上部飾一隻圓首尖喙、展翅欲飛的小鴞。鋬的上端飾獸首。鴞尊從面部至前胸，有一條凸起的扉稜，所有的紋飾以扉稜為中心線，左右對稱分布。**鴞尊口內的下側鑄有銘文「婦好」**二字。「婦好」是墓主人在世時的稱謂，故這兩件鴞尊應該是婦好生前專門鑄造的禮器。

鴞尊的造型形象生動、巧妙傳神。整體的造型是一隻氣宇軒昂、威猛神氣的鴟鴞。除此之外，還飾有夔龍、鳳鳥、蛇、牛、小鴞等，合理、巧妙的分布在鴞尊的不同部位，更加強烈的襯托出了鴞尊威武的氣勢。另外，鴞的雙足與寬尾共同著地，構成尊器穩定的三個支點，共同支撐著整個器尊的重量平衡。

▲ 婦好鴞尊背面。

鴞的崇拜

鴞，或寫作梟，也稱鴟鴞，就是俗稱的貓頭鷹，長久以來在中國一直被認為是形貌與聲音都很醜惡的不祥之鳥，因此基本上沒有以之為主題的裝飾或者圖案。

但是在遙遠的新石器時代到商周時期，人們對鴞的認識卻大不相同，因此鴞的境遇也就與此相反。從考古挖掘資料來看，鴟鴞題材的器物或裝飾，從遠古時期就已頗為常見了，黃河、長江及遼河流域的仰韶、齊家、良渚、紅山文化之中都有發現。殷商時期，鴟鴞類題材的器物更為流行，材質有青銅、玉、石和陶等，如殷墟西北崗商代晚期大墓中曾發現一件白石雕刻的鴟鴞，山西石樓、湖北應城、湖南長沙東山鎮等地都曾出土過青銅鴞卣（按：音同「有」）等。

歷史學家、考古學家劉敦愿認為：「商代晚期的銅器之所以多鴞尊、鴞卣，與以鴞、虎為主要裝飾的銅觥（按：音同「公」）……顯然**含有來保護夜間的享宴生活的意圖**。」青銅器研究專家馬承源認為，殷商時期青銅容器上鴞的形象應看作是「**勇武的戰神而被賦予避兵災的魅力**」。由此可見，鴟鴞在殷商人們的思想意識中占有非常重要的地位，應是當時人崇拜之物。

再看看婦好墓，除了兩件鴞尊，還有玉梟器六件，其中圓雕四件、浮雕兩件，是出土鴞形器物最多的殷商墓葬。這充分說明並證明了婦好對鴟鴞的喜愛，更加確切的說應該是崇拜。

▼ 婦好鴞尊局部。

是王后、祭司，也是巾幗英雄

為什麼婦好如此崇拜鴟鴞？這應該與她的身分、職務有著密切的關係。那麼，婦好又是何許人？甲骨文中保存了不少關於婦好的史料，據不完全統計，在武丁時期，有關婦好的卜辭就達兩百多條，記載了婦好參加的活動是多方面的。首先，婦好是商王武丁的法定配偶，也就是說她是一名王后級別的人物。其實，當時武丁有法定配偶妣戊、妣辛、妣癸三人，不過他最為重視的只有婦好（妣辛）一人。

婦好出征討伐敵軍，武丁會占卜：「婦好亡咎？」凱旋時，武丁會占卜：「婦好其來，婦好不其來？」此外，武丁對於婦好的生育問題倍加關注，武丁時期有大量貞問婦好是否懷孕的卜辭，如：「丁酉卜，賓貞：婦好有受生？王乩曰：吉，其有受生。」商人把懷孕叫做「受生」，占卜婦好生育，武丁都親自出面占斷卜兆，可見其對婦好的關心非同一般。

其次，婦好曾在商王命令下主持過一系列的祭祀典禮。在一次由婦好主持的祭典上，她還曾殺死十個俘奴作為犧牲。「國之大事，在祀與戎。」在商朝，主持祭祀之人往往是商王本人，或統治階級中的重要人物。祭祀是商王室的一項重要活動，祭名和祭法也十分多樣。各種祭祀活動主要由商王親自主持，但也命其忠臣或親信代行，**武丁曾多次命婦好主持祭祀**。婦好墓中出土了大批用於宣享和祭祀的青銅器和甲骨，據此可知，婦好生前受命主持祭祀盛典的次數很頻繁。如：「乙卯卜，賓貞：乎（呼）婦好㞢（侑）服（俘）於妣癸。」、「丁巳卜，槱，婦好御於父乙。」這些卜辭都說明了婦好進行祭祀的問題。

第三，婦好還是一名威風凜凜、聲名赫赫的女統帥。她曾親自率領軍隊對北方的土方、西方的羌方、東方的夷和西南的巴方作戰。據甲骨文中的記載，**婦好曾一次率領一萬三千人對羌方作戰**，這是目前所知商朝參加人數最多的一次戰爭。商王武丁時期著名的將領都曾效力於她的麾下。

▼現存商代方尊中最大的一件

24 四羊方尊

年代：商晚期，西元前一三〇〇至前一〇四六年；**尺寸**：通高五八．六公分、上口最大徑四十四．四公分；**材質**：青銅；**出土地**：一九三八年湖南省寧鄉市黃材鎮出土；**收藏地**：中國國家博物館。

在中國的遠古時期，傳說曾存在過炎黃集團（華夏集團）、蚩尤集團（苗蠻集團）和東夷集團。這三大古代氏族集團在中華大地上紛爭、融合，構築了一個史詩般的英雄時代，也成為中華民族與文明形成的重要根源。黃帝蚩尤大戰，**蚩尤部落戰敗後餘部南遷又組成了「三苗」部落聯盟**。到了殷商時期，三苗所在的**以兩湖平原為中心**的廣大地區，既是商王朝的南土，也有土著勢力。而四羊方尊就是三苗文化的典型代表。

命運曲折的國寶

一九三八年四月的一天，湖南寧鄉縣黃材鎮的轉耳侖山，農民姜景舒三兄弟正在半山腰挖土種紅薯，無意間將這件已在地下沉睡了三千多年的四羊方尊挖了出來。只是方尊的口沿被敲掉了手掌大小的一塊碎片。寶物出土的消息不脛而走，當地古董商張萬利聞訊後就立即找上了

四羊方尊局部。▶

門，用四百大洋購買了這件寶物。賣掉寶貝時，姜景舒將之前不小心敲掉的碎片留了下來，當作紀念。後來，四羊方尊被轉手賣到了長沙，幸虧當時長沙縣政府派人查處，沒收四羊方尊，交由湖南省政府保管，收藏於湖南省銀行。日寇進逼長沙時，四羊方尊遷往沅陵。不幸的是，四羊方尊在日機轟炸下碎作二十多塊。此後，這些國寶碎片一直被丟棄在湖南省銀行倉庫的木箱內，無人問津。

中華人民共和國成立後，在周恩來總理的親自過問下，一九五二年，四羊方尊被湖南省文物管理委員會專家蔡季襄重新找出來，由文物修復專家張欣如進行了拼合、修復，這件寶物恢復了往昔的風貌。一九五九年，四羊方尊被調到中國歷史博物館，從此一直「定居」於北京。一九六三年七月，湖南省博物館原館長高至喜調查四羊方尊當年的出土情況時，找到了當事人姜景舒，見到了其家尚保存的四羊方尊口沿部分的一塊（長十公分、寬八公分、厚〇・三至一公分）。一九七七年六月三日，姜景舒將保存達三十九年之久的四羊方尊殘片捐獻給國家，現收藏在湖南省博物館。

方尊的工藝之美

四羊方尊是中國青銅鑄造史上最偉大的器物和藝術品之一。它造型奇特，器身為方形，口沿外敞、長頸挺拔、腹部鼓出、下有方形高圈足。頸部飾三角形夔龍紋和獸面紋，前者為縱向分布，後者則是橫向展開。肩部四面正中裝飾立體龍紋、雙角直立；四角分別為高浮雕一隻羊，其頭部和頸部伸出器外，羊角內捲、粗壯有力、雙目凸出、炯炯有神；羊的身軀向下延伸，尊的腹部即為羊的前胸，羊腿浮雕於尊的高圈足上。圈足裝飾夔龍紋，與頸部的紋飾相呼應。該器通體以雲雷紋為地紋。同時，該器的**四個邊角和四面的中線上裝飾扉稜**，既增強了造型的氣勢、豐富了裝飾的種類，也巧妙的掩蓋住了鑄造中合範時留下的瑕疵。

而這種長鉤狀扉稜是**中國長江流域殷商時期，青銅器紋飾的一個顯著特色**。該器通體漆黑光亮、飾紋美麗、鑄造精良，集淺雕、浮雕、圓雕為一身，充分展現出了商周時期青銅器裝飾中「三層花」的效果，堪稱是中國商代青銅器工藝品中的傑出代表。尤其是四個突出的羊頭，起到了畫龍點睛般的效果，使整件器物煥發出了巨大的活力，給觀賞者造成極強的視覺衝擊和心理震撼。這件方尊紋樣繁縟，但是主題突出；神祕、古樸，又不乏意趣、活力；造型穩重雄奇，但是又不乏靈動、平和；剛柔相濟，將直線與曲線完美的結合在一起；整體裝飾精美絕倫，將平面與立體充分的融合為一身。

如此精美的器物，不僅僅需要巧妙的設計，甚至是非凡的想像力，更需要高超的製造技藝。四羊方尊是用複合陶範及分鑄法做成的。尊體鑄型以扉稜為界，分為口頸、肩腹和圈足三大段，用範二十四塊，加上尊腔、圈足泥芯和蓋範各一塊，**總共由二十七塊範**、**芯組成**。羊角和龍頭都要事先鑄成，嵌入範中，**澆注時再和尊體鑄接**。這種巧妙的分鑄法和高超的合範技術，使得四羊方尊呈現出渾然一體的效果。

寧鄉青銅器和三苗文化

四羊方尊的出土地**湖南寧鄉**，就湖南本省而言，可謂一處獨特的「青銅器之鄉」，此地**出土了大量的商周時代青銅器**，數量達三百件之多。除了四羊方尊，還有人面紋方鼎（按：又名大禾方鼎）、虎食人卣（按：又名虎卣）、象紋大銅鐃、獸面紋提梁卣、獸面紋大銅瓿（按：音同「剖」）等，均體現了中國商代青銅文化的高度發達。這些青銅器的造型，生動且寫實，與中原地區出土的同類青銅器所表現的莊嚴古樸明顯不同，顯得清新秀麗。

據史籍記載，寧鄉之地屬三苗。三苗之聚居地在歷史典籍中的記載變化多樣，但是湖湘之地作為三苗舊地，爭議並不大。《戰國策．魏策一》載吳起說：「昔者三苗之居，左有彭蠡之波，右有洞庭之水，文山在其南，而衡山在其北。恃此險也，為政不善，而禹放逐之。」足以證明三苗的聚居地所在，此類資料還很多。雖然在商代甲骨文的記載中沒有明顯的關於三苗的內容，但是考古挖掘的資料已經顯示出了，寧鄉這個地方在青銅文化上和殷商所處的中原之地的差異性，可見，對於三苗文化的研究還需要更多的資料加以證明。

▼連接天地，溝通神人的天梯

25 青銅神樹

年代：商，西元前一六〇〇至前一〇四六年；**尺寸**：通高三百九十六公分；**材質**：青銅；**出土地**：一九八六年四川省廣漢市三星堆二號祭祀坑出土；**收藏地**：三星堆博物館。

中華文明源遠流長，在起源和發展過程中形成了多元一體的格局，不同地區間文化、人群的交流與互動，共同促進了中國古代文明的繁榮。古蜀文明是中華文明的一個重要組成部分，從空間上看，古蜀文明主要分布於以成都平原為中心的四川盆地西部；從時間上講，古蜀文明大致可以分為五個階段。其中，三星堆文化是古蜀文明發展中的第一個高峰。

神祕的三星堆文化

一九八六年七月至九月，考古工作者在四川省廣漢市三星堆連續挖掘了兩個祭祀坑，使三星堆遺址立即成為世界注目的焦點，可謂一舉成名。廣漢市地處四川盆地的腹心地帶，而所謂的「三星堆」，實際上就是三個起伏相連的黃土堆，頂部為橢圓形，南北長、東西窄，最高處高出地表約十公尺。三星堆作為一處古代遺址，早在一九二九年春天即已被發現，從一九三〇年初至一九八〇年初的五十年間，相關文物考古機構曾對其進行過多次調查和挖掘，出土了一定數量的陶器、玉石器、房址、窖穴等遺物和遺跡，並提出了「三星堆文化」的命名。只不過由於考古材料比較零碎，沒能引起廣泛的社會關注，知名度和影響力十分有限。

三星堆命運的巨大轉機就發生在一九八六年那短短的兩個多月，兩個祭祀坑相繼被發現，出土了金、銅、玉、石、骨、陶、象牙等質料的文物。其中，一號坑內出土器物三百多件，二號坑內八百多件，數量眾多，精美絕倫且獨具特色。至今，一提到三星堆，人們的腦海中自然而然的就會浮現出長著「千里眼、順風耳」的青銅面具，身穿「燕尾服」的青銅立人像，還有金光熠熠的權杖等。當然，還必須有這件枝繁葉茂、挺拔壯麗、造型奇美、堪稱「青銅樹王」的神樹。

青銅鑄造的東方神木

二號祭祀坑中共出土青銅神樹六株，可分為大小兩種，其中最高大的一株、也是保存狀況最好的一株，殘存的高度為三．九六公尺，估計**其完整高度應該在五公尺左右**。如此規模的青銅樹，在商周時期是絕無僅有的。

這件青銅神樹由底座和樹的枝幹兩大部分組成。底座為圓形喇叭狀，由三個拱組成。樹幹筆直挺拔，下端接鑄於底座的正中，樹根外露，樹幹上有三層樹枝，每層又可以分為三個枝杈，共有九條樹枝。樹枝均柔和、自然下垂，枝條的中部伸出短枝，短枝上有鏤空花紋的小圓圈和花蕾，花蕾上各有一隻昂首翹尾的小鳥。在二、三層樹枝與樹幹相連接處都套有一個炯紋圓環。樹幹的頂部已經殘缺，上面原來應該也有一隻小鳥。加上其他樹枝上的九隻小鳥，共計有十隻小鳥。在樹幹的一側有四個橫向的短梁，將一條身體倒垂的飛龍固定在樹幹上。

這件青銅樹設計巧妙、造型奇美、層次清晰、渾然一體。僅僅從藝術和審美的角度來講，這件器物都絕對稱得上是一株令人拍案叫絕的青銅神樹。藝術源於生活和現實，如果我們據此進一步追問，這件青銅神樹又源

▼ 青銅神樹上的神鳥。

自古人當時怎樣的一種生活狀況，或者思想狀態？

首先，神樹底座鑄有三個拱形，象徵著連綿起伏的三座神山，上面飾雲紋，似有祥雲繚繞。樹枝上有十隻立鳥，**鳥在中國古代常常代表太陽，因此樹上共有十個太陽，這可以很輕易的讓我們聯想到「后羿射日」**的神話故事。《山海經．海外東經》中記載：「下有湯谷。湯谷上有扶桑，十日所浴，在黑齒北。居水中，有大木，九日居下枝，一日居上枝。」《山海經．大荒東經》：「湯谷上有扶木，一日方至，一日方出，皆載於烏。」其中所記的扶桑、扶木是同一種樹，是東方神木。與此相對應，這株參天挺拔的青銅神樹就是**扶桑的象徵**，是一株太陽神樹。神樹上有一條龍沿樹幹蜿蜒而下，寓意這條龍借助神樹，可上下於天地之間，起著溝通天地的作用，這麼說來，這株神樹還具有「天梯」的功能和性質了。

▼武王伐紂的歷史證據

26 天亡簋

年代：西周早期，西元前一〇四六至前九九六年；**尺寸：**通高二十四．二公分、口徑二十一公分、底徑十八．五公分；**材質：**青銅；**出土地：**清道光年間陝西省眉縣出土；**收藏地：**中國國家博物館。

商、周之際，發生了一場關乎朝代更替的決定性戰爭——「武王伐紂」。商周雙方交戰於牧野，周武王只用了一天的時間就取得了勝利，隨後命人遷九鼎歸於周，象徵統治天下權力的遞嬗。而商紂王則自焚而死，成為亡國之君。武王伐紂一直是中國古代歷史和社會的焦點事件。由於記載的原因，對這一事件的研究聚訟頗多，而中國國家博物館所藏的天亡簋則是這一事件的有力佐證。

西周初年的禮器

天亡簋，清朝道光年間出土於陝西眉縣，曾一度為著名收藏家、金石學家陳介祺所收藏。不過，在很長一段時間內，天亡簋都杳無音信，蹤跡難覓。直到一九五六年，天亡簋突然現身於上海，北京故宮博物院的專家及時將其收購，並帶回了北京，不久後轉由中國歷史博物館收藏。

天亡簋是一件非常著名的西周初期的青銅禮器，其形制、紋飾特徵鮮明，加之銘文內容重要，因此也是一件極為重要的西周銅器斷代的標準器。天亡簋為侈口、束頸、深腹略外鼓、圈足，圈足下連鑄一方座。從口沿下至腹部，鑄有四個內捲角的獸首耳，耳下帶有寬厚的長方形垂珥。天亡簋的腹部和方座四面飾兩兩相對的蝸體夔龍紋，闊口大張，顯露出尖銳的牙齒，長鼻上捲、圓目凸出、身軀蜷曲、狀如蝸牛。無論從造型，還是紋飾來看，天亡簋都帶有明顯的西周初期的特徵。

首先，我們來看天亡簋的四耳。簋是商周時期青銅禮器中非常重要的盛食器具，大約出現在晚商時期。簋的形式各式各樣，就器耳來說可以分為有耳和無耳兩大類。在帶耳的青銅簋中，絕大多數都是對稱的雙耳，四耳銅簋的數量非常有限。從目前的考古發現來看，四耳青銅簋在殷商時期尚未出現，其使用年代主要是在西周早期，最晚也不過周穆王時期，可以說是周人的一種創新產品。**四耳使青銅簋的造型更加氣派、穩重，不過從實際用途而言**，四耳青銅簋在使用過程中要**比雙耳簋更加麻煩**，因此前者在出現之後並沒有真正的廣泛流行，到了周穆王以後就從青銅器中消失了。

其次，我們要看看天亡簋的方座。迄今為止，在所有可知的帶方座的青銅簋中，沒有一件是殷商時期的器物，都是周朝的器物，因此可以說方座簋是周文化的產物。方座簋是簋與禁（擺放青銅酒器的几案）的結合物，因此方座簋也叫做禁簋。西周早期是方座簋的形制最具特徵、最為豐富的時期，無論質與量，都處於發展的鼎盛階段。從西周中晚期開始，方座簋式樣單調、紋飾簡陋、數量減少，開始走向衰落。最後，我們再看看天亡簋腹部和方座上裝飾的蝸體夔龍紋。這種身軀蜷曲如蝸牛狀的夔龍紋也僅僅出現於西周初期，周成王、康王以後就消失了。

綜上所述，從器型、紋飾上看，此簋作為西周初期的典型器是毫無疑問的。

武王伐紂的歷史證物

天亡簋腹內壁有銘文八行七十八字，可釋讀如下：

乙亥，王又（有）大豊。王凡三方。王祀於天室，降天亡又（佑）王。衣（卒）祀於王不（丕）顯考文王，事喜（饎）上帝，文王德在上。不（丕）顯王乍（則）省，不（丕）肆王乍（則）庸，不（丕）克乞衣（卒）王祀。丁丑，王卿（饗），大宜，王降亡勛釐退囊。惟朕又（有）蔑，每（敏）揚王休於尊。白。

▼ 天王簋銘文拓片。

其大意是：乙亥這一天，周王在「天室」舉行重大祭典，祭告其父周文王姬昌和天帝，由於祂們的佑助，終於滅亡了殷商。一位名叫「天亡」的大臣助祭賣力，得到了周王的賞賜。天亡為了稱頌周王的功德，因而製作此簋以為紀念。天亡簋銘文的史料價值重要，而文字又古奧難懂，因此，對該簋銘文考釋者、研究者眾多。由於學者們對作器者是什麼人的看法、解讀不一，器名也就諸說紛紜，如陳介祺將銘文中的「朕」誤讀為「聃」，並認為是毛公所作，因此稱之為「聃簋」；唐蘭稱之為「朕簋」；郭沫若根據銘文「王有大豐」，定名為「大豐簋」；劉心源在《奇觚室吉金文述》中根據銘文「天亡又王」，稱其為「天亡」等等。而「天亡」的贊同者較多，現就成為較為通行的命名。

天亡簋史料價值極高，其中所記的時間點和事件相當重要。銘文中稱周文王為「考」，那麼這位主持祭祀的周王一定就是周武王姬發。「不克乞衣王祀」明確的證實了周武王滅商這一重要史實。因此，在一九七六年利簋發現之前，天亡簋是唯一一件能夠確證屬於周武王時的器物，也是最早的一件能夠**確證武王伐紂的「地下史料」**。僅從這一點來講，天亡簋的價值就可想而知。

結合《尚書．金縢》的記載，克商兩年後周武王就病逝了，因此，銘文所記的「王祀於天室」一事只能發生在武王克商返周、他還健康的時候。這與《逸周書．度邑》、《史記．周本紀》等文獻中的記載一致。「天室」即為「太室」，本義是指太廟中央之室，泛指太廟。《尚書．洛誥》中說：「王入太室祼。」孔傳云：「太室，清廟。」孔穎達疏云：「太室，室之大者，故為清廟。廟有五室，中央曰太室。」這裡指周的宗廟。說明武王滅商之後特地去宗廟進行了祭祀。

西周銅器分期斷代的科學研究，肇始於一九三〇年，郭沫若創立的「自身表明了年代的標準器」斷代法，第一次將考古類型學方法應用於銅器研究。二十世紀末的夏商周斷代工程，天亡簋都以其明確的王年、史事和典型的形制、紋飾，成為不可或缺的分期斷代研究的可靠依據。此外，天亡簋銘文用韻協調、押韻成熟、韻律鏘鏘、朗朗上口，這在殷商時期的甲骨文和金文中是見不到的，**開創了中國辭賦的先河，也是中國韻文的最早例證**。

另外，天亡簋銘文的字數接近八十個，在西周的有銘銅器中並不突出，但是在目前所知的殷商、周武王時期的銅器中它的銘文字數是最多的，具有里程碑式的意義，可以稱得上是後來出現的，長達數百字銘文的西周銅器的「鼻祖」。

▼「中國」兩字的最早出處

27 何尊

年代：西周早期，西元前一〇四六至前九九六年；**尺寸：**通高三十八．八公分、口徑二十八．八公分；**材質：**青銅；**出土地：**一九六三年陝西省寶雞市賈村鎮出土；**收藏地：**寶雞青銅博物院。

武王滅商之後，面臨的形勢依舊不容樂觀，周人自身的力量還比較單薄，殷商殘餘勢力的威脅仍較為嚴重，可以說令當時剛剛建立王朝的周人領袖憂心忡忡、寢食難安。在這種根基未穩的嚴峻情況下，周武王一方面積極安撫殷商遺民、偃武修文、馬放南山；另一方面則在固守關中基業的同時，選定伊洛河流域為重點經營的中心地區。周武王的這一宏大戰略部署在成王時最終得以實現，定都洛邑、修建宮室、會集兵力，為周朝七百多年的國祚奠定了堅實的基礎。

資源回收站買來的寶物

一九六三年的初秋，陰雨連綿，**陝西省寶雞縣賈村原村民陳堆**，不經意間發現坍塌的崖面有兩道亮光。於是搬來梯子，爬到崖上，用手刨出了一件銅器。一九六五年，由於天然災害，

生活陷入困境，便將青銅器賣給了資源回收站，以廢銅的價格換得三十元（按：本書若無特別說明，皆是指人民幣，六〇年代人民幣兌美元匯率約為二．四六兌一）。

這件青銅尊不久被寶雞博物館的幹部佟太放發現，感覺這是一件珍貴文物，因此就將此事彙報給了館長吳增昆，吳館長便要當時的保管部主任王永光前去查看。王永光以三十元的價格將此尊贖回，收藏在博物館內。這是該博物館自一九五八年成立以來，徵集到的第一件青銅器，因此備受重視。

一九七五年，國家文物局在北京故宮舉辦「全國新出土文物彙報展」，這件青銅尊被調往北京展出。著名的青銅器專家、時任上海博物館保管部主任的馬承源先生受命參與籌備，在清理何尊的銅鏽時，他在器物的底部發現了十二行銘文，並進行了初步釋讀，將之命名為「何尊」。文章發表後轟動了學術界，也使何尊身價倍增。

從造型上看，何尊為圓口方體。頸飾獸形蕉葉紋，與蛇紋組合、中段飾捲角獸面紋、圈足也為獸面紋，以細雷紋為地紋、高浮雕、獸面巨睛利爪、粗大的捲角聳出於器表。全器上下有四條大稜脊，造型雄奇異常，本身就是一件難得的藝術品。

從此有了「中國」

何尊內底有銘文，除損傷三字外，現存銘文十二行，共計一百一十九字。銘文可大體釋讀如下：

唯王初遷宅於成周，復稟武王豐，福自天。在四月丙戌，王誥宗小子於京室曰：昔在爾考公氏克弼文王，肆文王受茲大命。唯武王既克大邑商，則廷告於天曰：**余其宅茲中國，自茲乂民**。烏呼！爾有唯小子。亡識視於公氏，有勞於天，徹令。敬享哉！唯王恭德裕天，訓我不敏。王咸誥何，錫貝卅朋，用作庚公寶尊彝。惟王五祀。

整篇銘文的大意是：周成王姬誦開始在成周營造都城，對周武王舉行豐福之祭。四月丙戌這一天，周成王在京宮大室中對宗小子進行訓誡，內容講到宗小子的先父公氏歸隨於周文王，文王受到了上天所授予的統治天下的大命。武王在消滅「大邑商」之後，告祭於天說：「**我要以此天下四方的中心之地作為都城**，來統治人民！」成王還對宗小子說，你這個青年人應該看到你的父考公氏有勛勞於上天，要很敬重的祭祀啊！王有恭順的德行，能夠順應上天，真是教育了我這個遲鈍的人。成王的告誡結束後，何被賜予三十串貝。何為紀念這一榮寵，因而製作了這個祭祀的寶尊。時在成王第五個祭祀年。

▲ 何尊銘文拓片。

從銘文可知，作器者名叫「何」，因此我們稱這件器物為「何尊」。何尊的銘文記載了文王受命、武王滅商和成王完成武王遺願，營建成周洛邑這兩個非常重大的歷史事件。據史書記載，武王滅商後，為了鞏固政權、利於統治，認為伊水和洛水一帶地理形勢很好，於是在這裡初步建造了一座城邑，用來鎮壓、安撫殷商的殘餘勢力和友國，從而保證西周的勝利果實。這就是《史記·周本紀》中所記「武王營周居洛邑而後去」。這得到了何尊銘文「武王既克大邑商，則廷告於天曰：**「余其宅茲中國，自之乂**（按：音同「義」）**民」**的有力支援和證實。

武王死後，成王年幼，周公攝政君臨天下，不久就發生了武庚祿父聯合管叔、蔡叔的共同叛亂。接著，東方的熊、盈等國族和東南的徐戎、淮夷也一起叛亂。平定了這些叛亂後，成王繼續營造洛邑。這與何尊銘文「唯王初遷宅於成周」相吻合。另外，何尊的銘文中出現了目前所知最早的、明確提出「中國」這一專有名詞，這對了解和認識中華民族的過去、現在和未來都具有重要意義和價值。銘文所記的**「中國」在當時指的是洛邑為「天下之中」**，是西周的「中心之地」，這清楚的表明了西周的建都原則，也開創了以後歷代王朝的建都傳統。

▼現存最重要的天子作器

28 宗周鐘

年代：西周晚期，西元前八七七至前七七一年；尺寸：通高六十五．六公分，兩銑間相距三十二．五公分；材質：青銅；**出土地：**不詳；**收藏地：**臺北故宮博物院。

西周時期建立的禮樂制度，對其後的近三千年的中國社會和文化產生了巨大而深遠的影響。這套完備、嚴密的等級制度，是孔子心目中最為理想的社會制度，「天下有道，禮樂征伐自天子出。」、「禮云禮云，玉帛云乎哉？樂云樂云，鐘鼓云乎哉？」可見，在西周的禮樂制度中，制禮作樂是和天子緊密相關的，而傳世國寶宗周鐘就是一件與周天子有關的青銅器。

西周時期的青銅鐘

我們常說的「禮樂文明」或者「禮樂制度」是西周文化的一大特色。周公制禮作樂一說，千百年來一直被奉為美談。孔子就曾發自內心的感慨道：「周監於二代，郁郁乎文哉！吾從周。」禮樂最重要的物質載體就是相關的各種器物。如果說「鼎簋」是「禮」的象徵，那麼「鐘」就是「樂」的代表。樂器的製作，根據所用材料的不同，有「八音」之稱，即金、石、絲、竹、匏、土、革、木八種。「金」指的是青銅，而青銅樂鐘是其中最具特色和代表性的器類。青銅樂鐘是在商代銅鐃的基礎上產生的，在西周時期發展成為世界青銅文化中一朵絢麗奪目的奇葩。

根據形狀的不同，青銅樂鐘可分為鐘和鎛（按：音同「博」）兩大類。橋形口者為鐘，平口者叫鎛。只是到了後來，平口的也有叫做鐘的，如宋代大晟鐘。就其懸掛部分來說，青銅鐘又有甬鐘和鈕鐘之分。甬形者，只用於鐘，而不見用於鎛；鈕形者，則鐘與鎛二者兼有之。

以甬鐘為例，讓我們首先認識一下樂鐘各部分的名稱。鐘體上端的柄狀物叫做「甬」。「甬」的頂部叫做「衡」；懸掛鐘體用的環叫做「斡」；甬上突出的凸帶，用以銜斡，叫做「旋」。甬與鐘體相連接的平面叫做「舞」。從「舞」往下到「枚」的兩個邊及中間的寬帶叫做「鉦」。兩邊「鉦」的下面到口角這一段叫做「鼓」，中間「鉦」下面的部分叫做「隧」。鐘口的兩個尖角叫做「銑」。橋形的口緣叫做「於」。鐘體上乳釘狀物叫做「枚」，枚的頂部叫做「景」，「枚」與「枚」之間的紋飾寬帶叫做「篆」。

弄清楚了鐘的各個部分，現在就讓我們來欣賞一下著名的宗周鐘。

王室禮樂的見證

宗周鐘鑄造精良、氣魄宏大、裝飾華麗、莊重典雅，在傳世的青銅樂鐘之中極為突出。這件銅鐘舞上置圓柱形空甬，有旋有斡。鐘體呈合瓦形，於口弧曲上收。二節圓柱形枚三十六個。這些突出、醒目的枚，彰顯了宗周鐘的華麗與氣派。旋、舞均飾雲紋，篆間飾雙頭龍紋，鉦鼓部飾一對鳳鳥紋。

銘文在鉦間四行，鼓左八行連到背面鼓右五行，共計十七行、一百二十二字，是西周銘文最長的單件樂鐘。銘文大意為：周厲王時，南方的淮夷服子入侵周土，厲王便效法他的祖先文王、武王，親自率領大軍征討，一直追到敵方的都邑，服子只好派遣使者前來迎接，並表示臣服。同時，南方及東方的二十六個邦國代表，也隨同朝見。**周厲王取得了戰爭的勝利，為了感激天帝及百神保佑，特意製作了寶鐘**，並祈求先王們降賜子孫福壽，安保四方太平。

銘文中有「對乍宗周寶鐘」，因此在清乾隆十四年（一七四九年）所編的《西清古鑑》中稱之為「周寶鐘」。銘文中有「㝬其萬年」，「㝬」、「胡」音近可轉，與文獻中記載周厲王名胡相吻合，從而確定這件樂鐘是周厲王時期的器物，也是一件罕見的周天子自作器，因此這件樂鐘也曾被叫做「㝬鐘」。

西周晚期，由於各種社會矛盾長期積累，政治危機不斷加劇，西周王室已處於江河日下的頹勢之中。周厲王面對這種困境，並未銳意進取，積極應對，反而透過「專利」的手段壓榨人民，攫取財富；重用佞幸小人，拒絕賢臣勸諫；嚴苛專橫，透過高壓政策鉗制眾口等等。這些倒行逆施進一步激化了矛盾，最終造成了國人暴動，周厲王出逃到彘地（今山西省霍縣東北），至死也沒能回到宗周（洛邑），弄得身敗名裂，成為「暴君」、「暴政」的典型負面教材。

這些「內憂」見於流傳下來的先秦文獻，其實周厲王時還面臨很大「外患」，史書中卻語焉不詳。而宗周鐘的長篇銘文較為詳細的記載了周厲王親征淮夷這段鮮為人知的史實，是西周晚期歷史的重要補充。其中雖有自誇式炫耀的成分，但在很大程度上還是提供了豐富的資訊，保存了重要的史料。

▼ 宗周鐘銘文局部。

29 㝬簋

年代：西周晚期，西元前八七七至前七七一年；**尺寸**：通高五十九公分、口徑四十三公分、腹深二十三公分；**材質**：青銅；**出土地**：一九七八年陝西扶風縣法門鎮；**收藏地**：寶雞青銅器博物院。

青銅簋是商周青銅禮器中頗為常見且非常重要的一類器物。在目前傳世和出土的數量眾多的青銅簋之中，明確是周王自作的青銅簋數量極為有限，而這件曾為周厲王所有的㝬簋能夠讓我們見識並領略到「王器」的風采與氣勢，同時更能了解西周天子祭祀先王的種種禮儀。

天子作器，簋中之王

一九七八年五月五日，扶風縣法門公社齊村（今陝西省寶雞市扶風縣法門鎮齊村）的村民在修陂塘時，於距離地面約三公尺深的一個灰窖中，挖出了一件青銅重器，就是㝬簋。後來，村民將其與另外一件挖出的青銅簋（丰邢叔簋）一併上交到了博物館。

㝬簋器型厚重、敞口微侈、束頸、鼓腹、淺圈足略向外撇、下接方座。兩獸耳，獸角捲曲突起、長牙卷向上方、下有卷雲紋垂珥。頸部與足飾竊曲紋，器腹和底座四面飾直稜紋，方座

上部的四角飾獸面紋，紋飾質樸規整，相得益彰。直稜紋是商周青銅器上的一種重要裝飾，尤其是簋形器，常以直稜紋為主體裝飾。直稜紋最早出現在商代晚期，西周早期是它的興盛期，西周中期之後開始衰落，到了西周晚期逐漸消失，只見於一些青銅簋上。㝬簋的腹部和方座上均以直稜紋為主體紋飾，簡潔大氣，引領了西周晚期青銅期裝飾風格的改變。**㝬簋是西周青銅簋中形體最大、分量最重的青銅簋**，重達六十公斤，堪稱「簋王」。相較於這件周王之器，朝廷大臣或方國諸侯的方座簋就要小得多了，充分顯示了周王「天下共主」的獨尊地位。

周王室祭祀先王的禮儀

㝬簋腹內底部有銘文十二行，共計一百二十四字。銘文書體工整，字形規正而不失變化，筆道圓轉又內蘊力度，典雅秀美，顯示出特有的風采與氣韻。銘文文簡釋如下：

王曰：有余隹（雖）小子，余亡康昼（晝）夜，巠雝先王，用配皇天，簧黹（致）朕心，墜於四方。肆余以餘（義）士獻民，爯（稱）盩先王宗室。㝬作將（從鼎）彝寶簋，用康惠朕皇文列祖考，其各前文人，其瀕才帝廷陟降，緟（按：音同「重」）誘皇帝大魯令，用齡（令）保我家、朕位，㝬身阤阤（按：音同「陀」），降余多福，憲烝宇慕遠猷，㝬其萬年將（從鼎），實朕多御，用祈壽，匃永命，畯（按：音同「俊」）在位，作疐（按：音同「至」）在下。隹王十又二祀。

根據銘文所記，「㝬作將（從鼎）彝寶簋」、「㝬其萬年將（從鼎）」，㝬就是傳世文獻中記載的周厲王姬胡。因此，可知作器者與所有者就是周厲王本人。這是迄今為止發現的、為數不多的，具有明確出土地點的周王之器。銘文中說：「肆余以餗（義）士獻民，爯（稱）盩（按：音同「周」）先王宗室。」餗士獻民，指的是周王朝的世家貴族；宗室，指的是宗廟。意思就是周厲王率領著眾多貴族，恭敬虔誠的祭祀先王宗廟。

當然，只有虔誠的心是不夠的，還需要專門的器物加以證明，並藉以進行溝通與交流。因此，接下來的銘文說：「㝬作䵼彝寶簋，用康惠朕皇文列祖考，其各前文人，其瀕才帝廷陟降，緟誘皇帝大魯令。」㝬是周厲王自稱其名，表明自己是作器者。在西周金文語境之中，䵼彝與宗彝對言，後者多指酒器，而前者常指烹煮及容盛食物的器皿，這也表明了㝬簋的用途與功能。祖考指的就是祖先，在祖考前加「皇、文、烈」三個形

▼ 㝬簋銘文。

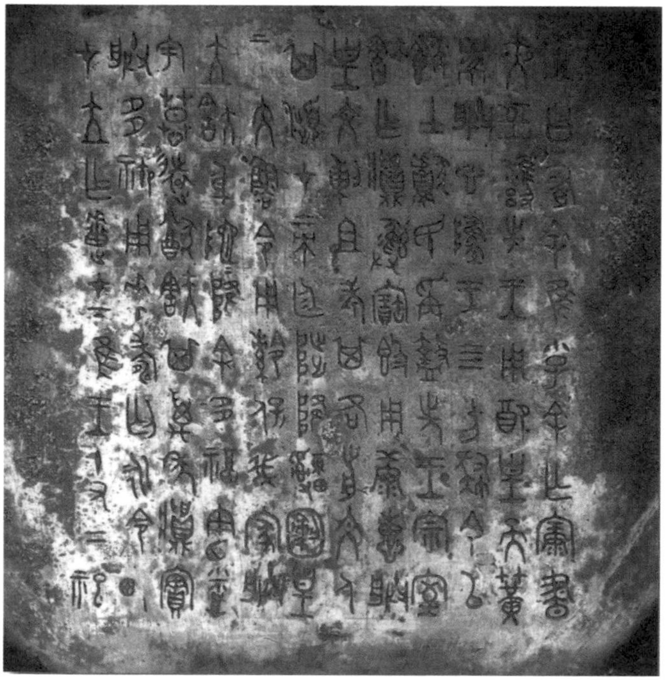

容詞的情況在西周金文中並不多見，意思是偉大的、有文德的、功績顯赫的祖先，如此稱頌祖先，強烈的表達、渲染了周厲王對先王的尊敬。帝廷，也可稱作帝所，是上帝的所在之處。

在西周人的宗教觀念、信仰體系之中，天空中有一個與地面上相對應的王朝，地上的王死去了，如果德行很好，就可以到天上去。在周人看來，歷代去世的先王都在帝廷上帝的左右，經常在天上、地下來回走動，當人間的周王祭祀祖先時，祖神們就紛紛來到地下的宗廟之中，歆享人們供祭的犧牲醴酒等物品，並降賜給子孫福佑平安。這如同《詩經．大雅．文王》中所記：「文王陟降，在帝左右。」整體而言，在對祖先的祭祀之中，如果祖先對周王的祭品滿意，能夠保佑後世子孫，那麼祭祀的目的也就達到了，祭祀就算是圓滿完成了。

中國的古禮，傳統上分為吉、嘉、賓、軍、凶五種，然而「禮有五經，莫重於祭」，祭禮最為重要。**在祭禮之中，又以祭祖禮最為重要**。作為中國文明重要標誌的禮在經歷夏、商兩代以至周初數百年發展之後，終於步入它制度化的鼎盛時期，也就是說，**西周時禮制終於正式確立**。孔子曾說：「殷因於夏禮，所損益，可知也；周因於殷禮，所損益，可知也。」周人對祖先崇拜觀念的進一步加強、對祖先神的進一步重視，和祭祀宗廟祖先之禮的社會功能化與政治化，應該說是周禮非常鮮明、突出的特點。

從西周金文的內容來看，周人對祖先十分崇拜，並為此制定了很多相應的禮儀。西周的這種「敬祖」的觀念和意識對後世影響極為深遠，歷代統治者所宣揚的「周禮」，其核心就是這種意識；而以孔子為代表的儒家所大力宣導的「孝道」，其根源也在於此。

30 毛公鼎

年代：西周晚期，西元前八七七至前七七一年；**尺寸**：通高五十三．八公分、口徑四十七．九公分；**材質**：青銅；**出土地**：一八四三年陝西省岐山縣出土；**收藏地**：臺北故宮博物院。

商周時期是中國青銅文明臻於鼎盛的重要歷史階段。出土的青銅器不僅種類繁多、工藝高超、絢麗精美，並且有相當一部分還帶有文字，我們常稱之為金文、銘文或者鐘鼎文等。青銅器上的銘文，少者三、五字，多則上百字。特別是到了西周中期，鑄有上百字銘文的青銅器已較為常見。這些銘文真實的記載了當時社會政治、經濟、文化、思想等多方面的內容，既彌補了傳世文獻的闕如，也可以印證、還原歷史，還能夠糾正傳統記載的謬誤，具有重大的文獻、歷史價值。從目前的發現來講，**西周晚期的毛公鼎是銘文字數最多的青銅重器**，其文字洋洋灑灑，是最為宏大的一篇青銅史詩。

寶鼎爭奪戰

清朝道光末年，陝西省岐山縣董家村的村民在種地時無意間將毛公鼎挖掘了出來。之後，毛公鼎輾轉落入西安古董商人蘇億年之手。咸豐二年（一八五二年），蘇億年將毛公鼎運到北京，時任翰林院編修、國史館協修、著名金石學者、大收藏家陳介祺以三年的俸銀一千兩將其購買下來。不久，陳介祺辭官回家，毛公鼎也一同來到了山東濰坊。陳介祺收藏毛公鼎之後，一直祕不示人，外人很難一睹真容。就這樣，**毛公鼎一直在陳介祺手中祕藏了三十年**。

陳介祺死後，毛公鼎在陳家又收藏了二十年。不過，隨著陳家家道衰落，一九〇二年，兩江總督端方依仗權勢派人至陳家，強行將毛公鼎買走。一九一一年，端方在四川被保路運動中的新軍刺死。**端方之女出嫁河南項城袁氏，欲以毛公鼎作陪嫁，而袁家不敢接受**，端氏後裔於是將該鼎抵押給天津俄國人開辦的華俄道盛銀行。一九一九至一九二〇年間，一個美國商人欲出資五萬美元將毛公鼎買走。消息一經傳出，國內輿論一片譁然。時任北洋政府交通總長的大收藏家、書法家**葉恭綽買下了此鼎**。於是毛公鼎又來到葉家，先是放在其天津家中，後又移至上海葉氏的懿園。

抗日戰爭爆發後，葉恭綽避走香港，毛公鼎仍舊留在上海。日本人得知了毛公鼎的消息，**抓住葉恭綽的姪子葉公超，逼問鼎的下落**。葉公超為了避免這件國寶落入敵手，絲毫沒有透露毛公鼎的消息。為救性命，葉家製造了一件假鼎交給日軍。葉公超被釋放後，將毛公鼎祕密的帶到了香港。抗戰勝利前，葉家又托人將毛公鼎帶回上海。此時，葉家已經財力不支，無奈之下只得變賣這件寶鼎。上海商人陳永仁願買此鼎，並發誓抗戰勝利後捐獻國家。於是，毛公鼎又轉至陳氏手中。

後來有人把毛公鼎送給了戴笠。戴笠死後，毛公鼎被收存於「上海敵偽物資管委會」。抗戰勝利後，時任國民政府教育部長的徐伯璞為了防止毛公鼎再次流落，竭盡全力，從「上海敵偽物資管委會」將寶鼎取回，移交給當時的中央博物院收藏。一九四八年十一月，毛公鼎與眾多故宮文物珍寶被國民黨一道運到臺灣。一九六五年，「臺北故宮博物院」正式建成，毛公鼎入藏博物館，成為其鎮館之寶之一。

天下第一銘文毛公鼎

毛公鼎自出土以後，就一直備受關注，曾享有晚清「海內三寶」之美譽。器形為直口折沿、半球狀深腹、圜底、獸蹄形足、口沿上樹立形制高大的雙耳、口沿下飾一周重環紋。毛公鼎造型渾厚而凝重，裝飾簡潔而樸素，顯得莊重而典雅。如果我們通覽一下西周時期的青銅禮器，很容易就會發現，**毛公鼎在造型上並無奇特之處**，**紋飾上也無華麗之巧**，那麼為什麼會享受國寶級的待遇呢？其中的奧祕，就在於毛公鼎的銘文。

毛公鼎的腹內，鑄有銘文三十二行，連重文共計四百九十七字，是迄今為止青銅器銘文之中

▲ 毛公鼎內部。

字數最多、篇幅最長的，稱得上是「金文之最」。王國維先生曾稱讚道：「三代重器存於今日者，器以盂鼎、克鼎為最巨，文以毛公鼎為最多。」

毛公鼎的銘文文體特徵鮮明，整篇銘文分五段，每段以「王若曰」或「王曰」為開頭，分別講述一個主題，具有極強的層次性和條理性。「王若曰」是商周甲骨文、青銅器銘文，以及《尚書》之《商書》、《周書》中較為常見的一個詞語，它出現在王發布的「命」或「誥」的前面，起著引領全篇的作用。因此，毛公鼎銘文是一篇典型的、寫實的誥命體史料。

銘文的第一段追述了周文王、武王開國時的文治武功；第二段周宣王策命毛公治理邦家的內外事務；第三段給予毛公以宣示王命的特權；第四段告誡並

▼ 毛公鼎銘文局部。

鼓勵毛公以善從政；第五段記錄了宣王賞賜給毛公大量華貴的物品，如美酒、玉器、祭服、車具、寶馬等。**毛公為感謝和稱頌周王的賞賜與美德，專門鑄造此鼎以示紀念。**

周宣王是周厲王之子，是西周晚期一名比較有作為的周王。當時王室衰微、禮崩樂壞、諸侯離心、社會動盪，周宣王即位後，確實有所革新與改變。他吸取教訓、虛心納諫、廣開言路，不再一意孤行；選賢使能，任用了尹吉甫、仲山甫、程伯休父、虢文公、申伯、韓侯等一大批賢臣輔佐朝政；在經濟上安定農民，減輕服役，恢復並促進了社會生產的進一步發展；軍事上改善裝備，擴充人員，外攘夷狄，平定寇亂；種種舉措造就了為後世史家所稱道的「中興」之勢。

毛公鼎銘文記錄了周宣王在位初期力圖革除積弊、中興王室的決心，任命重臣**毛公厝**輔佐周王、處理事務的舉措；而毛公也盡心盡力，效力王室，擁戴周王。由此可知，毛公鼎銘文頗為生動、真實的反映了「宣王中興」時的局面。

從歷史觀點來看，周宣王承厲王之積弊，北有玁狁的侵襲，南有淮夷的叛亂，危機四伏。並且**當時的社會財富的分配已嚴重失衡**，此前的金文並未出現社會婚姻情況的記載，沒有鰥寡現象，而此鼎銘文中特意強調這一點，說明這一社會問題已經引起了宣王的注意。銘文中宣王對庶民財產和男女婚姻表現出的憂慮，表明了宣王對當時的周王朝的危機認識比較深刻，因此才對毛公進行諄諄訓誡，以期扭轉周王朝的困局。

毛公鼎銘文和《尚書．文侯之命》以及《詩經．大雅．韓奕》的用語和內容頗為近似，是非常珍貴的西周晚期的文獻資料。毛公鼎的銘文還有很高的書法藝術價值，筆道圓潤、書寫便捷、結構和諧優美、弧形筆畫柔美、直形筆畫剛勁；大部分字趨於長方，相當一部分字長、寬之間比例接近於黃金分割，**是大篆最成熟的形態**。晚清著名書法家李瑞清對毛公鼎銘文推崇備至，稱讚道：「毛公鼎為周廟堂文字，其文則《尚書》也；學書不學毛公鼎，猶儒生不讀《尚書》也。」

第 4 篇

爭霸與爭鳴的時代潮流

春秋戰國時期，青銅文化依然在延續著，並且被賦予了新的內涵，形成了一種地域性很強的藝術魅力。曾侯乙墓、中山王墓、淅川楚墓等一系列震驚中外的考古挖掘，讓世人瞠目結舌，嘆為觀止。諸侯之間的爭霸戰亂成為時代主題，鐵器登上了歷史舞臺。

曾侯乙編鐘讓後人領略了中國古代音樂的震撼性魅力；越王勾踐劍讓後人見證了吳越地區高超的青銅冶煉和鑄劍技術；杜虎符讓後人了解了這個時期的軍事制度，匈奴金冠向後人展示了北方游牧民族文化中光彩奪目的一面……這就是看得見、摸得著的春秋戰國時代。

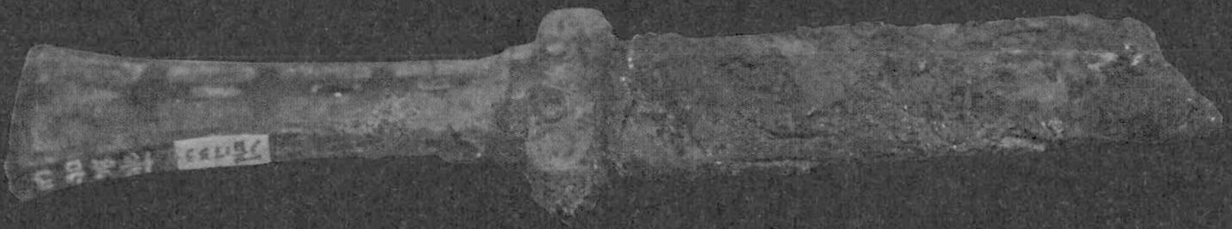

31 青銅柄鐵劍

年代：春秋，西元前七七〇至前四七六年；**尺寸**：柄長八十五公分、鐔（按：劍鼻，劍柄與劍身連接，兩旁外凸如鼻部分）長四公分；劍葉殘長九公分、寬三公分；**材質**：青銅、鐵；**出土地**：一九五七年甘肅省靈台縣景家莊出土；**收藏地**：中國國家博物館。

自古以來，人類為了開疆拓土，便免不了戰爭。人和動物最本質的區別就是人會製造和使用工具，漸漸的，兵器從眾多的生產工具中分化出來，成為一種單獨的作戰工具——冷兵器（對比火藥）時代開始了。青銅柄鐵劍作為一件春秋時期的兵器，殘缺的鏽跡斑斑的鐵質劍葉向我們證明了：這是中國迄今挖掘出土的最早人工冶鐵製品之一，證明至遲在**春秋早期，中國已經掌握了冶煉生鐵的技術，鐵器時代來臨了**。

中國冷兵器的起源與分類

遠古時期的人類發明了許多生產工具，例如河姆渡居民和半坡居民用石頭打磨出耜、刀等，用於農耕。在那一段漫長而久遠的歲月裡，原始人類的社群之間，如果發生了戰爭，他們的戰爭可能是單挑式或群體式的，使用的工具可能都是棍棒、獸骨或是石頭。不過這些考證起來特別困難。能夠肯定的是，在兵器作為一種獨立的作戰工具之後，冷兵器時代就正式開始了。有的學者認為，中國的兵器最早是由蚩尤或黃帝發明的，約在四千六百多年前，因此中國的兵器從生活和生產工具中分化出來的時間，可能距今至少有四千六百多年了。

冷兵器，顧名思義，就是指不帶火藥、炸藥或其他燃燒物，在戰鬥中直接殺傷敵人、保護自己的近戰武器裝備。冷兵器的種類非常豐富，有短兵相接的，也有遠端攻擊的，有主要功能是防守的，也有負責強攻的等等。現在人們熟知的「十八般武藝」，全指冷兵器，曲藝界將其俏皮的總結為：刀、槍、劍、戟、斧、鉞、鉤、釵、鞭、鐧、錘、抓、鏜、棍、槊、棒、拐子、流星，帶鉤兒的、帶尖兒的、帶韌兒的、帶刺兒的、帶峨眉針兒的、帶鎖鏈的，扔出去的、勒回來的……一九五七年出土於甘肅省靈台縣景家莊的青銅柄鐵劍，就屬於排在第三位的劍這一大類。

此劍柄鐔相連，皆用青銅鑄成，兩面有對稱紋飾，柄中部有長形鏤孔四個，焊接於銅鐔上。鐵劍葉全部鏽蝕，從鐵鏽上可以清楚看出有用絲織物包裹的痕跡。春秋時期，周王室衰微，大國爭霸、土地兼併的事件此起彼伏。在兩千多年前兼併戰爭的冷兵器戰場上，劍是主要的戰鬥工具，關係到國家的存亡。而**當時普遍使用的是青銅劍**，用銅錫鉛合金鑄造而成，質地較脆，在長度和硬度兩方面逐漸不能適應戰場上士兵的要求。隨著人們對鐵的進一步認識，將鐵運用在劍製作上的想法也就油然而生。

中國鐵器時代的到來

古籍《越絕書》中記載了著名鑄劍師歐冶子鑄造的「越國五劍」，這是五把青銅寶劍：魚腸、湛盧、勝邪、純鈞和巨闕，在春秋時代的爭霸中扮演過重要的角色，是早先青銅劍中的翹楚。**楚王邀請歐冶子為其鑄造鐵劍**，在當時冶鐵技術並不發達的情況下，這對歐冶子來說是一個巨大的挑戰。鐵的熔點在一千五百度左右，當時的冶煉技術達不到這個溫度。歐冶子在浙江龍泉找到了一種材料——松木炭，它產生的松脂可以將鐵的熔點降低，促進鐵礦石的熔化，從而煉出毛鐵。

歐冶子將毛鐵放到熔爐裡反覆加熱，**反覆折疊鍛打，逐步去掉其中的雜質。這樣就大幅度提高了鐵的韌性**，增加了鐵塊含碳量，鐵的強度也隨之增加。最後是最重要的工序——**淬火**，把劍在爐中燒到一定溫度，然後讓它在水裡迅速冷卻，**使在加熱中聚集到鐵表面的碳原子突然被水冷卻，來不及擴散遷移，被強制限制在鐵原子之間，鐵的硬度得到大幅度提高**。經過淬火，劍的硬度得到了質的改變，再經過十幾道的研磨工序，一把鋒利無比、寒氣逼人的寶劍就最終製造完成了。

鐵劍相較於青銅劍更加鋒利、不易折斷、韌性更強等優點，使它可以使用更長時間，這都是利於作戰的。隨著春秋晚期鐵劍的鑄造，金戈鐵馬的戰國拉開了序幕。目前出土的鐵劍，以在楚國發現的為多，一九五七年於甘肅靈台景家莊出土的這把銅柄鐵劍（秦國），劍柄和劍柄末端的突起部分直接相連，為青銅鑄成；劍葉為鐵質。這柄鐵劍和一九九〇年河南三門峽春秋早期虢國一號墓所出的銅柄鐵劍一樣，都被證明為人工冶鐵製品，絕非隕鐵，這證明了最晚在春秋早期，中國已經迎來了鐵器時代。

石器時代、青銅時代、鐵器時代是冷兵器時代發展的三個重要階段，鐵器時代也是人類發展史中一個重要的階段。鐵器時代的來臨有著重大的意義。一般來說，鐵器的硬度超過青銅器，在作戰中可以提高作戰效率，在日常生活中可以提高工作效率，促進生產力發展。加上青銅的成本高，主要用於兵器和禮樂器，只有國家大事才可以使用，而地殼中鐵元素的豐度（按：又稱天然存在比）遠超過銅元素，鐵礦的分布非常廣闊，豐富的鐵礦資源為鐵器的生產提供了原材料，使鐵器生產的成本降低。因此，中國的鐵器時代來臨後，是進入了一個更強生產力、更高戰鬥力的時代。

▼見證晉文公復國到踐土會盟的歷史

32 子犯編鐘

年代：春秋，西元前七七〇至前四七六年；**尺寸**：全套大小八件，最大者通高七十一．二公分，最小者通高二十八．一公分；**材質**：青銅；**出土地**：傳一九九二年山西省聞喜縣出土；**收藏地**：臺北故宮博物院。

子犯編鐘是一組編鐘，成組八件，各有刻銘，記載了晉文公重耳「晉公子復國」、「城濮之戰」、「踐土之盟」等重要史實。子犯編鐘由大小不同的扁圓鐘按照音調高低的次序排列起來，懸掛在一個巨大的鐘架上，用丁字形的木槌和長形的棒分別敲打銅鐘，能發出美妙的樂音。它是春秋時期特定歷史事件的物質載體。

晉文公霸業的主推手

一九九四年十一月，臺北故宮博物院收入了十二件編鐘，據傳聞，這些編鐘來自山西省聞喜縣某春秋墓葬。全套編鐘大小不一，高低輕重頗有次序。其形制大體相同，造型為長腔封衡，鼓部較寬，飾以雷紋和夔紋。根據編鐘鉦部的銘文可以得知，這些編鐘的製作者是子犯。

子犯可以說是春秋時期大名鼎鼎的人物。在《左傳》中曾多次出現。子犯是晉文公重耳的舅舅，**本名狐偃**，生年不詳，卒於周襄王二十三年（前六二九年）至二十四年（前六二八年）間。曾經擔任晉上軍佐將，父親狐突、兄弟狐毛也是晉國名將。《史記．晉世家》說：「狐偃咎犯，文公舅也。」可知子犯為重耳的舅父，典籍稱舅犯，一作咎犯。狐偃一**生最大的功績即在於鐘銘所記的三件大事**：一為護佑重耳出亡以及返回晉國，奪回君位；二為晉楚城濮之戰中大敗楚國；三是城濮之戰勝利後在踐土召集天下諸侯，確立晉文公重耳的霸主地位。

晉獻公二十一年（前六五六年），晉國發生「驪姬之亂」，太子申生自殺，公子重耳、夷吾出奔。在這個危急關頭，子犯作為公子重耳的舅父和隨從，和趙衰、顛頡、司空季子（按：又稱胥臣）等人保護著重耳出逃狄國。結果在狄國待了十餘年，毫無進展，重耳決定離開狄國，周遊天下。在流亡途中，經過五鹿，子犯說服重耳接受鄉下人饋贈的土塊，並認為這是上天賞賜的土地，是重耳奪回君位稱霸諸侯的象徵。後來重耳到了齊國，錦衣玉食，「安齊而有終焉之志」，這時候子犯的作用就顯示出來了，他和其他人謀劃「醉重耳，載以行」，顯示了他的果敢和當機立斷的魄力。

子犯追隨重耳在外前後流亡達十九年之久，在秦穆公派兵護送下，重耳回到晉國。在黃河岸邊，子犯拿起一塊寶玉獻給公子重耳以示請罪，說：「臣從君周旋天下，過亦多矣。臣猶知之，況於君乎？請從此去矣。」公子重耳說：「若反國，所不與子犯共者，河伯視之！」說著把那塊寶玉扔到了河裡，以示求河神作證。這是子犯聰明的地方，在復國大業即將實現的時候，子犯很聰明的想好了自保之策。

後來晉、楚城濮之戰，戰前晉文公夢到和楚王搏鬥，楚王伏在自己身上吸吮自己的腦漿，因而感到十分恐懼害怕。子犯根據人死仰身葬表示「得天」，俯身葬表示獲罪被殺的不同葬式的情況，比附晉文公與楚成王的搏鬥情形來鼓舞晉文公，認為這個夢非常吉利，這是上天在幫助晉國打敗楚國稱霸諸侯。果然晉文公聽後大受鼓舞，不但因此消除了恐懼，而且信心倍增，主動「退避三舍」，避開楚軍的鋒芒，最終大獲全勝。

五月初十，晉文公重耳在踐土這個地方會集諸侯，邀請周天子參加，正式確立了霸主的地位。透過上述史實可以看出，子犯作為晉文公的左膀右臂，既有智慧，又有謀略，在晉文公復國和稱霸的過程中，子犯運籌帷幄，促成了晉文公的霸業，可以說是晉文公稱霸的主推手。而子犯編鐘的出土，對於揭示晉文公稱霸的真實面目和子犯的作用，具有不可忽視的意義。

見證晉文公霸業

「子犯編鐘」又稱為「子犯和鐘」，是直接用鐘上原鑄銘文所稱，意為調和組合成套的鐘。該鐘全銘一百三十二字，銘文釋寫如下：

唯王五月初吉丁未，子犯佑晉公左右，來復其邦。諸楚荊不聖（聽）命于王所，子犯及晉公率

▼ 子犯編鐘局部。

子子孫孫，永寶永樂。

西之六師博（搏）伐楚荊。孔休，大上楚荊，喪厥師，滅厥禹（渠）。子犯佑晉公左右，燮諸侯，俾朝王，克奠王位。王易（賜）子犯輅車、四馬、衣、裳、帶、市、冠。諸侯羞元金于子犯之所，用為和鐘九堵，孔淑且碩，乃和且鳴，用燕用寧，用享用孝，用祈眉壽，萬年無疆，子子孫孫，永寶永樂。

銘文中主要記敘了三件大事：第一，子犯佐晉公子重耳返晉復國。銘文中的「唯王五月」指的是晉文公五年（前六三二年），表明了時間，而此年正是晉文公踐土會盟的年分。「來復其邦」則是陳述子犯輔佐文公復國之事。第二，晉、楚城濮之戰。銘文以簡潔的文字追述了晉、楚城濮之戰，雖然內容很簡練，卻完全能和《左傳》、《史記》的記載相印證，足見此銘文史料價值之高。第三，踐土之盟。關於這一歷史事件，《左傳》有詳細記述，尤其是晉文公接受周天子賞賜的內容最為詳盡。而銘文中則重點記載了子犯接受賞賜的內容，更重要的是子犯鑄鐘所用的銅，乃是參與會盟的諸侯的贈品，這些足以說明子犯的身分與地位。

作為歷史、考古的一手資料，透過對鐘銘文的釋讀，證明了子犯在晉文公一生中的重要作用，他是當之無愧的一代賢臣。而將子犯編鐘銘文與《左傳》等歷史著作進行印證，很容易發現其吻合之處甚多，並且銘文中的記載還可以補文獻之不足。從銘文內容看，子犯在晉文公稱霸的過程中起到了舉足輕重的作用，為我們重新審視晉文公稱霸這一歷史事件，提供了難得的考古資料。可以說，子犯編鐘是關於晉文公歷史的最直觀見證。

33 王子午鼎

年代：春秋，西元前七七〇至前四七六年；**尺寸：**高六十七公分、口徑六十六公分；**材質：**青銅；**出土地：**一九七八年河南省淅川縣下寺二號墓出土；**收藏地：**中國國家博物館。

春秋晚期所鑄造的王子午鼎是王子午的器物，王子午是位列春秋五霸之一、曾「問鼎中原」的楚莊王的兒子。該鼎造型獨特、紋飾精美，被譽為春秋時期楚國青銅器的顛峰之作。

跌倒，踢出國寶

王子午鼎一九七八年出土於河南省淅川縣下寺楚墓。它的出土可謂「天時地利」。當時久旱不雨，淅川縣境內的丹江水庫趨於乾涸，河床出現了裂縫。有一天，有一個小孩在水庫邊玩耍，不小心被絆倒在地，仔細一看，竟然是個銅製的東西，而在它的旁邊還有幾件模樣相似的青銅器露出一角。回去後小孩將這件事告訴大人。因為淅川縣以前就發現過文物，他們意識到也許這又是不知哪個朝代的文物，於是立即拿起工具趕到河床。

他們發現河床上露出很多大小不一的「銅角」。大家不敢怠慢，立即上報了淅川縣文物局，淅川縣文物局得到消息後，立即組織考古人員進行保護挖掘工作。三天之後，發現這是一個墓葬。根據墓中出土的禮器、樂器、兵器、玉器判斷，墓葬所處時代為春秋時的楚國。墓葬雖曾被盜，但還是出土了不少陪葬物，且八成以上為國家一級文物。在出土的諸多文物之中，二號墓出土的一系列鼎讓人尤為驚嘆，一共是七件，造型紋飾幾乎相同，只是大小有所差別。這些鼎出土時好幾個已破碎。專家們經過近四年的修復，終於讓其中的五個鼎重現了當日的華美。

銘文印證王子午的存在

這些鼎的擁有者是誰？專家們發現這七個鼎內均有銘文，而且這些銘文字體常不規則，還有很多裝飾性的線條，與以往的篆書等字體差別甚大。**這種文字習慣呈鳥蟲形**，是流行於春秋中期至戰國早期的吳、越、楚等地的一種金文字體。因為字體形制優美，因此**鳥蟲文被稱為「中國最早的美術字」**。

隨著工作人員對鼎中銘文的研究、釋讀，發現銘文中十分清晰的記載了「王子午」的字樣。銘文中記載：「王子午擇其吉金，自作彝齍鼎。」又云：「令尹子庚，民之所敬。」這幾句對判斷鼎的主人意義重大。王子午在史籍中有據可查，《左傳》等史籍中有多個地方講到他。根據這些記載和後人的注釋，可知王子午，字子庚，是春秋五霸之一楚莊王的兒子，也是楚共王的弟弟。他在楚共王時任司馬之職，參加了對吳國的庸浦之戰，大敗吳師。楚康王二年擔任令尹，康王六年曾率軍伐鄭，康王八年去世。

據史料記載，有一次王子午護送王后秦嬴（秦景公之妹）回娘家，卻被秦國扣留。他的弟弟以三百金賄賂了晉國大臣，讓晉國修築壺邱城（陳國地，在今河南新蔡），並對秦國說，如果你們放了楚王的弟弟，我們就不築城。秦人怕晉軍因此長駐陳地，只好放了子庚。為此楚國又送了三百車重禮給晉國以示感謝。從這些記載中，我們可以想像王子午在當時對楚國是何等重要。

銘文中記載了王子午一生的功德，說他有德於民、有功於國，所以受人尊敬。同時銘文中還表明這件鼎是用來祭奠先王和盟祀用的，可見這是王子午生前所鑄。王子午鼎不僅提供了墓主人的身分，鼎中的銘文還印證了王子午的存在。

七鼎之尊

王子午鼎是春秋時期楚國的青銅器，七個鼎由大到小排列。河南博物院裡陳列的是其中最大的一件，另外的幾個鼎現分別收藏在中國歷史博物館、河南省文物考古研究所和淅川縣博物館。

王子午鼎從造型到花紋都十分精美，具有典型的楚國風格，它內收的腰腹和外撇的雙耳，**與一般稜角分明或是鼓腹、立耳的中原鼎明顯不同**，具有強烈的動感和曲線美，不禁讓人聯想到「楚王好細腰」（按：楚靈王喜歡細腰之人，所以靈王的臣下就吃一頓飯來節食，吸著氣然後才繫上腰帶，許多人便漸漸失去了獨立支撐身體的能力，甚至需要扶住牆壁才能勉強站立起來。經過近一年後，朝廷之臣都變得面黃肌瘦）的故事。鼎的周圍攀附著六個立體怪獸，每個都由兩條夔龍蜷曲盤繞而成，結構複雜、構思奇巧、風格詭異。在鼎的細部裝飾上，花紋細密精緻。更有特點的是它遍布全身的浮雕、鏤雕等精巧的雕飾，堪稱工藝精湛。優美的造型、精湛的工藝、浪漫的題材，這些都顯示了古代楚人豐富浪漫的想像力和鮮活的創造力。

在王子午的墓葬中出土的七件青銅器鼎，每件鼎內都放置有牛的肢骨，還放有撈取牛肉、牛骨的銅匕。那麼，為什麼鼎又會被賦予王權、尊貴之意？傳說夏禹曾收九牧之金鑄九鼎於荊山之下，以象徵九州。自從有了禹鑄九鼎的傳說，鼎就從一般的炊器而發展為傳國重器。後來成為最重要的禮器，即作為祭祀時向祖先神靈獻享的容器，因此人們把銅鼎等禮器又稱為「宗廟重器」。但鼎更重要的作用是體現貴族的權力、身分和地位。七個大小不一的王子午鼎是屬於列鼎。關於「列鼎制度」，周代的禮制規定：**天子用九鼎，諸侯用七鼎，大夫用五鼎**，士用三鼎或一鼎。以鼎的數量來體現王權貴族的地位和高低，不能隨意改變，否則就是僭越，有犯上作亂之嫌。禮器既然代表死者生前或死後的政治或社會地位，那麼，有七個隨葬的王子午鼎，可見墓主人的尊貴地位。

昔日楚國的歷史已經隨風而去，但從這件鼎上，我們仍可以看到楚國貴族的赫赫威勢與鐘鳴鼎食的生活，它不但讓我們欣賞到楚國工匠們高超的雕塑技巧，和巧奪天工的青銅鑄造工藝，鼎內的銘文還讓我們更深入的了解那段歷史，昭示著那個時代的輝煌。

▼千年不鏽，削鐵如泥

34 越王勾踐劍

年代：春秋，西元前七七〇至前四七六年；**尺寸**：長五十五・七公分、寬四・六公分；**材質**：青銅；**出土地**：一九六五年湖北省江陵縣江陵楚墓望山一號墓出土；**收藏地**：湖北省博物館。

越王勾踐劍有著獨特的鑄造工藝，劍面光滑明亮，**劍體毫無鏽蝕**，並且非常鋒利。其藝術設計理念也體現了中國春秋時期青銅技藝的頂峰，在其劍身表面獨特的黑色菱形花紋圖案，光潔如玉、晶光熠熠，令觀者產生非凡的藝術美感。越王勾踐劍實用與藝術完美結合，深深的體現出了古代中國人民的智慧和創造力。

劍舞楚天，天下第一劍

湖北省荊州市荊州區境內紀南城，是春秋戰國時期楚國都城的郢都舊址，這裡至今仍保留著較為完整的楚國土築城垣，規模相當龐大，而且其地下文化遺存也很豐富。在紀南城的四周存在著大量的楚墓群。

一九六五年秋季，當時的荊州專區漳河水庫管道工程動工，施工範圍涉及紀山西麓和八嶺

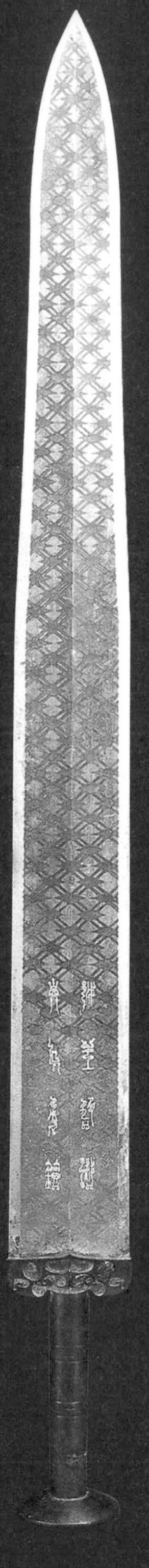

山東麓一帶，而這一帶分布著有封土堆的大中型墓葬二十多座，和無封土堆的小型墓葬三十多座。為了配合工程的順利進行，考古工作者除清理了部分小型墓葬外，針對編號為望山一號、望山二號和沙塚一號的三座大型墓葬進行了清理挖掘。

這三座墓葬位於現在荊州區川店鎮望山村，距離紀南城約七公里，距離荊州城區約十八公里，處於八嶺山東北約五公里的一片較為平坦的崗地上。清理工作從一九六五年十月中旬開始，到一九六六年一月中旬完成，歷時三個月。

三座大墓出土文物約七百件，種類繁多，其中以望山一號墓出土文物為最多，達四百多件。其中有青銅器一百六十多件、陶器六十多件和竹木漆器一百多件。在出土的青銅器中就包括大名鼎鼎的越王勾踐劍。

此劍出土時置於墓主人骨架的左側，下面壓著一把銅削。出土時，劍身插在素漆木劍鞘中。劍首向外翻捲作圓箍形，內鑄十一道極細小的同心圓圈，距離僅為〇．二公釐，**和現代的機床技術相比也毫不遜色**。

劍格正面用藍色玻璃、背面用綠松石鑲嵌出美麗的花紋，劍身飾菱形暗紋，近格處有「越王鳩淺（勾踐）自乍（作）用劍」八個錯金鳥篆體銘文，筆畫圓潤、字跡清晰、陰陽可辨，寬度只有〇．三至〇．四公釐，可見刻字水準的卓越。

劍的製作工藝十分精細，正像《中國兵器史稿》中所說：「冶鑄淬煉之精，合金技術之巧，外鍍之精良，劍上天然花紋之鑄造，均為藝術上之超越成就。」此劍**埋於地下兩千三百多年，出土時寒光閃閃，仍完好如新**，鋒光奪目，刃薄鋒利，世人無不為之嘆服。

越王勾踐劍經復旦大學靜電加速實驗室等單位檢測，該劍的主要成分為銅、錫、鉛、鐵、硫、砷諸元素，但各部位元素的含量不同。

劍脊含銅量較多，韌性好，不易折斷；刃部含錫高，硬度大，非常鋒利；脊部與刃部成分不同，是採用了複合金屬工藝的結果，即先澆鑄含銅量高的劍脊，再澆鑄含錫量高的劍刃，這是因為劍脊的熔點高，可以承受第二次澆鑄的高溫而不致熔化。這種複合金屬工藝，能使劍既堅韌又鋒利。

越王劍何以流落楚國

為什麼越王勾踐的寶劍會在楚國故地出現？這個問題從寶劍一出土就困擾著考古工作者。

越王勾踐劍出土之後，首先在考古挖掘工地上就引起了轟動。劍身上的八字銘文為吳越地區流行的鳥篆文，頗為難認。當時經過著名歷史學家方壯猷和工地上的考古工作者一起分析研究，首先對其中的六個字的釋讀達成一致，即「越王○○自作用劍」，而另外兩字雖然可以推斷為是越王的名字，但不能十分確認。

▲ 越王勾踐劍銘文。

方壯猷先生初步解釋為「邵滑」二字，

並推斷其為越王無疆之子，進而推論此墓為越王墓。然而這一觀點並未得到大家的一致認可。這一問題不解決，解讀寶劍本身和墓葬就無法繼續進行。因此，考古工作者就對銘文進行了臨摹、拓片和拍照，準備做進一步研究。

一九六五年十二月底至一九六六年元月上旬，方先生先後將相關資料和自己的觀點寫信寄給了郭沫若、夏鼐、唐蘭、陳夢家、于省吾、容庚、商承祚、徐中舒等十多位國內著名的歷史學家、考古學家和古文字學家，以徵求意見。其中最具代表性的是古文字學家、北京故宮博物院研究員唐蘭先生的意見。

他在覆信中指出，劍銘中的二字為「鳩淺」，即「勾踐」，此劍為越王勾踐劍。並且認為望山一號墓為楚墓，不是越王墓，而此劍很有可能是楚國滅越之後所得的越國寶物。而著名的古文字學家陳夢家也在覆信中明確指出此劍是越王勾踐劍，並且認為望山一號墓很可能是楚王墓或者楚國貴族之墓。郭沫若先生也認同此劍為越王勾踐劍這一觀點。至此之後，此劍的命名便沒有任何疑義了。

但是為什麼唐蘭和陳夢家認為此墓不是越王墓而是一座楚墓呢？

這是因為該墓出土的竹簡已經證明墓主人是楚國貴族，其身分大致相當於楚國的下大夫，墓葬的年代應為楚威王至楚懷王時期。既然這是一座戰國楚墓，為什麼春秋末年的越王劍會出現在這裡？這是考古學家爭訟最多的問題。

著名考古學家陳振裕曾對該問題做過深入細緻的研究。當時主要的觀點是，認為作為越王勾踐的隨身寶劍，此劍是越國滅亡之後楚國得到的戰利品，而此劍則是楚王賞賜給滅越功臣邵滑的寶物，後來邵滑將此劍殉葬。

陳振裕認為，墓主並非邵滑，從職位、經歷、年齡、墓葬規模、隨葬器物、墓葬年代以及名字的通假諸多方面進行了詳細分析，確定**墓主人是楚國貴族固**，與邵滑無關，因此排除了作為戰利品的可能。陳振裕認為在春秋時期，青銅劍不僅是重要武器，也是上層人物身分的象徵，並以吳季札贈劍為例，說明在當時寶劍是可以作為禮品進行饋贈的。

從相關典籍的記載看，楚國和越國之間的關係，在楚威王之前還是很密切的，而後才逐漸疏遠並相互攻伐，以致楚國滅了越國。望山一號墓的年代應該是楚威王時期至楚懷王前期，這一時期楚越兩國的關係並不緊張。況且，楚惠王的母親，據史料記載是越王勾踐的女兒，這就很有**可能是當年越王勾踐將女兒嫁到楚國時，這把寶劍是作為嫁妝一起來到楚國的**。

而根據考古挖掘的資料證明，墓主人是楚悼王的後代，作為王室宗親，墓主對於當時的楚王來說，很有可能是比較受重用的，因此才會將這把名貴的寶劍贈給墓主人，並以之殉葬。這雖然是一家之言，卻也為越王勾踐劍流落楚國提供了一個證明。實情究竟如何，還有待考古工作者提供更多的史料。

冠絕天下的吳越鑄劍技術

按照《越絕書》的記載，越王勾踐對寶劍特別鍾愛，當時在他的手裡有魚腸、巨闕、湛盧、勝邪、純鈞等五把寶劍。按照書中記載，這五把寶劍都是著名鑄劍師歐冶子鍛造的神兵利器。書中形容純鈞劍時寫道：「揚其華，捽如芙蓉始出。觀其釽，爛如列星之行；觀其光，渾渾如水之溢於塘；觀其斷，岩岩如瑣石；觀其才，煥煥如冰釋。」可見越國寶劍之精美。

至於目前我們看到的這把劍是否屬於其中的一把，目前很難判斷。但是，春秋時期吳越的鑄劍技術絕對是首屈一指的，湧現出了干將、歐冶子、風鬍子等在史籍中留下赫赫威名的鑄劍大師，越王勾踐劍很有可能就是出自大師之手。

根據史料記載和考古挖掘可以得知，在春秋末年時，中國的青銅器鑄造，已經掌握了將器身和附件**分別鑄造後再用合金焊接**的技術，在冶煉過程中已經採用了皮囊鼓風加溫的新技術，而青銅劍的鑄造方法在《考工記》一書中也有詳細記載。

但即便如此，這些資料並不足以解釋越王勾踐劍的鑄造工藝和防鏽技術。**越王勾踐劍材質雖是青銅，但其合金成分卻很複雜**。根據科學實驗的結果證實，此劍的主要成分有銅、錫、鉛、鐵和硫等，其中劍脊的含銅量高，保證了劍具有很好的韌性，不易折斷；而兩刃的含錫量高，保證了此劍的鋒利度。這種合理的合金成分，充分反映了越王勾踐劍的鑄劍技術之高超。

越王勾踐劍不只有獨特的鑄造工藝，其藝術設計理念也代表了中國春秋時期青銅技藝的頂峰。在其劍身表面獨特的黑色菱形花紋圖案，光潔如玉、晶光熠熠，令觀者產生非凡的藝術美感。這種效果也是由獨特的鑄造工藝形成的，根據研究模擬測試顯示，這種工藝應該是先用高純度錫粉末在金屬表面塗上一層塗層，再在該塗層上雕刻花紋圖案，之後進行特殊的加熱處理，使得氧化層掉落，才構成了雙色相間的菱形圖案。在數千年的時間磨蝕下，因寶劍獨特的埋藏環境，黃白相間的圖案演化為黑白相間的圖案，越王勾踐劍給現代人帶來的觀感，就是因此而來。

沒有高超技術作為基礎，當時的鑄劍師有再高的藝術造詣，也無法將其呈現在劍的造型上，越王勾踐劍其精美絕倫的藝術造型有力的證明了，春秋時期頂級的鑄劍師和鑄劍技術明顯在吳越兩國。

35 曾侯乙編鐘

年代：戰國，西元前四七六至前二二一年；**尺寸**：曾侯乙編鐘包括鈕鐘十九件、甬鐘四十五件，外加楚王贈送的一件鎛鐘，共六十五件。最大的一件通高一百五十三．四公分、重兩百零三．六公斤；最小的一件通高二十．四公分，重二．四公斤。鐘架長七百四十八公分、高兩百六十五公分。整套編鐘總重達兩千五百多公斤；**材質**：青銅；**出土地**：一九七八年湖北省隨州市西郊擂鼓墩曾侯乙墓出土；**收藏地**：湖北省博物館。

曾侯乙編鐘自出土以來，相關專家學者們一直對這件令人嘖嘖稱奇的稀世珍寶，保持著高度的研究熱情，對其進行了各方面的研究，現代音樂家們也以此創作出了許多優秀的作品。它不僅是中國古代音樂殿堂中的稀世珍寶，更是世界文化寶庫中的一顆璀璨明珠。

戰國時期的地下音樂廳

一九七八年挖掘的曾侯乙墓位於湖北隨州城郊的擂鼓墩。曾國是楚國的附庸小國。春秋之時，它還存在於當時的各種史冊之中。但到戰國時期，就淹沒在歷史長河之中了。曾國雖然是

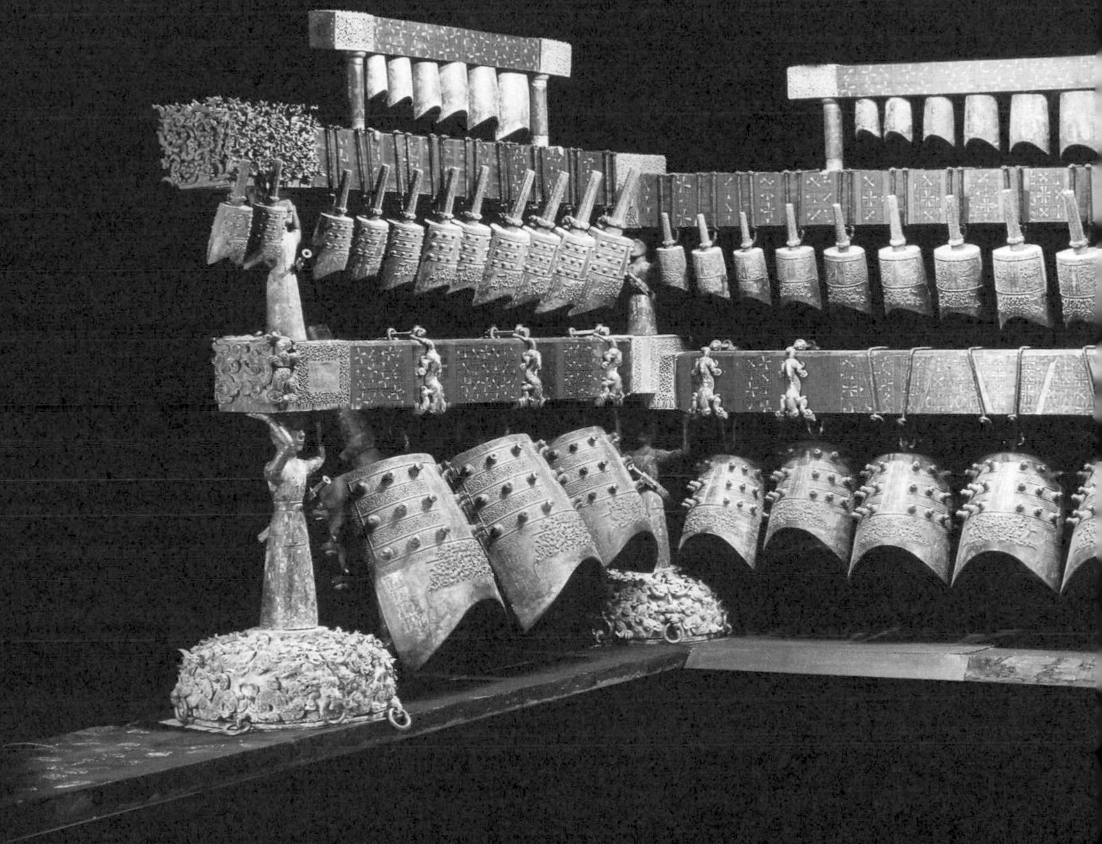

一個歷史上「失蹤」了的小國，但墓中隨葬的燦爛奪目的眾多樂器，構成了一座巨大的地下音樂廳，其宏大的規模令人驚嘆不已，這是一次轟動世界的音樂考古重大發現。

曾侯乙墓共出土七千多件文物。在青銅器時代，青銅是最重要的財富。該墓出土文物以青銅器最為豐富，精美的青銅器比比皆是。這座墓**使用青銅總量可能達到十噸以上**。此外還有金器九件，總重三·六四五公斤。這些都是過去考古挖掘中沒有見到過的。然而，墓葬中最有學術價值的乃是出土的一百二十四件樂器，這是中國古代音樂史方面的重大發現。

曾侯乙墓的隨葬樂器集中在大墓的中室和東室（墓主人的棺在東室），彷彿是正殿和寢宮的排場。中室幾乎成了演奏廳，全套鐘、磬架安排了三面，占據了突出的位置，恰如典籍所載「諸侯軒懸」的規格。在這些出土樂器中，最引人注目的就是曾侯乙編鐘。

這套編鐘是由六十五件青銅編鐘組成的龐大樂器，其音域跨五個半八度，十二個半音齊備。曾侯乙編鐘是目前所出土的保存最完好、鑄造最精美的一套編鐘，它高超的鑄造技術和良好的音樂性能，改寫了世界音樂史，被中外專家、學者稱為稀世珍寶。

震驚中外的音樂奇蹟

編鐘是中國古代大型打擊樂器，興起於西周，盛於春秋戰國直至秦漢。中國是製造和使用樂鐘最早的國家。它用青銅鑄成，由大小不同的扁圓鐘按照音調高低的次序排列起來，懸掛在一個巨大的鐘架上，用丁字形的木錘和長形的棒分別敲打青銅鐘，能發出不同的樂音，因為每個鐘的音調不同，按照音譜敲打，可以演奏出美妙的樂曲。

曾侯乙編鐘數量巨大，完整無缺。以大小和音高為序編成八組，懸掛在三層鐘架上。最上層三組十九件為鈕鐘，形體較小，有方形鈕。中下兩層五組共四十五件為甬鐘，有長柄，鐘體遍飾浮雕式蟠虺紋，細密精緻。整套編鐘外加楚惠王送的一枚鎛鐘，共六十五枚。**鐘上均有篆體銘文，絕大多數為錯金文字，共兩千八百餘字**，除「曾侯乙乍（作）持」外，**都是關於音樂方面的**，可以分為標音銘文與樂律銘文兩大類。

樂律銘文中記樂律名稱五十三個，其中有三十五個是過去所不知道的。將標音銘文與實際測音對照證明，編鐘音律準確，每個鐘都能敲出兩個樂音，整套編鐘的音階結構與現今國際通用的C大調七聲音階同一音列，總音域包括五個八度，中心音域十二個半音齊備，可以旋宮轉調。

在鼓中部和左面標出不同音高，如宮、羽等二十二個名稱，另一面鑄有律名、調式和高音名稱以及曾國與楚、周、齊、晉的律名和音階名稱的對應關係，反映了當時各諸侯國之間在文化藝術領域裡相互交流的情況，是研究先秦音樂史的珍貴資料。另有一件鎛鐘，位於下層甬鐘中間，形體碩大，鈕呈雙龍蛇形，龍體捲曲，回首後顧，蛇位於龍首之上，盤繞相對，動勢躍然浮現。器表亦作蟠虺裝飾，枚扁平（參考下頁圖）。鎛鐘上有銘文，記述**此鎛鐘乃楚惠王贈送的殉葬品**。

鐘架近旁有六個「T」字形髹漆彩繪木槌和兩根彩繪髹漆長木棒。鐘架橫梁上髹漆，並有彩繪花紋和刻紋，橫梁兩端有浮雕及透雕龍紋或花瓣形紋飾的青銅套。中下層橫梁各有三個佩劍銅人分別用頭、手頂托，並透過橫梁的方孔以子母榫牢固銜接，中部還各有一銅柱承托橫梁以加固。全套鐘架由兩百四十五個構件組成，可以拆卸，設計精巧，歷經兩千多年，出土時仍矗立如故。

曾侯乙墓編鐘音色優美，音域很寬，變化音比較完備，至今仍能演奏各種曲調，說明**當時的鑄造工藝已能滿足音響設計的要求**。它的出土，使世界考古學界為之震驚，因為在兩千多年前就有如此精美的樂器、如此恢宏的樂隊，在世界文化史上是極為罕見的。曾侯乙墓編鐘的鑄成，顯示中國青銅鑄造工藝的巨大成就，更顯示了中國古代音律科學的發達程度，它是中國古代人民高度智慧的結晶，也是中國作為文明古國輝煌歷史的見證。

▼ 曾侯乙編鐘的鎛鐘。

▼中國最早的建築平面規畫圖

36 錯金銀銅版兆域圖

年代：戰國，西元前四七六至前二二一年；**尺寸**：長九十四公分、寬四十八公分；**材質**：青銅；**出土地**：一九七七年河北省平山縣三汲鄉的南七汲村中山王墓出土；**收藏地**：河北博物院。

考古專家都難以辨認的古文字、極少歷史資料流傳後世的神祕國度，錯金銀銅版兆域圖有著怎樣的祕密？同時期的地圖全都灰飛煙滅，同樣藏於地下兩千多年的錯金銀銅版兆域圖為何得以倖免？

中山王墓的發現與挖掘

一九七四年的冬天，在河北省平山縣的上三汲公社（按：現為上三汲鄉），社員們正在田間忙碌，他們在平整農田。因為需要的沙土比較多，他們就不停的到旁邊的沙丘上去運土。就在鏟土、運土時，有農民不經意間發現了好多較為整齊、片狀較大的瓦片。考古人員得知這個消息後，第一時間趕到了上三汲公社。在清理大土丘的時候，他們驚奇的發現：土丘裡埋了很多瓦片，這些瓦片品質優良，體積比較人。根據考古人員的經驗，這些瓦片一般被用來建築宮

殿。後來經過檢測，這些瓦片屬於戰國時期。

就在考古人員為之驚嘆的時候，這次挖掘工作的負責人陳應祺發現了一些有幫助的資訊。在詢問當地的村民以後，陳應祺得到了一塊刻石，上面刻的是中國古代的文字。奇怪的是，身為考古工作者的陳應祺並不認識石頭上的古文字。他馬上意識到這些文字很重要。於是，他趕快把文字拓片郵寄給了著名的歷史學家和古文字學家李學勤先生，請他幫忙辨認釋讀。

一個多星期以後，李學勤先生給陳應祺回信說為了釋讀更為準確，需要陳應祺回答三個問題：一是在挖掘地附近有沒有高大的土丘，二是附近有沒有山和樹林，三是山和樹林附近有沒有河流和小溪等。除了沒有樹林，其他問題的回答陳應祺都是肯定的。據此，李學勤先生正式回信，釋讀出了石頭上十幾個字，大概意思是這樣的：原來負責監察、管理捕魚的公乘得在這裡看守陵墓，他原先的部下曼要把這件事情告訴後輩。這些文字有力的證明三汲鄉附近有一個戰國時期的王族陵墓。

考古人員猜測**這個陵墓可能屬於神祕的中山國**。中山國是戰國時期一個面積並不大的國家，但實力雄厚，只是微微落後於「戰國七雄」，位列戰國十二強之一。說它神祕，是因為它不但沒有給後人留下多少歷史資料，反而留下許多未解之謎。挖掘過程中，考古人員發現了幾座墓，為了便於區分，他們給陵墓做了編號。其中，規模最大的被稱為一號墓。

在挖掘一號墓時，考古人員在外面發現了盜洞，二號墓裡的場景更讓考古人員心碎。一號墓經歷了兩次被盜，盜墓賊偷了一號墓的陪葬品不說，還縱火燒墓室。然而就是**這個被盜墓賊洗劫又焚燒過的一號墓裡，居然出土了幾千件文物**。錯金銀銅版兆域圖就在一號墓中被挖掘。

一九七七年秋，中山王墓的挖掘進入了最後階段，意外的發現了錯金銀銅版兆域圖。

最早有比例的銅版建築規畫圖

錯金銀銅版兆域圖的**正面是中山王陵區的建設規畫圖**，規畫圖上的指示方向和我們現在的地圖方向是相反的，上面是南方，下面是北方。這個規畫圖是**用金、銀的薄片和銀線嵌入銅版，做出規畫建築輪廓**。而且從它的出土來看，中山國當時的生產水準非常厲害，冶金技術很高，在技術和經濟實力都足夠的情況下，才能在銅版上製作如此細緻的地圖。它的出現表現出中山國高超的冶金技術和精美的製作工藝。

從圖上可以看出，中山王陵區的規畫是：中間是中山王的享堂，兩旁各分布著王后堂、哀后堂和夫人堂。然而從中山王的周圍墓葬看，只在東邊有一個墓，是哀后墓，而其他三個規畫墓並沒有被找到。這可能意味著，錯金銀銅版兆域圖上規畫的墓葬最後沒能成功建好，它只是一幅墓葬建築的規畫地圖。錯金銀銅版兆域圖的價值在於，圖上有明確的數字和文字說明，有明確的比例——五百分之一，**是目前世界上發現，最早的有比例銅版建築規畫圖**，對於研究戰國時期的比例關係有重要意義，也為研究中國古代陵園建築，和平面建築提供了珍貴而準確的資料。

方位是地圖必備的一個內容，錯金銀銅版兆域圖雖然沒有明確說明每一面的方向，但是可以根據地圖的內容，確定錯金銀銅版兆域圖是有一定方位的，而且也很容易找出來。**從新石器**

時期開始，我們居住地方的大門開口都是朝南的，所以，根據圖上「門」的開口方向可以推斷出：錯金銀銅版兆域圖的上方當指的是南方，所以下方指北，左面是東，右面是西。而長沙馬王堆漢墓出土的同為春秋戰國時期的《駐軍圖》上，關於方位其明確標記出：上面是南方，左面是東方。錯金銀銅版兆域圖的出土，給我們提供了解戰國時期地圖指向的證據。

錯金銀銅版兆域圖上一共標注了三十八處數字，用了兩種不同的單位，其中用「尺」作為單位的注記有二十四處，用「步」作為單位的有十四處。這是已經發現的，最早使用數字作為單位標記的地圖。從銅版上我們測量出來的長度和實際的長度相比，得出錯金銀銅版兆域圖採用的比例是五百分之一。而且依據數字標記的長度和後來的實際長度的比較，發現錯金銀銅版兆域圖比例尺有一些誤差。我們只能猜測可能是在銅版製作的過程中產生了誤差，但也可能受到當時的技術所限，導致量測精度不準確。

雖然戰國時期有很多關於地圖的記載，但是一直還沒有找到一件實物來證明，如今這件錯金銀銅版兆域圖是唯一一個完整出土的戰國時期繪製的地圖，它是在馬王堆漢墓出土的帛片地圖後的另一重大發現。而且因為馬王堆漢墓出土的地圖是繪製在絲織品上的，不易保存，現在我們只能看到它的復原圖，但是錯金銀銅版兆域圖是雕刻在銅版上的，不易損壞，這也是現在我們還能看到它的原因。

37 宴樂漁獵攻戰紋青銅壺

年代：戰國，西元前四七六至前二二一年；**尺寸**：高三十一．六公分、口徑十．九公分、腹頸二十一．五公分；**材質**：青銅；**出土地**：不詳；**收藏地**：北京故宮博物院。

當我們在參觀北京故宮博物院時，那一件件布滿饕餮紋或者夔龍紋的青銅器足以令人感慨。尤其是一件來自戰國時期的青銅壺更突出，器身上繪滿了人物，儼然一幅戰國時期的「連環圖畫」，向我們講述來自兩千多年前的故事。

自導自演的國寶搶案

一九四五年，抗日戰爭勝利後，中國在重慶成立了清理戰時文物損失委員會，簡稱「清損會」，專門對戰爭時期損失的文物進行追查索償。一九四五年九月，剛從燕京大學研究院畢業不久的王世襄，在馬衡和梁思成兩位副主任的引薦下進入了清損會，並擔任平津區助理代表。

進入清損會不久，王世襄得知在日本侵華戰爭期間，有許多青銅器、瓷器、古代名畫被日本人和德國人或強取豪奪、或廉價收買。於是他開始走訪京城大大小小的古玩商，了解戰時古董的下落。打聽後他得知，淪陷時期出土於河南等地的重要青銅器，幾乎都被一個叫楊寧史的德國人買走了。

當王世襄剛到天津想要調查時，楊寧史卻向當時北平警察局報案說自己在天津倉庫的一批青銅器被人搶走了。而剛剛找到楊寧史存放這批青銅器的祕密倉庫的王世襄，被警方當作可疑對象抓了起來。王世襄向警方說明了自己的身分之後，被放了出來，他立刻回到北京到楊寧史經營的禪臣洋行了解情況，他在洋行發現了一份英文的文物目錄，宴樂漁獵攻戰紋青銅壺就在其中。

王世襄返回天津，找到楊寧史，楊寧史卻稱這批文物被國民黨九十四軍化裝成盜匪搶走了。王世襄直奔九十四軍的所在地，要求見軍長牟廷芳，一個副官接待他，要他回去等消息。幾天之後，沒有得到任何消息的王世襄焦急萬分，他輾轉聯繫到了當時國民政府行政院院長宋子文，宋子文聽說後親自前往天津處理此事，但是也沒有在九十四軍的駐地找到這批文物。

王世襄向牟廷芳說明了事情的經過，牟廷芳稱完全沒有這麼一回事。隨後**九十四軍對楊寧史在天津和北平的倉庫展開了大搜查，最後在一艘商船上找到了這批青銅器**。

原來，這一切都是楊寧史為了侵吞不法收購來的文物，而編造出來的謊言。正是王世襄的堅持，保護了包括宴樂漁獵攻戰紋青銅壺在內的一批珍貴古代青銅器，使它們不至於流失海外，從此得以存放在博物館中供世人觀看。

青銅器上的戰國生活畫卷

宴樂漁獵攻戰紋青銅壺侈口、斜肩、鼓腹、矮圈足，肩上有二獸首銜環耳。花紋從口至圈足分段分區布置。以雙鋪首環耳為中心，前後中線為界，分為兩部分，形成完全對稱的相同畫面。自口下至圈足，被五條斜角雲紋帶劃分為四區：壺頸部為第一區，上下兩層，左右分為兩組，主要表現採桑、射禮活動。採桑組樹上下共有採桑和運桑者五人，婦女在桑樹上採摘桑葉，可能表現的是后妃所行的蠶桑之

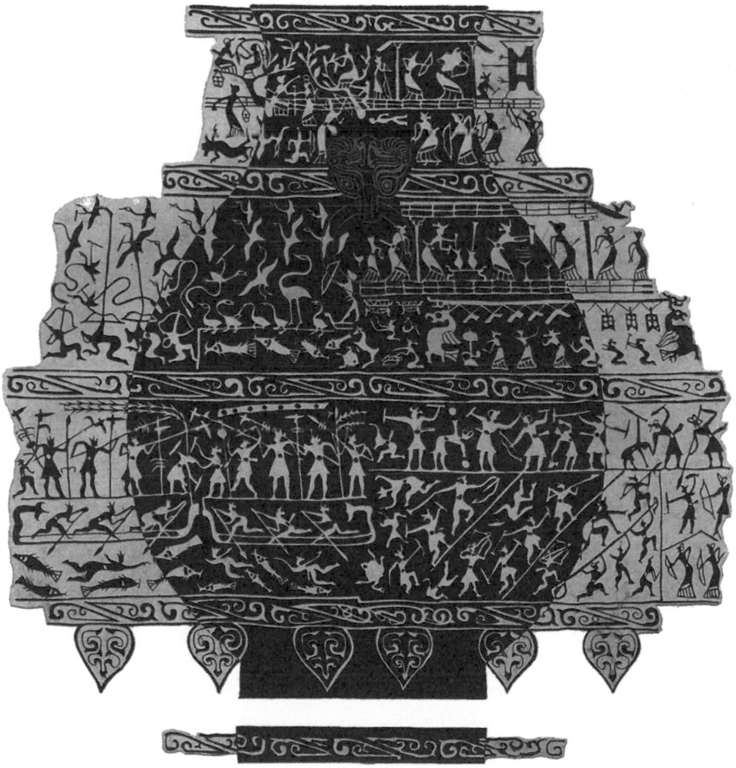

▲ 宴樂漁獵攻戰紋青銅壺圖案拓片。

禮。畫中男子束裝佩劍，似在選取弓材。習射組四人在一建築物下依次較射，前設侯，侯為箭靶。《小廣雅．釋器》：「射有張布謂之侯，侯中者謂之鵠……。」這裡描繪的應是古時舉行射禮的場景。

第二區位於壺的上腹部，分為兩組畫面。左面一組為宴享樂舞的場面，七人在亭榭上敬酒如儀，榭欄下有二圓鼎，二奴僕正從事炊事操作。下面是樂舞部分，簨虡（按：音同「筍具」，懸掛鐵磬的架子）上懸有鐘磬，旁立建鼓和丁寧（按：又名鉦），圖中三人敲鐘、一人擊磬、一人持二桴（鼓槌）敲打鼓和丁寧，尚有一人持號角狀的吹奏樂器在演奏，表現了載歌載舞的熱鬧場面。右面一組為射獵的場景，鳥獸魚鱉或飛、或立、或游，四人仰身用繒繳弋射，一人立於船上亦持弓作射狀。

第三區為**水陸攻戰的場面**，位於壺的下腹部，界面寬，圖中人物也最多。一組為陸上攻守城之戰，橫線上方與分隔號左方為守城者，右下方沿雲梯上行者為攻城者，短兵相接，戰鬥之激烈，已達到白熱化程度。另一組為兩戰船水戰，兩船上各立有旌旗和羽旗，陣線分明，右船尾部一人正擊鼓助戰，即所謂鼓譟而進。船上人多使用適於水戰的長兵器，兩船頭上的人正在進行白刃戰，船下有魚鱉游動，表示船行於水中，雙方都有蛙人潛入水中活動。

畫中的戰鬥情景雖受畫面的限制，僅能具體而微，然而刻畫生動，戰士們手持武器，頭裹巾幘，射者支左居右，張弓搭矢；持戈者前握後運，雙足穩立；架梯者高擎雙手，大步跑進；仰攻者持弓戈矛盾，登梯勇上；蕩槳者前屈後翹，傾身搖盪；潛泳者揚臂蹬足，奮力游動。作者以極其豐富的想像力，準確的抓住每一人瞬間具有特徵的動作，構成了一幅驚心動魄的戰爭場面。第四區採用了垂葉紋裝飾，給人以敦厚而穩重的感覺。

這件宴樂漁獵攻戰紋青銅壺，**整個紋飾中人物近百個，卻沒有一個重複的姿勢**，造型極其優美，比例合理準確，構圖嚴謹。畫面中，人物、動物、植物及其他器物互相結合，渾然一體，疏密得當，使得整個畫面氣氛熱烈、生動活潑，再現了當時的社會生活面貌。其價值是，首先，這件青銅壺是中國較早記載生產、生活、戰爭、建築、音樂、禮儀的綜合圖案，是戰國時期社會情況的綜合體現。

其次，此壺透過對採桑、射獵、樂舞、戰爭的刻畫，為後人研究戰國時期的生活提供了形象依據，尤其是水陸攻戰圖所反映的戰爭場景，為研究戰國軍事提供了完整的形象資料。再次，從藝術角度來說，**此壺圖案採用連環圖畫式的手法**，開創了秦漢時期畫像磚、畫像石（按：帶有圖像或紋樣的石和磚）藝術的先河。總之，此壺不僅可以說是中國古代青銅器中具有代表性的禮器，更是中國工藝美術史上不可多得的藝術珍品。

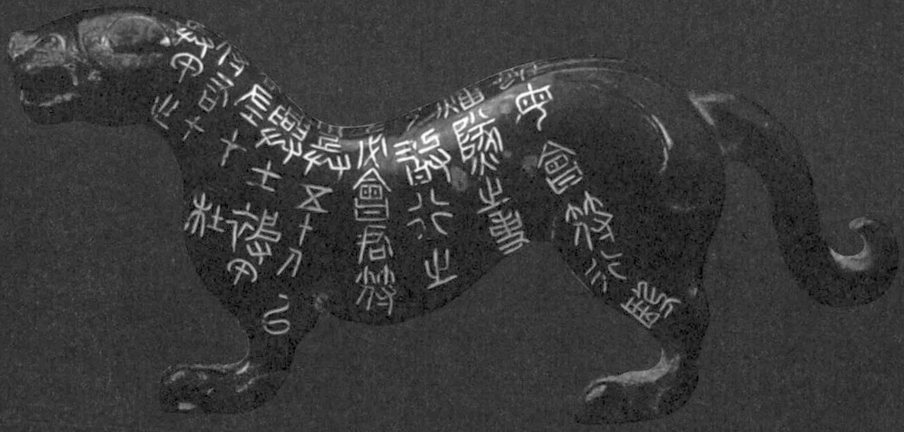

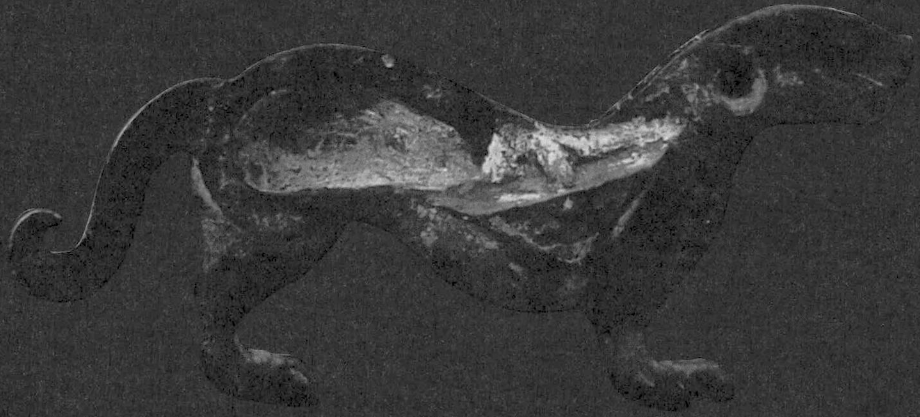

▼能調動百萬大軍的將軍令

38 杜虎符

年代：戰國，西元前四七六至前二二一年；**尺寸：**長九．五公分、高四．四公分、厚〇．七公分；**材質：**青銅；**出土地：**一九七五年陝西省西安市南郊北沈家橋出土；**收藏地：**陝西歷史博物館。

當我們打開辭典查找「符合」一詞，得到的解釋是：「（數量、形狀、情節等）相合。」這是一個動詞。而在兩千多年前的秦朝，「符」、「合」是兩個詞，**「符合」一詞的來源就與調動軍隊**的虎符有著密不可分的關係。

現存最早調兵憑證

兩千多年前，信陵君為得到兵符去救趙國，不惜鋌而走險。秦軍已經包圍了趙國都城，脣亡齒寒，趙國滅國，魏國也將危在旦夕。而魏王因為害怕秦國報復，已經數次拒絕了增援趙國的請求。信陵君的艱難在於他要不要想辦法盜走虎符，增援趙國。最終他還是這麼做了，兵符即合，萬軍齊發。趙國因此得救，魏國也有了暫時的安全。虎符成為扭轉國家生死存亡的轉捩點。

現存於世的虎符只有三個。陽陵虎符、新郪（按：音同「妻」）虎符以及現藏於陝西省歷史博物館的杜虎符。一九七五年冬，西安郊區山門口公社北沈家橋村，農民楊東鋒在平整土地時，撿到一塊綠鏽斑駁的銅製品，當時他**本想把虎符當廢銅賣掉**，但因分量太輕，賣不了多少錢而作罷。他覺得挺稀奇，就放到家裡給孩子當玩具。然而，幾年之後，這個物件上的綠鏽磨落，露出了閃閃發光的金字。楊東鋒意識到這可能是件文物，他握著這件器物輾轉找到了陝西省博物館，碰巧遇到了考古專家戴應新。一番審視後，戴應新初步斷定眼前的器物是一枚十分罕見的戰國虎符。楊東鋒因獻寶有功，獲得了一張陝西省博物館發給的表揚信和七元獎金。

合符以行軍令

「符」是中國古代常用的一種信物，一般分為兩半，**兩半相合，就能作為辦理某類事務定約和踐約的憑證**。杜虎符為左半符，虎作行走狀，昂首，尾巴捲曲。背面有槽，頸上有一小孔。虎符上有錯金銘文九行共四十字，字體為小篆：

兵甲之符。右才（在）君，左在杜。凡興士被甲，用兵五十人以上，必會君符，乃敢行之。燔燧之事，雖母（毋）會符，行殹（也）。

內容大意是：右半符掌握在國君手中，左半符在杜地軍事長官手中，凡要調動五十人以上的帶甲兵士，杜地的左符就要與君王的右符相合，才能行動。但遇上烽火報警的緊急情況，不必會君王的右符。銘文反映出秦以「右」為尊，**秦國的軍權高度集中，凡徵調五十人以上的兵士必須經國君認可**。戰國時代戰火頻繁，軍情緊急，稍有閃失就可能丟城失地。山高水遠，沒有現代通訊手段，君主就是靠虎符傳達軍令，為了保密，虎符通常設計成小巧隱匿的造型，實現「帳戶」和「密碼」的有效對接。

與陽陵虎符、新郪虎符相比較，杜虎符在文字上的差異還是很明顯的，其中的一處差異恰是判斷杜虎符年代的關鍵。其中銘文有「右在君」的文字，最初學者的解釋是認為「君」指的是秦始皇的弟弟長安君，因而斷定此虎符是秦始皇八年以前的東西。而結合其他兩件虎符銘文「右在王」、「右在皇帝」的記載，可知「王」和「皇帝」皆為秦國國君的時代，則「君」必然是秦的國君而非長安君。檢索史籍，可知秦國稱君的只有秦惠文王，在繼位後的前十三年恰好稱惠文君，依此可斷定虎符是秦惠文王十三年前文物。

春秋戰國時期，君權和軍權更加集中。軍事將領都必須由國君任命，將領只有帶兵權，沒有調動軍隊的權力。想要調動軍隊，就必須有國君的虎符。兵符雖然不大，但它是君權至高無上的產物，具有不可替代的地位。虎符是君主與將領建立有效聯繫的重要工具，保障了君王對軍隊的控制權，軍隊穩定才能帶來政權的穩定，軍權的收歸，加強了君權的控制，從而達到維護統治的目的。

39 郭店竹簡《老子》

年代：戰國，西元前四七六至前二二一年；**尺寸：**分作三類：一類長度在三十二．五公分左右；另一類長二十六．五至三十．六公分；第三類長十五至十七．五公分；**材質：**竹；**出土地：**一九九三年湖北省荊門市郭店村郭店一號墓出土；**收藏地：**湖北省博物館。

根據聯合國教科文組織的統計，《老子》是被傳播得最廣的世界名著之一。這部流傳千年的道家經典，由後代學者不斷的整理編纂形成了今日我們看到的傳世本《老子》。道家的學說深奧難懂，每個人都有自己不同的理解。而兩千多年前的老子真正的想法到底是怎樣的，郭店竹簡《老子》讓讀者更加接近歷史的真相。

最早關於《老子》的實物資料

一九九四年，**湖北省荊門市郭店村**的兩座墓葬被盜，這一情況被報告到警方，隨後文物部門對兩座墓葬進行了搶救性挖掘。經挖掘，專家發現這是兩座下葬於戰國中期偏晚、西元前四世紀中期至三世紀初的楚國墓葬。墓葬形制不大，在其中一座墓葬頭廂北側發現了大量竹簡，雖然經歷了兩千多年的侵蝕，竹簡依舊堅韌挺拔、字跡清晰。這些竹簡大部分保存完好，只有少量殘損。經過清理後得知，竹簡共八百零四枚，其中有字竹簡七百三十枚，共記錄有一萬三千多個楚國文字。竹簡上記載的全部都是儒、道典籍，共十六篇先秦時期的哲學思想著作。

郭店出土了竹簡《老子》和《太一生水》兩部道家著作。郭店竹簡《老子》共兩千多字，有甲、乙、丙三篇，而傳世本《老子》有五千多字，八十一章。郭店竹簡是目前關於《老子》的最早的實物資料，它將《老子》的版本推到了先秦時期。在《老子》一書成書後的流傳過程中，由於流傳途徑和傳授人員的差異，不同版本的《老子》在內容上差異還是很大的。我們現在所說的「五千言」本《老子》，就是眾家精心校訂的版本。有學者認為，郭店竹簡《老子》可以認為是傳世本《老子》的母本。

被顛覆的《老子》學說

郭店竹簡《老子》與傳世本《老子》在內容上有諸多差異，甚至顛覆了傳世本《老子》的部分觀點。其中最重要的是，傳世本《老子》在第十九章寫到：「**絕仁棄義**，民復孝慈」這直接否定了以「仁」、「義」為主要觀點的儒家學說，作為儒道兩家思想對立的有力證據。而在郭店出土的《老子》澄清了這個問題，其中關於這部分的記載為：「**絕偽棄慮**，民復孝慈」。可見，道家在最初階段排斥的絕不是「仁義」。這向我們展示了早期儒道兩家和諧共存的關係。

另一個差異較大的觀點是關於萬物的本源。中國古代的哲學著作中認為「氣」是形成世間萬物的關鍵。我們所熟知的《老子》中的一句：「道生一，一生二，二生三，三生萬物。」「道」即「氣」，由此順序模式產生了「天地」及世間萬物。氣源說不僅道家贊同，幾千年來也得到幾乎所有中國學者的一致肯定。但是郭店竹簡中不僅完全不存在這句話，而且在出土的《太一生水》中，提出了完全不同的水源說。

「太一生水，水反輔太一，是以成天。天反輔太一，是以成地。天地復相輔也，是以成神明。神明復相輔也，是以成陰陽。」此處認為**水才是萬物的本源**，而且世間萬物是一個循環產生的模式。由此可見，兩千多年前古人就已經科學的認識到，水在地球生態形成中起到的重要作用。《太一生水》的出土進一步充實了道家學說的內容，這也是首次發現的先秦時期有關宇宙生成的重要文獻。

郭店竹簡產生的時間距離老子生活的年代只有三百多年，可以認為這個版本的《老子》最接近於原著，一定程度上填補了中國先秦時期思想史方面的一些空白，讓我們對道家學說有了全新的認識。它記錄了古代先賢原始、樸素的哲學思想，使我們更加接近道家學說的本質，更加接近千年之前老子和他的精神世界。

▼一個稱雄大漠的民族見證

40 匈奴金冠

年代：戰國，西元前四七六至前二二一年；**尺寸：**高七．三公分、帶長三十公分；**材質：**金；**出土地：**一九七二年內蒙古自治區鄂爾多斯市杭錦旗的匈奴墓地出土；**收藏地：**內蒙古博物院。

一般人講述中國歷史時，經常是圍繞著中原地區的漢文化，對於其他民族文化的介紹和了解不多。他們與我們共生共存，彼此的文化相互交流融合，他們是過著怎樣的生活？匈奴金冠向我們展示了另一個角度所觀察到的古代歷史。

匈奴文化最具代表性的遺物

一九七二年冬，內蒙古杭錦旗阿門其日格公社的社員，在阿魯柴登以南三公里的沙窩子（草原裡的沙地帶）中發現了一批極珍貴的金銀器。由於當時人們保護文物的意識薄弱，這批金銀器有所流散，一些文物被村民們當作金銀製品賣給了當地銀行。當地政府透過群眾反映，得知挖出金銀器的消息後十分重視，立即向內蒙古文化局報告。一九七三年春，內蒙古文物工作隊派出田廣金、李作智前去調查。

田廣金、李作智到了當地後，一方面在當地政府的配合下，走到村民中去宣傳國家文物保護的相關政策法規，讓村民們了解到文物保護的重要意義，使他們對文物和文物保護有了一定的認識。經過半年的努力，**被銀行收購的文物全部追回**，而當地一些村民也主動的將自己手中的文物捐獻出來。另一方面，田廣金、李作智在當地群眾的幫助下，開始了現場調查和挖掘工作。他們根據現場發現的人骨和獸骨，判斷這批遺物分別出土於兩座古墓之中，共出土金器兩百一十八件、銀器五件、石串珠四十五枚，其中就包括大名鼎鼎的匈奴金冠。

匈奴是戰國、秦漢時稱雄中原以北的強大游牧民族，興起於西元前三世紀的戰國時期，匈奴金冠的**出土地點**杭錦旗阿魯柴登地區，**屬於史書中所記載的「河南地」**的範圍（離內葉鄂爾多斯市五十公里）。《史記．趙世家》記載，西元前三〇六年，趙武靈王「西略胡地，至榆中，林胡王獻馬」，所以當時林胡駐牧在「河南地」。西元前二一四年，秦始皇命蒙恬率軍北擊匈奴，匈奴被逐出「河南地」。

西元前二〇九年，匈奴冒頓單于繼位，開始對外擴張，在大敗東胡王之後，隨即併吞了樓煩、白羊河南王，並得到了蒙恬所取的匈奴地及漢之朝那、膚施等郡縣，還對漢之燕、代等地進行侵掠，匈奴再次占領河南地。西元前一二七年「衛青復出雲中以西至隴西，擊胡之樓煩、白羊王於河南……遂取河南地，築朔方」。匈奴又一次失去了對河南地控制。根據上述《史記》的記載，我們可以推斷出，戰國時期居住於河南地的是匈奴的林胡王、樓煩王和白羊王，因此匈奴金冠的所有者，應該是戰國晚期至秦漢之際活動於此的林胡王、樓煩王或白羊王這一層級的匈奴貴族。

在內蒙古阿魯柴登，戰國晚期匈奴墓出土的金銀器中，包括大型虎咬牛紋金牌飾，鑲寶石虎鳥紋金牌飾、虎形金飾片、羊形金飾片、嵌綠松石金耳墜、金項圈、金串珠、金鎖鏈等，充分展現了匈奴貴族佩飾的高貴與奢華。其中以金冠飾最具特色。金冠由一鷹形冠頂飾和三條金冠帶組成。冠頂飾的下部為厚金片捶打成的半圓球體，表面鏨（按：音同「讚」，鐫刻、雕鑿的意思）有四狼咬四羊的浮雕圖案，球體頂端立一展翅金鷹，鷹的頭、頸用兩塊綠松石磨製而成，用一根金絲從鼻孔穿入，通過頸部與腹下相連，雙眼用金片鑲嵌，頭頸可左右搖動，整個冠頂構成了雄鷹傲立鳥瞰狼咬羊的生動畫面。

金冠帶呈半圓形，三條冠帶的中間部位均為髮辮紋，兩端分別有相對稱的虎、馬及盤角羊半浮雕圖案，背部有榫卯，可插合成一個完整的圓形冠帶。這件金冠飾可能為匈奴部落酋長或王的冠飾，故被稱為「匈奴金冠」。這些匈奴金飾件最突出的特徵是造型與裝飾藝術獨具特色，多以草原地區常見的動物形象作為裝飾圖案，並以鈑金、澆鑄、捶揲、鏨刻、壓印、扭絲、焊接、鑲嵌等工藝技巧和圓雕、浮雕相結合的藝術表現手法，將金飾件塑造成形態生動的各種鳥獸形象，富有濃郁的游牧生活氣息和獨特的民族風格，是匈奴文化最具代表性的遺物。

草原絲綢之路的見證

匈奴金冠所蘊含的藝術價值、文化價值和歷史價值令人驚嘆，同時從它的紋飾、造型和製作工藝反映出匈奴這個馳騁在北方草原上的強大民族，透過草原絲綢之路與中原地區和西方國家進行經濟、文化方面的交流和碰撞，並對開通和繁榮草原絲綢之路做出了很大貢獻。

草原絲綢之路是連接中原文化和西方文化交往的通道，目前的考古資料顯示，其初步形成於西元前五世紀前後。歐亞草原游牧民族非常鍾愛以黃金和青銅為主要質地的裝飾品，這些裝飾品透過草原絲綢之路進行交換與流通，促進了不同地區游牧文化的發展和繁榮。匈奴金冠的動物紋飾與歐亞草原斯基泰文化中的動物紋飾類似，但其並不產生於斯基泰文化，而是在相同的地理環境和生計方式之下有文化的共同性。

在製作工藝上，金冠採用了歐亞草原斯基泰金銀製造中常見的錘揲（按：利用金、銀質地較柔軟、延展性強的特點，將金銀捶打成各種形狀）工藝，而與該金冠類似的製品，在歐亞草原斯基泰文化中更是常見。從而**證實，鄂爾多斯地區的匈奴部族與歐亞草原民族，存在著密切的技術和文化交流，戰國時期匈奴的對外交流已經很頻繁了**。

鄂爾多斯南接中原、北通大漠，活躍著匈奴部族，這裡是草原文化分布的集中地，也是草原絲綢之路的重要紐帶和中西方文化交流、傳播的重要場所。東西方國家間的交往，是透過農耕地區民眾與北方游牧民族的接觸，然後又透過其傳遞而實現的。匈奴在其形成和發展過程中，不可避免的受到來自東方文明和西方文化的共同薰陶。而鄂爾多斯青銅器文化透過草原絲綢之路的廣泛傳播與交流，以匈奴帝國的崛起和鼎盛為契機，造就了歐亞大陸草原絲綢之路上游牧文化的趨同現象，形成了草原絲綢之路上民族的大融合和文化、技術、物品的大交流。

第5篇

秦漢統一王朝的建立與發展

秦漢時期是中國歷史上第一個大一統時期，經濟的發展、各民族間政治經濟的加強、對外交流的逐漸擴大，為科技文化的發展創造了條件。造紙術、地動儀的發明，以及天文、數學、醫學等方面的巨大成就，奠定了中國科技文化在當時世界的領先地位。

從象徵秦始皇巡幸天下的銅車馬到代表漢代高超絲織技術的素紗禪衣；雲夢縣睡虎地秦墓的睡虎地秦簡到為漢宮的夜晚帶來光明的長信宮燈，皆彰顯出「高科技」的特點，也構成了秦漢時期藝術珍品的獨特風格。

▼秦始皇巡幸天下的見證

41 銅車馬

年代：秦，西元前二二一至前二〇六年；**尺寸：**一號車輿寬七十四公分，進深四十八．五公分。車輢（車廂兩旁人可以倚靠的木板）較低，四面敞露，車輿內豎立著一個高槓銅傘，傘下有一立姿御官俑，車上配有銅弩、銅盾、銅箭鏃等兵器。二號銅車馬（右圖），**出土時破碎為一千五百五十五塊，經修復，完整如初**。車通長三．一七公尺、高一．〇六公尺，**相當於真車馬的一半**。總重量為一千兩百四十一公斤；材質：青銅；**出土地：**一九八〇年陝西省臨潼市秦始皇陵墳丘西側出土；**收藏地：**秦始皇帝陵博物院。

秦始皇陵兵馬俑被稱為「世界第八大奇蹟」。經過了春秋戰國漫長的諸侯爭霸，秦朝成為中國歷史上第一個大一統王朝。秦始皇成為中國第一個稱皇帝的君主。秦始皇陵作為中國歷史上第一個皇帝陵園，其巨大的規模、豐富的陪葬物居歷代帝王陵之首，而出土於其中的銅車馬是秦始皇的陪葬品之一，象徵著秦始皇鑾駕的一部分。銅車馬的出土，使今人能夠清楚的看到古代御用車駕的真實面貌。

秦始皇陵兵馬俑的發現震驚世界。在秦始皇陵兵馬俑坑發現之後，陝西省秦俑考古隊繼續在皇陵周邊進行挖掘，向龐大的陵園內挺進，以鑽探地下埋藏的祕密。沒想到過了幾個月，又一次發現了足以震驚世界的文物——銅車馬。

銅車馬的發現及挖掘

在皇陵封土西側二十公尺處，考古人員發現了一個銅車馬坑，這是靠近陵墓的一個大陪葬坑中的一小部分。據探測，這個銅車馬坑有五個存放車馬的過洞。一九八〇年冬，考古人員挖掘了最北的一個過洞，在其中發現了一前一後共兩乘大型彩繪銅車馬。

而整個挖掘過程，還要往前追溯。那是一九七八年的夏天，考古隊的程學華先生帶領鑽探人員手持洛陽鏟（可挖出直徑幾公分深洞的考古工具），在秦始皇陵封土西側約二十公尺的地方廢寢忘食的尋找著、挖掘著。時間一天天過去，程學華小分隊仍一無所獲。十月三日，鑽探隊員楊續德將深入地下七公尺的探鏟費力的拔出來，接著認真觀察探鏟帶出的泥土，突然被一晃而過的金屬光澤吸引，他看到了一個指腹大小的金泡，就是這一個金泡的發現，揭開了發現秦陵銅車馬陪葬坑的序幕。

他跑去不遠處和程學華說：「程老師，我鑽出一個圓珠。你看，像是金子做的。」程學華接過金泡，霎時，他突然想到了什麼，就催促楊續德：「快帶我去看看！」程學華詳細察看了金泡出土的位置。這裡離秦始皇陵封土二十公尺左右，這樣近的距離內陪葬的物品應該不同尋常。

他重新拿起探鏟，將其深入地下。和從前差不多的泥土被探鏟帶了上來。程學華小心的扒開土層，一個銀泡和一片金塊顯露出來，不大，但他的手開始顫抖，憑著多年考古經驗，他感覺這地下的器物一定是件稀世之寶。當最後一塊金絲燈籠穗出現在眼前時，他的心劇烈的跳動，**在這七公尺深的地下，暗藏著的是他辛苦找尋了四年的稀世珍寶**——銅車馬。

一九八〇年十月至十二月，根據時任國家文物局局長任質斌的意見，考古隊對銅車馬陪葬坑進行了挖掘清理。十一月三日，考古學家袁仲一和程學華根據當時鑽探的情況，做了周密的計算，在銅車馬的覆蓋土層上畫出一個長方形圖路，即第一過洞。鑽探小分隊隊員依照圖路下挖，開工第一天就深入地下五十公分。十一月十九日，當考古人員挖至地表下二．四公尺深的時候，發現了一塊完整的秦磚。再往下挖，發現了棚木朽跡和下面的木槨。這些棚木和木槨在黃土的重壓和泥水的浸蝕下，全部腐朽塌陷，考古人員只好按挖掘程序一層層、一點點，認真細緻的清理。

十二月三日，就在開工剛好一個月時，當清理至五公尺多深，在五花土（按：挖土坑墓時，會將坑中各層顏色不同的熟土和生土挖出來，下葬後，再將這些混合土回填坑中）中發現了青銅殘片。銅車馬深在地面七公尺以下，況且已被土層壓碎，僅一乘銅車就**破碎成一千五百多塊**，按考古人員的計算，**光清理一個馬頭就需要半年時間**。為了安全起見，考古隊人員在銅車馬坑旁用乾草搭起了一個簡易棚，日夜守護。然而，僅靠人守護並不是辦法，按傳統的清理辦法所需時日又久，更難以保證銅車馬的安全。所以，如何將銅車馬安全、完整、盡快的運入博物館，成為一個重大而首要的難題。

複雜的現狀，使秦俑館每個人都知道，不能再有絲毫的耽誤。必須打破常規，另闢蹊徑。秦俑坑考古隊負責修復的副隊長柴忠言建議採取整體提取的方案，即在銅車馬底部鋪上一塊大鋼板，四周用土板釘成一個大盒子，頂部用木板封蓋，這樣，銅車馬就從整體上被加固封閉起來。因為是一個整體，用吊車吊裝就成為不算困難的事情。吊出後，可運至室內慢慢清理修復。這一方案不僅可以盡快將銅車馬一次性提取，而且最關鍵的是可以防止銅車馬等文物在挖掘工地夜長夢多，遭遇意想不到的風險。

方案一經通過，接下來就是付諸行動。準備就緒，考古人員在銅車馬的四周挖了幾條深達十公尺的寬溝，以四立方公尺的木板，將銅車馬連同一公尺厚的土層包裹起來，成為四個大型木箱。鋼板簸箕用吊車放入坑中，簸箕口對著銅車馬，板臺架設千斤頂，使簸箕向銅車馬的底層慢慢推進，以使整個木箱進入簸箕。十二月二十八日，吊車開始起吊，四個木箱裹挾著銅車、銅馬完整的進入卡車拖斗，在一片歡呼聲中，卡車冒著濃煙，轟鳴著駛往秦俑館。至此，歷時五十多天的銅車馬挖掘提取工作畫上了句號。

銅車馬室內清理工作由柴中言、吳永琪主持，一號車由吳永琪主持修復，二號車由柴中言主持修復。**歷時三年**，一九八三年八月，**二號銅車馬修復完成**，十月一日正式對外展出。一九八七年五月，一號銅車馬修復完成，與二號銅車馬一起對外聯展。

秦始皇陵銅車馬坑出土了兩乘金光閃閃、五光十色的大型彩繪銅車，以及八匹銅馬、兩個銅馭手。儘管經過了兩千多年埋藏的歷史歲月，銅車馬被上面的覆土壓塌變形，但整套車馬革皮具齊全，銀質飾品色澤光潔，金質器物閃閃發光，秦銅車馬向後人首次展現出了它的英姿。

銅車馬的作用

銅車馬是中國考古史上發現最早、體形最大、保存最完整的青銅車馬。這組銅車馬按出土時的前後順序編為一號車和二號車，是按照皇帝御用車隊中屬車的形制縮小二分之一做成的。

一號車叫立車（下圖），又叫戎車、高車，乘車時駕車者立於車上。以功能而言，此車是在主人乘坐安車出行時，在前方開路警戒的，其作用類似於今天的警車。二號銅車馬為後車，駕車人坐姿駕車，稱之為「安車」，是供主人出行乘坐的。

銅車馬是青銅文化藝術累積和青銅器技術發展的必然結果。商周時期，青銅器冶煉發展到第一個高峰期，青銅冶煉作為一個重要的手工業生產部門，經濟及文化意義突出，但是器型等相對固定。春秋戰國時期，青銅器逐漸被鐵器所替代，但是青銅器的器型有所突破。

▼ 立車，駕車者站立於車上。

秦始皇統一六國後，隨著國力的不斷強盛，加上追求盛大氣勢的傳統，秦始皇使青銅器具有高大的體型、健碩的體態。秦始皇曾經多次到全國各地出巡，每次出巡都伴有宏大的車馬隊伍，以顯示秦朝強盛的實力。因此，車馬成為秦始皇生活中彰顯地位的必要部分，而隨著青銅冶煉技術的提高，為適應帝王「事死如生」的需要，大型的青銅彩繪銅車馬應運而生。

秦人與車馬的聯繫密切，車馬一直與秦人相伴。秦的祖先大費為帝舜「調馴鳥獸，鳥獸多馴服，是為柏翳，舜賜姓嬴氏」。其後，費昌亦曾「去夏歸商，為湯御」。後來的孟戲和中衍，也因為善御的緣故，被徵為商王太戊的車御。太戊以後，有所謂「自太戊以下，中衍之後，遂世有功，以佐殷國，故嬴姓多顯，遂為諸侯」。

周代，秦人善御的傳統更加被發揚光大。造父曾為周繆王駕車周遊天下，途中「長驅歸周」，「一日千里」平定了徐偃王叛亂。其六世孫非子「居犬丘，好馬及畜，善養息之」，「於是孝王曰：『昔柏翳為舜主畜，畜多息，故有土，賜姓嬴。今其後世亦為朕息馬，朕其分土為附庸。』邑之秦，使復續嬴氏祀，號曰秦嬴。」可見，**嬴氏秦姓的得來，也與其善養馬有關**。後來，周平王東遷時，秦襄公曾贈大批良馬相助，作為護送遷都的動力，由此立了大功，獲得贈地封爵的賞賜。

地處西北邊陲的秦人，憑藉優越的自然地理環境形成了養馬的習慣，並在累積豐富的飼養經驗的同時掌握了馬的各種習性。一方面，大批良馬的養成為秦國的進一步發展強大創造了有利條件；另一方面，嫻熟的養馬技術又為藝術家們塑造藝術作品提供了絕好的素材。這便成為秦陵周圍出土的銅車馬達到維妙維肖、入木三分的真實效果的重要原因。

由於馬具有超人的力量和速度，所以當時不論在征戰、交通，還是生產、商貿等各個方面，馬都形成了最主要的動力。在戰國七雄中，秦國正是因具備了馬這一充裕的動力，才有了戰勝他國得天獨厚的條件。據史載，當時魏國擁有「騎五千匹」，燕國擁有「騎六千匹」，而此時的**強秦已是「車千乘，騎萬匹」**了。人們常說趙武靈王「胡服騎射」，將騎兵的出現歸之於趙，其實，秦穆公時，已有「疇騎五千」，較趙武靈王早了三百多年。

養馬愛馬又體現在秦人的各類活動中，秦人與車馬總有著不解之緣。《詩經．秦風》中「有車鄰鄰，有馬白顛」、「游於北園，四馬既閑。輶車鸞鑣，載獫歇驕」、「四牡孔阜，六轡在手。騏騮是中，騧驪是驂」等詩句，正是對這些良馬的讚歌。

從秦的立國及後來的統一戰爭來看，車馬都起到了難以替代的作用，因而，秦王朝建立以後，在全國建立起一整套馬政機構，並頒布了有關的法律政策。中央九卿之一的太僕是主管馬政的最高官吏，其下設丞二人為副手，京師咸陽附近有若干官馬機構，如大廄、左廄、中廄、宮廄等。除了官方養馬之外，秦王朝還鼓勵私人養馬，如烏氏倮就養了大量的馬牛，多到要以山谷來計算的程度，秦始皇曾賜給他封邑。

在秦國的祭祀活動中，車馬也體現著其獨特的地位。《史記．封禪書》中記載，秦對上帝祭祀。襄公築西畤，以騮駒（黑鬃紅馬仔）、黃牛、羝羊各一為牲祭祀白帝。秦始皇統一天下後，自華山以西的「名山七，名川四」，增加「騮駒四」；陳寶則「春夏用騂、秋冬用騮」。同時，在雍城四中，用「時駒四匹」以祭之，日均採取活埋的方式。這證明了秦以馬牲作為常祭的特點。

秦人與周人長期雜居，受其「天命論」的影響，自稱「受命於天」，來完成統治天下的大命。因此，秦人頻繁在「陳寶」中以馬為牲舉行盛大的國祀大典。然而，以大量活馬為牲祭祀，很明顯的一個特徵，就是因秦人早期以養馬擅長，與馬已經建立起了深厚的感情。車馬成就了秦人的事業，秦人自然也就以最高的禮遇對待馬。

總而言之，秦人祖先以養馬發跡，而當秦之世，又以「車千乘，騎萬匹」的規模，横掃六合，一統天下。隨後，在全國設立一系列馬政機構，對其社會、經濟、政治、軍事等的發展均起到了積極作用。正如漢代大將馬援所言：「馬者甲兵之本，國之大用。」秦人與車馬結下了濃厚的歷史情結，車馬也貫穿了秦社會的始終，為秦社會的發展做出了不可磨滅的貢獻。

▼度量衡的統一

42 秦量

年代：秦，西元前二二一至前二〇六年；**尺寸：**高六．二公分、深六．〇七公分、長二十一．九公分，口徑九．二乘一七．一公分；**材質：**青銅；**出土地：**不詳；**收藏地：**臺北故宮博物院。

打開高中歷史課本，我們了解到秦始皇統一中國成就霸業，而商鞅變法為後來秦始皇統一度量衡奠定了基礎。商鞅在變法時將秦國量器容量定為一升，並以此為標準統一了秦國的量器。**為什麼秦國能從戰國眾多國家中脫穎而出，成為歷史上第一個統一的帝國？**答案就藏在小小的秦量裡。

混亂的戰國制度

春秋戰國時期，隨著周王室的日趨衰微，各諸侯國有實力自己長時間割據一方，並執行自己的一套度量衡標準。但是，各國的度量衡制度是非常混亂的，各國度量衡的長短、大小、輕重不同，單位不同，進位也不同，計量單位很不一致。例如量，秦國以升、斗、桶（斛）為單位，齊國以升、豆、區、釜、鐘為單位。又如衡的斤以下單位，秦國有兩和銖，楚和魏則有鋝

（鍰），魏國又有大於斤的鎰。同時，還有公制和私制的不同。

度量衡的諸多不同嚴重桎梏了社會經濟的發展。基於這種狀況，一些政治理論者提出了要制定統一的度量衡制度，這樣利於國家的穩定和經濟的發展。秦國的商鞅在《商君書．修權篇》說：「故法者，國之權衡也。」為此商鞅在秦的變法實踐中，實行了「平斗桶、權衡、丈尺」，這就是統一度量衡，具體即對長度、重量、容積、面積進行了比較全面的改革。商鞅在秦孝公十八年（前三四四年），監製了標準量器商鞅方升，以大良造的名義頒發了一個法律條文：「爰積十六尊（寸）五分尊（寸）壹為升」，**即規定十六．二立方寸為升**。

秦始皇統一全國之後，秦始皇沿用商鞅制定的度量衡器，並以此為標準在全國範圍推行。他推行標準的度量衡器所採取的主要措施。一是頒布詔書確定統一的度量衡。二是確定了度量衡的標準。第三是製造了大量的標準度量衡器，並分發各地。秦量大都為橢圓、廣口、瓢狀、有柄，臺北故宮博物院中所藏的秦量，即是秦朝時期全國通行的標準度量衡器之一。量器的單位名稱和單位系列，有斛、一斗、三分之一斗、四分之一斗銅量和一升銅量、陶量。現存出土的秦權、秦量均鑄或刻有秦始皇詔書，有的還加刻了秦二世的詔書。四是嚴格的校準制度。**每年對全國度量衡器進行定期鑑定**，以保證計量器具的準確和統一。

秦度量衡的統一及發展

秦的度量衡改革開始於秦孝公六年（前三五六年）的「商鞅變法」。秦孝公十二年（前三五〇年），商鞅開始第二次變法，「平斗桶、權衡、丈尺」是其重要改革內容。與此同時，商鞅製作了一批製造精良的度量衡標準器頒行各地。如今出土或傳世的諸多兩詔銅器，在同一件標準度量衡標準器上分別刻秦始皇二十六年和秦二世元年詔，說明秦二世即位後，延續了秦始皇統一度量衡的制度。由此可見，秦自孝公十二年商鞅「平斗桶、權衡、丈尺」，至秦始皇二十六年頒布詔令，再至秦二世元年重申詔令，秦之度量衡制度可謂一貫如故。

春秋時期，各諸侯國紛紛改革舊制，制定了各自獨特的度量工具和度量標準，如齊國的銅權、楚國的銅環權、鄒國的廩陶量等等。當時齊國的一位士大夫，在貸給貧民糧食時用自家的大斗稱量，而在回收或者徵稅時則用公用的小斗。用這樣的方式讓農民獲得餘糧，減輕賦稅，以籠絡人心。度量衡成為掌權者進行政治鬥爭的工具。國家分裂導致的結果是，每個國家甚至同一國家的不同世家，度量工具的單位和名稱都不相同。

這樣一來，在春秋戰國時期，就可能會發生這樣有趣的景象，秦國人和楚國人同時拿出十釜糧，結果就可能相差數倍。對戰國時期的諸子來說，他們要周遊列國，至少也要記住七種不同的計量方法。這樣就造成了不同地區之間的貨物交易極為不便，大大阻礙了地區間的經濟發展。

當時，多國君主已意識到了度量衡混亂對於經濟發展的阻礙。尤其是秦國，在商鞅第二次變法時，將土地國有變為私有，統一交稅。稅的形式是糧食，交稅需要按照統一的標準，需要有統一的量器。於是商鞅就利用國家機器的力量，統一了度量衡制，並頒布了度量衡的標準器，就是這種商鞅量，在它底部有明確的銘文標注容積，現在實測結果為兩百零二・一五毫升。這種度量制定的初衷，是為了保證秦國賦稅的收入、生產活動的高效，也有助於秦國跟中原地區貿易往來。正是因為這樣的改革，使地處西陲的秦國得以更快的速度發展起來。

西元前二二一年，秦王嬴政滅六國，一統天下。統一後的秦始皇面臨著巨大的考驗，如何在全國範圍內統一法度、文字、度量衡就是其中之一。秦量上面篆刻的銘文（下圖）記述了秦始皇統一天下度量衡的史實。銘文上寫道：「二十六年，皇帝盡並兼天下諸侯，黔首大安。立號為皇帝，乃詔丞相狀綰，法度量則不壹歉疑者，皆明壹之。」這一詔書，以皇帝的身分要求全國推行統一的度量衡制度。而這段銘文，在秦朝所有計量工具上都有篆刻。這些計量器具是官方統一督造並分發各地的，以彰顯度量衡的權威性。秦朝還有專門的法律，維護監督計量標準的執行，任何人不得違抗。而對於度量器具的誤差，秦朝也有專門的制度進行規範，並定期檢查。

秦始皇制定十進位的引、丈、尺、寸、分來計量

▼ 秦量上的銘文。

長度，十進位的斛、斗、升來計算容量，用石、鈞、斤、兩、銖來計量重量。度量衡的統一，為秦朝國家機器的正常運轉，和社會活動的進行提供了有力的保障。

秦度量衡對後世的影響

秦朝的度量衡制度一直沿襲到民國。即使在現代的計量法律制度中，也包括了類似秦朝度量衡法制的單位制度和器具製造制度等內容。可見，秦朝度量衡法制對後世影響深遠。

首先，全國上下有了標準的度量準則，為人們從事經濟文化交流活動提供了便利的條件。例如《羋月傳》中羋月拿著楚國醫生的藥方在秦國抓藥一節，不僅提到了秦、楚兩國文字和貨幣各異，而且還具體論及兩國之間的度量衡也存在很大差別，因此還招致秦國藥鋪掌櫃的誤解，拒絕按照藥方劑量取藥，怕害人性命。幸運的是，藥鋪主人庸芮博學多識，自稱早年曾遊學楚國，知悉「楚國的計量方法」，最後親自幫助羋月解決了困難。

秦的標準化建設在經濟上具有更加重要的意義。秦的標準度量衡制打破了貿易壁壘，結束了內耗局面，有力的推動了各地物資交流，加強了全國經濟聯繫，有利於中央集權的鞏固與國家的穩定，促進了社會進步，為西漢盛世的到來打下了堅實的基礎。

其次，度量衡的統一對賦稅制和俸祿制的統一產生了積極作用。商鞅變法前，秦國各地度量衡並不統一。因此，賦稅標準不能統一，每個縣上交的糧食數量不一致，給秦國的賦稅統計帶來了極大的麻煩。等到商鞅變法時，變土地公有為私有，為了賦稅的統一，製作了秦量，統一度量衡，使得秦國的賦稅便於統計，各縣交上來的賦稅單位數量能夠統一。

再次，度量衡的統一有利於消除割據勢力的影響，維護秦朝大一統的局面。秦的一切制度，始於商鞅，總其成於始皇。秦從商鞅開始依法治國，在社會各方面制定律令，律令制定都非常的具體化、細節化、生活化，使各階層的社會行為各按其律令實施，使其有法可依，依法治國。由於這種律令的保證，使秦的標準化得到迅速發展。標準化的實施使秦國一躍成為戰國時期最強大的國家，為統一六國提供了物質基礎。

隨著秦始皇吞併六國，這些事物的標準和規範也擴大到了整個龐大的秦王朝，近乎全部的國土上。秦透過一系列的標準化建設，建立一定的標準化體制，改變了各國因分裂割據形成的不同的標準，社會各領域形成了一定規範，利於消除各國割據餘毒，加強了中央集權，鞏固多民族國家的統一，維護政治上的穩定。

最後，度量衡的統一為現在度量衡標準奠定了基礎。直至兩晉南北朝以前都大體沿襲秦制。秦始皇統一度量衡制是中國古代歷史上的一個重要事件，對中國統一多民族國家的形成，和社會經濟的發展，起著重要的作用。

43 睡虎地秦簡

年代：秦，西元前二三一至前二〇六年；**尺寸：**長二十三．一至二十七．八公分、寬〇．五至〇．八公分；**材質：**竹簡；**出土地：**一九七五年湖北省雲夢縣睡虎地秦墓中出土；**收藏地：**湖北省博物館。

絢麗而短暫的秦王朝二世而亡，在歷史長河中留下了濃墨重彩的一筆。後世人們研究其速亡原因時，嚴刑峻法成為繞不開的一個話題，語文課本中《過秦論》和歷史課本中關於秦的介紹，都向我們展示了一個暴政的秦王朝。嚴刑峻法的真正情況到底如何？史料記載語焉不詳。睡虎地秦簡（按：又稱雲夢竹簡）的出土終於為人們揭開了秦代法律的神祕面紗。

雲夢初醒，千年不腐

一九七五年城關公社肖李生產隊的社員張澤棟，有一塊園田地在睡虎地附近，因排水不好，經常發生澇災，他決定利用收割完莊稼的農閒季節，挖一條排水渠。有一天，他約了一個同伴一同來到睡虎地，開始挖水渠。挖著挖著，他突然發現土的顏色發生了變化，由黃色變成了青黑色。他似乎預感到了什麼。因為兩年前在當地大墳頭曾出土過古墓，他曾去看過，那泥土的顏色跟這裡的一樣。莫非這裡有古墓？他不由得放下鎬頭，連家也顧不得回，就向縣文化館跑去。

這件事引起了文物工作者的高度重視，因為這裡曾是戰國的楚地和秦朝疆域，如果真的也有古墓，甚至有秦簡待被挖掘，那將對秦代社會研究意義重大。他們迅速將這一情況逐級上報，湖北省博物館考古隊趕到雲夢後，經過探測，於一九七五年底至一九七六年春，挖掘工作浩浩蕩蕩的正式開始。本次挖掘，國家文物局還特地從北京派來了重量級學者李學勤等人。

隨著考古活動的展開，大量的竹簡被挖掘清理出來。這些竹簡就是在竹片上用墨書寫文字，用繩索將其編組而成的書。竹簡用細繩分上、中、下三道編結，按順序編組成冊，共一千一百五十五枚，殘片八十枚，近四萬字，為秦始皇時期的人所手書。秦簡上的內容反映的時間長達一百年之久，早至商鞅變法，晚到秦始皇三十年。兩千多年過去了，它們依舊保存完好，這是由於竹簡與空氣隔絕，延緩了自身的氧化。

是什麼造成竹簡與空氣隔絕？參與過挖掘的考古學家認為有兩個原因。一是睡虎地墓葬修建於秦統一六國後不久，雖為秦墓，卻還是楚墓形制，墓裡內棺外槨，**墓外六面均以「青膏泥」密封**，這青膏泥質地細膩、黏性較強，起到了隔絕空氣的作用。二是雲夢曾為古雲夢澤的一部分，地下水位很高，使睡虎地墓葬**長期浸於水中**，有益於隔絕空氣。

對於竹木器的保存，乾燥環境反而是不利的，考古界素有「乾千年，濕萬年，半乾半濕只半年」的說法。但是，長期保存在與空氣隔絕的地下水中，這一出土，與空氣接觸，反倒面臨保存的難題了。一九七六年三月，國家文物局將這批竹簡急調北京，進行科學保護，具體的處理方法是脫水，脫水處理後的竹簡變得較軟，被分別保存在玻璃試管中。

秦法之爭

睡虎地秦墓中沉睡著的是一個叫「喜」的人，他是這座墓葬的主人，**是秦國的一個基層官吏**。據考證他青年時從軍，參加過秦始皇統一六國的戰爭。他所任最高職務「令史」也在縣令屬下，是一位下層官吏，**睡虎地秦簡多為他抄錄**。睡虎地秦簡被分類整理為十部分內容，包括：《秦律十八種》、《效律》、《秦律雜抄》、《法律答問》、《封診式》、《編年記》、《語書》、《為吏之道》、甲種與乙種《日書》。這些內容也已被整理為書籍《睡虎地秦簡》出版。其中法律部分記載了秦代施行的二十幾個單行法規的條款原文，共記載法條六百條。

記載的秦律形式主要有：律、令、式、法律問答和廷行事（按：即判案成例，把司法機關的判例作為司法實踐中，除律文之外可茲援引的審判依據）。我們熟知的《秦律十八種》就屬於「律」，「律」即是法、法律，內容涉及經濟、政治、社會生活的各方面。時至今日，尚未見到完整的秦代法典，所見最多的法律條文也僅是睡虎地雲夢竹簡所載的一千多枚竹簡記錄的秦朝條文。而這些記載是較文學作品更接近歷史真相的文物，因此在學界掀起了一陣為秦代法律「正名」的浪潮。

部分學者認為，秦代法律有被儒生歪曲的可能，它更多的是嚴格而非殘暴，尤其對於道德的約束比今日都更明確。例如**《秦律》中關於「見義勇為」的規定**：「有賊殺傷人衝術，偕旁人不援，百步中比野，當貲二甲。」這話的意思是：有在大庭廣眾下傷人的情況發生，周遭距離百步之內的人不伸出援手的話，要罰款，罰兩具盔甲那麼多的錢。在當時，這是一筆很重的罰金了。

再例如《秦律雜抄》中**關於「工程品質」的要求**：「非歲紅（功）及毋（無）命書，敢為它器，工師及丞貲各二甲。縣工新獻，殿，貲嗇夫一甲，縣嗇夫、丞、吏、曹長各一盾。城旦為工殿者，治（笞）人百。大車殿，貲司空嗇夫一盾，徒治（笞）五十。」這話是在說：不按標準用料建工程的話，上到工程師下到包工頭，一律有罪，有的要被罰錢，有的要接受刑罰。修城牆如果出現「豆腐渣」工程，要打一百大棍，那些殘次品生產者，監管部門要被罰款，再打黑心老闆五十大棍。

如此來看，現在的很多社會問題在當時都已經被明文規定進法律了。但是，仍有另一部分學者認為，睡虎地秦簡的記載時間畢竟局限在戰國中期至秦始皇前幾年，反映的社會現狀與秦末有所不同，而秦法在秦始皇至秦二世還在變化著，現反映出的秦法已經展現出了極其嚴苛的一面，那麼秦代後期法律的弊端會更加明顯，甚至荼毒後朝，是顯而易見的。

雖然爭論至今也沒有得到明確的答案，但可以肯定的是，睡虎地秦簡是中國考古史上第一次發現的秦代簡牘，而且簡文內容又極其豐富，這極大的填補了秦代史料記載的空白，讓戰國、秦漢的考古學研究向前邁進了重要的一步。

透過睡虎地秦簡，我們不僅可以看到秦代法律的基本情況，還可以進一步窺見秦代社會的風貌。

漢字由小篆發展成隸書

睡虎地秦簡中提到，秦朝基本國策為耕戰政策，這沿用了商鞅的思想，用兵農合一的方式來提高國家的經濟與軍事力量，從而維護政權、擴大疆域。可見小農經濟下的秦朝重農思想盛行，鼓勵農業生產，為統一的國家打下了堅實的物質基礎。

對內，秦律則嚴格要求官員如睡虎地秦簡之《秦律雜抄》簡——清正廉潔，各級官員的任用需要明確的審批流程，「良吏」和「惡吏」分別用來代指清廉守法的和假公濟私的官員，利用法律和輿論雙重壓力來約束領導者的行為。因此秦代社會體現出政治清明、風氣正的面貌。這種沿襲商鞅變法，以法家思想為主的治國方略，促使秦代國力迅速增強。睡虎地秦簡中記載的秦律，不僅反映了當時的秦律制度，更對於後代王朝起到了很深遠的借鑑意義。

▲ 睡虎地秦簡之《秦律雜抄》簡。

從藝術的角度看，睡虎地秦簡簡冊是用墨書寫的，字體是「秦隸」。那時中國的文字屬於一種從篆書往隸書轉變的字形，有著十分重要的書法價值。篆書的特點是筆法瘦勁挺拔，直線較多，保存著古代象形文字的明顯特點。而隸書則是字形多呈寬扁，橫畫長而豎畫短，講究「蠶頭燕尾」、「一波三折」，開始化繁為簡。篆隸的特點在秦隸中得以綜合體現，這也使睡虎地秦簡成為研究中國書法變化發展的一個重要根據，從此書法史在秦至漢的真跡研究有了確鑿的實物資料。

提到隸書，人們往往認為是漢代的專利，其實在秦朝統一六國文字為篆書後，隨著社會的發展，隸書很快因為它簡易、方便和應用範圍廣的優勢占據了主流，為後來日漸成熟的漢隸開了先河。秦簡記錄下的秦隸在中間作為一個過渡字體，承上啟下，繼往開來，完美的記錄了漢字的「隸變」過程，即漢字由具象到抽象、由表形到表意、古漢字演變成現代漢字的過程。這一變化體現了正式進入封建社會的中國，在社會和語言上的進步、文化的發展。

雲夢睡虎地秦墓竹簡作為一種實物資料，像一個多面的鏡子，無論從哪個角度去看，都能夠看到背後蘊藏著的整個秦王朝的社會興衰。

▼第一枚以龍為鈕的帝王印璽

44 文帝行璽

年代：西漢，西元前二〇二至八年；**尺寸**：印面邊長三．一公分、寬三公分、通高一．八公分；**材質**：金；**出土地**：一九八三年廣東省廣州市象崗山的西漢南越王墓出土；**收藏地**：西漢南越王博物館。

在我們的生活中，很多習以為常的事物其實背後都有著它的歷史淵源，也許還凝結著古人的智慧。當你拿起一塊小小的印章時，你不會想到，早在千年之前，它就在古老的中華大地留下了完整的規章制度，這一制度自秦漢影響至今，早已潛移默化的改變了人們的生活。透過文帝行璽，我們可以去探索它存在過的蹤跡。

它是枚偽印，且和漢文帝沒有關係

漢文帝劉恆是西漢的第四個皇帝，他的母親薄姬是漢高祖劉邦的一個嬪妃，地位不高，因此漢文帝小時候並不受重視。他的性格溫和低調，做了皇帝後也繼續這種寬厚的態度，於是在統治中就體現出擅長文治、親民的風格。在經濟上，他說：「朕聞之，天生烝民，為之置君以

▲ 文帝行璽俯視圖。

▲ 文帝行璽印文。

養治之。」就是對百姓要管理和養育並行，既要減少賦稅、鼓勵生產，又要在天災發生時給予補助。文帝將一些天文現象看作是老天對自己的警告，那個時候如果發生了蝗災、旱災，諸侯可以不進貢，為百姓開放山林水澤，同時開倉濟糧，減少皇宮日常用耗，精簡官吏，允許富人以錢買爵。

他對百姓慷慨，但對自己嚴苛，即位二十三年來，皇宮設施一概沒有增加，一切以天下為先，就連古時最重視的墓塚都化繁為簡，用瓦器代替金銀裝飾。在法律上，漢初沿襲了大部分秦法，但文帝認為，法律是立國之本，法律本身要禁止殘暴，才能引導人們向善。如果百姓已經犯了罪，法律又用不公的刑罰去處置他，那不是在加害於民，然後使他們去幹更兇暴的事嗎？因此，他先後**廢除了連坐法和肉刑**。文帝曾和進諫者商討，他認為，連坐法是將無罪的親人一起定罪，是不公正的，無辜的人不應該受到處罰；肉刑是殘忍的、不道德的，身體髮膚受之父母，漢天子作為天下黎民的父母，不能使他們終身陷於皮肉之苦，應改為笞刑和杖刑。

在民族關係上，漢朝邊界的隱患在於匈奴和南越國。文帝對待匈奴繼續沿用和親政策安撫平穩，同時在匈奴侵擾邊界時三次出兵抵禦，將匈奴擊退。南越國是位於漢地嶺南地區的一個王國，聚集著大量少數民族人口。西元前一八一年開始，呂后對南越國實行禁絕關市的經濟封鎖，南越王趙佗和漢朝決裂。到了文帝時，他基於大一統的局面，**對南越採取安撫政策**。西元前一七九年，文帝遣使官陸賈出使南越，主動擺明友好態度。同時向南越提供發展生產所需的鐵器、農具、馬牛羊等，並派人修葺南越王的祖墳。在文帝誠意的感召下，趙佗謝罪稱臣。這樣一來既維護了民族團結、邊疆穩定，又促進了嶺南地區經濟文化的發展。

廣州南越王墓是廣東漢代考古最重要的發現之一。該墓位於廣州市區北部象崗山。墓室全用砂岩大石板砌築，由前室、東西耳室、主室，東、西側室和後藏室七部分組成。全長十・八五公尺、寬十二・五公尺。墓主身著玉衣，腰間兩側佩帶鐵劍十把。胸前戴玉佩飾和金、銀、玉、銅、玻璃等珠串。

墓主身上發現印章九枚（金印兩枚、玉印五枚、綠松石印兩枚）。其中兩枚金印，引人注目。一枚方形龍鈕金印，印面呈田字格狀，陰刻「文帝行璽」四字，小篆體，書體工整，剛健有力。鈕作一龍蜷曲狀，龍首尾及兩足分置四角上，似騰飛疾走。這枚金印鑄後局部又用利刃鑿刻而成，出土時印面槽溝內及印臺四周壁面都有碰痕和劃傷，並遺留有暗紅色印泥，顯示係長期使用所致，說明金印是墓主生前的實用印。

▼ 文帝行璽側面圖。

文帝行璽龍鈕金印，是迄今所見最大的一枚西漢金印。「璽」為帝王的印章，「行璽」是指秦漢時皇帝發布詔令使用的玉璽。那麼**為什麼行璽本應是玉器，而文帝行璽卻是黃金鑄造**的呢？文帝行璽為什麼挖掘於南越王的墓中呢？

從漢朝廷的角度說，文帝行璽確實是一個偽印，但是此「文帝」非彼「文帝」。對於漢文帝來說，文帝是他的謚號，是他死後才被人這樣稱頌；對於南越王來說，文帝是他生前的尊號。這與南越國特殊的典制有關，他們不按漢朝傳統——新繼位的皇帝給先皇帝追謚「文帝」、「景帝」等名號，而是在位的南越王自封尊號，生前便在行璽上使用尊號，**「文帝」就是南越王趙眛自封的**。

其次「文帝行璽」以龍為鈕，黃金鑄成，與秦漢時期天子用璽以白玉為材料的規則也有所不同。南越文帝按考古挖掘證實其名趙眛，而根據《史記》記載則為趙胡，趙胡是南越王趙佗的孫子，他繼位之後，延續南越國的帝制，一切威儀皆仿天子，趙胡去世之後，這枚黃金璽印就成為他的殉葬品之一。

行璽的具體圖形構造也很有講究，漢印的鈕形很多，是用來象徵主人的地位高低，常見的鈕形地位由低到高排序為龜、蛇、虎、龍。此次出土的文帝行璽，鈕作蟠龍形，非常罕見，顯示了金印主人尊貴的地位和強大的權威。龍在中國古代向來是帝王的象徵，這枚南越帝璽上的蟠龍紐，是到目前為止出土的最古老的龍形紐璽印。

官印私印的不同世界

印璽是一個帶有濃厚中國傳統色彩的物件，早在**春秋中期**，**印璽就已經應用於社會活動**中，那時作為信用物，還只能叫做普通的印章，在封發物件時，把印蓋於封泥之上，作信驗，由私人製作和使用。當政府將其應用起來，用不同的材質製作、刻上不同的圖騰形狀後，印章搖身一變成為具有象徵意義和執行力的印璽，印璽制度也隨之誕生。

印璽制度最早可以追溯到先秦，自秦漢開始，確立了正式的官印制度，並在歷朝歷代的發展中不斷變遷。以秦漢的印璽制度為例，它是以官印的尺寸和材質區別，來作為劃分等級與用途的標誌。官職越高，官印越大，權力就更大。首先是材質，材質由昂貴到輕賤有玉、金、銀、銅、鐵等，其次是印文的名稱，有璽、印、章、印章，還有鑿製鈕製雕刻的內容，分別有龍、螭虎、駱駝、龜、蛇等，最後乃至與璽印有關的綬帶用多少根絲、長短、顏色也都做了相應的規定。

皇帝作為最高權力的擁有者，使用的璽印也是最高等級的官印，有專用的「六璽」，都是玉螭虎紐，印文分別是——「皇帝行璽」、「皇帝之璽」、「皇帝信璽」、「天子行璽」、「天子之璽」和「天子信璽」，印文不同用法不同。皇太后、皇后所擁有的璽印，其規制同於皇帝。諸侯王的印章也稱璽，但印面小於皇帝，材質也由最初玉制改為黃金制，體現了皇帝對諸侯王權力和地位的控制。列侯、丞相、大將軍等人使用黃金印，龜鈕，印文稱章，以此類推，及至再小的官吏便配半章印或不配印。

西漢是一個大一統的時代，為了加強中央集權，在地方上繼承了秦朝的郡縣制，同時也採用分封制、郡國兩制並行，一方面設郡分縣，另一方面分封同姓和異姓子弟為王，即建立諸侯國，又叫郡國並行制。在這一地方制度的運行中，印璽制度起著舉足輕重的作用，它的推行保證了公文的嚴肅性和有效性，在公文的傳輸中，起到了防止偽造公文的作用，為國家實施有效的行政管理創造了條件。

官印的形制伴隨著政治的發展而變化，印璽制度對官印、私印有著明確的界限規定，不可混用，那麼私印在一定程度上，則代表的是民間對於印章的審美藝術追求。秦代的私印，以鑿製為多，由於體積都較小，民間俗稱「秦小印」。秦始皇統一文字後，官印上的文字多為官方字體——小篆，私印的印文字體便比較隨意，印文內容也不拘一格，與字體相互照應和襯托，形成一個和諧統一的工藝品。民間不乏技藝精湛的篆刻者，私印展現了治印工匠高超的應變能力和工藝技巧。相比之下，私印沒有官印的對稱和齊整，但更具有情趣和審美價值，是來自民間的藝術。

到了漢朝，私印的數量和品質有了更大的提升，而且外形更接近官印，只是體積較小。在小小的方寸之間融進萬千氣象，印工們精湛的技藝、傑出的構思，創造性的發展了印章的藝術形式。例如朱白相間印，利用感官錯覺，造成比重均衡、渾然一體的視覺效果；回文印的獨特章法、四靈印文字的端莊與吉祥物的生動活潑對映成趣等等。漢私印豐富多彩的形式，也體現了漢代寬鬆的社會氛圍，和民間雅致成風的社會風氣。

印璽制度的前世今生

縱觀歷史，歷代的公務文書皆有一套自己的用印制度，它們之間既有相同之處，又各具特色，呈現出鮮明的時代特徵。**魏晉南北朝時期**，紙張開始廣泛使用，官府文書都改用紙帛，而且**用朱紅色直接鈐印於紙上**，這是用印制度的一大變革。唐朝對公文制度進行了進一步的完備，對用印制度也有了更加嚴格的規定，例如「一文一印」——一件公文如有兩頁以上的公文紙，則要在首尾紙縫間蓋**「騎縫印」**，保證了每頁公文的權威性與有效性。在前代，天子之印稱為「璽」，武則天由於惡「璽」（按：因音近於「死」）字，將其改為「寶」。

及至宋朝，公文用印制度又有了新的變化。宋代規定：首先，明令禁止用官印加蓋私文書；其次，用印必須嚴格登記，並以文書中文字、印章的墨、朱先後而辨真偽，還規定「諸官文書皆印年月日及印封」，這種**加蓋彌縫章**的做法，是針對公務文書被私拆的行為。元代用於文書的印章有兩種，一種是官印，一種是在文書上簽押的刻名印，是現代手印、簽名章的前身。

中國古代公文的用印制度，是封建社會中央集權制度下的產物，它一方面保障了中央對地方的管理與控制，另一方面將國家行政文書工作推進得有條不紊，促進了國家的大一統。從研究官制的角度看，由於印璽與官制間密切對應的聯繫，使得印璽文物的出土也是對官制研究史料的極大補充，為研究官制提供了線索和證據。現今社會仍保留了古代印璽制度許多合理的部分，例如單位專用的公章、騎縫章、個人姓名的印章，都在千年之後為人們的生活提供著秩序和便利。

45 素紗襌衣

年代：西漢，西元前二〇二至八年；**尺寸：**衣長一百三十二公分，通袖長一百八十一．五公分；**材質：**紗料；**出土地：**一九七二年湖南省長沙市的馬王堆漢墓一號墓出土；**收藏地：**湖南省博物館。

唐代大詩人白居易曾在一首詩中寫道：「應似天臺山上明月前，四十五尺瀑布泉，中有文章又奇絕，地鋪白煙花簇霜。」是什麼東西這樣絕美？像那天臺山上、明月之前，流下的四十五尺的瀑布清泉，織在上面的圖案美得令人叫絕，底上鋪了一層白煙，花兒攢成一叢白雪。這首詩描寫的是「繚綾」，繚綾是古代一種精美的絲織品。詩中的描寫或許運用了誇張的修辭，但就在四十多年前，考古學家在現實生活中找到了真實的例證——素紗襌（按：音同「單」）衣。

世界上最輕薄的絲綢衣服

素紗襌衣於一九七二年在湖南省長沙市的馬王堆漢墓一號墓挖掘出土，是西漢時期的絲織品，原產地為西漢時期襄邑縣。用「薄如蟬翼」、「輕若煙霧」形容它一點都不過分，素紗襌

衣由上衣和下裳兩部分構成，衣長一百三十二公分，通袖長一百八十一．五公分，但重量僅有四十九克，也就是不到一兩。這樣的一件襌衣在出土時交領、右衽、直裾，是屬於一號墓的主人——辛追的。

辛追是西漢初年長沙國丞相利蒼的妻子。長沙國，西漢時期湖南歷史上出現了第一個諸侯封國。當時西漢地方上實行郡國並行制，長沙國轄境是承襲了秦代長沙郡轄境，後將秦長沙郡治所「湘縣」改名「臨湘縣」，作為國都。長沙國自建立以來與西漢王朝的命運相始終，存在了兩百零九年，經歷了吳氏長沙國時期和劉氏長沙國時期。利蒼丞相和妻子辛追就生活在吳氏長沙國時期（削藩之後所轄疆域納入縣治大為縮小）。

素紗襌衣在出土後很快被選入國家一級文物，它是世界上最輕的素紗襌衣，如果除去袖口和領口較重的邊緣，重量只有二十五克左右，折疊後可以放入火柴盒中，透光率高達七五％左右。它是西漢紗織水準的代表作，更是西漢陳留郡及長沙國文化的驕傲。它還是世界上出土文物中最早的印花織物，至今已超過兩千一百多年。更讓人驚奇的是，**襌衣主人被發現之時，仍然形體完整、全身潤澤、皮膚覆蓋完整、毛髮尚在**，指、趾紋路清晰，肌肉尚有彈性，部分關節可以活動，幾乎與新鮮屍體相似，是世界上保存最好的濕屍。

素紗襌衣能夠集如此眾多之最於一身，根本原因在於其高超的工藝。它的製作材料是紗——中國古代出現最早的一種絲綢。紗是由單經單緯絲交織而成的一種方孔平紋織物，其經密度一般每公分為五十八根至六十四根，緯密度每公分為四十根至五十根紗。上乘的紗料，以蠶絲纖度勻細見長。素紗襌衣每平方公尺紗料僅重十五．四克，並非因其織物的孔眼大、空隙多，而是紗料的丹數小、絲纖度細。丹數，每九公里長的單絲重一克，就是一丹，這是絲織學上對織物的蠶絲纖度的一個專用計量單位，丹數越小，則絲纖度越細。經測定，素紗禪衣的蠶絲纖度只有十．二至十一．三丹，而現在生產的高級絲織物，例如四眠蠶，其纖度足有十四丹，足見漢代繅紡蠶絲技術的高超。它可以說代表了西漢初養蠶、繅絲、織造工藝的最高水準。

被丟到馬桶的國寶

很多人，尤其湖南的民眾，都應該知道素紗禪衣出土時實際為兩件，一件為四十八克，一件為四十九克。四十九克的這件，就是現在被錄入湖南省博物館「鎮館之寶」的素紗禪衣，而四十八克的那件，出土面世了十一年，還是沒有保留下來，已經灰飛煙滅了。令人扼腕嘆息的是，這並不是不可抗的天災所致，而是一場人禍。

一九八三年秋天的一個深夜，十七歲

▼ 素紗禪衣局部。

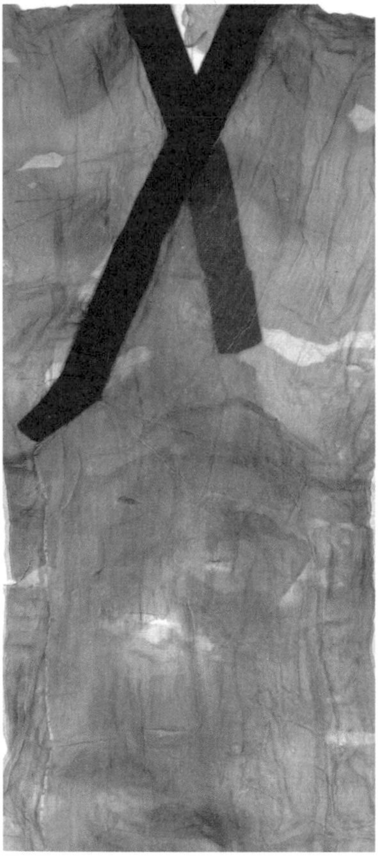

的青年許反帝偷偷潛入湖南省博物館，盜走了馬王堆漢墓出土的珍貴文物三十一件。第二日上午八點多，湖南省博物館解說員打開陳列廳大門時發現文物被盜。據《人民公安》雜誌記載，公安機關查明，犯罪嫌疑人潛入該館，在現場附近搬來了一把竹梯，爬上陳列廳北面西頭通風窗戶，擊破窗戶玻璃，爬窗入室。入室後，擊破了六個陳列櫃的玻璃，打開了一個陳列櫃的封板。經清理，該廳陳列的三百一十二件文物中，被盜走珍貴文物三十一件、複製品三件、線裝書四本，其中包括素紗禪衣這一文物珍寶。

許反帝被抓獲後，他的媽媽為了掩蓋兒子的罪行，燒毀了四件文物，將三件丟進廁所，其中就包括四十八克的那件素紗禪衣，四十九克的那件被追回。一九八四年五月七日，長沙市中級人民法院對許反帝案進行公開審理，**許反帝犯有重大盜竊罪和暴力搶劫罪**，**被依法判處死刑**，因未滿十八歲緩期兩年執行。其母許瑞鳳（許反帝從母姓）因犯包庇罪、窩藏罪、破壞珍貴文物罪，被依法判處有期徒刑十五年，剝奪政治權利四年。一九九二年許瑞鳳首先獲得假釋，一九九四年，許反帝也因為有立功表現被假釋。但他們所造成的文物損失是不可逆的、無法彌補的。

在這之後，為了不使劫後餘生的這一件稀世珍品失傳，南京市雲錦研究所的研製人員扛起了研究素紗禪衣的重任，他們開始研究織造工藝，進行文物的複製工作。他們**花了整整二十年時間**，**製作出了一件素紗禪衣**，無論外觀、色彩、尺寸、手感、質感都和原物一模一樣，但就是比原物重了〇．五克。這件複製品，就是今天人們能在湖南省博物館中參觀到的素紗禪衣，雖然有〇．五克的差別，但人們仍然能從中感受到來自千年前的絲織傳奇。

素紗襌衣的出現證明了中國早在漢代，紡織技術就已經達到了很高的水準，漢代紡織業的高超之處就在於，簡單的材料和複雜的工藝。漢代絲織品主要原料為麻和絲，成品品種很多，總稱為繒帛。根據製作原料及染織技法的不同，又分為錦、綾、綺、羅、縠、紗、縑、縞、紈、絹等名目，如錦為多層織紋、紈為素繒、綺為文繒等。漢代絲織花紋可分為雲氣紋、動物紋、花卉紋、幾何紋、茱萸紋等種類。從織造方法來說，平紋、斜紋和羅紋是漢代的主要絲織工藝。

影響世界的中國絲綢

在漢代，絲織品已經使用提花機製作，能在絲織品上織出各種精美的花紋，同時，染色技術也十分的發達，能使絲織品產生萬紫千紅的顏色。除了介紹的素紗襌衣外，漢代還有許許多多絢麗的絲織品，比如耳杯型菱紋花羅、對鳥花卉紋綺、凸花錦和絨圈錦等高級提花絲織品，還有印花敷彩紗和泥金銀印花紗等珍貴的印花絲織品。

在漢代，絲綢還是權力和地位的象徵。例如海昏侯墓，在墓中，考古學家們發現了至少十餘種漢代紡織品，在海昏侯墓出土的《築墓賦》中記載：「長繪錦周塘中兮，懸壁飾廬堂。」據史學家王金中的推測，這篇賦所記載的，便是劉賀墓的修築，而其中所提到的「長繪錦周」，說的就是錦綢，在漢代是一種經線起花的彩色提花織物，由於**其生產工藝要求很高，製造難度很大，因此價格貴重如金**，是權力和地位極高之人才能穿得起的，最早絲綢織品是只有帝王才能使用。

古代希臘人和羅馬人稱中國為絲國，和瓷器一樣，絲綢是中國的另一個代名詞。《山海經·海外北經》有記載：「歐絲之野在反踵東，一女子跪據樹歐（嘔）絲。」郭璞注：「言噉桑而吐絲，蓋蠶類也。」唐代詩人杜甫的《白絲行》有寫：「繰絲須長不須白，越羅蜀錦金粟尺。象床玉手亂殷紅，萬草千花動凝碧。已悲素質隨時染，裂下鳴機色相射。美人細意熨帖平，**裁縫滅盡針線跡**。」都說明中國的絲織技術處在世界的領先地位。

絲綢織品技術曾被中國壟斷數百年，由於其編製技術在當時是一種複雜的工藝，其特有的手感和光澤備受人們的關注。自西漢中國開始向外輸出蠶絲和絲織品，中國絲綢種類多、繡工巧、織造技術高超，圖案花紋精美，以優良的品質贏得了世界認可，在世界上一直享有盛譽。當時中國採取重農抑商的經濟政策，商人生意不好做，絲綢成為中國商人對外貿易中一項必不可少的高級物品，是對外貿易的重要物資。

46 鎏金銅馬

年代：西漢，西元前二〇二至八年；**尺寸：**通高六十二公分、長七十六公分；**材質：**青銅；**出土地：**一九八一年陝西省興平市茂陵一號無名塚一號的陪葬坑出土；**收藏地：**陝西歷史博物館。

「馬」在冷兵器時代占據重要地位。中國的馬文化從秦始皇陵兵馬俑中就可見一斑。西漢武帝開疆拓土，求取大宛馬。為紀念得到大宛馬，武帝特意命人製成鎏金銅馬，可惜銅馬後來全都不見，直到鎏金銅馬在當代的出土，才讓現代人有機會窺探到西漢時期的雄兵壯馬。

漢武帝賞賜給姐組的陪葬品

鎏金銅馬是漢武帝賞賜給他的姐姐陽信長公主的物品，在陽信長公主過世時，鎏金銅馬也作為她的陪葬品隨她長埋地下，直到兩千多年後被重新發現。

那是一九八一年五月，當時有幾百位正在做農村基本建設的農民正在努力工作。為了讓每個人的力量都得到最大限度的發揮，並利於管理者對村民進行管理，農村基層建設的組織者就把正在幹活的村民分成了很多個勞動小組。其中有六個男生被分到專門負責挖土的一組。烈日炎炎，他們幹活幹得汗流浹背，這時候正在挖土的一個男生再次揮下鋤頭。鋤頭好像打到了什麼東西，把泥土扒開看了一眼，原來鋤頭碰到的是一件古代的文物。

原來，這裡的土層下面是一個墓葬，其中埋藏著很多文物。於是，他立刻就將在土地裡發現了文物的情況，彙報到當地的文物管理部門。了解情況後，考古人員以最快的速度來到文物挖掘現場。豆馬村的位置很特殊。位於漢武帝的墓葬——茂陵附近。茂陵作為漢代一大墓葬區，其周圍分散分布了好多漢朝時期王公貴族們的墓葬。而鎏金銅馬出土的墓葬屬於茂陵一號無名塚一號。

茂陵一號無名塚一號的封土堆是茂陵墓葬區裡最大的。其中封土堆的**南北長九十五公尺**、**東西寬六十四公尺**、**高二十二公尺**。因為封土堆堆成的山丘形狀和羊頭的形狀很像，南面又高又大像羊頭的後部，北面又矮又小像羊頭的前部。因此，當地的村民戲稱這個封土堆叫「羊頭塚」。那個被男生鋤頭碰到的文物就屬於一號坑。其中的隨葬品主要分布在墓葬的東面和西面，數量最多的是銅器，同時還有鐵器、漆器、鉛器等器具，既有喪葬用品也有生活中的實用用具。

在大約四平方公尺的一號坑裡出土了超過兩百件文物。其中最引人矚目的就屬鎏金銅馬了。鎏金銅馬通高六十二公分、長七十六公分、重達二十五．五五公斤，在中國過去的考古發現中，這樣貴重且美麗的銅馬還是第一次被人發現。從一號坑裡出土了這樣多的文物，其中不乏鎏金銅馬這樣的精品，大概可以猜測到，這茂陵一號無名塚一號的墓主應該是皇親國戚或者達官貴人。

同時，因為在茂陵一號無名塚一號的大量出土文物上面刻有「陽信」二字，所以專家推斷，「羊頭塚」的主人應當是西漢時期封號中帶有「陽信」二字的人，根據史料記載和推斷，墓塚的主人**應該是漢景帝的女兒陽信公主**，漢武帝即位後，作為漢武帝姐姐的她也被稱為陽信長公主。

另外，她因為嫁給了平陽侯曹壽，於是也被稱為平陽公主。陽信長公主在嫁給曹壽後不久，曹壽就不幸暴病而亡。失去丈夫的陽信長公主不久又嫁給了汝陰侯夏侯頗，但是這段婚姻也並不長久，夏侯頗後來因為觸犯了法律，畏罪自殺。陽信長公主失去了她的第二個丈夫。夏侯頗因犯罪自殺後不久，漢武帝就想為他的姐姐陽信長公主再介紹一個丈夫，正巧大將軍衛青當時沒有妻子。經過漢武帝和當朝大臣們的撮合，**陽信長公主再度嫁人**，**這一次是大將軍衛青**。

其實陽信長公主和衛青很早就已經認識了。衛青的姐姐衛子夫在沒有被漢武帝臨幸之前，就作為歌女在陽信長公主和平陽侯曹壽的府邸裡侍奉。而**衛青當時也是陽信長公主府裡的一個僕人**。在陽信長公主出行的時候，衛青也常常跟隨在她身邊。後來，因為姐姐衛子夫的得寵，衛青有機會作為漢代軍人的一員去抗擊匈奴，並且他在與匈奴的戰爭中立下戰功。回朝後，衛青迎娶了陽信長公主。他們的婚姻持續大約十年，直到衛青病逝。衛青死後，陽信長公主也沒有再改嫁，並且在她死後，與衛青合葬於茂陵陪葬墓中。鎏金銅馬也作為漢武帝送給姐姐的禮物，隨墓主人一起被深埋地下。

絲綢之路經濟、文化交流的見證

鎏金銅馬體型較大，呈站立形態，昂首挺胸很有精神。銅馬的兩隻耳朵高高立起，兩隻耳朵中間有雕刻的鬃毛，脖子上的鬃毛更是栩栩如生。銅馬的嘴微微張著，能夠十分清晰的看到馬嘴裡有六顆牙齒，鑄造得十分精緻。馬尾巴根根聳立，呈半圓形向下垂著。鎏金銅馬的馬尾和它的生殖器是另外透過鑄造鉚接或者是焊接的，但是因為後來銅馬的表面又再進行了鎏金工藝，因此我們並不能看到它的澆口在哪。

銅馬的肛門處有一個小小的洞口。透過洞口，我們能看到**馬的身體中間是空的**。銅馬外部整體都是鎏金工藝，表面很光滑，鎏金十分勻稱。銅馬看上去金光閃閃，俊朗的外形、圓潤的身體、強健的四肢顯示鎏金銅馬應該是用來乘坐的馬。尤其銅馬兩隻耳朵和兩隻耳朵中間雕刻的鬃毛，還保留著秦朝兵馬俑的一些風格，因此也有人認為鎏金銅馬是西漢時期戰馬的標誌形態。

鎏金銅馬作為一種藝術形式，首先出現於西漢武帝時期。在那之後一直到唐朝末年的大約一千年的時間裡，馬俑的形式大概和鎏金銅馬差不多。有專家學者考證過，鎏金銅馬的原型有可能是西漢引進大宛的「天馬」。西漢時期，中國已經引進了大宛馬種（當時稱為「天馬」）。此馬種的馬引進對中國後來的軍事、經濟發展起到了關鍵作用。西漢以後，中國引進異域的良馬就成為傳統。尤其是隋唐時期，很流行從異域引進良馬，更有「既雜胡種，馬乃益壯」的說法。鎏金銅馬的鑄造，是中國畜牧史上引進西域良馬種，這一具有重要意義的歷史事件的見證。

鎏金銅馬在鑄造手法上有很高的藝術成就。其鑄造是經過漢代的設計師和匠人，長期對馬匹進行細緻入微的觀察，在掌握了馬匹的身體形態之後，再進行的加工和創作，才能創造出銅馬健壯的感覺。

鎏金銅馬對於研究西漢時期，尤其是漢武帝時期的馬文化，具有很重要的價值。西漢鑄造銅馬之風頗為盛行，其中一個重要原因就是，**作為相馬時的參考標準使用的馬式**。《漢書・李廣利傳》有以下記載：「天子既好宛馬，聞之甘心，使壯士車令等持千金及金馬以請宛王貳師城善馬。」此處的「金馬」即為專門鑑定大宛馬的馬式。張衡《東京賦》有「天馬半漢」的詩句，注曰：「天馬，銅馬也……明帝至長安迎取飛廉並銅馬，置上西門平樂觀也。」說明這樣的銅馬到了東漢時期依然很受重視。

之所以斷定茂陵鎏金銅馬是銅馬式，還能從以下資訊得到證明。馬王堆漢墓出土的帛書《相馬經》中說：「馬頭欲得高峻如削成，又欲得方而重，宜少肉、如剝兔頭。」鎏金銅馬的頭部稜角分明、清秀高峻，如剝掉皮的兔頭。再看五官，《相馬經》記載「目為丞相，欲得明」、「又欲得滿而澤、大而光」、「耳欲得小而銳，狀如削竹」、「鼻大，則肺大，則能奔」。而鎏金銅馬的五官特徵的確如此。此類相應內容甚多，可見鎏金銅馬的鑄造與當時流行的相馬術有一定的關係。

總之，鎏金銅馬在一定程度上也反映出西漢時期中國文化相容並包、開放多元的特點，體現了西漢的時代精神。漢代的藝術形式，不僅僅局限於本土，而是面向絲綢之路、面向全世界。鎏金銅馬是西漢時期創新、蓬勃的時代的產物，是絲綢之路經濟、文化交流的一個見證。

▼古滇國的社會風貌

47 詛盟場面青銅貯貝器

年代：西漢，西元前二〇二至八年；**尺寸：**通高五十一公分、蓋徑三十二公分、底徑二十九．七公分；**材質：**青銅；**出土地：**一九五五至一九六〇年**雲南省昆明市晉寧區石寨山出土**；**收藏地：**中國國家博物館。

兩千年以前，中國的西南部，有一個**與當時的西漢王朝同時存在的神祕王國**。這個王國叫做滇，它非常富裕而獨特，具有輝煌而發達的青銅文化。然而，不久之後，這個有著五百年歷史的神祕滇國和它的臣民，竟然在歷史中突然消失了。它為何突然出現又突然消失？當時究竟發生了什麼？它究竟到哪裡去了？兩千年後，持續了五十年的考古發現，才慢慢揭開了通往這個神祕世界的密碼。

沉入水底的神祕水下古城

滇國是中國歷史上一個突然出現又突然消失的古老文明，**除了《史記》寥寥數百字的記載以外，西漢以後的歷史，並沒有留下任何關於滇國的痕跡**，這個曾經非常輝煌的王國在消失之後便陷入了長久的靜默。

雲南澄江**撫仙湖是中國第一深水湖**，它的平均深度達八十公尺，最深處可達一百五十五公尺，而更為罕見的是，湖水的清澈讓這裡成為潛水探險家的天堂。在一次偶然的潛水經歷中，耿衛發現了一個驚天的祕密，這是一座神祕的水下古城，它的規模十分龐大。耿衛先後數十次潛入湖底，每一次都宛若到了一個新的地方，卻始終找不到古城的邊際所在。這究竟是怎樣的一座城市？究竟為什麼會沉入湖底？在幽深的撫仙湖底究竟隱藏著怎樣的一段傳奇故事呢？

二〇〇一年到二〇〇七年，考古學家對這個水下古城進行了四次大規模的水下考古。經探測，這座龐大的**水下古城達到了二．四平方公里**，**規模不遜於一個普通的縣城**。澄江的歷史上，有史可查的城市有三個，其中最早的一個叫做俞元古城，另一個在澄江附近的古國就是滇國。俞元是漢代益州郡下轄的一個縣，史書記載其位置，就在今天的撫仙湖沿岸，但是俞元在唐代的史書中還有記載，顯然不可能在兩千年前就沉入水底，那麼這座神祕的水下古城，就正是那個遙遠的古滇國。

西元前二七九年，這個隱藏在西南的神祕古國被中原王朝意外的發現，並被記錄在歷史文獻中，司馬遷的《史記．西南夷列傳》為我們重現了這段歷史。兩千年來，人們據此一直認為滇國是楚人莊蹻所建。歷史果真如此嗎？

兩千多年前，當時的中原正處在戰國天下大亂的時候，秦國為了統一天下，一方面向東攻打韓、趙、魏、齊這些國家，一方面往南攻打楚國。就在楚國面對秦強大的進攻和夾擊時，楚莊王的後裔、楚國的年輕將領莊蹻提出向西南拓展疆域的建議，既可增強國力，又可向各部族首領借兵，一起對抗強秦。而此時西南滇池區域內的人們遠離戰火，正過著安寧穩定的部落生活，古滇國就是如此。莊蹻利用珍貴的絲綢禮物拉近了與滇王的距離，獲得了滇王的信任。滇王，也就是滇國的首領，拒絕了莊蹻的請兵請求，就在莊蹻一籌莫展之時，遠方傳來了楚國被秦所滅的消息，並且秦國已經占據了黔中和齊魯，莊蹻試圖依託滇國的力量重整軍隊、殺回楚國的願望澈底變成了泡影，他沒有了回家的後路，他也無家可回。

最終，**莊蹻變服從其俗，帶領著他的兩萬弟兄們，臣服於滇國**，成為滇國人。後莊蹻與滇國公主成親，成為滇王的女婿，在滇王死後，莊蹻成為下一位滇王，並且用自己的方式開始管理滇國：在東邊的曲靖布下重兵，防秦進攻；在西邊進軍楚雄，擴大滇國地盤。其勢力北抵東川，南達蒙自，並開始結交滇東南的越人，自己則在滇池東岸，建都立國，據中心觀望八方，以靜制動，讓滇國成為遠離中原帝王統治的富裕王國，他也成為正式載入史冊的一代滇王。據文獻記載和考古發現，**滇國在雲南歷史上大約存在了五百年，出現於戰國初期而消失於西漢初年**。西元前一〇九年，漢武帝出兵征討雲南，滇王拱手降漢。它的存在是中國古代少數民族和邊疆文化的一大代表。

滇國的《清明上河圖》

古滇國出土的數萬件青銅器物中，有一種被考古學者命名為「貯貝器」的青銅器最為引人注目。在這種青銅器的蓋子上，都鑄有一些神態各異的人物，每一組人物所構成的生活場景，就如同滇國社會生活某一凝固的瞬間。這種鑄有大量寫實人物的青銅器，在中國考古史上還是第一次被發現，就像中原的史書一樣，漢代寫在竹簡上，滇國就鑄在青銅器上，**實際上是他們國家大事的一種記載，即該國的史料**。

「詛盟場面青銅貯貝器」是其中之一，它記錄的場景是這樣的——在滇人用於祭祀的建築中，有一百二十七人，坐在祭祀臺裡接受人們祭拜的是滇國的首席女巫，女巫手拿雞卜卦，口中念著神秘的咒語，一次活人祭祀儀式即將在這裡進行，旁邊人頭攢動的就是滇人重要的祭祀廣場。祭祀廣場是滇人政治、宗教、軍事和集市交易活動的中心，滇人重大的農業和戰爭祭祀都在這裡舉行。一九五六年出土於晉寧石寨山的貯貝器蓋子上，滇人用青銅記載了在這個祭祀廣場上舉行的一次**殺人祭祀場面**。貯貝器上鐫刻鑄立了鮮活的滇人形象，還有栩栩如生的動物，猶如一部濃縮的滇人社會民俗影像，被稱為「滇國的《清明上河圖》」。

廣場中央矗立著巨大的祭祀柱，祭祀柱上盤繞著兩條巨大的蟒蛇，頂上坐臥著虎狀的怪獸，他們的信仰與他們的文化一樣古老。最令人震驚的是，祭祀建築後面放著的兩面巨大的銅鼓。神聖的銅鼓，曾經是滇國最神聖的祭祀用品，銅鼓整齊的擺放在祭祀臺的四周（參考左頁圖）。考古學家按照人物的比例關係，復原了當時宏大的場面，這種巨大的銅鼓，如果沒有相當的鑄造技術和工藝，以及滇國儲備的銅錫資源，是不可能鑄造完成的。如果滇國文物的描述和記載是正確的話，那麼這將是迄今為止，世界上發現的最大銅鼓。

兩面巨大銅鼓的前面放著用巨石做成的獵頭柱，柱子上面的人就是即將獻給神靈的祭品。其實廣場就猶如一個熱鬧的集市，每當有重大祭祀儀式的時候，祭祀廣場就變成了滇國最大的商品流通集市，人們會從四面八方載著需要交易的物品，聚集在這裡。兩千年前滇國就是南方絲綢之路的一個貿易中心，遠至大夏（在今天的南亞、西亞地區）。

此件青銅器上，人物髮型服飾都非常不同，有的高鼻深目、有的蓄有長鬚、有的耳帶大環、有的頭頂籮筐、有的牽著牛馬攜著貨物趕往祭祀廣場。《華陽國志．南中志》中有記載滇人「其俗徵巫鬼，好詛盟……官常以盟詛要之」。凡有大事，滇人必定會設立祭壇，供奉祭品，舉行盛大典禮。「詛盟」一詞本身，是誓約或歃血結盟之意，這種盟誓儀式，代表了滇人對神靈的信仰和他們盛大的儀式感。

古滇國是一個多民族的國度，在滇國的統轄範圍內，可以看到身著不同服飾的人群有數十種之多，專家們根據歷史記載和人類學家的田野工作，來判斷他們不同的族屬關係。滇國主體民族的標準衣著有器物上的男巫師、女巫、滇國土著僕人、被

▼ 詛盟場面青銅貯貝器局部。

稱為昆明人的羌人等的服飾打扮。滇國還有很多被俘獲的人在這裡給滇國人做奴隸，比如當時的三苗人等。透過不同的服裝，人們發現了滇人的不同職業，由此專家們認為滇國已經有精細的社會分工。

古典的服飾非常豐富，經過復原後的服裝和飾品更顯示出它們的華麗紛呈，這都是滇國人埋藏於地下留給後人的不可多得的文化財富。貯貝器上鑄有身著奇異服飾，具有超群法力的男祭司在舞蹈，這是滇人信仰的一部分，是一種祭祀儀式，也是一種帶有宗教意味的舞蹈。透過他們的動作，我們依稀看見了滇人舞蹈的古老和神祕。另一個貯貝器的頂蓋記錄了一個佩劍武士騎馬狩獵的場景，這證明滇人有著狩獵傳統。因為狩獵是滇人獲取食物的一個重要來源，因此上至滇王下至普通的百姓，滇人對狩獵的喜好遠遠超出了我們的想像。

同時期的中原社會

滇國的社會風貌極具少數民族風情，滇國雖然地處邊疆，但從文物中不難看出，那也是一個繁榮而富裕的社會。

從歷史上看，中國是世界上較早進入青銅時代的國家之一，早在三千多年前，中國就已昂首跨入了青銅文明。不但如此，中國青銅器的發展歷史之久，在世界上也是罕見的。漢代青銅器的特殊性主要體現在獨特的設計思想和特徵上，其具有卓越的科學功能，對當今設計有很大的啟示作用。漢代青銅器很多都是素紋，大部分還是鑄造的，也有的花紋、銘文是用鏨子雕刻的，比如漢代的鎏金杯子、奩（按：音同「連」），盛裝婦女梳妝用品的小匣子）、盒、碗等用具上的花紋，多是雕刻的。漢代以後至唐代的銅器，鑄造的花紋很多，其中有打料的銅、金、銀器，並且也有了大、小焊的技術。

貯貝器的發現也體現了西漢貨幣的一個發展狀況，西漢時期主要流通貨幣有兩種，半兩錢和五銖錢。關於西漢貨幣的鑄幣量，史書有明確記載，漢武帝鑄造三官五銖後，每年的鑄錢量都很大，從武帝元狩五年至平帝元始五年的一百二十三年間，國家共鑄錢兩百八十億枚，西漢《新論》中記載，當時國庫與皇室年收入竟達一百二十三億錢。如此大的鑄幣量是得益於西漢時期普遍使用的全新範鑄方法——疊鑄法。

疊鑄法是中國古代冶煉史上的偉大發明，以往的範鑄錢幣都是用陶、石、鐵等材質作錢範，一範只有一層，內有錢幣型腔與銅液的流道。疊鑄則是將原先的錢範上下疊放在一起，形成一個高起的臺狀範，從頂部澆口澆入銅液，銅液就會由上到下依次流入不同層疊的型腔中，從而達到一次澆鑄後鑄造錢幣的數量是原來的好幾倍，大大提高了西漢鑄錢的效率。

考古爭論

對於滇國社會風貌的復原，考古界一直存在多種說法和爭議，畢竟到目前為止，只有司馬遷的《史記》對此進行文字記載，但**這唯一的記載卻和出土的文物有很多相悖之處**。在兩千年前，中原人對遙遠邊地的這些被稱為蠻夷之地的接納，並不是一件容易的事，如果司馬遷對於莊蹻王滇的記載是真實的話，這將是中國史籍中，中原漢人與西南地區少數民族完全融合的首次記錄。莊蹻順應了滇國的習俗，「被迎娶到」滇國，因為滇國保留著母系社會的習俗。可是在後來的考古發現中，出現了兩個疑點：莊蹻為一代滇王，那麼後來的歷代滇王都應是他的後人，莊蹻還是楚人，他的後人也應有楚人的血脈和對楚人及中原的認識，怎麼會在漢武帝時期對漢朝的使者問出「漢孰與我大」的問題呢？莊蹻領導的滇國，為何兵器出土中未發現任何楚製的兵器呢？

對此，學者的觀點主要有以下三種：第一，雲南的青銅文化，是和楚國將軍莊蹻有密切的聯繫，但是從現在考古挖掘的結果來說，是不是有莊蹻這樣一個將軍來到了雲南，還沒有明確的證據，這是質疑《史記》的一個觀點。第二，莊蹻到達的地點，不一定是滇池地區，因為司馬遷可能把西南地區的各種小盆地，與滇發音相似的名稱搞混了，這是質疑《史記》的另一個觀點。第三，司馬遷已經記載了「滇王之印」，而且滇王（嘗羌）之印已經出土，這說明司馬遷記載的莊蹻入滇的故事是真的，這是認同《史記》的觀點。

隨著考古工作的進一步推進，問題的答案也許會逐漸清晰，目前為止，可以肯定的是，人們還找不到證據證明司馬遷的記載有明確錯誤，莊蹻來到滇國之前已經有了滇國文化。

詛盟場面青銅貯貝器是滇國人文歷史和自然歷史的縮影，它讓人們有可能直接窺見遙遠而古老的年代裡滇人的社會風俗，同時它的挖掘，也從另一個側面完善了西漢歷史的研究資料，這也是對中華民族史研究資料的完善。

48 金縷玉衣

年代：西漢，西元前二〇二至八年；**尺寸：**約長一百八十公分；**材質：**玉片；**出土地：**一九六八年河北省滿城縣西漢中山靖王劉勝墓出土；**收藏地：**河北博物院。

「金縷玉衣，綴玉面幕，山嶽精英，封其九竅，屍骨可同玉柙不腐。」如若單作為一件陪葬品來看，它是一件價值連城的寶物。但若將它置於漫漫歷史長河，它又是漢代王侯喪葬習俗演變的載體。讓我們重返漢代，探祕古墓，揭開金縷玉衣的神祕面紗。

千絲萬縷製玉柙

《三國演義》第一回在介紹劉備時寫道：「中山靖王劉勝之後，漢景帝閣下玄孫，姓劉，名備，字玄德。昔劉勝之子劉貞，漢武時封涿鹿亭侯，後坐酎金失侯，因此遺這一支在涿縣。玄德祖劉雄，父劉弘。」中山靖王何許人也？劉勝乃漢景帝劉啟之子，漢武帝劉徹異母兄，西漢諸侯王。在政治舞臺上劉勝或許並沒有留下什麼功名，只是庸人一個。但他墓中的一件陪葬品卻讓世人至今記住了他的名字，那件陪葬品便是金縷玉衣。

劉勝墓中出土的金縷玉衣全長一・八八公尺，**共用玉片約兩千四百九十八片，金絲約一千一百克**。玉衣的外觀和男子體型一樣，寬肩闊胸、腹部突鼓、四肢粗壯。腹下有男性生殖器罩盒，頭部有高高隆起的鼻子，三個狹窄的縫隙代表雙眼和嘴。玉衣分為頭部、上衣、袖筒、褲筒、手套和鞋六個部分，每一部分都可以彼此分離，猶如製衣工人裁剪縫製的一件衣服。

其中頭部由臉蓋和頭罩構成（參考第三一二頁圖），上衣由前片、後片構成，袖筒、褲筒、手套和鞋都是左右分開的。所用玉片大部分呈長方形和方形，也有梯形、三角形、四邊形和多邊形。最大的玉片長四・五公分、寬三・五公分，用在腳底（參考第三一三頁圖）。最小的玉片只有成人大拇指指甲

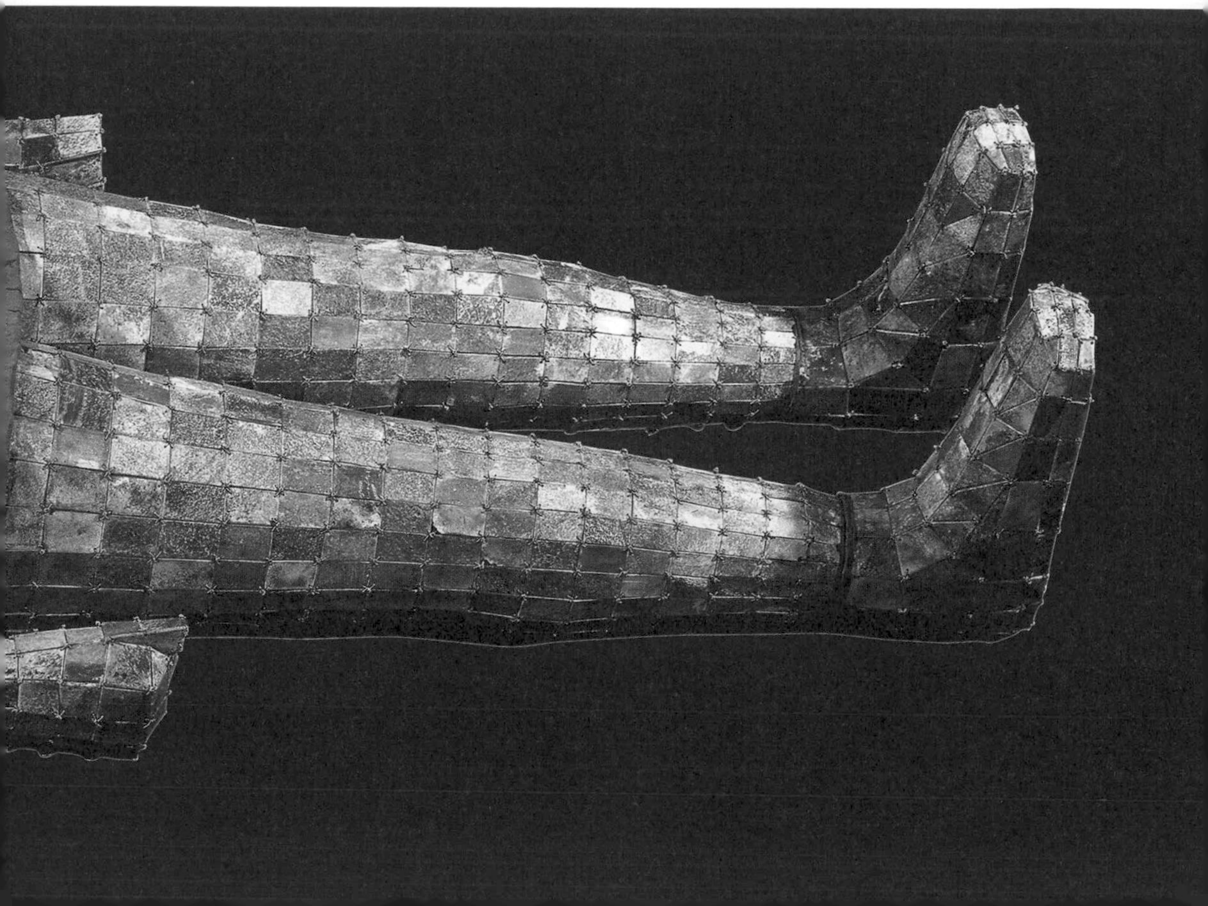

大小，用來表現手指。與金縷玉衣相伴的還有鎏金鑲玉銅枕、玉九竅塞、玉握和十八件殮屍用玉璧，組成一套規格最高的漢代喪葬用玉。

由於金縷玉衣象徵著帝王貴族的身分，有非常嚴格的製作工藝要求，漢代的統治者還設立了專門從事玉衣製作的「東園」。這裡的工匠對大量的玉片進行選料、鑽孔、拋光等十多道工序的加工，並把玉片按照人體不同的部分設計成不同的大小和形狀，再用金線相連。在兩千多年前的西漢時代，根據當時的生產水準，製作一套「金縷玉衣」是十分不易的。

從遙遠的地方運來玉料，經過一道道的工序把玉料加工成為數以千計的、有一定大小和形狀的小玉片，每塊玉片都需要磨光和鑽孔，大小和形狀必須經

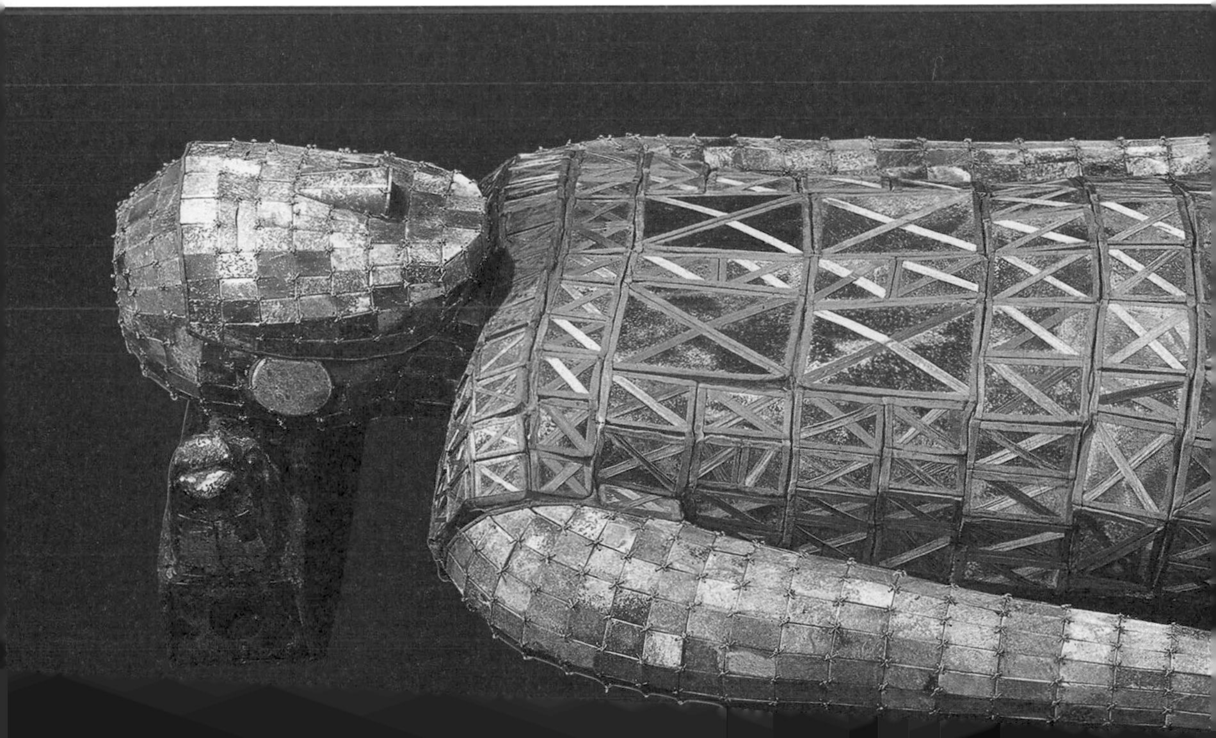

過嚴密的設計和細緻的加工，編綴玉片還需要許多特製的金絲。由此可見，製成一套「金縷玉衣」所花費的人力和物力，是十分驚人的。**製作一件中等型號的玉衣所需的費用，幾乎相當於當時一百戶中等人家的家產總和**。

這件玉衣的科學價值、歷史價值和藝術價值更是不可估量。玉衣從玉片的鋸片、鑽孔、拋光、金絲的拔製及玉衣的整體編綴，都採用當時較為先進的製作工藝。鋸片採用了「砂鋸法」和具有較高效率的輪軸切割機械；鑽孔採用「砂鑽法」，有的小孔直徑僅一公釐，足見其工藝之高超；拋光採用了「砂輪」和「布輪」等先進的打磨工具；金絲採用「抽拔」工藝製作而成，在加工過程中採用退火的熱處理工藝，有的金絲橫斷面直徑僅為〇．〇八至〇．一四公釐，足見當時拔

▼ 金縷玉衣頭部。

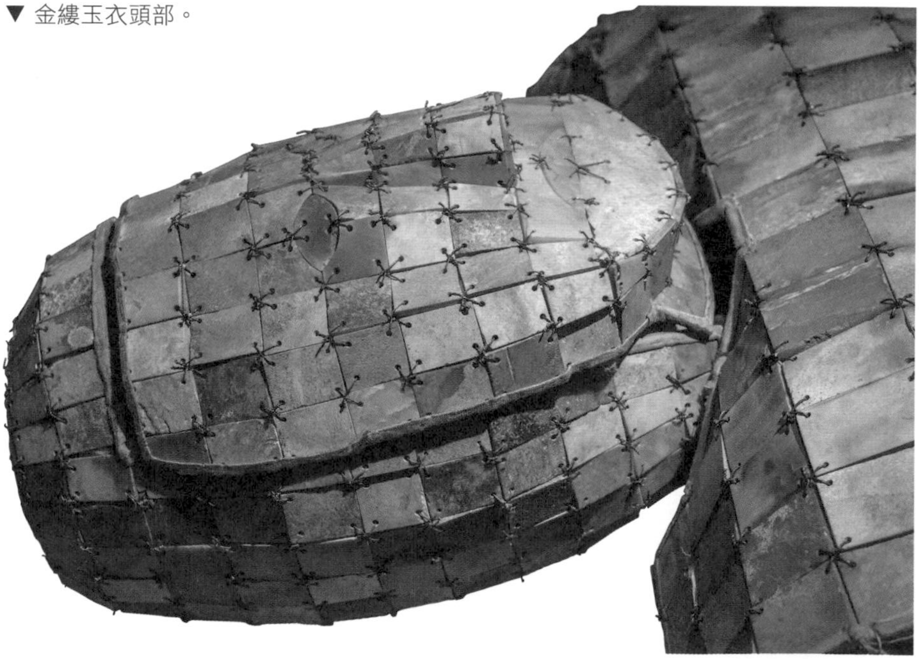

絲工藝水準之高；玉衣編綴根據不同部位採用交叉式、套聯式、並聯式和結聯式等不同編綴方法。玉衣是用金絲將玉片編綴而成。**玉片為岫岩玉**製作，存世相對稀少。玉衣雖然在江蘇等地也有出土，但作為中國考古挖掘中，最早發現並保持如此完整的玉衣，並不多見。

等級森嚴論喪葬

自古以來，無論是在奴隸制的夏商周，抑或是實行封建專制的秦朝，中國的社會階級劃分一直都很嚴格。等到了漢朝，這一現象得到了進一步延續。**漢朝的社會大致上分為四個階層**。

第一個階層是權力的核心層。核心層的核心自然是皇帝，這是所有權力的來源。核心層的成員

▼ 金縷玉衣足部。

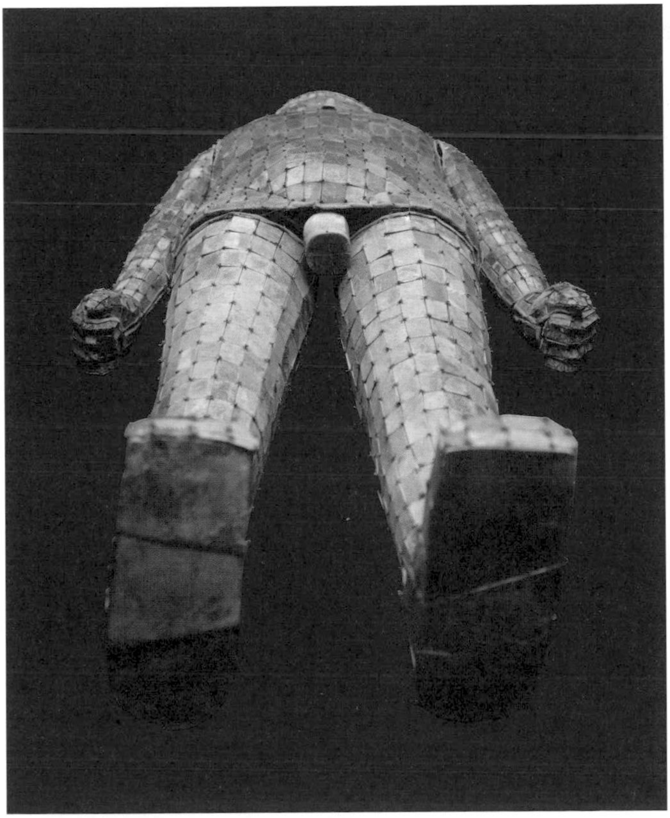

還有功臣、王室、外戚、宦官、高級官僚這幾種，其中功臣、王室進入核心層只於西漢前期見到，宦官進入權力核心，則只見於東漢後期。

第二個階層是權力的分享者和後備軍。他們與第一級的區別，在於能否影響中央決策。他們主要有地方官吏、遊俠、富商以及士階層，還有掾史屬吏。其中遊俠、富商分享權力在西漢前期；而士階層，則是太學生分享權力，主要在東漢，特別是東漢後期。他們是社會的中堅力量，也是社會的穩定力量。

第三個階層是基本沒有權力，但還有人身自由者，包括農民、醫生、方士、手工業者、小商販、屠夫、街卒，也許還有一些雖讀過書卻不願意做官的逸民高士。這是社會的中下層，同樣是社會的穩定力量。士農工商，這個排列並不是沒有意義的，士永遠是第一位的，農則是名義上的第二位，工商最後。之所以農民是名義上的第二位，那只是因為法律的規定，法律規定農民比商人尊貴，農民可以做官，而商人不能。

第四個階層包括雇農、佃農、門客、部曲、奴婢以及流民。他們不僅幾乎沒有向權力階層上升的空間，而且他們沒有自己的土地，也缺少財產，有的甚至沒有人身自由。

然而這些社會的等級性特徵不僅表現在社會成員生前，在喪葬福利上也表現得十分突出。在喪假、賻贈、恤典贈官、蔭子等方面，上至皇帝，下至平民，均需遵守一套嚴格的制度，例如「天子居喪三年」、「皇子始封薨者，皆賻錢三千萬，布三萬匹；嗣王薨，賻錢千萬、布萬匹」、「天子之棺四重，鄭玄曰：尚深邃也。諸公三重，諸侯再重，大夫一重，士不重」。諸多喪葬制度被統治者以法律條文的形式固定下來，明確的體現了森嚴的封建等級秩序，以維護封建統治。

死即為生，事死如事生

漢代人認為**玉是「山嶽精英」**，將金玉置於人的九竅，人的精氣便不會外泄，就能使屍骨不腐，可求來世再生，所以用於喪葬的玉器在漢玉中占有重要的地位。秦朝崇尚厚葬，作為一種風俗，它並沒有因秦之滅亡而銷聲匿跡。它對於兩漢的喪葬習俗，產生了十分重要的影響。當然，由秦至兩漢的厚葬風，表面上看是統治階級身體力行宣導的結果，其實這中間包含了豐富的經濟、文化等方面的原因。

在經濟上，由秦而漢，生產力水準大為提高。經濟上的殷實，使得生活上的奢華成為可能。「事死如生」（按：死後也要和生前一樣），因而導致厚葬之風在社會中迅速蔓延。時人在事死上極盡財力，不惜傾家蕩產，墓葬中埋藏之豐富，做工之豪華，令人嘆為觀止。

石刻技藝至漢代已有很大發展。漢代富貴之家，在葬埋屍體之後，不僅要壘一大墳丘，而且還要在其前置上墓碑，碑上刻上墓主的身分、官職及生平經歷等。富豪大家在死後，不僅要立碑以識，而且要設立墓園，內中立墓闕，立石人和動物石像，以此象徵主人的富有和排場。

史載西漢中期以前，夫妻合葬，因二人死的日期不相同，所以多採用異穴合葬的新禮俗。為了解決二人死期不同的矛盾，禮俗中出現了「厝」的概念。厝者，置也，停柩待葬之義。即將先死者停柩一側，再待後死者一同安葬。此俗歷經數千年的沿襲，至今民間仍有厝的葬義。

厝的實質乃為長喪久葬，是厚葬之風的重要表現。

南陽漢代墓室大都由石、磚、磚石混合三種建築材料建成，而在石、磚上都刻繪有畫。在漢代貴族官僚的住宅、神廟和陵墓裡的壁上都出現了繪畫。南陽早期的漢墓多以建築物為題材，畫像多刻繪在墓門、主室門的主柱和門扉上，將現實生活中的建築刻劃入畫面，以象徵陽間住宅，南陽趙寨漢墓就只在墓門的主體和門扉上刻繪雙闕和廳堂。同時也出現了伏羲、女媧畫像，雕刻在主室兩側的主柱，這是人們對生殖的崇拜，希望在陰間也繁衍不斷。

就隨葬物品而言，已經體現出社會的富有和奢侈。南陽漢代墓葬隨葬品的種類和數量很多，主要是吃和用的東西。隨著時代的不同，隨葬的物品也不斷發生變化。從材料上看有金屬類和陶器。從用途上講有生活用品和錢糧武器等。

漢武帝以前，承接秦統，陰陽五行、神仙方術於芸芸眾生中極為盛行。敬鬼事神，建功修德，以求神鬼的點化而獲長生不死。因此鬼神觀念，深入人心，上至一國之君，下至平民百姓，於其各自的內心深處，將宗祖崇拜與鬼神崇拜緊緊的凝結在一起，事死如生，甘願竭盡財力去營造地下的生活環境。

▼漢代的節能環保燈

49 長信宮燈

年代：西漢，西元前二〇二至八年；**尺寸：**高四十八公分；**材質：**青銅；**出土地：**一九六八年河北省滿城縣西漢中山靖王劉勝妻竇綰墓出土；**收藏地：**河北博物院。

回顧中華文明史，青銅時代為我們留下了無數寶貴的財富。從商周時期形象、用途較為單一的祭祀用品，到秦漢時期形制不一、用途多樣的生活用品，青銅器在中華文明史中占據著重要的地位。而長信宮燈作為西漢青銅器中的珍品，憑藉其實用與美觀的高度統一，在青銅器發展史上寫下了濃墨重彩的一筆。

一段叛亂與宮鬥的過往

前元三年（前一五四年），漢景帝把兒子劉勝分封在今天的河北滿城一帶做國王，這一帶是先秦中山國故地，劉勝的封國就是中山國，劉勝即中山靖王。他喜好酒色，整日吃喝玩樂。他和王后竇綰命令工匠營造了規模龐大的陵墓，他們去世後把大量的精美隨葬品一起帶進陵墓。他們的陵墓很隱蔽，兩千多年過去了，沒有人知道它的具體位置。

在原滿城縣縣城城西一公里多的地方，有一個小村子，叫守陵村。據村裡的老人說，他們的祖先早年就是為王侯守墓的。但是年代久遠，村裡的人早就不知道他們守的是誰的墓？墓地又在哪裡？

一九六八年，解放軍某部在陵山進行國防施工，在山頂用炸藥炸開了一個口子，與以往不同的是，這一次並沒有崩落多少石頭。解放軍將士們覺得非常奇怪，於是上前探查。突然走在最前面的一名戰士雙腳失去支撐，掉進了一個漆黑的山洞裡。由此，沉睡千年的謎團得以解開。

在墓穴中，考古人員根據酒器上的文字記載推測，墓主人為西漢中山王劉勝。他們還發現了金縷玉衣，但令人奇怪的是，金縷玉衣是被壓扁的，考古人員懷疑裡面並沒有屍體，而且自商周以來，一直流行夫妻合葬，陵墓中有可能還存在第二個墓穴。考古進行了一個多月，在墓穴的北側，考古人員又發現了一個由磚牆封起的洞口，還出土了一件銅印，印上有「竇綰」二字。無疑，這就是劉勝妻子的墓穴。

在竇綰的墓穴中，也有許多珍稀文物，其中就包括舉世聞名的長信宮燈。

最初，考古人員在二號墓的後室發現了一些散落的燈構件，經過仔細拼合復原，將之拼成一件精美的銅燈。這就是名震中外的西漢長信宮燈。長信宮燈整體製作為一個跪坐著、雙手捧持燈盤的宮女形象。全燈分為頭、身、左臂、燈座、燈盤等部分，可以任意拆卸。宮女身體中空，右手被製作成為一個排煙管道。她左手握著燈座，托起燈盤，右手提著燈罩，燈焰在圓形燈盤裡燃燒，散發出的煙就通過右手排進宮女的體內，避免汙染室內環境。燈盤還能夠自如的

▲ 長信宮燈局部。

旋轉，兩塊擋光的瓦形罩板也能隨意開合，這樣就**能任意調節燈光的照射角度和亮度**。可見這座燈在科學上構思是十分巧妙的。

在藝術造型上，這座燈更為動人。宮女通體鎏金，體量合理。宮女身著漢代流行的曲裾深衣，領和袖口處層次分明，衣料貼身，衣紋歷歷可數，線條流暢。腿部有衣角伸出，既表現了衣服的修長曳地，又像是延伸的座子一般，加強了整件作品的穩定性。宮女梳髻覆幗，神態端莊。這些造型特點使長信宮燈給人以安詳恬靜的審美體驗。

宮燈上還刻有九處銘文，共六十四字。其中有六處刻有「陽信家」的字樣。陽信家是西漢陽信侯劉揭的府邸，他被漢文帝封為侯，這件銅燈應該是他家製作的。但在景帝時劉揭被削除封爵，這件銅燈也被沒收入長信宮，也因此在燈上留下了「長信尚浴」的銘文。**長信宮是景帝的母親竇太后居住的地方**，劉勝是竇太后的孫子，這件銅燈可能是由竇太后賜予竇綰的，可見它在當時也是很珍貴的器物。劉勝夫婦死後，這件銅燈作為隨葬品，放在竇綰的墓穴裡。

全世界最早的節能環保燈

美國前國務卿亨利．季辛吉（Henry Alfred Kissinger）曾經這樣評價長信宮燈：「你們中國人太了不起了，兩千多年前就有了環保意識，長信宮燈可能是全世界最早的節能環保燈。」長信宮燈的絕妙之處正在於它的環保理念，兩千多年前的古人在實用工藝品的設計中就已經考慮到它的環保價值。

從燈罩上殘留的少量蠟狀遺留物來看，長信宮燈的燃料

▼ 長信宮燈背部。

主要為動物脂肪。油脂在燈盤中會沿著燈芯慢慢燃燒，會產生一些未完全燃燒的炭粒，容易造成室內煙霧彌漫，汙染環境。工匠們為了解決汙染問題而研究改善的方法。據記載，漢代的青銅燈具中有一種釭（按：音同「缸」）燈，即帶煙管的燈，簡稱為「釭」。導煙管還分單煙管和雙煙管兩種。釭燈上除了裝導煙管，內部都為中空，用以儲存清水。長信宮燈就是釭燈的一種。設計者巧妙的將宮女的身體組成部分作為煙管，一端連著中空的身體，另一端連著燈蓋。當燈盤上的油脂被點燃後，煙塵就通過燈蓋被吸入了導煙管，然後再溶於體內的清水中，達到了保持室內空氣清新的效果。

這是聰明的漢代工匠們的發明創造，在世界燈具史上也處於領先地位。在西方，直到十五世紀才由著名的義大利科學家、工程師、藝術家達文西（Leonardo da Vinci）發明了油燈的鐵皮導煙罩，後來又至十八世紀，玻璃罩代替了鐵皮罩，才初步解決了油煙汙染室內空氣的問題。

此外，長信宮燈還有反射和聚光的功能，可以利用燈罩的開合來調節燈光的照度，這說明當時人們已注意到燈光的照度問題了。

長信宮燈的這種「取光藏煙」的技術發明，在世界燈具史上具有重要意義。

50 擊鼓說唱俑

年代：東漢，西元二二五至二二〇年；**尺寸**：高五十六公分；**材質**：陶；**出土地**：一九五七年四川省成都市天回山出土；**收藏地**：中國國家博物館。

川渝地區自古以來就依靠著特殊地形自成天地，人們生活輕鬆而閒適，娛樂方式多樣。擊鼓說唱俑直接帶我們回到了東漢時期的川渝，體驗俳優們詼諧幽默的說唱和娛樂。

為了生活走上街頭的藝人

中國國家博物館館藏的東漢擊鼓說唱俑頭上戴一個小小的帽子，帽檐呈兩個分叉狀，高高的向上翹起。它袒胸露乳，兩個肩膀高高聳立著，穿著寬鬆的褲子，光著腳。左邊的手臂環繞著一個扁扁的圓鼓，右手高高舉起鼓槌做出想要擊打的姿勢，張大著嘴，嘴角向兩邊咧開。陶俑表情誇張、動作十分瀟灑，活脫脫一個俳優正在賣力表演。

俳優是以樂舞諧戲為業的藝人，這一職業大約出現於春秋戰國時期。俳優們或獻藝於君主，或服務於軍隊，更多的是生活在民間。俳優的表演一般來說呈現出搞笑、調侃、嘲諷的特

點，他們以此來娛樂觀眾。在演出的時候，往往一邊擊鼓一邊說唱。秦漢時期，很多王公貴族以擁有俳優為榮，俳優也成為一種身分的體現。《史記》載，漢武帝「俳優侏儒之笑，不乏於前」。桓寬在《鹽鐵論》中提到：「富者……椎牛擊鼓，戲倡儛像。」司馬遷對俳優的評價很高，在《史記》中專門寫了《滑稽列傳》。證明秦漢時期蓄養俳優的盛行。

中國的川渝地區有許多與東漢擊鼓說唱俑類似的擊鼓說唱俑出土。這些擊鼓說唱俑的出土充分顯示當年川渝地區俳優的流行。在保存至今的東漢時期的畫像石《樂舞百戲圖》中還能夠找到一些有著粗短的身材、赤裸著上半身、動作誇張搞笑的俳優。在出土的一些漢代陶樓中，我們也常常能看到其中雕刻有俳優演出的畫面。不論是有記載的文獻，還是出土的文物，都顯示俳優在秦漢時期的流行。

俳優在漢朝民間很流行。許多俳優透過走街串巷的表演來獲得經濟收入。俳優通常是侏儒，他們身材短粗，社會地位不高。俳優為了生存，不得不遠離故土，用搞笑的說唱表演去掩蓋生活的不易。司馬相如就曾經說過：「俳優侏儒，倡樂狎玩者也。」短短的一句話充分體現出俳優藝人的卑微地位。同時，俳優的出現也能夠體現出漢代社會的安定和諧，人們需要俳優來使他們的生活更加豐富多彩。俳優的表演內容多取自於百姓的日常生活，與百姓的生活相近使得俳優表演更加接地氣。

擊鼓說唱俑的造型藝術十分精湛。擊鼓說唱俑的出土改變了我們過去認為的，陶俑是以兵馬俑、隨侍俑為主的觀念。並且擊鼓說唱俑能夠很好的反映社會生活，它在豐富陶俑歷史的同時，也為我們提供了一個管道去了解漢代戲曲文化，了解歷史上的說唱藝人。在擊鼓說唱俑上，我們看到了漢代的「滑稽戲」的形式，更體會到漢代俳優的特殊的藝術形式與現代戲曲的聯繫，現今很多藝術表現形式都和漢代擊鼓說唱俑，有著不可分割的聯繫。

具時代特徵、飽含民間文化特質的雕塑精品

中國傳統戲曲在秦漢之前就已經出現，經過秦漢至明清的發展，形成了不同風格、不同種類的戲曲表演藝術。距今已有兩千年的漢朝，並沒有流傳下來太多記錄俳優藝術的歷史文獻，現代對於俳優藝術、漢代民俗的研究，主要是透過一些漢代墓穴中的壁畫來進行的。

例如，在很多漢代墓穴中的畫像磚上經常能看到女舞者身邊有一位上身赤裸、身材短粗的侏儒在進行誇張、滑稽的演出，讓人開懷大

▼ 擊鼓說唱俑臉部特寫。

笑。這些畫面的出現，充分顯示俳優在漢代的各種娛樂活動中，已經是不可缺少的藝術表演形式了。同時，這件擊鼓說唱俑也是研究中國話本小說萌芽的重要資料。在秦漢時期，話本小說還未正式出現，俳優已經成為一種職業，很多故事傳說都是透過說唱的形式在民間廣為流傳，為後來小說創作積累了大量素材。

擊鼓說唱俑是一件極具時代特徵、飽含民間文化特質的雕塑精品，在它身上蘊含著豐富的時代文化資訊，從一個側面反映了當時社會的思想理念、審美趣味以及風氣習俗，為今人深刻認識、了解漢代社會提供了鮮活、生動的寶貴資料，是我們研究、繼承、發揚優秀傳統文化的重要財富。

51 銅奔馬

年代：東漢，西元二五至二二〇年；**尺寸**：高三十四．五公分、長四十五公分、寬十三公分；**材質**：青銅；**出土地**：一九六九年**甘肅省武威市雷台漢墓出土**；**收藏地**：甘肅省博物館。

銅奔馬是中國旅遊局的旅遊標誌。駿馬騰飛踏於飛鳥之上的造型，讓人們看到了古代匠人巧奪天工的製造工藝，更讓人們讚嘆於設計者的巧思，奔騰的馬匹凌空而起，略過飛馳的鳥背。銅奔馬以其特有的造型和神韻，在中國青銅鑄造史上留下了濃墨重彩的一筆。

銅奔馬的意外發現

在甘肅省中部有一座城市叫做武威，這就是古人筆下「涼州七里十萬家，胡人半解彈琵琶」的涼州。早在唐朝前期，涼州是與揚州、益州齊名的大都市，「七里十萬家」人口之眾，展現出了這座西北重鎮的舊日榮光。涼州在邊塞，居民中少數民族很多。他們能歌善舞，善彈奏琵琶。「胡人半解彈琵琶」這句詩寫出了涼州城的歌舞繁華、和平安定，同時帶著濃郁的邊地情調。武威市最早得名於漢武帝，「武威」二字是為了顯示西漢王朝強大的軍事實力。作為西北地方最重要的城市之一，武威歷史文化遺跡眾多。武威北部有一座五萬平方公尺左右的夯土臺，當地人把它叫做雷台。**雷台上是一座道教建築雷祖觀**，傳說是專門用來祭祀雷神的。**沒有人想到建築下面還有地下世界**，更沒有人意料到，在這裡將會出土聞名中外的銅奔馬。

一九六九年初秋，一次日常挖掘在無意之間揭開了雷台的神祕面紗。九月二十二日上午，武威市的一些農民像往常一樣來到雷台，挖掘防空洞，他們在這裡已經挖了一個多月了。蔡耀就是這群人中的一員，當他挖到九公尺多深的時候，鋤頭突然碰到了什麼硬物，那是一堵磚牆。懷著好奇心，大家把磚刨掉了，刨出了一個洞口，蔡耀就往裡看，發現洞裡面有東西。於是村民們把洞口刨大，爬了下去。

借著煤油燈昏暗的燈光，村民們驚詫的看到在磚塊鋪成的地面上放著一堆奇怪的車、馬和小人兒，所有的東西上面都覆蓋著一層很厚的綠鏽，拿在手裡感覺沉甸甸的。因為沒有任何考古知識，村民們把發現的車、馬等裝進隨身攜帶的麻袋裡面，運出洞口，放到了村裡的庫房。當時在武威文化館工作的黨壽山無意中聽到了這個消息，便急忙趕到村子裡，在村民的幫助下，他進入了雷台的地下。

一進洞口，黨壽山發現洞裡滿地都是鋪地錢，憑著多年從事文物工作的經驗，他馬上判斷出這是一處規模龐大的古代墓葬。黨壽山認為：這處墓葬裡面肯定不只有車、馬和小人兒，一定還有別的文物。在黨壽山的不斷要求下，村民把他帶到村裡的庫房。黨壽山發現庫房裡堆積著數量巨大的文物，他立刻對庫房裡的文物進行了清理、登記，並將它們轉移到當地的文廟中進行妥善保管。

一九七〇年，這批文物被送到甘肅省博物館進行收藏。這時候，還沒有人意識到這個意外會給中國考古界、乃至整個中國帶來怎樣的驚喜。經過清理，**雷台墓共出土兩百多件文物**，文物種類眾多，包括青銅器、陶器、玉器等。一九七一年九月，學者郭沫若陪同外賓訪問蘭州，在參觀博物館時，他突然被一件文物吸引住了。這件文物的形象是一匹正在奔馳的駿馬，四蹄離地，只有右後蹄踏在了一隻展翅飛行的鳥背上，飛鳥十分震驚的扭轉頭。一個不可思議而又無比夢幻的瞬間就此定格。見過無數珍貴文物的郭沫若被深深打動，他驚訝於雕塑無可挑剔的姿態和完美的平衡感。這件文物就是後來**轟動海內外的銅奔馬**。一九七三年，銅奔馬在英法兩國展出，吸引了無數人的目光。

銅奔馬的修復

銅奔馬這一舉世聞名的藝術品，在剛剛出土時是殘缺不全的，再加上儲存、搬運不當等原因，損壞情況十分嚴重。甘肅省有關部門將其送到了故宮博物院，交由著名青銅器修復專家趙振茂先生修復。當時，馬的頸部有很多一平方公分左右的小洞，馬頭和馬尾巴的幾縷鬃毛已經脫落。即使銅奔馬殘缺不全，趙先生依然感嘆於古人的大膽設計和精湛技藝。他在仔細查看銅奔馬的殘缺、損壞部位後，決定盡最大努力，讓這件傷痕累累的文物珍品再現昔日風貌。

在修復過程中，趙先生首先將整件文物清理乾淨。將馬頭、馬尾脫落的鬃毛清洗到茬口見新，然後用錫焊方法連接焊實。把馬頸上的殘缺洞孔清理乾淨後，用銅和錫焊補，把洞孔填好，然後仔細磨平。有的紋飾之間有間斷，修復時有些對不上了，他就用刻刀和小鏨子修飾一下，使其連接通順。在修補以後，趙先生又使用傳統的做舊方法，做出底子及青銅的鏽跡，讓整個文物看不出一點兒修復的跡象。

最後，趙先生看到騰空的三個馬蹄是空心的，認為這可能會使銅奔馬在展出時不太美觀，他就憑藉多年的文物修復經驗，把土和一些章丹紅用膠調和好後，放入馬蹄蹄心填滿，使之修復後看上去和銅奔馬原來的鑄模泥土差不多。

銅奔馬的藝術價值

設計並製作一匹馬或許不難，但是如何表現一匹日行千里的神馬良駒，則不是易事。銅奔馬的設計和製作者構思精巧，讓馬昂首長嘯、四足騰空，右後蹄踏上一隻飛鳥。馬頭上的鬃毛雕刻得好像在隨風飛舞，不僅將奔馬的力量和速度充分展示了出來，而且以鳥的飛翔襯托馬的疾馳，飛鳥與奔馬的互相結合，成就了一件偉大的藝術品。

更令人驚嘆的是這樣的構造完全符合力學的平衡原理，馬頭輕微向左揚起，馬的右後足踏飛鳥，**整件雕塑雖只有飛鳥著地，卻穩穩佇立**，輕靈、勻稱、協調、統一。奔馬彷彿御風而行的瀟灑姿態，令人嘆為觀止。難怪郭沫若贊其達到了「形神兼備、氣韻生動、形妙而有壯氣」的境界。

「馬踏飛燕」，一個美麗的錯誤

銅奔馬還有一個流傳更廣的名稱——「馬踏飛燕」。可能因為人們對於這件珍寶過於喜歡，而「馬踏飛燕」這個名字又是那麼生動而富有詩意，所以「馬踏飛燕」不脛而走，迅速傳遍了大江南北。

其實，以「馬踏飛燕」來命名這件珍寶並不十分準確。因為馬踏的並不是燕子，燕子的尾巴是分叉的，而這座青銅器上鳥尾巴並沒有分叉。有的學者猜測這隻飛鳥是龍雀，也有的學者猜測是鷹隼，還有的學者猜測是金烏，並認為銅馬應為天馬，整件雕塑的含義為天馬伴金烏，體現了漢魏人死後亡靈升天成仙的美好願望。而對於馬的身分和意象，學界也有分歧。關於馬和鳥的身分、意象問題，學界一直在討論，至今仍莫衷一是。探討仍在繼續，而銅奔馬穿越千年的時光，無聲的講訴著那段輝煌的歲月。

第6篇

民族大融合的多彩時代

三國兩晉南北朝時期處在秦漢和隋唐兩大文明高度發展的統一大格局之間，民族大融合的狂飆席捲南北，為中華文明注入了新鮮血液。

三國鼎立打破了漢朝的大一統格局，西晉的短暫統一並沒有改變歷史的進程，北方少數民族紛紛進入中原的同時。南遷的漢族迅速促進了江南經濟社會的發展，絲綢之路上佛教和祆教隨著綿延不絕的商隊進入中原，北方草原絲綢之路在這一時期得到充分發展。書法和繪畫藝術出現了中國藝術史上的一個高峰，王羲之、顧愷之成為中國藝術銀河中最耀眼的恆星。

52 嘉峪關魏晉壁畫墓壁畫磚

年代：魏晉，西元二二〇至二八〇年；**尺寸**：高十六至十八公分、寬三十四至三十六公分；**材質**：磚；**出土地**：一九七二年甘肅省嘉峪關市東北戈壁灘上的魏晉墓出土；**收藏地**：甘肅省博物館。

在甘肅省嘉峪關市東北戈壁灘上有一些不起眼的小土堆，沒有人會想到土堆下竟然掩埋著一千四百多座魏晉時期的磚墓群。這些墓大部分由畫像磚壘砌而成，這些畫像磚在構圖經營、線條表現和設色上都獨具匠心。它們不僅真實的反映了當時的社會生活，也是古代勞動人民嚮往美好生活的寫照。

地下畫廊，磚壁畫墓彩繪魏晉生活

嘉峪關位於甘肅省西部河西走廊中段，因建置於嘉峪山西麓地勢險要的關隘而得名。在嘉峪關市東北二十公里的戈壁灘上，有一個**分布長達二十多公里的古墓群，多為魏晉時期的古墓**。較大一些墓葬的墓主人具有郡縣級官階和地方鄉紳的身分，其墓室內多繪壁畫，基本保存完好。

一九七二年，當地牧羊人偶然發現了這片魏晉時期的墓葬。當年挖掘了其中八座墓，六座墓中均有壁畫，共有畫面六百多幅。壁畫以宴飲、出行、狩獵、農耕、採桑、畜牧、打場（按：將麥子、高粱等農作物在廣場上晒乾脫粒）等**生活場面為主**，勾畫出了一幅幅古代的民間風俗畫，古樸、真實的再現了當地半耕半牧的經濟生產和日常生活情景。

這些魏晉墓室壁畫反映了中國古代繪畫從漢向晉逐漸演變的過程，以及魏晉時代河西地區的繪畫發生了由概念到具體、由粗到細、由裝飾性繪畫向獨立的單幅繪畫逐漸演變的情況，也說明了在北朝佛教壁畫興盛之前，河西地區傳統的壁畫藝術已有了成熟的面貌。它不僅填補了中國繪畫史上魏晉時期的空白，也為研究河西石窟藝術淵源等問題提供了珍貴的實物資料。

嘉峪關魏晉壁畫普遍用白土粉塗底，有的先用土紅色起稿，然後用墨線勾出輪廓，線條富於動感，用筆迅疾如飛，有著酣暢淋漓的氣勢。墨線輪廓中再填入赭石、朱紅和石黃等色，呈現出熱烈而明快的色調。壁畫圖像非常簡潔，形象鮮明，善於捕捉各種動物的神態，以奔動的氣勢給人以強烈的藝術感受。這些方面構成了嘉峪關魏晉壁畫豪放雄健的藝術風格。

其六號墓是西晉一位官吏的墓葬，雖歷經一千七百多年卻依然保持原貌。墓穴頂部有一小洞，一條鋼絲自上垂下，原為懸掛油燈之用。**建墓工匠在封墓前先點上油燈，再砌以七層磚封死，油燈燃燒盡墓中氧氣後，墓穴自然形成真空狀態，使墓中壁畫和古物得以完好保存**，色澤如新。三號墓中的《屯營圖》和《屯墾圖》，提供了當時軍屯的形象資料。五號墓中的《武官出行圖》，用筆熟練、色彩絢麗，有較高的藝術水準。壁畫中有更多的表現了勞動人民的各種生產活動，完整的描繪了從播種到收穫的一系列農業生產過程，生動的刻畫了河西各族人民的農作、畜牧、桑林、炊庖等各種勞動場景。如《雙駝》、《門犬》、《宰豬》、《屠牛》等，都是構思巧妙且意趣橫生的藝術作品。

河西走廊既畜牧又農耕

漢代以後，河西走廊的農業生產得到了迅速發展。漢武帝「列四郡、據兩關」，修築河西長城，開闢絲綢之路，使經濟文化交流空前活躍，大量移民到此，帶來了中原先進的農業生產技術，開墾利用了大片荒地，興修農田水利設施，耕地面積不斷擴大，使農作物的生長有了物質保證。到了**魏晉時期，河西走廊出現了畜牧天下饒、農桑賽江南的局面**。在這樣一個歷史背景下，嘉峪關魏晉墓的磚雕和磚壁畫所呈現的喪葬風俗，也與農業文化有關。

有些墓室內繪有人身牛首、人身羊首、人身雞首等圖像，這些都與傳統的農神崇拜有關。在遠古傳說中，農神即炎帝，是人首牛身之神。《藝文類聚》引《帝王世紀》曰：「炎帝神農氏，薑姓也，人首牛身，長於姜水，有聖德，都陳，作五弦之琴，始教天下種穀，故號神農氏。」嘉峪關一帶的百姓有信奉巫術、祭祀農神的傳統。

在嘉峪關魏晉墓一號墓、三號墓、四號墓、五號墓、六號墓、七號墓等出土的大量壁畫中，反映人們辛勤耕種勞作的畫面比比皆是。如播種：一農婦在前播種，左手抱盆，右手高高揚起，有節奏的撒種。一農夫隨後舉（按：音同「有」）碎土。犁地：一人一牛一犁，農夫一手攥著韁繩緊握犁把、一手舉鞭，耕牛前曲後躬，力度感強烈。耙地：一褐衣披髮的少數民族農夫蹲在耙上耙地，突出了勞動者的身分。據史書記載，羌人「披髮覆面」，「衣裘褐」，由此推斷該農夫為羌族。農耕文化對游牧民族的巨大影響也可略見一斑。

糖（按：音同「末」）地：一農夫左手執鞭，右手攬著韁繩，利用身體的自重，站在二牛抬槓牽引的耮（按：音同「烙」）上耱地。耱是用來碎土保墒（按：音同「商」）的農具。這幅磚壁畫是中國最早的二牛抬槓的形象資料之一。打枷：一農夫手持木枷打場，枷為脫粒的農具，由長柄的一平排的木條或竹條構成。這反映了魏晉時期的生產力水準。從這些耕田、耘地、收穫的農事畫面中，可以看到古代的農民對精耕細作的重視和付出的辛勞，而這些最基本的生產活動是他們日常生活的重要組成部分。

▲ 嘉峪關魏晉壁畫墓壁畫磚之《耕地圖》。

▼中國人發明，由中國傳到日本

53 漆木屐

年代：三國吳，西元二二二至二八〇年；**尺寸：**長二十．五公分，寬九．六公分，厚〇．九公分；**材質：**木質；**出土地：**一九八四年安徽省馬鞍山朱然墓出土；**收藏地：**朱然家族墓地博物館。

眾所周知，日本人對木屐情有獨鍾，一般認為漆木屐是日本人最早發明的。而三國吳朱然墓出土的一件漆木屐，則證明**漆木屐並非最早由日本人發明**，而是由中國傳到日本的。日本人之所以會對朱然墓如此感興趣，就是因為這件漆木屐顛覆了他們的「日本人發明漆木屐」這一觀念。

一座漆器寶庫的開啟

一九八四年六月，安徽省馬鞍山市郊發現一座三國時期的古墓，墓主人是東吳的一位大將，與孫權關係密切，還**曾參與擒殺關羽**。這位古墓的主人就是朱然。朱然率軍「從討關羽，別與潘璋到臨沮禽羽」，因擒獲關羽的功勞，他被封為昭武將軍、西安鄉侯。之後朱然參與東吳一系列重大軍事行動，先是**在夷陵之戰打敗劉備**，接著據守江陵六個月，在缺兵少員的情況

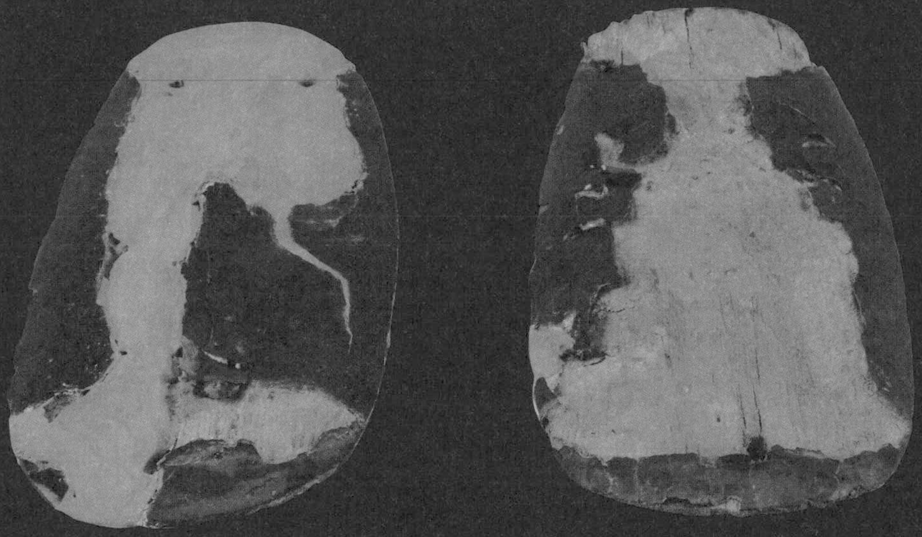

下，**擊退曹魏的十萬大軍**，「名震於敵國」。之後朱然官至左大司馬、右軍師、大都督，深得孫權信任，可以說朱然是東吳的一員名將。

西元二四九年，六十八歲的朱然病死，孫權十分悲痛，「素服舉哀，為之感慟」。但誰也沒有想到，在朱然去世一七三五年後，他的墓室會重見天日。朱然墓為土坑磚室結構的古墓，坐北朝南，墓道位於墓坑正南，為階梯式。墓室位於墓坑中間，外側總長八．七公尺，寬三．五四公尺，自南而北分別為甬道、前室、通道、後室。地面有兩層「人字紋」鋪地磚，墓壁採用「三順一頂」的砌法。甬道上有半圓形的拱頂和擋土牆，下砌封門磚。

墓前室平面近正方形，有四隅券進式穹隆頂，頂上兩側有四個加固支撐的磚垛，後端有擋土牆。青灰色的墓磚上模印篆文吉語「富且貴，至萬世」、「富貴萬世」等。墓內共出土了青瓷器、漆木器、銅器、陶器等文物一百四十多件和銅錢六千多枚。其中漆木器價值尤為不凡。同時出土的還有比如朱然的十幾個「名片」，寫有「故鄣朱然再拜問起居字義封」等字樣。此外還有漆尺、憑几、漆盤等物品。

漆木屐是中國人發明的

朱然墓的挖掘，被認為是有關三國時期考古的一項重要發現，在國內外產生了熱烈反應。日本國家電視臺（即ＮＨＫ）先後兩次來朱然墓園拍攝大型文物系列片《三國萬里行》和《中華五千年》，部分出土文物亦於一九八七年應邀赴日本巡展，引起了日本各界的濃厚興趣。為何日本人會對朱然墓這麼感興趣？這和裡面的一件文物有關。眾所周知，日本人對木屐情有獨鍾，一般認為木屐是日本人最早發明的，而朱然墓出土的一件漆木屐距今已經有一千七百多年的歷史，是目前中國最古老的漆木屐。這件實物證明漆木屐並非最早由日本人發明，而是由中國傳到日本的，所以日本才會對朱然墓如此感到興趣。

這件漆木屐的屐板和屐齒由一塊木板刻鑿而成。屐板前後圓頭，略呈橢圓形；屐齒為前後兩個；繫孔有三個，前端一個，後端兩個，彩繩早已腐朽不見。木屐主體刻鑿完成後，工匠又在木胎上打灰膩，一面刷黑漆，漆面光澤，另一面在灰膩中鑲嵌細小的彩色石粒，然後上漆，磨平，露出點綴其間的彩色小石粒，使之呈現一定的美感。

在中國，木屐是漢服足衣的一種，是最古老的足衣。據文獻記載，中國人穿木屐的歷史至少有三千多年。一九八七年，考古工作者在浙江寧

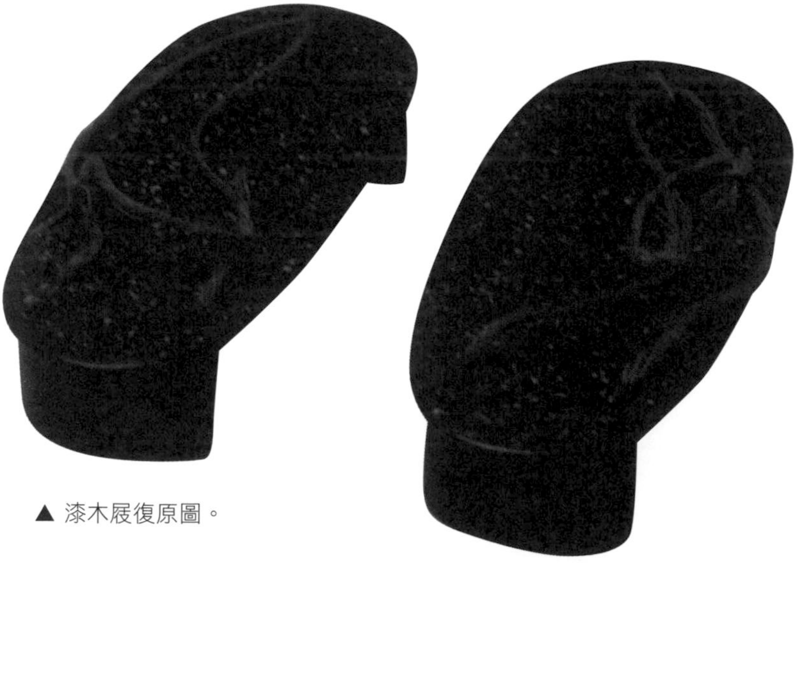

▲ 漆木屐復原圖。

波慈湖新石器時代晚期遺址，發現兩件殘存的木屐，均為左腳所穿，屐木扁略呈足形，前寬後窄。其中一件木扁身平整，上有五個小孔，頭部一孔；中間和後跟處各有二孔，兩孔間挖有凹槽，槽寬和孔徑相同，推測其用途是在繩子穿過小孔後將其嵌入槽內，以使表面平整。出土時繩帶已腐，也不見屐齒。另一件為圓頭方跟，開有六孔，後跟處二孔間也挖有凹槽。據研究，這兩件木屐已有四千多年的歷史，屬良渚文化遺物。

木屐是漢人在清代以前，特別是漢晉隋唐時期的普遍服飾。漢代漢女出嫁的時候會穿上彩色繫帶的木屐。晉朝時，木屐有男方女圓的區別。南朝梁的貴族也常著高齒屐。南朝宋之時，貴族為了節儉也著木屐。除了兩齒木屐以外，漢人在軍隊裡還採用了平底木屐，以防止腳部被帶刺雜草劃傷。不僅軍人如此，平民也常在路上穿著木屐，防止腳被帶刺植物劃傷。李白《夢遊天姥吟留別》有「腳著謝公屐，身登青雲梯」的詩句，因此日本又稱謝公屐為「山屐」。

不僅是漆木屐，墓中出土的其他漆器如漆槅、漆憑几、謁、刺等文物，都能從日本找到與之對應的東西。尤其是刺——這種中國古代的名片，在日本現代依然稱為刺，足見三國時期吳國對外交流的興盛。漆木屐的出土，也足以使人窺見當時中日文化、經濟交流的盛況。

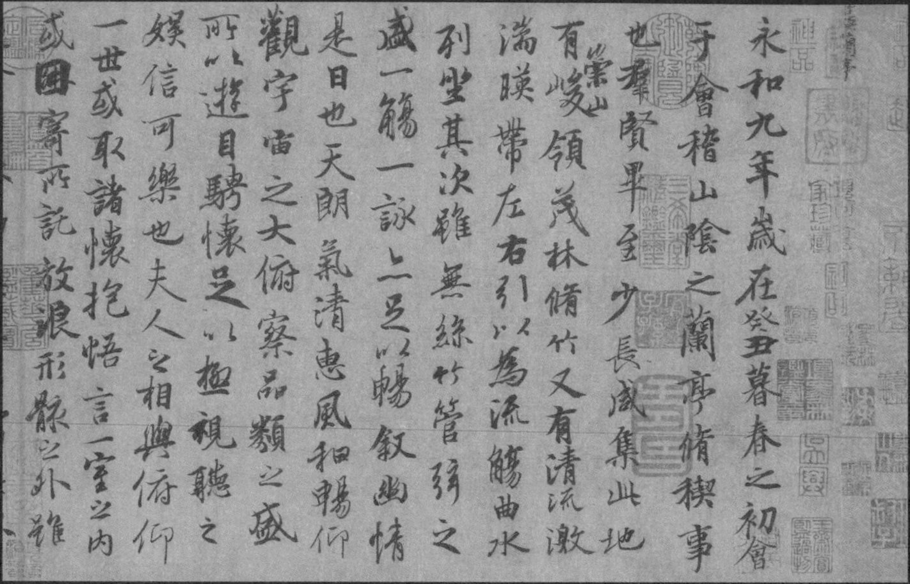
永和九年歲在癸丑暮春之初會
于會稽山陰之蘭亭脩稧事
也羣賢畢至少長咸集此地
有崇山峻領茂林脩竹又有清流激
湍暎帶左右引以為流觴曲水
列坐其次雖無絲竹管弦之
盛一觴一詠亦足以暢敘幽情
是日也天朗氣清惠風和暢仰
觀宇宙之大俯察品類之盛
所以遊目騁懷足以極視聽之
娛信可樂也夫人之相與俯仰
一世或取諸懷抱悟言一室之內
或因寄所託放浪形骸之外雖

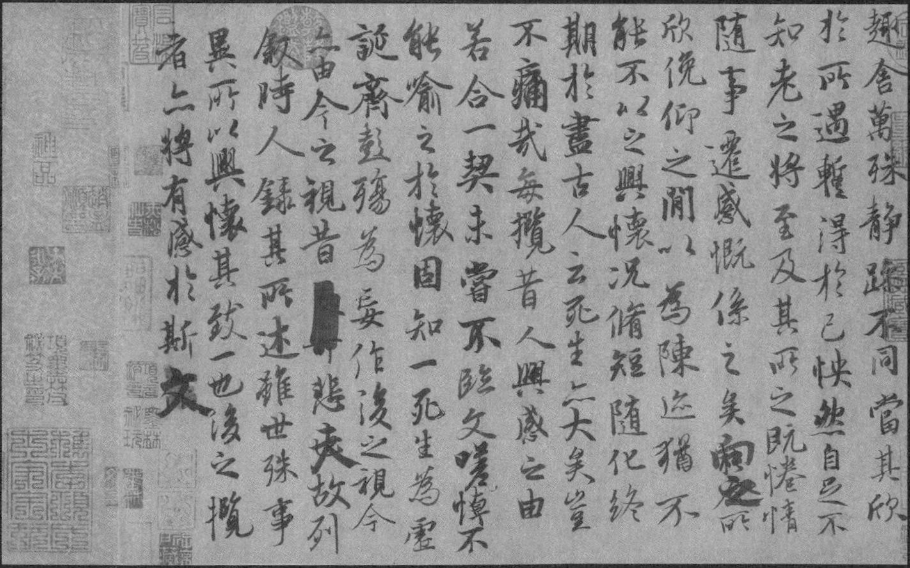
趣舍萬殊靜躁不同當其欣
於所遇暫得於己快然自足不
知老之將至及其所之既惓情
隨事遷感慨係之矣向之所
欣俛仰之閒以為陳迹猶不
能不以之興懷況脩短隨化終
期於盡古人云死生亦大矣豈
不痛哉每攬昔人興感之由
若合一契未嘗不臨文嗟悼不
能喻之於懷固知一死生為虛
誕齊彭殤為妄作後之視今
亦由今之視昔悲夫故列
敘時人錄其所述雖世殊事
異所以興懷其致一也後之攬
者亦將有感於斯文

▼天下行書第一帖

54《馮摹蘭亭序》卷

年代：唐，西元六一八至九〇七年；**尺寸：**縱二十四．五公分、橫六十九．九公分；**材質：**紙本；**收藏地：**北京故宮博物院。

《蘭亭序》又名《臨河序》、《蘭亭集序》、《禊帖》等，二十八行、三百二十四字，東晉永和九年（三五三年）王羲之書，被北宋書畫家米芾譽為「天下第一行書」。真跡殉葬昭陵，有摹本、臨本傳世，以「神龍本」為最佳。此帖用筆以中鋒為主，間有側鋒，筆畫之間的縈帶，纖細輕盈，或筆斷而意連，提按頓挫一任自然，整體布局天機錯落，具有瀟灑流麗、優美動人的無窮魅力，在中國書法史上具有崇高的地位。

蘭亭雅集

晉穆帝永和九年（三五三年）三月初三「上巳節」，正是春天的修禊日。王羲之與謝安、謝萬、孫綽、孫統、王凝之、王徽之、王獻之等名士舉行風雅集會。修禊活動的地點蘭亭就在臨水之處，修禊的人可以「漱清源以滌穢」，即透過洗漱的方式把一切汙穢的東西清除乾淨；

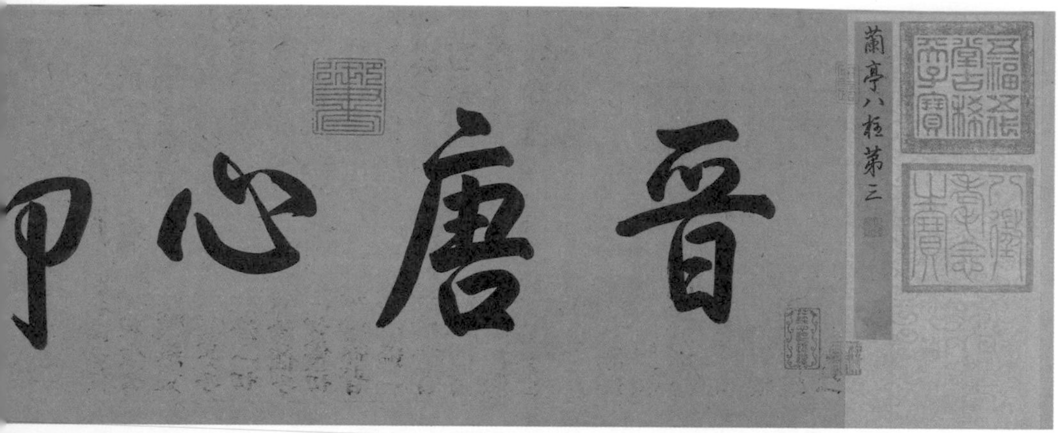
蘭亭八柱第三
晉唐心印

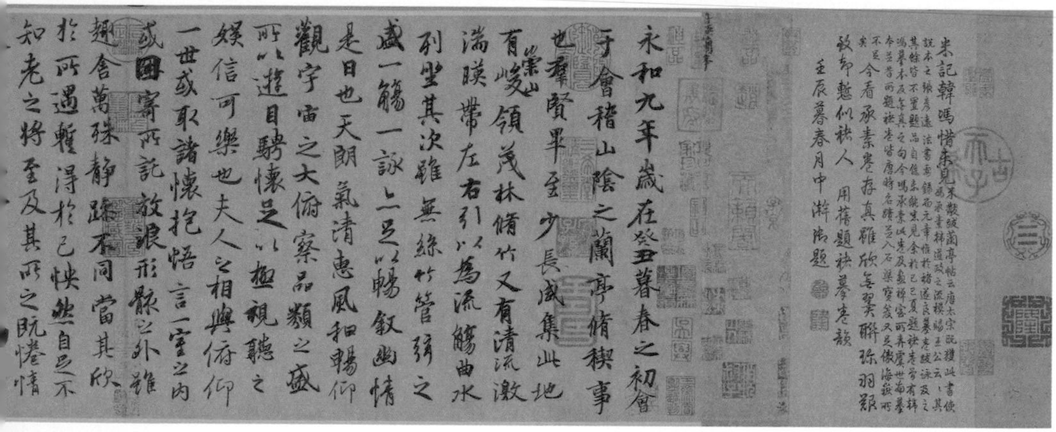
永和九年歲在癸丑暮春之初會
于會稽山陰之蘭亭脩稧事
也羣賢畢至少長咸集此地
有崇山峻領茂林脩竹又有清流激
湍暎帶左右引以為流觴曲水
列坐其次雖無絲竹管弦之
盛一觴一詠亦足以暢敘幽情
是日也天朗氣清惠風和暢仰
觀宇宙之大俯察品類之盛
所以遊目騁懷足以極視聽之
娛信可樂也夫人之相與俯仰
一世或取諸懷抱悟言一室之內
或因寄所託放浪形骸之外雖
趣舍萬殊靜躁不同當其欣
於所遇暫得於己快然自足不
知老之將至及其所之既倦情

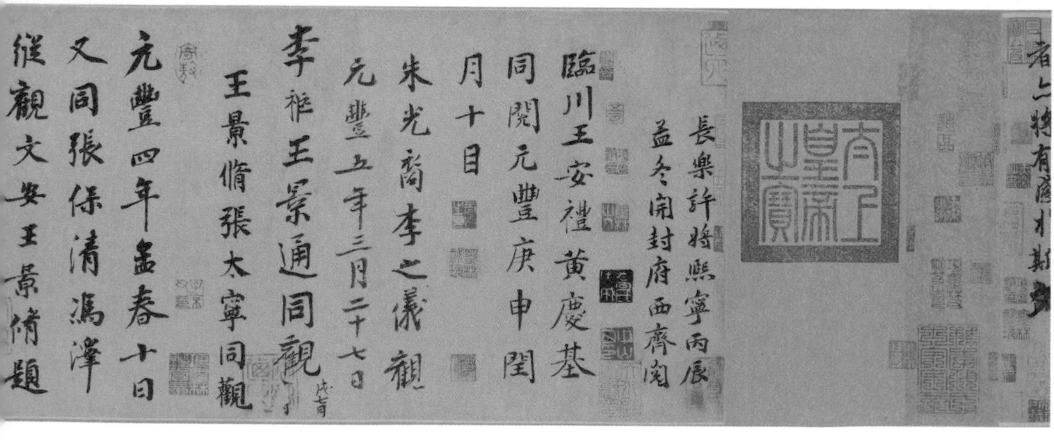
者亦將有感於斯
長樂許將熙寧丙辰
孟冬開封府西齋閱
臨川王安禮黃慶基
同閱元豐庚申閏
月十日
朱光裔李之儀觀
元豐五年三月二十七日
李秬王景通同觀
王景脩張太寧同觀
元豐四年孟春十日
又同張保清馮澤
從觀文安王景脩題

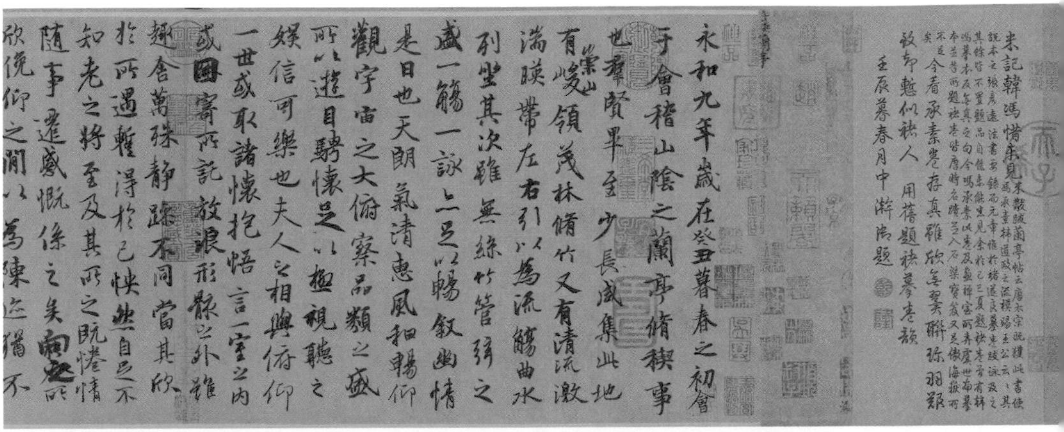
永和九年歲在癸丑暮春之初會
于會稽山陰之蘭亭脩稧事
也羣賢畢至少長咸集此地
有崇山峻領茂林脩竹又有清流激
湍暎帶左右引以為流觴曲水
列坐其次雖無絲竹管弦之
盛一觴一詠亦足以暢敘幽情
是日也天朗氣清惠風和暢仰
觀宇宙之大俯察品類之盛
所以遊目騁懷足以極視聽之
娛信可樂也夫人之相與俯仰
一世或取諸懷抱悟言一室之內
或因寄所託放浪形骸之外雖
趣舍萬殊靜躁不同當其欣
於所遇暫得於己快然自足不
知老之將至及其所之既惓情
隨事遷感慨係之矣向之所
欣俛仰之間以為陳迹猶不

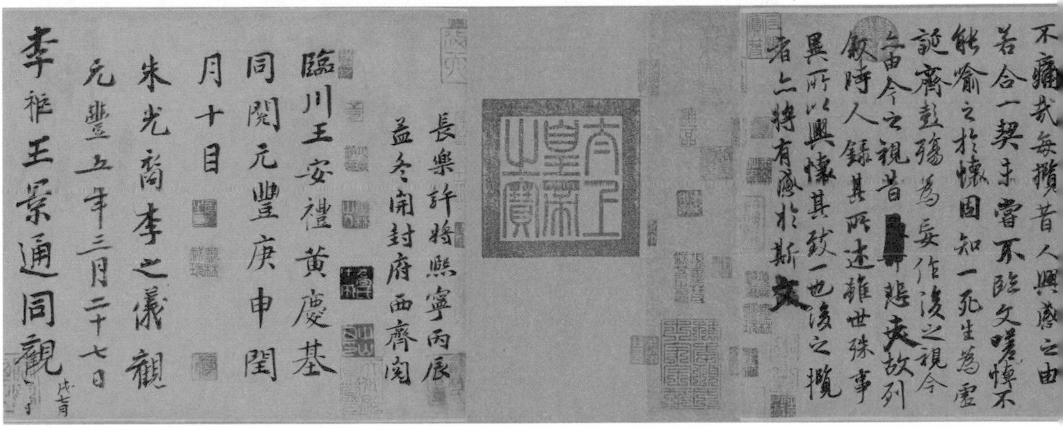
不痛哉每攬昔人興感之由
若合一契未嘗不臨文嗟悼不
能喻之於懷固知一死生為虛
誕齊彭殤為妄作後之視今
亦猶今之視昔悲夫故列
敘時人錄其所述雖世殊事
異所以興懷其致一也後之攬
者亦將有感於斯文
長樂許將熙寧丙辰
孟冬開封府西齋閱
臨川王安禮黃慶基
同閱元豐庚申閏
月十日
朱光裔李之儀觀
元豐五年三月二十七日
李秬王景通同觀

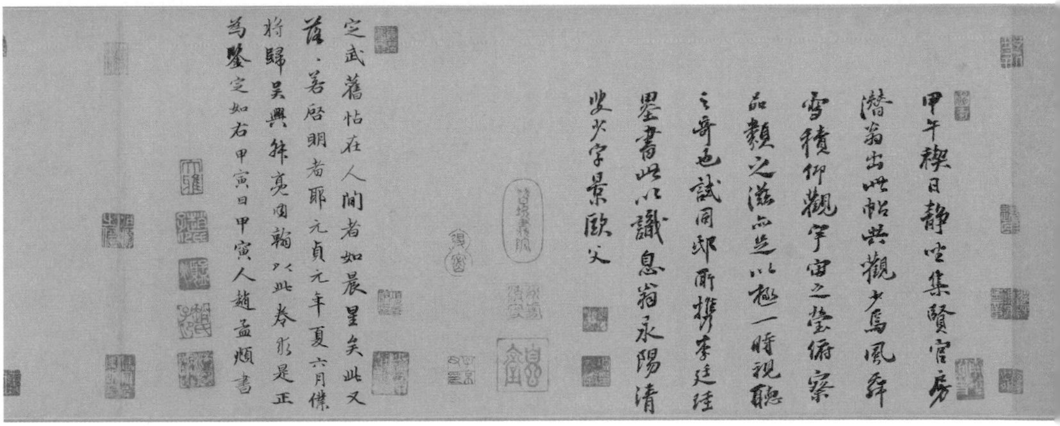

洗漱過後，把酒灑在水中，再用蘭草蘸上帶酒的水灑到身上，藉以驅趕身上可能存在的邪氣，而求得平安、幸福。儀式結束之後，作為東道主的王羲之提議，既然今日「群賢畢至，少長咸集」，大家不妨玩個曲水流觴、飲酒賦詩的遊戲。

遊戲規則是：大家在蜿蜒曲折的溪水兩旁，席地而坐，由書童或仕女將斟上一半酒的觴，用撈兜輕輕放入溪水當中，讓其順流而下。根據規則，觴在誰的面前停滯不動，就由書童或仕女用撈兜輕輕將觴撈起，送到誰的手中，誰就得痛快的將酒一飲而盡，然後賦詩一首；若才思不敏、不能立即賦出詩來的話，那他就要被罰酒三斗。

這一提議得到了謝安等人的一致支持。活動中共有十一個人各作詩兩首，十五個人各作詩一首，十六個人因沒有做出詩而罰了酒，總共成詩三十七首，彙集成冊，稱之為《蘭亭集》。大家公推王羲之為之作序，孫綽作後序。王羲之趁著酒興，一氣呵成寫下了《蘭亭集序》。

蘭亭雅集作為中國古代最風雅的一次文人集會，與會者曲水流觴、臨流賦詩、宴遊賞花、各抒懷抱並抄錄成集，使得蘭亭成為中國山水園林的發源地，自蘭亭雅集後，中國興起造園之風。蘭亭集會的風雅精神，也成為後世文人騷客傾慕不已的集會典範，宋代蘇軾的「相將泛曲水，滿城爭出。君不見蘭亭修禊事，當時座上皆豪逸」，寫的就是東晉豪逸山陰蘭亭雅集的風流韻事。

《蘭亭序帖》的流傳

《蘭亭序帖》真跡一直由王羲之後人保存，傳至第七代後，**為唐太宗所得**。唐太宗對王羲之推崇備至，曾親撰《晉書》中的《王羲之傳論》，推崇其書法「盡善盡美」。又敕令侍臣趙模、馮承素等人精心複製一些摹本。他喜歡將這些摹本或石刻摹拓本賜給一些皇族和大臣，因此當時這種「下真跡一等」的摹本亦「洛陽紙貴」。此外，還有歐陽詢、褚遂良、虞世南等名手的臨本傳世。今天所謂的《蘭亭序》，除了幾種唐摹本外，石刻拓本也極為珍貴。

最富有傳奇色彩的要數《宋拓定武蘭亭序》。不管是摹本，還是拓本，都對研究王羲之有相當的說服力，同時又是研究歷代書法的極其珍貴的資料。《蘭亭序》是否真的是王羲之所書，歷來有很多爭議，清末和一九六〇年都曾引發過相當激烈的學術大論戰。但無論《蘭亭序》是不是王羲之所書，也不管《蘭亭序》真跡是否還存在，王羲之作為書聖以及《蘭亭序》作為「天下第一行書」的地位早已不可動搖，王羲之和他的《蘭亭序》已經成為超越書法藝術的文化符號而彪炳史冊。

《蘭亭序》現存五個唐代摹本，分別為虞（世南）本、褚（遂良）本、黃絹本（褚的另一摹本）、歐（陽詢）本、馮（承素）本。這些摹本都曾被收入清乾隆內府，成為著名的「蘭亭八柱」中的名作，清末局勢動盪，這些摹本從宮中佚出，流散四方。**虞本、褚本、馮本現藏於北京故宮博物院**。

馮本為唐代內府栩書官馮承素摹寫，因其卷引首處鈐有唐中宗李顯「神龍」二字的年號小印，後世又稱其為「神龍本」，此本使用雙鉤摹法，摹寫精細，原本的筆法、墨氣、行款、神韻都得以體現，為唐人摹本中最接近蘭亭真跡者。

洛神賦第一卷

55 顧愷之《洛神賦圖》（宋摹）

年代：東晉，西元三一七至四二〇年；**尺寸**：縱二十七・一公分、橫五百七十二・八公分（宋摹本）；**材質**：絹本；**收藏地**：北京故宮博物院。

《洛神賦圖》是東晉著名畫家顧愷之依據曹植《洛神賦》內容創作的作品。《洛神賦圖》全卷分為三個部分，曲折細緻而又層次分明的描繪了曹植與洛神真摯純潔的愛情故事。其中最感人的是曹植與洛神相逢，但是洛神卻無奈離去的情景。該圖被稱為「**中國十大傳世名畫**」之一。

被誤讀的《洛神賦》

曹植的《洛神賦》主要講述了主人公從京都回到封地的途中，經過洛水，遇到洛水女神宓妃的故事。原文中主人公雖然對宓妃充滿愛戀，但最終卻不得不離去的故事情節，表現了作者在現實中的傷感與無奈。曹植寫作此賦的目的是什麼？有人認為這是他思戀亡嫂甄后或亡妻崔氏所作，這其實是個誤會。

相傳宓妃是伏羲的女兒，因為迷戀洛河美景來到人間。那時洛河兩岸住著洛氏族人，宓

洛神賦第一卷

妃教他們結網捕魚、狩獵養畜，還在勞作之餘為他們彈奏七弦琴。優美的琴聲被黃河河伯聽到了，他潛入洛水，被宓妃的美貌深深吸引，就化成一條白龍把宓妃抓走。

宓妃被帶至河伯的水府深宮，終日寡歡，只能用七弦琴排解愁苦，后羿聽到琴聲就將宓妃救出，將她帶回洛氏族中，並與宓妃產生了愛情。河伯大怒，再次化身白龍潛入洛河，吞沒大片良田、村莊。后羿於是大戰河伯，射中河伯的眼睛，河伯逃走，來到天庭告狀。但天帝知曉人間一切，河伯沒能得逞。后羿於是同宓妃在洛水一帶住下來，過著幸福生活。

對於因受人誣告而身處逆境、孤立無援的曹植而言，后羿的無私幫助，以及天帝的明察秋毫、秉公裁斷才是他最需要、最渴望的，他渴望得到公正的對待，更渴望未來不用擔驚受怕，施展胸中抱負。相較於兒女私情，這大概才是曹植創作時的所思所想。

平淡中的不凡——《洛神賦圖》

該畫卷以曹植的《洛神賦》為題材，描繪了作者**對洛水之神宓妃的愛慕以及神人殊隔、不能結合的惆悵**。作品將不同情節置於同一畫卷，洛神和曹植在一個完整的畫面的不同場景中反覆出現。圖卷以山石、林木和河水等背景，將畫面分隔成不同情節，使畫面既分隔又相互連接，和諧統一，絲毫看不出連環圖畫式的分段描寫跡象。

《洛神賦圖》雖然是人物畫，但以大量山水為故事展開背景。由於顧愷之本身就是較早涉及山水畫創作和理論的大家之一，故我們有足夠的理由相信《洛神賦圖》中山水部分的畫法是具有那一時代代表性的藝術式樣。圖中**山石**、**樹木造型稚拙**，**比例關係混亂**，確實如國畫歷史家之祖張彥遠在《歷代名畫記》中所描述的那樣：「魏晉以降，名跡在人間者，皆見之矣。其畫山水，則群峰之勢，若鈿飾犀櫛，或水不容泛，或人大於山，率皆附以樹石，映帶其地。列植之狀，則若伸臂布指。」這為我們在理論與實物考據上揭示了早期山水畫的特徵。

從線條來看，《洛神賦圖》線條細勁有力，如張彥遠所言：「顧愷之之跡，緊勁連綿，循環超忽，調格逸易，風趨電疾，意存筆先，畫盡意在，所以全神氣也」。線條的表現力內在含蓄，以表現意態為先。山石樹木結構單調，狀物扁平，但富於裝飾性。作者以凹凸暈染的方法來增加立體感，這來自對青銅鑄造藝術和帛畫藝術手法的借鑑，來自那一時代隨著佛教的傳入，中西文化交流的發展和相互影響。此外，圖中人物的塑造也非常成功。人物雖然散落於山水之間，但相互照應，並不孤立，神情顧盼呼應，使得人物間產生了視覺聯繫。

藝術研究家巫鴻曾認為，從美術史的角度來說，《洛神賦圖》具有兩大進步，其一就是人物畫連續性故事風格的成熟，表現在同一人物的反覆出現上。其二是風景畫藝術得到了發展，畫面中的山河樹木不再是孤立的靜物，而是結合故事情節起到了渲染比喻的雙重作用。以這兩方面來說，**將《洛神賦圖》喻為「中國繪畫始祖」，誠非過譽**。

顧愷之作為唯一一個有作品流傳的魏晉南北朝時期畫家，毋庸置疑的成為中國美術史上的一個標竿。在清朝時，乾隆皇帝就這樣稱讚顧愷之：「子建文中俊，長康畫裡雄。」從根本上說，顧愷之所創作的《洛神賦圖》完美的塑造了清雅動人、空靈脫俗的洛神形象，是中國六朝時期繪畫藝術的顛峰之作。

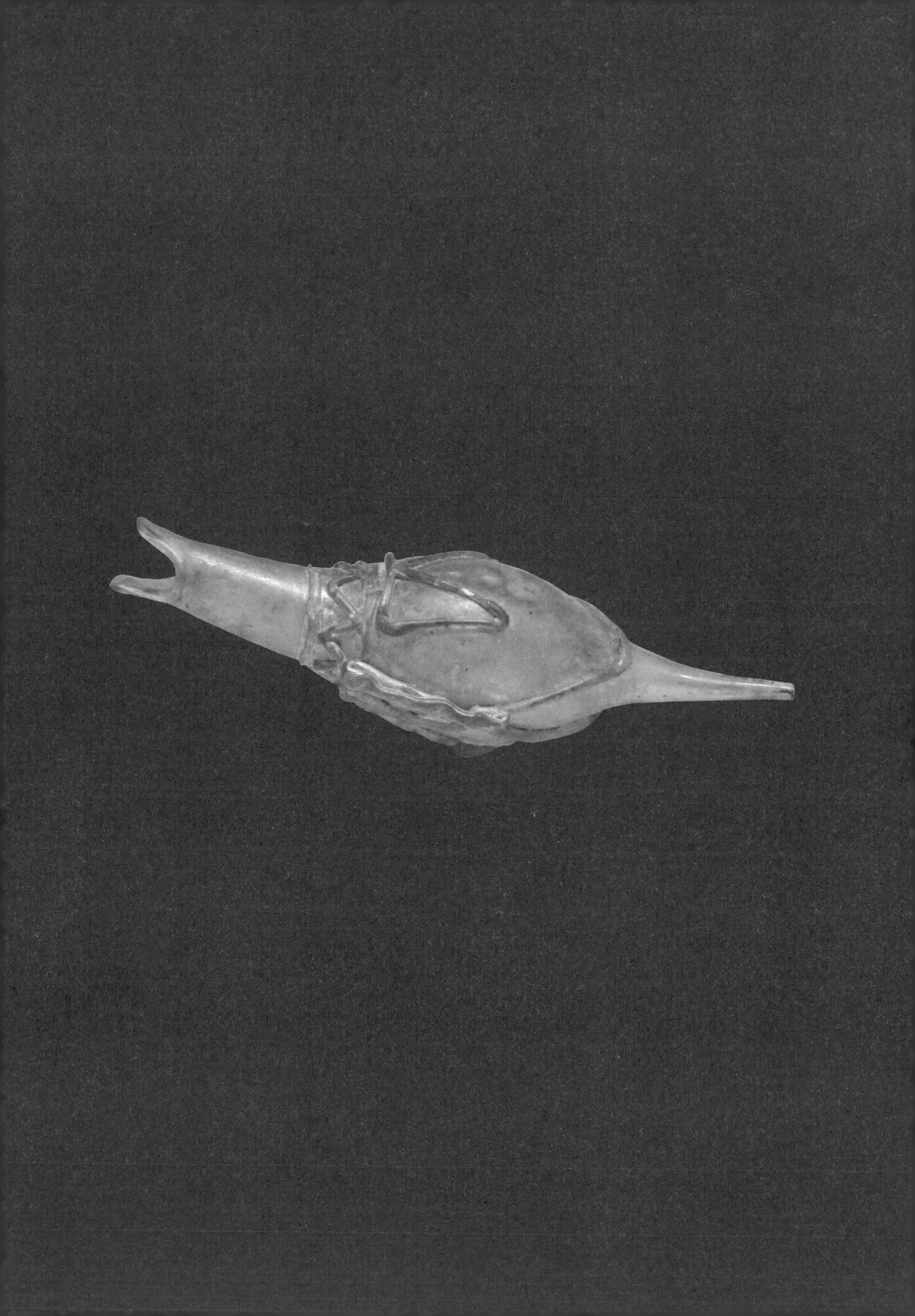

56 鴨形玻璃注

年代：十六國北燕，西元四〇七至四三六年；**尺寸：**長二十．五公分、腹徑五．二公分；**材質：**玻璃；**出土地：**一九六五年遼寧省北票市西官營子的北燕馮素弗墓出土；**收藏地：**遼寧省博物館。

魏晉南北朝時期，中原動盪，中西商路嚴重受阻，而此時的北方草原由於特殊的地理位置，為中西交流搭建了另一個平臺。不斷增多的考古發現足以證明，北方草原絲綢之路在魏晉南北朝時期得到了長足發展，並且形成了雙向交流的局面。十六國時期北燕馮素弗墓出土的一批精美的玻璃器皿，應是當時經由草原絲路**從羅馬傳入的舶來品**，見證了十六國時期中西的經濟文化交流。

古代玻璃器皿中的精品

一九六五年北票市西官營子發現了兩座石槨墓，其中一號墓中出土了「范陽公」、「遼西公」、「車騎大將軍」、「大司馬」四枚印章。按《晉書．馮跋載記》中記述，北燕的馮素弗曾先後受任范陽公、侍中、車騎大將軍、大司馬、遼西公等官爵。結合墓葬的所在地和相關資料，考古學者很快便推知了這兩座墓是北燕天王的弟弟、當時的重臣馮素弗和他妻子的墓葬。根據史書記載，馮素弗死於西元四一五年，可推算其死時年齡為三十多歲。

一號墓隨葬的器物十分豐富，並且製作精美。而玻璃器就出土五件之多，晶瑩剔透、色彩豔麗，其中鴨形玻璃注最為引人注目。眾所周知，玻璃器易碎不便保存，鴨形玻璃注埋入地下長達一千五百年，保存如此完整，不得不承認這是一個奇蹟。鴨形玻璃注為淡綠色玻璃質，質光亮、半透明、微見銀綠色鏽浸。體橫長、鴨形、口如鴨嘴狀、長頸鼓腹、拖一細長尾、尾尖微殘。背上以玻璃條黏出一對雛鴨式的三角形翅膀，腹下兩側各黏一段波狀的折線紋以擬雙足，腹底貼一平正的餅狀圓玻璃。此器重心在前，只有腹部充水至半時，因後身加重，才得放穩。此器造型生動別致，在早期玻璃器中十分罕見。

鴨形注是舶來品——吹製而非鑄造

中國傳統國產玻璃器有著悠久的歷史。春秋末戰國初，西亞玻璃珠飾經過中亞游牧民族的仲介，作為商品輸入到中原地區。戰國中晚期，**中國已經能夠製造外觀上與西亞相似而成分完全不同的玻璃珠**。這種受西亞影響建立起的玻璃業，很快與中國文化傳統相融合，開始生產仿玉製品，並採用與金屬成型工藝相似的**鑄造法**製作。

而馮素弗墓出土的玻璃器以透明深淺綠色為特徵，器胎較薄又是捲邊，玻璃碗下仍留有黏疤殘痕。鴨形玻璃注更是造型奇特，以黏貼玻璃條裝飾細部，這一切都是以**吹製工藝**聞名於世的古羅馬玻璃器的重要特徵。玻璃吹製工藝最早產生在西元前一世紀左右的地中海東岸古羅馬帝國，並迅速傳播到古羅馬帝國各個玻璃燒造工藝地。

吹管玻璃技術向東方傳播，尚缺乏文獻記載。從出土的玻璃器判斷，大約在西元五世紀北魏時期，中亞的工匠將吹製玻璃技術傳到中國。其製作的玻璃器品質不精，很難與馮素弗墓出土的這批玻璃器相媲美。從目前全國出土外國玻璃器數量甚少的情況可以想像，那時進口的玻璃器，尤其像鴨形玻璃注這樣精美的產品數量有限，因此統治者和富人才視如珍寶。

見證草原絲綢之路的繁榮

這批玻璃器是如何從遙遠的羅馬來到遼寧西部的呢？

西元前一三九年，漢武帝派張騫出使西域，開通了長安（今西安）經河西走廊、塔克拉瑪干沙漠至中亞、西亞的商道，即舉世聞名的絲綢之路。但在沙漠絲綢之路尚未開通前，古希臘已經稱中國為塞里斯（Seres），意為「絲綢之國」。那時的西方世界又是透過什麼管道了解到中國這個東方文明古國？大量的考古發現證實，在絲綢之路開通前，早已存在著一條鮮為人知、溝通東西文化交流的路徑，那就是途徑歐亞草原的草原絲綢之路。

草原絲綢之路的形成，與自然生態環境有著密切的關係。從整個歐亞大陸的地理環境來看，要想溝通東西方是極其困難的。環境考古學資料顯示，歐亞大陸只有在北緯四十度至五十度之間的中緯度地區，才有利於人類的東西向交通。這一地區恰好是草原地帶，中國北方草原地區正好位於歐亞草原地帶的東端。因此中國北方草原地區在古代中國，乃至世界東西方交通要道上具有重要作用。而中國北方草原是游牧民族常年居住的地方，游牧民族生活的遷移性，更有利於文化、技術的傳播。

草原絲綢之路經過長時間的發展，到了十六國時期已經進入了繁榮階段。以龍城（今遼寧朝陽）為中心的慕容鮮卑地處草原絲綢之路的東端，在東西文化交流中起過重要作用。其西與柔然為鄰，各民族間互相滲入和摻雜，交往頻繁。而且**北燕與柔然有通姻**，北燕天王馮跋的女兒樂浪公主就嫁給了柔然可汗斛律，而馮跋也娶斛律親生女兒為妻，建立了穩固的和親關係。這**為草原絲綢之路的暢通，提供了重要保障**。

北燕馮素弗墓出土的玻璃器是中國出土的年代較早、數量最多的一批，與其形態相似的玻璃器在朝鮮半島和日本也有發現。從這些玻璃器的發現看，草原絲綢之路東到遼寧，又通過遼寧連接著朝鮮半島和日本。

57 青瓷蓮花尊

年代：南北朝，西元四二〇至五八九年；**尺寸**：高六十三・六公分、口徑十九・四公分、足徑二十・二公分；**材質**：瓷；**出土地**：一九四八年河北省景縣封氏墓群出土；**收藏地**：中國國家博物館。

青瓷蓮花尊，是南北朝時期名貴的青瓷器。南北朝時期，南朝青瓷日益成熟，北朝青瓷迅速崛起，**青瓷蓮花尊以器形碩大、紋飾精美、製作工藝複雜著稱**於世。以當時窯爐燒製技術來看，一**次燒成，難度相當大**。因此可以說，青瓷蓮花尊的燒製成功，代表了南北朝時期瓷器製作工藝的最高水準。

青瓷名品

青瓷是南北朝時期瓷器的主流，縹瓷、千峰翠色、艾青、翠青、粉青等都是就青瓷而言的。但有些青瓷因含鐵不純，還原氣焰不足，色調便呈現黃色或褐色。商代出現的原始青瓷發展到東漢有了重大突破。在浙江、江蘇、江西、安徽、湖北、河南、甘肅等地東漢墓葬和遺址

中，都出土了東漢的青瓷。科學試驗測定結果顯示，此時的青瓷釉中含鐵量比原始青瓷少，透明度也達到了較高水準。說明東漢時期青瓷燒造技術已經較為成熟。

三國兩晉南北朝時期，南北各地燒製青瓷更為普遍，瓷窯增加，瓷器種類繁多，品質也進一步提高。南方和北方青瓷各具特色。南方青瓷，胎質堅硬細膩，呈淡灰色，釉色晶瑩純淨，人們常用「類冰似玉」來形容。北方青瓷，胎體厚重，釉面玻璃質感強烈，流動性大。

作為南北朝時期瓷器的主流，青瓷施以含鐵成分的釉，便可燒出怡人的青綠色。中國國家博物館收藏的這件青瓷蓮花尊形體高大，胎質厚重，形如橄欖，比例協調，線條優美，通體施青綠釉。器物表面有九層仰覆蓮花瓣裝飾。器身中有團花、菩提葉和飛天等紋飾。整件器皿集刻劃、雕塑、模印、黏貼等多種技法為一體，紋飾繁縟，上下輝映，渾然一體，精美絕倫，代表了南北朝時期製瓷工藝的高超水準。

佛教與靈魂觀念的融合

南北朝時期，中國傳統的儒、道與外來的佛教文化融合交匯，瓷器燒造業也受其影響，造型與裝飾**帶有濃厚的佛教色彩**。從陸續出土的實物來分析，**青瓷蓮花尊應該是安奉墓主靈魂的器皿**，**類似於魂瓶**，是佛教精神和中國傳統靈魂觀念相結合的產物。

這類瓷器多出土於大型墓葬中，裝飾的蓮瓣、團花、飛天、神獸等圖案與佛教藝術題材相吻合，是貴族使用的有一定宗教意義的陪葬品。有學者從蓮花尊的仰視圖中發現：以尊蓋上正中的蓋鈕為中心，向外層層擴展仰覆蓮的蓮花瓣、團花、飛天，這種**造型與佛教曼陀羅非常相似**。曼陀羅是梵文「mandala」的音譯。意譯為「壇場」，以「聚集」為本義，指一切聖賢、功德的聚集之處。魏晉時期流行以安息死者靈魂的魂瓶作為隨葬器。在此基礎上加入佛教因素，便形成了青瓷蓮花尊。按照佛教的說法，此種器物能超度死者的亡魂，使其免遭輪迴之苦，進入涅槃境界。

58 鄧州南朝畫像磚

年代：南北朝，西元四二〇至五八九年；**尺寸**：長三十八公分、寬十九公分、厚六公分；**材質**：磚質；**出土地**：一九五八年河南省鄧州市許莊村南朝墓出土；**收藏地**：中國國家博物館。

提到南朝的畫像磚，代表性的作品就是一九五八年出土於河南鄧縣（今鄧州市）的畫像磚。這些模印彩色的畫像磚，都是預先設計，精工製作、砌縫緊密；畫面構圖緊湊，人物造型頎（按：音同「其」，身材修長、高大）身豐腰、面相圓潤、姿態生動，具有南朝人物畫「秀骨清像」的特徵，深刻再現了南朝時期的貴族生活。

唯一一座南朝彩色畫像磚墓

一九五七年十二月，鄧縣許莊村村民在興修水利時發現了一座墓穴。一九五八年，河南省文物工作隊開始進行考古挖掘，清理出陶器、錢幣等各類器物幾十件，挖掘出三十四種不同類型的彩色畫像磚，其中有一塊戰馬畫像磚，側面有墨書「家在吳郡」等字樣，由此該墓被斷定是南朝劉宋時期的墓穴，這是**中原地區到目前為止，發現的唯一一座南朝彩色畫像磚墓**。鄧縣

千秋
萬歲

南朝彩色畫像磚墓挖掘後，曾引起中國藝術界、建築界的高度重視。畫像磚運抵北京後被定為國家一級文物。歷史學家范文瀾在《中國通史》中稱：「河南鄧州許莊南朝畫像磚墓是一個重大發現。」

畫像磚是古人營造祠堂、墓室、石闕等壁面的一種重要的裝飾性圖像材料，**始於戰國晚期**，盛於提倡厚葬的漢代，創新於魏晉南北朝，流行至隋唐宋元，是中國歷史文物寶庫中的一朵奇葩。畫像磚呈長方形，磚體邊框為凸線，外沿飾蓮花、忍冬紋樣圖案。**一磚一圖鑲砌於甬道**、**墓室**的三十四種模印畫像磚，填塗紅、黃、綠、藍、棕、紫、黑七彩，色澤如新。

畫像磚圖案內容大致可分三類：一是表現車騎出行的場面。以牛車為中心，包括具裝盔甲戰馬、執棒武士、樂隊舞蹈、供獻儀仗、牛車、步輦、貴婦出遊、仕女出行等。二為漢代以來流行的孝子畫像。有「郭巨埋兒」等孝子故事。三是與當時宗教迷信有關的內容。如代表宇宙四方的青龍、白虎、

▲ 鄧縣畫像磚之《貴妃出行圖》。

朱雀、玄武，代表祥瑞的鳳凰、麒麟、天馬、珍禽等，代表道教神仙的王子喬、浮丘公、商山四皓、跨虎仙人、天人騎龍等，反映佛教題材的供養飛仙、伎樂天人等。

這些畫像磚與墓中所出土的五十五個神態各異、衣著不同、手頭身可轉動的儀仗陶俑相配合，彰顯了墓主生前的實際生活。每塊模印彩色畫像磚都是預先設計，精工製作，砌縫緊密；畫面構圖緊湊，人物造型頎身豐腰，面相圓潤，姿態生動，具有南朝人物畫「秀骨清像」的特徵；凸出畫面的線條流暢奔放，是極富有裝飾性的藝術珍品。

從畫像磚看南朝人物畫的藝術風尚

中國人物畫發展至魏晉南北朝已進入成熟期，審美風尚鮮明獨特。**魏晉時期一改漢代人物畫淳樸古拙的特點，開始追求人物瀟灑風流的外貌神韻**。發展至南北朝，**南朝人物畫**在沿襲魏晉風流的基礎上**對風流灑脫有著更狂熱的追求**，甚至趨向於頹然萎靡、放縱任情的精神狀態與審美風尚。從其中的人物形象可以看出南朝人物畫的審美風尚。

從鄧州畫像磚的內容我們不難看到，人物的品性氣質決定人物的形象表現，南朝人物的內在性格傾向於隨意率真、任性縱情。南朝人物畫在某種程度上傾向於表現精神，即繪畫的主要側重點不在於表現畫面的實在內容，而是透過繪畫中線條、色彩的特殊處理來表現人物自身的審美高度與思想品性，體現了整個時代的審美風尚。

鄧州南朝畫像磚中的人物形象，反映了南朝人物畫在儀容舉止上追求的是舉止風流、神采奕奕的風貌，一如《顏氏家訓》中有關世人外貌氣質的記載：「無不熏衣剃面，傅粉施朱，駕長簷車，跟高齒屐，坐棋子方褥，憑斑絲隱囊，列器玩於左右，從容出入，望若神仙。」由此可見南朝人物畫傾向於褒衣博帶、秀骨清像、神采飛揚、望若神仙般的審美風尚。

南朝處於亂世，卻洋溢著追求人性自由、敏思智慧、風流倜儻、超然物外的藝術氛圍。這一時期，社會政治的動盪不安使文人士大夫採取了避世隱逸的態度，於是，在精神上尋求與殘酷現實相悖的「極樂之境」，魏晉玄學、清談應運而生。這樣的社會風氣造就了時人看似荒誕離奇的行為與空靈的審美意識。若是安穩盛世可能就不會造就這般社會風氣與藝術風貌，也正是由於殘酷現實的極大束縛和長期壓抑，才使得時人對審美風尚的追求如此大膽至性、空前絕後。這是南朝人物畫留給世人的，最珍貴的藝術財富。

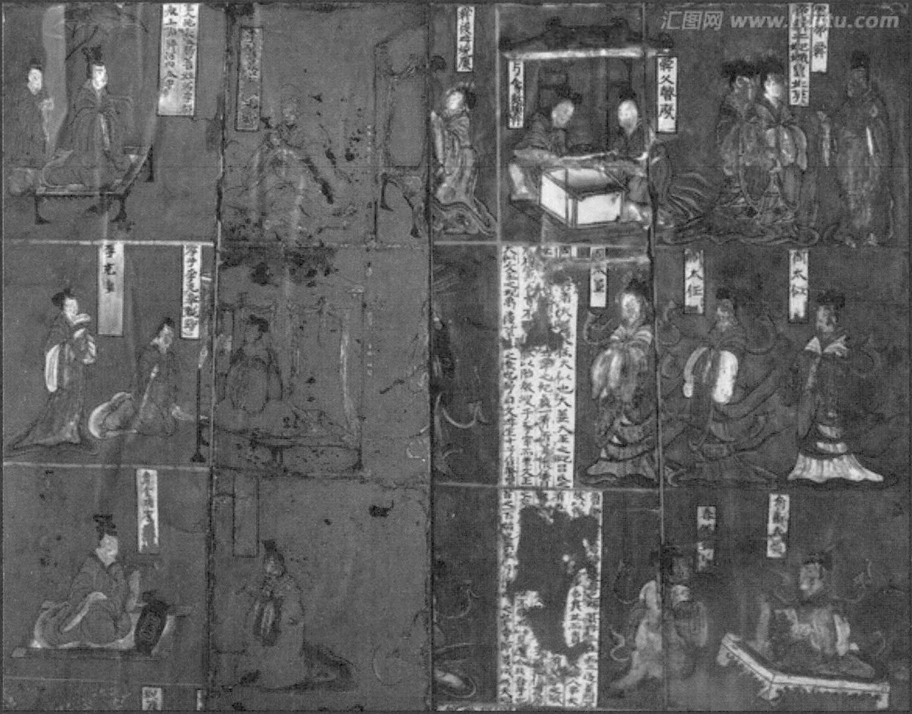

▼南北文化融合的佳例

59 北魏漆屏風畫

年代：北魏，西元三八六至五三四年；**尺寸：**長約八十公分、寬約二十公分；**材質：**木質；**出土地：**一九六五年山西省大同市石家寨司馬金龍墓出土；**收藏地：**大同市博物館。

一九六〇年代中期，在山西大同考古挖掘了北魏琅琊康王司馬金龍墓，其中出土了五塊較為完整的木板屏風漆畫。漆屏風畫以嫻熟的繪畫技法，描繪了十幾幅豐富多彩的歷史人物故事，並輔以大量的題記，生動的反映了當時的社會意識形態和經濟文化生活，彌足珍貴。

彩繪人物故事漆屏

司馬金龍是司馬懿四弟司馬馗的九世孫，其父司馬楚之係東晉顯貴，元熙元年（四一九年）楚之因劉裕誅殺晉宗室而竄逃降魏，封琅琊王。楚之去世之後，司馬金龍承襲父爵。據此墓中出土的墓誌銘記載可知，司馬金龍墓的確切紀年為北魏孝文帝太和八年（四八四年）。司馬金龍在北魏襲爵做官，備受寵信，死後贈大將軍、冀州刺史、諡康王。此墓墓葬規模較大，除出土大批陶俑、石雕柱礎、石棺床和生活器具外，尤以製作精美的木板漆畫著名。這批漆畫被視作珍貴的古代繪畫實物。

漆畫繪於床榻周邊圍立的屏風上，殘存五塊。每幅約長八十公分、寬二十公分，兩面繪製，分上下四層。其上朱漆髹地，線描勾勒人物，墨書榜題。畫面內容延續漢代以來帝王將相、列女、孝子等傳統故事，如帝舜、周太姜、周太姒、周太任、衛靈公、齊宣王、晉文公、孫叔敖、漢成帝與班婕妤以及孝子李充，列女傳中的衛靈夫人、蔡人之妻等。屏風的工藝製作採用榫卯聯結，繼承戰國、漢代漆畫的傳統技法，設色富麗、邊框裝飾精巧。人物描繪運用鐵線描法，兼施濃淡色彩渲染，形象生動逼真，並有縱深的空間感和立體感。構圖上重在突出主題，中心人物大於陪襯人物。畫風古樸，富有裝飾性。漆屏風畫的出土，彌補了北魏前期繪畫實物的空缺，畫法上與傳為東晉顧愷之的《女史箴圖》酷似，亦與傳為初唐閻立本的《古帝王圖》之間有著承繼關係。此外漆畫上的榜題，較典型的反映出由漢隸向唐楷演變中的魏書發展面貌，字體圓潤俊秀、氣勢疏朗，是不可多得的北魏墨書真跡。

漆畫之價值

漢代為維持社會秩序，鞏固封建政權，將繪畫藝術與儒家倫理觀念密切結合，用聖君、忠臣、節婦、義士、孝子這些三綱五常的典範鑑戒子民。把他們繪於屏風和牆壁之上是一種常見的做法。這些主旋律宣傳畫一直延續下來，乃至北朝時期也爭相效仿，司馬金龍墓漆畫即是最好的佐證。

司馬金龍墓漆畫在漢代單勾線和大筆平塗的基礎上前進了一大步。它採用了細勁的鐵線描，筆觸乾淨俐落、流暢準確。線描勾繪得心應手，一揮而就。人物形象，生動逼真、栩栩如生，從姿態中表露出身分和遠近縱深的空間關係。構圖上採用了突出主題、中心人物大於陪襯人物的手法，色彩諧調沉穩。人物渲染濃淡適宜，尤擅表現衣紋的轉折流暢程度，來增強人物的活力和膚色的立體感。特別是魚尾狀裙擺垂地後拖襯托以輕拂的裙帶，陡增人物飄逸靈動之神韻，其畫風已頗近似於顧愷之的《女史箴圖》，表現出了一種正如《歷代名畫記》所講的「春蠶吐絲」、「吳帶當風」的畫風和意境。

司馬金龍墓漆畫為研究南北朝時期的髹漆工藝提供了可貴的實物資料，透過此漆畫我們可以親眼目睹一千四百多年前，古人那流暢自如的線條勾勒、絢麗多彩的設色渲染，是如何使筆下的人物個性卓然，取得渾然天成的藝術效果。它的繪畫風格、技法、設色富有強烈的時代特徵，上承秦漢，下啟隋唐，不失為南北朝時期的一件傑出代表作。

▲ 北魏漆屏風畫局部。

▲ 高洋墓壁畫。

▲ 高洋墓壁畫中的《神獸圖》。

60 高洋墓墓道壁畫

年代：北齊，西元五五〇至五七七年；**尺寸**：長三十七公尺、最高處八．二公尺；**材質**：壁畫；**出土地**：一九八九年河北省磁縣灣漳村高洋墓出土；**收藏地**：河北博物院。

北齊文宣帝高洋墓墓道壁畫一九八九年出土於磁縣灣漳村。墓道呈斜坡狀，在墓道兩側和底部地面都有彩繪圖案，面積約三百二十平方公尺。地面繪蓮花和纏枝花卉組成的裝飾圖案，東西兩壁繪製一百零六位真人大小的儀仗人物和四十一個祥禽瑞獸。壁畫內容豐富，技藝高超，代表了北朝時期繪畫藝術的最高水準。

「古井」原來是座古墓

一九五八年起，河北磁縣灣漳村村民因為建房造路需要大量取土，便將村子附近一座原本高大的土丘漸漸夷為平地。後來這裡突然塌陷出一個大洞，村民們發現洞內有很深的積水，以為是口古井，便把洞口整修成一個簡易的井臺，用積水來澆灌附近的菜地。就這樣，村民們與「古井」生活了二十八年。在一九八六年，鄴城考古隊來到灣漳村調查時，發現了這口「古井」的真實身分。考古隊員透過塌陷的大洞，**看到巨大的井壁內積水面以上繪有彩色的壁畫**，從而斷定，這口與村民們相依為命的「古井」竟然是一座古墓。次年，考古隊開始對這座大墓進行搶救性挖掘。

這座大墓**原來的墳丘有二十五公尺高，直徑超過一百公尺**，像座人造小山。墓南還有寬十五公尺、長約兩百七十公尺的神道。神道東西兩側，排列放置高大的石刻人像，祭祀用的享殿臺基範圍超過了兩千平方公尺。這種規模和布局，顯示著皇家的威嚴和氣派，**顯然是一座帝陵**。雖然這座墓室被打開後發現有多次被盜的痕跡，但是仍然出土了兩千多件文物。遺憾的是，沒能發現證明墓主人身分的文字實物。但透過對墓葬形制、結構、壁畫內容、隨葬品等進行分析，再結合文獻資料推測，考古專家初步斷定墓主人為北齊開國皇帝高洋。高洋（五二九至五五九年）即北齊文宣皇帝，高歡次子，東魏時封齊王。東魏武定八年（五五〇年）代魏自立，改元天保。他熱衷佛教，改定律令，連年擊敗柔然、突厥，修築長城。後來卻嗜酒混狂，荒唐殘暴。

匠心獨運的高洋墓墓道壁畫

北齊高洋墓墓道壁畫的出土，使一千四百多年前的北朝真跡重見天日，在中國考古界和美術史論界引起了不小騷動。高洋墓是一座帝陵，級別很高，壁畫藝術水準也最高，洋溢著皇家氣息，它**代表了北朝時期宮廷繪畫的最高水準**。壁畫古樸典雅，遍布整座墓葬，僅墓道兩壁就達三百二十平方公尺，氣勢恢宏，讓人稱奇。墓道中，在蓮花紋和忍冬紋的地毯上，有四列共一百零六位手持各種儀仗的人物，前面有青龍、白虎引領，他們在近四公尺高的大朱雀的凝望中，緩緩前行。天空中彩雲朵朵，飄落著蓮花、摩尼寶珠和忍冬，飛奔著各種神禽瑞獸。那出行的場景極其豪華、壯觀。

北朝繪畫繼承了漢晉傳統，借鑑和吸收了南朝文化和西域的藝術風格，有著強烈而鮮明的時代氣息和藝術特色。墓道壁畫藝術也在延續和發展，不斷融入外來式樣和時代新風。高洋墓墓道壁畫突破了傳統的空間布局，開啟了在墓道兩壁繪製壁畫的先河，透過墓主人出行時的儀仗等畫面，來炫耀墓主人高貴的身分和地位。

其**壁畫中的人物，極為寫實，臉型多樣**，個性鮮明，氣韻生動。繪製更為精細，更為傳神，色彩也更為華麗。在壁畫的布局上，面對向同一個方向行進的眾多人物，畫家充分利用人物側面、正面、回首等不同角度，避免單調呆板；神禽異獸中也繪製了幾個回頭張望的形象，使之成為前後呼應的整體。這就使得眾多的人物、神靈、禽獸，彼此呼應，渾然一體，滿壁生輝。畫家在用線上，也極為靈活。因表現對象不同，線條或豪放灑脫，有粗細變化；或勻細流暢，富有彈性。在用色上，畫家注意濃淡搭配和色彩對比，或平塗、或暈染。**畫家將西域的凹凸暈染與中國傳統的暈染法相融合**，使那些人物形象非常鮮活，呼之欲出。

▼祆教在中國傳播的見證

61 安伽墓石門

年代：北周，西元五五七至五八一年；**尺寸**：高一·二四公尺、寬一·四六公尺；**材質**：石質；**出土地**：二〇〇〇年陝西省西安市未央區大明宮鄉炕底寨村的安伽墓出土；**收藏地**：陝西歷史博物館。

安伽墓是中國發現的最早有確切紀年的粟特人墓葬。墓葬中有墓誌和一套完整的石棺床圍屏圖像。這十二幅圍屏圖像，生動展現了六世紀中原地區粟特人的社會風貌，為我們研究北周史，特別是北周時期旅居中國的粟特貴族（伊朗人種）的服飾、生活習慣、宗教信仰、漢化程度以及葬俗等方面內容提供了極為珍貴的資料，值得我們細細品味。

中亞來客，北周為官

二〇〇〇年五月在西安市未央區大明宮鄉炕底寨村西北約三百公尺處，發現了一座粟特胡人墓葬。墓葬西距漢長安城遺址三·五公里，地處西安北郊龍首原。墓葬保存完好，沒有被盜掘過，其中沒有珍貴的陪葬品，但墓室門額和石圍屏上的畫像卻引起廣泛關注。

這座墓葬的主人是一位長期旅居於北周的粟特人——安伽。安伽，字大林，姑藏人，在北周為同州薩保、大都督，卒於大象元年（五七九年），享年六十二歲。姑藏即涼州，是南北朝時期粟特胡人的聚居地。唐代林寶《元和姓纂》記載，安氏「出自安國，漢代遺子朝，國居涼土」。**粟特胡人到唐時又稱為昭武九姓**，這九姓是指康、安、曹、石、米、何、火尋、戊地、史。因之，可知安伽祖先是原居住於錫爾河與阿姆河之間的安國粟特胡人。

安伽是北周時期粟特貴族，安伽的祖先曾生活在東西往來的交會點——涼州，隨著民族文化交流的日益頻繁，他也加入了來華的潮流，長期定居中國並擔任薩保這一特殊官職。安伽作為北周的薩保，發揮著外交官的職能，主要負責管理來華貿易、定居人員以及主持宗教祭祀等活動。

▼ 安伽墓圍屏局部。

拜火聖壇圖像

安伽除管理入華貿易的粟特胡商外，還是宗教首領，管理著祆教事務。祆教是世界上歷史最悠久的宗教之一，又稱為拜火教、火祆教，西元前六世紀由瑣羅亞斯德（前六二八至前五五一年）在波斯東部創立。阿契美尼德王朝（前五五〇至前三三〇年）和薩珊王朝（二二六至六五一年）均奉其為國教。該教以《波斯古經》為經典，基本教義是善惡二元論，認為宇宙初有善與惡兩種神靈：善神叫阿胡拉・瑪茲達（Ahura Mazda），意謂智神之主，是光明、生命、創造、善行、美德、秩序、真理的化身；惡神叫安格拉・曼鈕（Angra Mainyu）或阿里曼（Ahriman），是黑暗、死亡、破壞、謊言、惡行的化身。該教認為火是善神的兒子，象徵著神的絕對和至善。因此，禮拜聖火是教徒的首要義務。

在安伽墓的甬道前，有一石門。門楣及門框刻有大迴旋的葡萄捲枝；門額呈半圓形，刻祆教祭祀圖。祭祀圖之正中有三駝聖火壇。三駝頭部外向，三尾相接，駝峰上之仰覆蓮座上置一大圓盤，中有壘成井字形的燃料，冒著熊熊烈焰，駝足下有覆蓮一周，聖壇之頂有忍冬花紋。從畫面比例分析，三駝聖火壇約有一人多高，較兩側之小型火壇要大得多，這可能是迄今為止在中國境內發現的各類聖火壇中，規模最大的火壇。之所以用駱駝來承托，是因為祆教認為駱駝是益獸。據《波斯古經》，公駝是巴赫拉姆（Bahram），即戰爭和勝利之神的化身，三頭公駝承托的聖火壇，可能寓意戰勝邪惡具有更大的力量。

聖壇之右上側有彈撥箜篌（按：音同「空侯」）的天人，左上側有手持琵琶的天人，天人身側祥雲繚繞，飄帶飛揚。聖壇之左右兩側各有一人首鷹足的神祇，神祇前方各有一六足祭案，上置各類金銀器。在門額左右下方，又有跪坐的男女胡人，前置小型拜火聖壇。這幅圖像雕刻在門額這樣顯要的位置上，不僅證實了墓主安伽的薩保身分，同時也是北周時期祆教在中土流行的物證。

62 鎏金銀壺

年代：北周，西元五五七至五八一年；**尺寸：**通高三十七．五公分，最大腹徑十二．八公分；**材質：**銀質，外表鎏金；**出土地：**一九八三年寧夏固原市原州區南郊鄉深溝村的李賢夫婦合葬墓出土；**收藏地：**寧夏固原博物館。

胡瓶最早可以上溯到西晉時期，其來自西域、細頸鼓腹、高腳帶柄的造型，以及迥異的圖案，深深的拓展了中原民族的藝術想像力，被形容為「奇狀」。隨著人們逐漸接受了這種風格，它也就成了絲綢之路上的常客，穿過重重大漠來到中原漢地，被珍視，被仿製，幻化出各種造型。

鎏金銀壺上的希臘神話故事

一九八三年九月至十二月，寧夏回族自治區博物館和固原博物館，挖掘了著名的**北周柱國大將軍李賢及其妻子的合葬墓**。在這座古墓裡，出土了金、銀、銅、鐵、陶、玉等各種質地的隨葬品達七百多件，特別是鎏金銀胡瓶、玻璃碗、金戒指、漆棺畫、陶俑等最為珍貴。李賢夫婦合葬墓是固原歷史上最具代表性的墓葬之一，也是一九八四年中國全國重大考古發現之一。

這座墓葬中出土的一尊**帶有古希臘神話故事的鎏金銀壺**，一時之間引起了國內外廣大考古學家、藝術家、歷史學家的注意。這是一件透過絲綢之路流傳到中國，具有古希臘風格的金銀器，精美絕倫、獨一無二，被譽為固原博物館的鎮館之寶。

李賢墓曾被盜掘而紛擾不斷。在墓室西北角，因早年塌方，這件鎏金銀壺被土掩埋，幸而未被盜走。瓶重一．五公斤，長頸、鴨嘴狀流、上腹細長、下腹圓鼓、環形、單把，把上方鑄一頭戴貼髮軟冠、高鼻深目的人頭。高圈足，足座高八公分。壺頸部與腹部相連處有十三個凸起的圓珠組成的聯珠紋一周。壺腹與高圈足座相接處以及足座下部亦分別焊出一圈十一個和二十個凸起的圓珠，形成聯珠紋飾。圍繞腹部則有用凸紋錘揲出的六個人物圖像。

這六個人物，可分為三組。第一組：左側男子束髮帶盔，身著短袖衣褲，右手持盾，左手執矛；右側女子束髮，身著衣裙，披斗篷，轉身回顧男子，左手持一物，右手抬起指向自己。第二組：一女一男相對而立，左側青年女子側身站立，右側男子身著短袖衣褲，披斗篷，右手在腹前持一物，似乎欲將此物送與女子。第三組：右側男子肩披斗篷，赤身裸體，左手握住女子右腕，右手伸出二指托女子下頜；女子長髮束帶，身著衣裙。三組圖像相互聯繫，人物形象相似，可以肯定是一對男女的三段故事。

這三組圖像反映的故事是古希臘著名的「帕里斯的評判」和「**特洛伊戰爭**」。傳說在古希臘愛琴海有個島國特洛阿德，都城叫特洛伊。神王宙斯讓該國王子帕里斯評判三位女神（天后赫拉、智慧女神雅典娜、愛神阿芙蘿黛蒂）誰最美麗。為了得到金蘋果，阿芙蘿黛蒂許允諾把世上最美的女子嫁給帕里斯。於是帕里斯將金蘋果給了阿芙蘿黛蒂。此時，憤怒的赫拉和雅典娜發誓要向所有的特洛伊人報復。後來，帕里斯也確實在阿芙蘿黛蒂的幫助下，從斯巴達拐走了王后海倫，製造了特洛伊戰爭的導火線。

第一組人物表現的是帕里斯劫持海倫上船的情景。第二組人物表現的就是「帕里斯的評判」，男子為帕里斯，手中拿著金蘋果，女子為阿芙蘿黛蒂。第三組人物表現的是海倫被丈夫奪回的情景。由「紅顏禍水」海倫引發的特洛伊戰爭，造成死傷無數。戰爭結束後，丈夫準備殺死她，可當他看到海倫的傾國之貌後，又下不了手，最終原諒了她。

銀壺生動的反映了上述故事，而且從髮型與衣飾來看都帶有古希臘、古羅馬的藝術風格。此外，**壺把上的人物頭像，與瓶身上的人物不同，是中亞的巴克特里亞人形象**。由此可見，這件鎏金銀壺確實是四至六世紀，中亞與歐洲兩地文明頻繁交流的成果。

胡瓶對中國酒具的影響

胡瓶是從西方傳入的，有別於中原瓶狀器皿的一種特殊形式。它的出現，**對中原民族飲酒方式的影響甚為深遠**。漢代以前的瓶子是侈口、細頸、鼓腹、圈足的盛容器，日常主要用於汲水、灑水。而在早期的飲酒活動中，均沒有瓶的出現，盛酒、挹注酒、飲酒，用的多是尊、勺、耳杯等器具。

在西方，胡瓶與飲用乳品、葡萄酒有關，其作用主要是為飲者分別注飲品入杯中，從而形成了單把環柄、其流細長如喙、足環穩定的易注液體的特點。李賢夫婦墓出土的鎏金銀壺正是這樣一件承前啟後、時代特徵明顯的早期胡瓶。它是隋唐時期各式胡瓶藝術品的先導，也是尊、勺等酒具向酒壺過渡的有力物證。總之，這件融會了中亞、希臘文化因素的胡瓶，反映了絲綢之路上各種文化的交融，是不同民族文化審美共同作用的產物，對中原地區的審美情趣、生活方式影響深遠。

第7篇

萬國來朝的盛世時光

隋唐時期之所以能夠創造以盛世為標榜的文明奇蹟，核心就在於——和諧、包容、開明、開放。以唐朝為例，在同地方民族政權的交往中，除了戰爭之外，和親、冊封、羈縻等一系列和平手段變得常態化。而作為當時國際化大都市的長安，居住著許多外國的王侯、供職於唐朝的外國人，以及留學生、學問僧、求法僧、外國的音樂家、舞蹈家、美術家，乃至大量外來的商賈。

大食、天竺、真臘、獅子、新羅、日本等許多國家的使臣絡繹不絕。在宗教方面，除了道教和佛教，伊斯蘭教、祆教、景教和摩尼教也都得以傳播。唐太宗設立的十部樂，其中四部來自唐朝境內少數民族，四部來自國外。在隋唐五代的傳世文物中，大量的國寶級文物充分體現了這一歷史時期中華文明的輝煌。

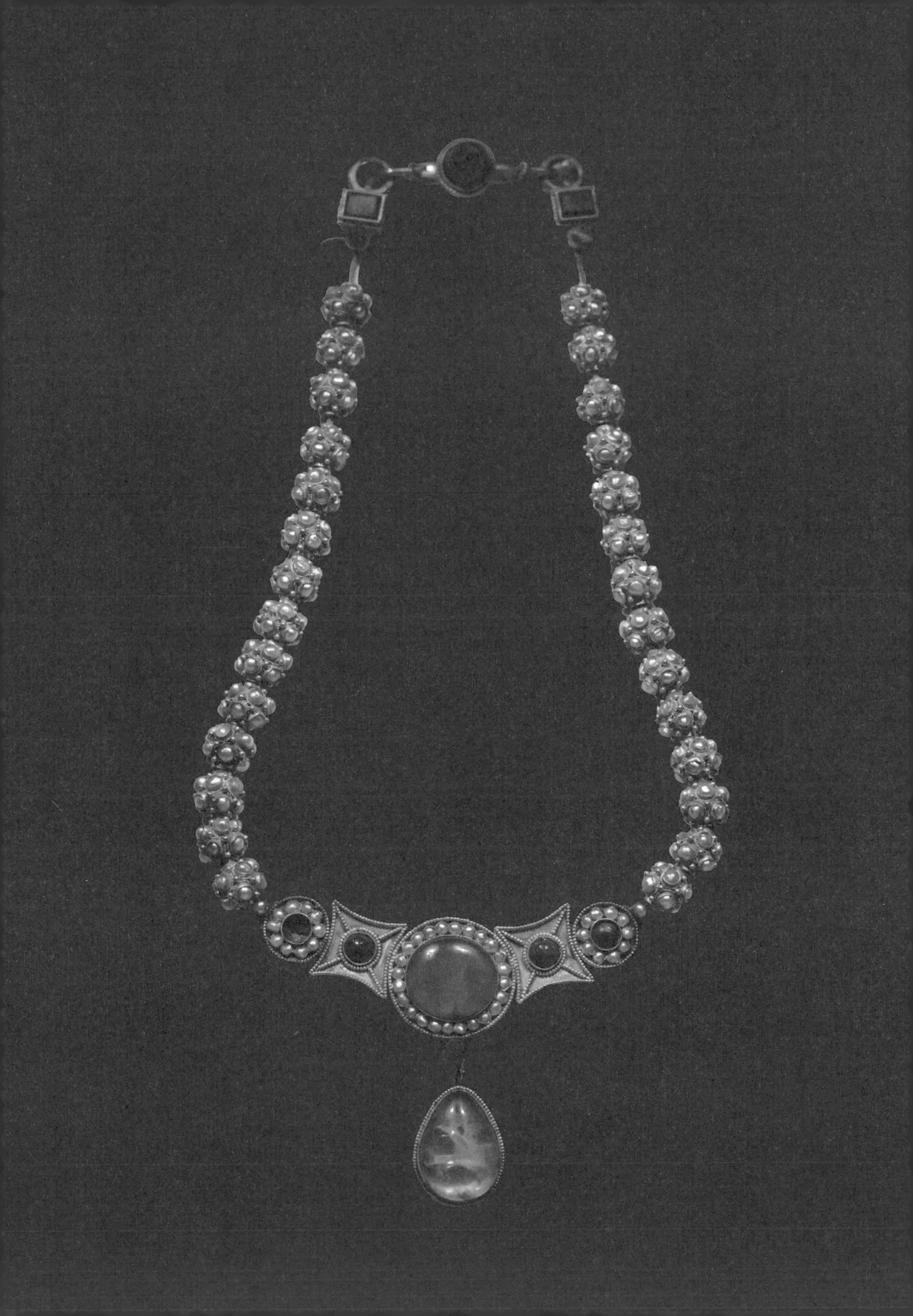

63 嵌珍珠寶石金項鍊

年代：隋，西元五八一至六一八年；**尺寸：**周徑四十三公分；**材質：**金；**出土地：**一九五七年陝西省西安市李靜訓墓出土；**收藏地：**中國國家博物館。

項鍊的歷史可以追溯到遙遠的史前時期，及至現代，它仍在女性的脖頸間熠熠生輝，綻放光彩，成為女性最重要裝飾品之一。不管是貝殼、獸骨，還是瑪瑙、玉石、珍珠、金銀，甚至是一片羽毛、一根絲帶，做成各種形狀，排成不同序列，掛在脖頸上，舉手投足間便增添了無限光彩。若說**中國歷史上最為精美、最為貴重的**，非陝西西安李靜訓墓出土的那件黃金鑲嵌各種珠寶、充滿異域風情的項鍊莫屬了。

金枝玉葉的早殤

一九五七年的八月，中國社科院考古研究所在陝西西安玉祥門外，挖掘了一處隋代豎穴土坑墓葬，墓室正中為一座精美的石棺槨，棺槨周圍放置著陶屋、陶灶、陶罐、陶井、陶牛及木馬、瓷器、鎮墓獸和陶俑等。一個年僅九歲的小女孩靜靜的躺在石棺中，她頭朝南，兩手抱在胸前，身上穿著絲、麻材質的精美衣服，手腕上套著金手鐲，手指帶著金戒指和銀戒指，身體周圍放置著金杯、銀盃、銀筷、銀調羹、玉環、骨梳、瑪瑙串、波斯銀幣、琥珀飾品、銅鏡等大量珍貴文物。正如墓誌銘所載：「戒珠共明璫並曜。」眾多珍寶中，最引人注目的是她脖子上戴著的那條奢華的黃金項鍊。

這件項鍊周徑四十三公分，由二十八顆直徑一公分的金質球形鏈珠組成，每個鏈珠均由十二個小金環焊接而成，小金環上又焊接小金珠一圈、大金珠五顆，鏈珠上再鑲嵌十顆珍珠，多股金絲編製的鎖鏈連接成鏈身。項鍊上端為扣鈕，正中為圓形，內嵌一顆凹雕鹿紋的青金石，鏈身與扣鈕連接處分別有方形、圓形的青金石裝飾。鏈身的下端是一組垂飾，居中為一個大圓金飾，上面鑲嵌一塊鮮豔的紅寶石，四周圍繞二十四顆珍珠，下端為一水滴形鑲嵌火蛋白石的金飾，左右又有青金石、珍珠裝飾。**璀璨的黃金、寶藍的青金石、鮮紅的寶石、潔白的珍珠，穿越數千年時空仍然交相輝映**，光彩奪目，項鍊堪稱舉世無雙的精品。

墓中的這個小女孩年僅九歲，名李靜訓，字小孩，家世顯赫。她的曾祖父李賢為北周驃騎大將軍、河西郡公。祖父李崇為一代名將，先後隨周武帝宇文邕、隋文帝楊堅打天下，戰功赫赫，官至上柱國，四十八歲時以身殉國。父親李敏因李崇之故得到隋文帝的恩寵，養育宮中。外祖母是有名的周皇太后楊麗華。墓誌記載，其「幼為外祖母周皇太后所養，訓承長樂，獨見慈撫之恩；教習深宮，彌遵柔順之德」。

這位小女孩自出生便尊貴無比，集萬千寵愛於一身，只可惜九歲時就因病歿於汾陽宮中，周太后悲痛萬分，隋煬帝「頻蒙詔旨，禮送還京」。可能是受禮佛的周太后影響，最終李靜訓厚葬於當時的皇家寺院——萬善尼寺，除了在墳墓之上構建重閣，還陪葬著堪比王侯的奢華寶物。悲痛的周太后一定是把最好的寶物給了這位英茵春落的掌上明珠，包括這件精美無比、璀璨奪目的項鍊。

當年的重閣已淹沒在歷史的喧囂中，只剩下巨大的臺基，其宏大與輝煌人們無法窺知，僅能透過陪伴李靜訓千年之久的無數珍寶，去感知她生前所受的恩寵。年僅九歲的她也許知道這件項鍊是**來自異域的珍寶**，但不會明白這件項鍊是何等的寶貴，也不會想到這件充滿異域風情的項鍊是如何跋山涉水、歷經險阻來到她身邊。對於錦衣玉食的她來說，這只是她眾多寶物中的一件而已，然而對於今天的考古學者來說，這件項鍊卻承載了隋朝中外文化的交流和傳播，是東西文化交流的重要見證。

中西文化交流的見證

這件金項鍊無論是製作工藝、造型設計還是裝飾特徵，都充滿濃郁的異域風格，學者們普遍認為這是一件來自異國的珍寶。

從製作工藝上來說，這件項鍊的鏈珠由十二個小金環焊接而成，即國外學者認為的「十二面珠」，這種金珠在越南南部和巴基斯坦均有發現。西方學者馬貢稱**這種金珠技術可以追溯到美索不達米亞的兩河流域**，在西元前四世紀的烏爾第一王朝已經出現，後來逐漸流行於克里特、波斯、古埃及等地，並隨著亞歷山大東征流傳到印度地區。

中國境內的金珠工藝很可能是來自兩河流域，經過歐亞草原、阿勒泰地區，大約在戰國時期傳入中國北方，再進一步傳入內地。到了西漢，中國工匠已經掌握了這種將自然金加工成細小金珠的工藝，東漢時期金珠工藝發展成熟，到了隋唐時期發展到了鼎盛。當然，中原地區的絲綢、瓷器、銅鏡等物品也順著這條道路一路向西，成為西方上層貴族凸顯地位、炫耀財富的資本。

從裝飾寶石來看，項鍊上鑲嵌的**青金石非中國所產**，古代的阿富汗巴達克山是其主要產地。項鍊扣鈕中間的青金石上凹雕一隻大角鹿，類似裝飾的寶石在巴基斯坦發現了三件，時間為西元前四世紀。凹雕技法源於兩河流域和伊朗高原，以鹿、虎、狼等動物裝飾的風格廣泛流行於歐亞草原，在青銅器和金銀器上甚為常見，而中原地區鮮有發現。凹雕大角鹿的青金石裝飾為這件項鍊的來源提供了參考和佐證。

從項鍊的設計來看，環形的鏈身下部鑲嵌青金石、珍珠，正中垂掛水滴形裝飾，**同類型的設計在印度、阿富汗及中國新疆地區均為常見**。

北京大學杭侃教授認為，整條項鍊的設計和工藝，**混合了羅馬和西亞的因素**，暗示其可能製作於不同文化的交融地帶，也許是西亞或者是中亞西部。華裔歷史學家熊存瑞把這件項鍊的產地定位於巴基斯坦或阿富汗。除了這件項鍊，李靜訓墓還出土不少異域珍寶，一件裝飾風格與項鍊基本一致的金手鐲可能也是來自中亞地區，也許來源於印度。還有一件金銀高足杯，屬於羅馬拜占庭傳統造型，很可能來自更為遙遠的西方。正如考古學家孫機所言，這些金銀器的產地在古代世界星羅棋布，正反映當時中國對外交流之廣泛。

一九八三年，李靜訓的曾祖父李賢墓在寧夏固原被發現，墓葬中出土的鎏金銀壺、藍寶石金戒指、玻璃碗也都來自異域。這些珍寶的出現與李氏家族的社會地位，和其在西北的經營是分不開的。也許是戰爭中獲得的戰利品，也許是與西域商人交換所得，也許是來自皇族的賞賜。不管怎樣，項鍊、手鐲、波斯銀幣、鎏金銀胡瓶等來自異域的珍貴寶物，既是東西文化交流的見證者，也是傳遞者，它們悄悄的開啟了萬國來朝的盛世曙光。

▼粟特貴族的宗教生活

64 虞弘墓石槨

年代：隋，西元五八一至六一八年；**尺寸**：通高兩百一十七公分、長兩百九十五公分、寬兩百二十公分；**材質**：漢白玉石；**出土地**：一九九九年山西省太原市晉源區王郭村虞弘墓出土；**收藏地**：山西博物院。

絲綢之路是歷史上橫貫歐亞大陸的貿易交通線，不僅促進了歐、亞、非各國和中國的友好往來，也促進了相應的物質文化與精神文化的交流。其中中國境內出現的波斯風格祆教文化就是絲綢之路宗教交流的產物，要想了解這個古老的宗教信仰，山西省太原市晉源區王郭村一處隋代古墓出土的虞弘墓石槨就是最好的史料。

充滿異域風情的大寶庫

一九九九年七月的一天，**山西省太原市**晉源區王郭村的村民正在熱火朝天的整修道路。突然，在距離路面十幾公分的深處挖到一塊堅硬的石板，繼續清理便發現了一座古代墓葬。隨後，考古隊對該墓葬進行清理，發現這是一座由墓道、甬道、墓門、墓室組成的磚室墓，為男女合葬墓，墓中出土了石槨、石柱、石人俑、陶俑、白瓷碗、墓誌、錢幣等幾十件文物。葬具僅存一漢白玉石槨。石槨呈三開間、歇山頂式殿堂建築，由底座、槨壁和坡面頂三部分組成。槨座下四周各墊兩獅頭，頭向外，背上負著槨座。

當考古人員細心清理之後，發現**石槨上刻滿了精美絕倫、充滿異國風情的圖案**。四周內外皆有浮雕，並施以彩繪和描金，彩繪浮雕由五十多幅不同主題的單體圖案組成，每幅圖案由彩繪或雕刻成

▲ 虞弘墓石槨之《騎馬狩獵圖》。

的龕門、壼門或用束腰柱自然分隔。有男女主人宴飲賓客、欣賞樂舞的場景，有騎馬狩獵、人獅搏鬥的殘酷場景，還有旅途駐足、飲食休息的場景等，高鼻深目的胡人形象、繫帶飛翔的小鳥、魚尾有翼的神馬、歡騰旋轉的胡騰舞無不充滿著異域風情。尤其值得一提的是，前壁下排正中的祭祀禮儀圖案：燈檯形的火壇正燃燒著熊熊烈火，兩位人首鷹身的祭祀左右相對而立，頭戴髮冠、身披絲帶，一手捂嘴一手扶著火壇。這是與中國古代佛教、道教等宗教完全不同的宗教信仰形式。

來自「魚國」的外國人石棺

石槨的出土震驚了考古學界，諸多學者對石槨圖案進行解讀和研究，普遍認為這些圖像具有古代波斯祆教文化特徵。

祆教，即瑣羅亞斯德教，崇拜太陽、光明與火，流行於中亞古國，是波斯薩珊王朝的國教。於西元前五年至前一世紀沿絲路向東方傳播，被認為是最早傳入西域的宗教。石槨浮雕彩繪告訴我們，墓主人一定與祆教有著緊密的聯繫。

從出土墓誌可知，墓主人姓虞名弘，字莫潘，魚國尉紇驎城人，曾奉茹茹國王之命，出使波斯、吐谷渾等國，後出使北齊，隨後便在北齊、北周和隋為官，在北周一度任「檢校薩保府」，職掌入華外國人事務。隋開皇十二年（五九二年）卒於晉陽，時年五十九歲。二〇〇六年吉林大學邊疆考古研究中心的古ＤＮＡ實驗室，對虞弘夫婦遺骨分析檢測結果顯示：虞弘的

DNA屬於西部歐亞大陸特有的U5單倍型類群，**帶有這種基因的人群主要分布在今塔吉克和中國新疆喀什地區**。北京大學考古系教授林梅村認為，虞弘的祖先是曾經活躍在甘肅東部至山西北部的雜胡之一，虞弘出生地「尉紇驎城」在今**新疆伊吾縣**。

虞弘的經歷十分豐富，不是單純在北周居住的異族人，還先後擔任諸多官職，其中「檢校薩保府」一職最值得注意。這是一個由朝廷任命、管理本地粟特人及其宗教事務的官職。能夠擔任這一官職顯然與他來自西域，又有異族的宗教信仰有關。

石槨上的諸多圖案都帶有祆教文化因素。石槨底座上的祭祀火神的圖案體現了祆教的火崇拜；人獅相鬥是祆教善惡論的反映；人物頭上的光芒象徵祆教靈光對人們的庇護；頭戴日月冠是祆教主神阿胡拉．馬茲達（Ahura Mazda）的象徵，畫面的裝飾也具有典型的波斯薩珊王朝的藝術風格，可以說虞弘墓具有豐富的波斯祆教文化內涵，反映了西域或中亞、西亞祆教信奉者的民族風情和精神世界。石槨的歇山頂、三開間造型又呈現了中國建築風格，讓人們感受到中國文化元素與中亞宗教氣息。中央美術學院研究漢唐墓葬藝術的鄭岩教授認為，這件房屋形的石槨在形制上借鑑了漢地早期地上墓祠的建築形式。**漢文化與祆教文化在石槨上的融合**，與虞弘墓誌的記載內容相吻合，印證了虞弘具有在不同地域生活的社會經歷和文化背景。

這件浮雕彩繪石槨保存完整、內容豐富，不僅是世界頂級藝術珍品，也是反映漢唐時期中外文化交流的器物和圖像資料，是學術界研究絲綢之路和東西文化交流的重要素材。

絲路傳奇

兩千多年前，張騫「鑿空」西域，打開了一條充滿夢想和傳奇的神祕之路，絲綢、瓷器等物品沿著這條道路一路向西，成為西方人認識東方文明的主要途徑，西方文明也翻過山嶺、穿過沙漠，到達古老的東方。絲綢之路溝通了不同民族、不同文化間的相互交流和合作，成為東西方文化交流的卓越貢獻之路。

祆教如同當時的摩尼教、景教一樣在這個黃金時期沿著絲綢之路來到中國，有著不同宗教信仰的大量胡人在中國定居，中央政府設置薩保管理胡人事務。那時，從河西走廊到長安洛陽都可以看到祆教信

▲ 虞弘墓石槨之《宴飲歌舞圖》。

徒的聖地——火祆祠。虞弘死後能享受如此規格的墓葬，與他的政治身分和宗教身分是分不開的。我們無法知道石槨圖案是技藝高超的漢族工匠按照既定的樣稿雕刻而成，還是信奉祆教的工匠按照宗教傳統雕刻的紋樣，或是胡漢工匠共同完成的傑作，但無論藝術成就還是研究價值都彌補了史書記載的缺漏，為現代人們了解當時社會生活提供了重要的資料。

今天，絲路沿線國家間的交流與合作更加重要，絲路上的文化交流也將綿延不斷，直至未來。這必將在人類文明發展史上寫下濃重的一筆。

65 閻立本《步輦圖》

年代：唐，西元六一八至九〇七年；**尺寸：**縱三十八．五公分，橫一百二十九．六公分；**材質：**絹本；**收藏地：**北京故宮博物院。

唐代是中國封建社會政治、經濟、文化發展的頂峰時代之一，從貞觀之治到開元盛世，國家富強，人民安居樂業，在民族團結方面也達到了前所未有的新高度。閻立本的傳世名畫《步輦圖》就是漢藏往來的記錄與見證。

六試婚使

展開《步輦圖》，可以看到一幅覲見的場面：左側三人恭敬的站立著，右面是數位宮娥簇擁下的帝王。畫面表現的是，仰慕大唐文化的吐蕃贊普松贊干布派使者祿東贊到長安通聘，朝見唐太宗的情景（參考下頁最上圖）。畫面左側站立恭敬而拘謹的三人，最右側者身穿大紅袍，是這次儀式的引見官員，旁邊身穿白袍者應為一名內官，中間拱手而立的，就是吐蕃派來的求親使臣祿東贊。畫面右側坐在步輦上的是面目俊朗、神情莊重的唐太宗，旁邊嬌小的宮女

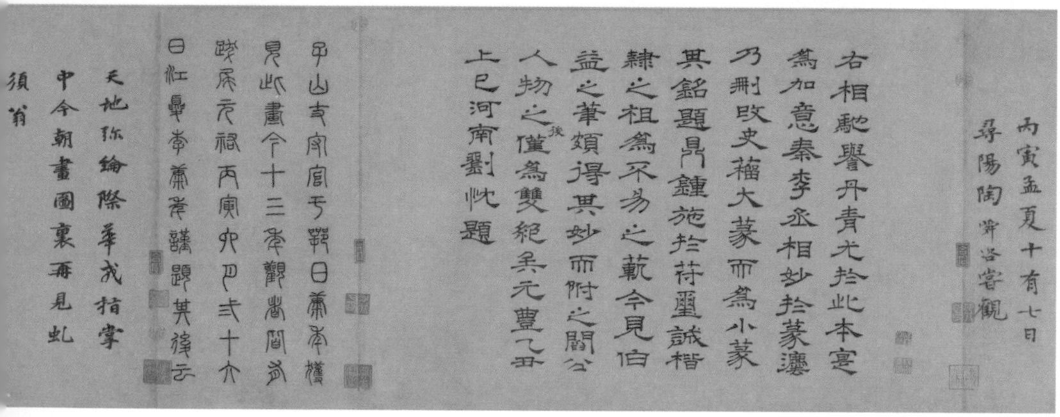
右相馳譽丹青尤於此本寓
為加意秦李丞相妙於篆遷
乃刪改史籀大篆而為小篆
其銘題鼎鍾施於符璽誠楷
隸之祖為不易之範今見伯
益之筆頗得其妙而附之閻公
人物之後僅為雙絕矣元豐乙丑
上巳河南劉忱題

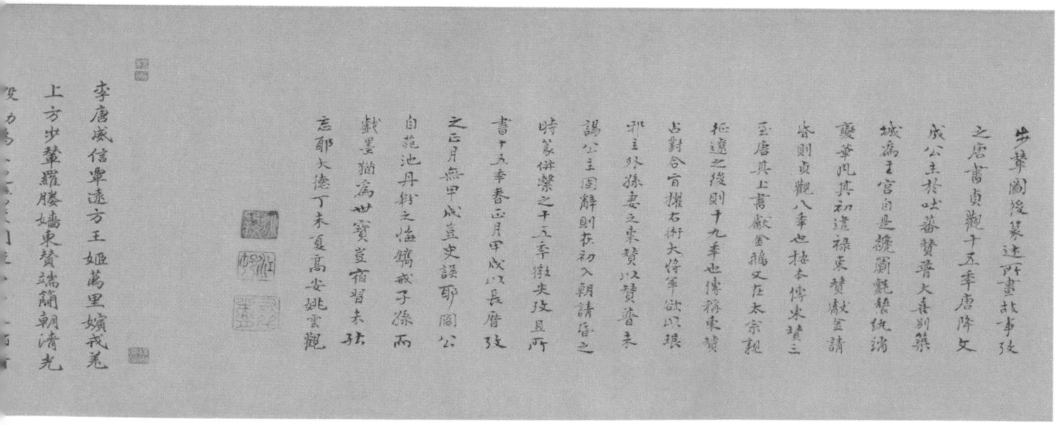

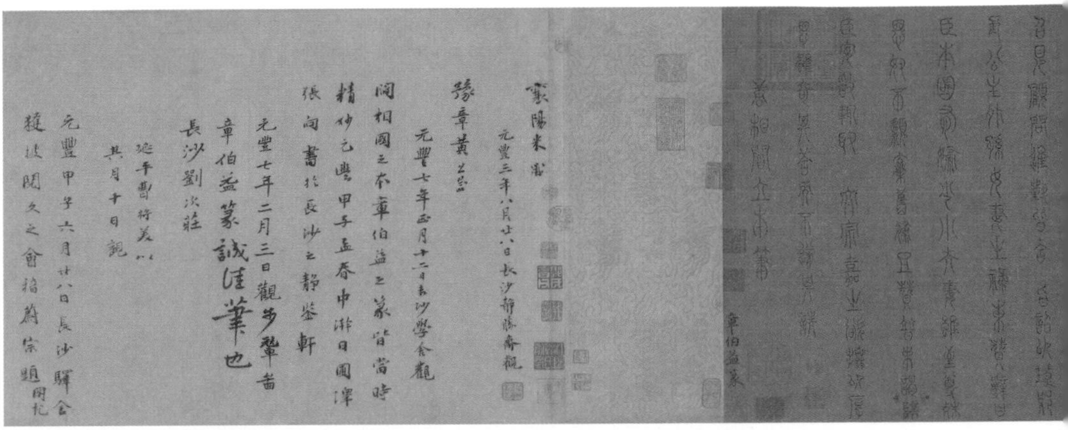

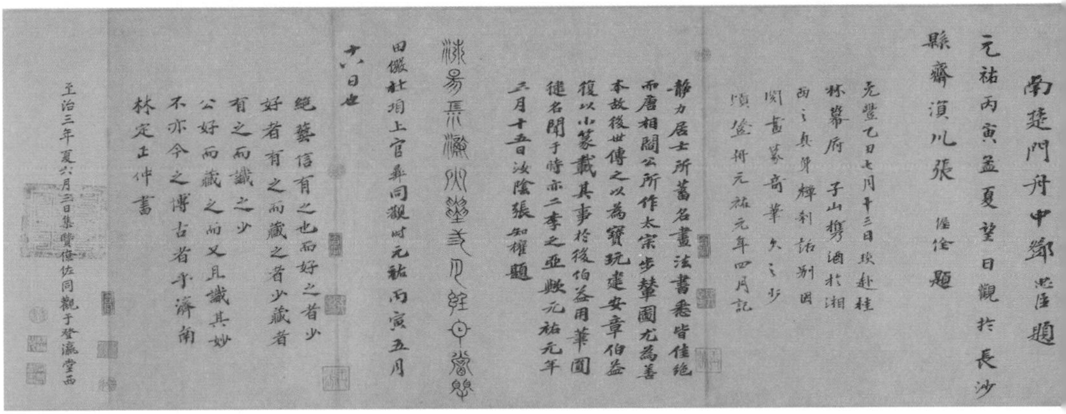

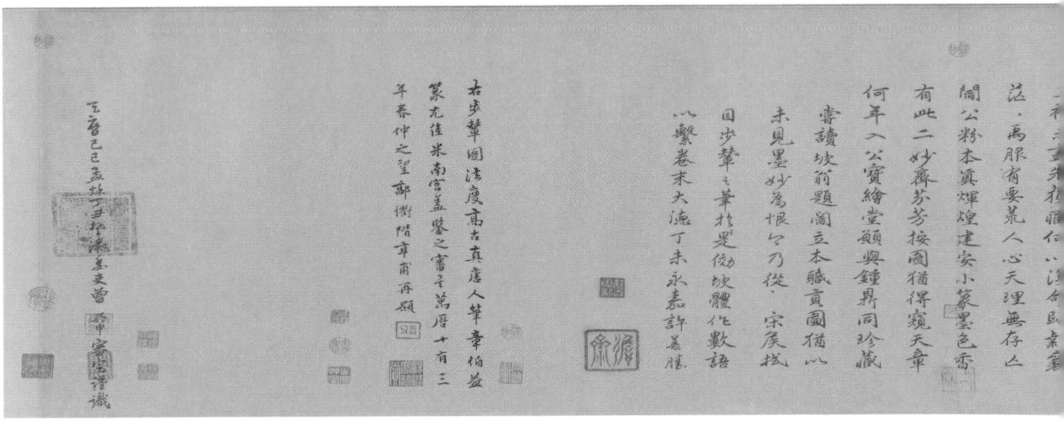

或執扇、或抬輦、或趨行。畫面自右向左，由緊密到疏朗，節奏鮮明，重點突出。

松贊干布為什麼會請求通婚？祿東贊有何才能堪擔此大任？這就要從吐蕃王朝的贊普松贊干布說起。松贊干布是吐蕃王朝第三十三任贊普，史書載他「為人慷慨才雄」、「驍武絕人」、「通達工藝、曆算、武技」，是一位聰明有才幹的君主。松贊干布對於大唐有著深厚的仰慕之情，因此他派出使者祿東贊，攜大量貴重禮物赴長安與唐朝通聘問好，請求通婚。

祿東贊為人雅有節制、懂信明理、足智多謀、能言善辯，在許多方面都頗有建樹，因此成為使節的最佳人選。不料，**天竺、大食、仲格薩爾以及霍爾王等同時也派了使者求婚**，他們都希望能迎回唐朝的公主。唐太宗李世民決定，**讓請婚使者們比賽智慧，勝利者才可以迎回公主**，這便是歷史上的「六試婚使」。祿東贊在眾人之中脫穎而出，通過了層層婚試，贏得頭籌。唐太宗將美麗多才的文成公主許婚於松贊干布，祿東贊終於完成了迎親使命。

松贊干布知道後極為高興和重視，親率迎親隊伍由拉薩出發直奔青海。成親後與文成公主恩愛有加，為了表示對文成公主的愛慕，松贊干布按照唐朝的建築風格，在拉薩為公主修建了城郭和宮室。

文成公主入藏時，帶去了大批絲織品和典籍，還有許多樹木、蔬果的種子，和大批的中原地區的能工巧匠，將中原地區的先進文化和生產技術帶進了青藏高原。吐蕃也派送了大批的貴族子弟到長安學習詩書，長安的婦女間也一度風行吐蕃人將臉塗紅的風俗，稱為「吐蕃妝」。

這些歷史事件的發生並不是偶然的，是與唐代繁榮昌盛的時代大背景分不開的。唐代初年，唐太宗吸取隋朝滅亡的經驗與教訓，勵精圖治、虛心納諫，在政治、經濟、文化、民族交流等方面採取了積極政策，使得國家實力不斷增強，達到空前繁榮的程度，史稱「貞觀之治」。周邊的少數民族紛紛來華，想與唐朝通好。《舊唐書・太宗本紀》記載：「高麗、新羅、西突厥、吐火羅、康國、安國、波斯、疏勒、于闐、焉耆、高昌、林邑、昆明及荒服蠻酋，相次遣使朝貢。」大唐對周邊的影響可窺見一斑。正是處於這樣的背景之下，閻立本運用高超的繪畫技藝繪製了《步輦圖》，記錄了漢藏往來的新局面。

文成公主——阿姐甲莎

中國自秦漢以來就奉行天下大一統的主流價值觀，這是一個王朝長治久安、繁榮昌盛的重要體現。

在唐初，邊境的安定無疑對於王朝的發展大有裨益，採取和親的方式當然比戰爭有更好、更持久的積極影響。贊普松贊干布在平定叛亂後，開創了歷史上統一的吐蕃王朝，也要為以後的長期發展做長遠打算。面對如此強大昌盛的唐王朝，目光長遠、頗具政治頭腦的松贊干布，希望透過和親加強與中原王朝的聯繫，在姻親的基礎上友好往來，互通有無。在大唐的兼容並蓄、文化開放的政治政策背景之下，漢藏和親得以應運而生。

出嫁的文成公主不僅帶去了先進的工匠和技術，還多次上書唐朝皇帝，請求支援和幫助吐蕃，唐朝皇帝也滿足她的請求。公主的積極行動促使松贊干布更加努力的發展與唐朝的關係。為了表示對唐太宗的尊敬和對漢藏兩族關係的珍視，松贊干布曾冶鑄一隻高七尺、能盛酒三斛的「大金鵝」，遣使送往長安，奉獻給太宗皇帝。高宗皇帝也把松贊干布的石像刻列於昭陵之中，以表示對他的恩寵。

按照當時的規矩，和親的公主在夫君去世後可以請求回娘家。但是，松贊干布去世後，文成公主卻沒有要求回長安，她繼續在吐蕃生活了整整三十年。公主的高尚品德，博得了藏族人民的無比愛戴和尊敬，被藏族人民稱為「阿姐甲莎」，意即漢族阿姐。

松贊干布和文成公主對加強漢藏兩族的聯繫，發展藏族的經濟文化做出了重要的貢獻，西藏拉薩布達拉宮內至今還保存著他們的塑像。

繼文成公主之後，金城公主與赤德祖贊通婚修好，漢藏兩族的關係，在密切的經濟文化交流中得到不斷的加深和發展。兩位公主擔負起朝廷賦予的安邦重任，致力於漢藏文化交流，興佛教、創文字、建宮室、制法律，提升了吐蕃地區的文明程度，在七世紀中葉的中國發揮了重大的歷史作用。

文成公主與金城公主給吐蕃人民帶去了文明的曙光，帶去了當時中國乃至世界上最為先進的文明，架起了吐蕃人民與中原文明溝通的橋梁，引領了吐蕃政治、經濟、文化的發展，為吐蕃社會的發展開闢了前進的道路。

▼唐代絲綢之路上的胡人胡樂

66 騎駝樂舞三彩俑

年代：唐，西元六一八至九〇七年；**尺寸：**駱駝頭高五十八．四公分、首尾長四十三．四公分，舞俑高二十五．一公分；**材質：**釉陶；**出土地：**一九五七年陝西省西安市鮮于庭海墓出土；**收藏地：**中國國家博物館。

唐三彩是一種低溫釉陶器，釉彩有黃、綠、白、褐、藍、黑等色彩，但**以黃、綠、白三色為主，所以人們習慣稱之為「唐三彩」**。唐三彩主要作為陪葬明器之用，造型以動物、家禽、人俑居多。其中的三彩駱駝往往背載絲綢或高鼻深目、赤髯碧眼的胡人，這些栩栩如生的藝術品，很容易聯想起當年中亞胡商帶領駱駝隊，行走於絲綢之路上的景象。出土於陝西省西安市鮮于庭海墓的騎駝樂舞三彩俑（按：又稱三彩釉陶載樂駱駝），則可謂唐三彩中的精品。

古代陶瓷燒製工藝的珍品

史籍中關於唐三彩的記載甚少，**洛陽邙山唐墓三彩俑出土之前，人們幾乎不知道唐三彩的存在**。近代以來，洛陽、西安等地唐三彩大量出土，無論是人物俑還是動物俑都富有強烈的生

活氣息。它們生動逼真、色澤豔麗、線條自然流暢、風格古樸典雅，引起日本和歐美各國人士之注目，而以高價購藏。唐代無數不知名陶藝家以其智慧的結晶征服了世界。

洛陽、西安、揚州等地是出土唐三彩的主要地區，唐三彩在唐代的這些地區興起有它的歷史原因。陶瓷業發展到唐代已經達到成熟，**唐代以前，人們多使用單色釉，唐人審美的變化，**使工匠對釉色的運用更加在意，對於釉料的認識和使用水準也大大提高。他們**用銅、鐵、鈷、錳等礦物作為著色劑**，以石英和鉛粉做助熔劑，經過攝氏八百度至攝氏九百度的高溫，便還原成各種顏色。為了達到某種特殊的效果，工匠們又對各種金屬礦物比例進行調配，成功燒製出了褐紅、橙黃、淡青、翠綠、深綠、天藍、褐色、茄紫等色彩。在高溫燒製時，釉色流淌形成了獨特的流竄工藝。匠人們的不斷探索，給予唐三彩數種不同的色澤，唐三彩中的鈷藍是中國最早運用鈷土礦作陶瓷彩料的例證。

決定唐三彩造型的是陶坯的製作工藝。陶坯基本成型方法包括輪製、模製、雕塑三種。輪製類似現在做陶藝使用的轉盤，由工匠人力帶動，將泥坯拉成各種形狀。模製是將泥料放入已經做好的模子中擠壓來製器，做好的器物與模子的形狀基本相似，按照這種方法能夠快速做出多件同樣的器物。對於造型複雜、形體較大的器物，多採用雕塑的方式。一件器物上，往往是上述幾種方法結合使用，才能達到良好的效果。因此，唐三彩工藝融合了製瓷技術、雕塑技術和建築藝術。

唐三彩原料隨處可見，就地取材，即可燒造，造價也不是十分昂貴，富裕些的家庭便能夠消費得起。另外唐三彩明麗的顏色、多變的造型相對於其他明器來說，更易於為世俗生活中的人們所接受。於是，唐三彩就在唐代發展起來，進而大放異彩。

唐三彩中的盛唐文化

唐三彩不僅是一種器物符號，它的工藝特點、造型藝術、所表現的內容反映了唐代風貌，是唐代特有的一種文化現象。它的出現豐富了唐代的藝術形式，在中國藝術發展史上留下了驚人且輝煌的一筆。

唐三彩中的陶俑內容豐富、題材廣泛。從樂工、侍女到兵士、官吏，再到胡人俑，人物造型各式各樣，反映了不同的社會階層真實面貌。仕女俑體型豐腴、豔妝高髻，伎樂俑或歌或舞，騎馬女俑英姿颯爽。這些女俑有的身著襦裙、袒胸露乳，有的甚至身著男裝，扮作男兒相，**反映了唐代人們對女性的審美要求和開放的社會風氣**。還有那高鼻深目的胡人俑，或頭戴尖頂帽、身穿開領衣，或手拿胡瓶、身背包袱，一副匆匆而來的行商模樣。

唐三彩馬體型健碩，構造複雜，眼睛、耳朵、筋骨、肌肉等部位雕琢精細，展現出馬的內在精神和神韻。騰空奔馬俑揚蹄飛奔、快如閃電、動感十足；提腿馬俑，三蹄落地，右前蹄抬起，似乎在悠閒的休息；立馬俑四蹄著地，立於長方形底板之上，或伸頸低頭，或回首張望，似乎在呼喚主人的到來。

唐三彩鎮墓獸頭生雙角、齜牙咧嘴、面目猙獰、兇惡無比；或為胡人面相，圓目怒瞪、張口露齒、扇形大耳，頭頂生尖形高角一隻，附小支角，身有雙翼，作蹲踞狀，背部塑狀鋸齒形脊飾，表情威猛，極具震懾力，反映了當時外來文化之影響，同時也反映了人們驅除邪惡、祈求安寧的思想。

唐三彩駱駝負重而行，雙峰間搭掛馱囊，駝囊滿載貨物，高高鼓起。一些駱駝還懸掛氈帳、雞冠壺等胡商日用品，胡人高鼻深目、赤髯碧眼，牽駝而行，再現了旅人商賈在迢迢絲路旅途中披星戴月、風餐露宿的艱辛生活場景。悠悠的駝鈴昭示著絲路的繁榮生機，綿延的駝蹄印跡，印證著絲綢之路的延續與艱辛。三彩駱駝成為絲綢之路經濟文化交流繁榮的象徵性符號。

絲綢之路的見證者

眾多唐三彩中，最引人注目的是那些造型奇特的三彩駱駝俑，這些充滿異域風情的陶俑，被公認為當今眾多表現唐代絲綢之路文化交流的文物中最具特色的珍品。其中最值得一提的就是現藏於國家博物館的騎駝樂舞三彩俑。

這件騎駝樂舞三彩俑造型優美、設計巧妙、釉色鮮明，代表了唐三彩的最高水準。駱駝昂首挺立，背上馱載五個漢、胡成年男子。中間一個胡人身著綠袍，右臂曲於胸前，左手甩袖於腰間，正在跳舞，其餘四人圍坐演奏，神情專注、姿態各異，他們手中的樂器僅殘留下一把琵琶。據考古學家夏鼐先生研究，應該是一人撥奏琵琶、一人吹篳篥、兩人擊鼓，這些樂器均屬胡樂。陶俑巧妙的誇張了人與駝的比例，**五個成年人在駱駝背上悠閒的奏樂起舞**，牽引著人們的思緒穿越時空，飛向一千多年前的唐都長安，感悟繁華之所在。

駱駝的背空間較小，五位藝人在完全沒有圍欄的駱駝背上歌舞，若無高超的平衡技巧實難想像。他們應當是專門從事表演的藝人。陶俑表現的應該是長安百戲中的一個雜技節目。當時，長安城的娛樂活動較為豐富，東市和西市都有專門的百戲班子，可以自主演出，人們也可花錢雇其演出，表演的百戲有盤杯技、吞劍技、獼猴緣竿技、透飛梯技等。據說，唐玄宗曾和楊貴妃鬧彆扭，一氣之下將貴妃遣送出宮外，後因思念又將她接了回來，並特地招來兩市百戲做專場表演哄楊貴妃開心。也許騎駝樂舞三彩俑表演的節目就是其中之一吧。

▲ 騎駝樂舞三彩俑局部。

駱駝載樂是百戲中的一個節目，集樂舞、雜技和馬戲於一體。駱駝經過訓練能夠與演員歌舞配合的很好，身手敏捷的藝人做著各種高難度動作，以自己高超的技藝給觀眾帶來刺激、驚險的感受。參與表演的藝人不僅有漢人，還有大量的胡人，這與唐代開放包容的民族政策是分不開的。長安城內，散居著許多中亞商人、樂師、歌舞者，他們與漢族人一樣自由生活，可以有自己的信仰，有才能的人可以入朝做官，安國出生而長居長安的安叱奴，就曾做唐高祖的散騎常侍。唐朝統治者還設立專門管理胡人事務的機構——薩保府，為胡人在長安的生活提供多種保障。

絲綢之路是中國通過西域沙漠前往西亞、地中海和歐洲的商道，要想穿過茫茫戈壁，作為「沙漠之舟」的駱駝，是旅人和商隊的最佳代步工具和馱載貨物的工具。當年行走在這條連接東西方商貿文化之路上的各國使臣、胡商販夫、宗教信徒……他們騎著駱駝，懷著執著信念，經歷艱辛跋涉，使得一條開通於西元前一百多年，意在加強政治交往的陸上通道被演化成一條連接東西方、涉及歐亞非幾十個國家和地區的政治、商貿和文化通途，並綿延千年之久。這些出土的大量文物默默訴說著這條道路的歷史，和發生在這條道路上的故事，給世人以無盡的遐想和思索。絲路行人憑著無比堅強的意志、勇氣與艱苦自然環境博弈，透過絲綢之路促進東西方文化的交流融合與共同發展，帶給我們深刻的啟示。

▼精妙的科學設計

67 葡萄花鳥紋銀香囊

年代：唐，西元六一八至九〇七年；**尺寸：**外徑四．六公分、金香盂直徑二．八公分、鏈長七．五公分；**材質：**銀；**出土地：**一九七〇年陝西省西安市南郊何家村唐代窖藏出土；**收藏地：**陝西歷史博物館。

一提到香囊，人們不由得會想到《紅樓夢》中黛玉「賭氣鉸香囊」的情節。《紅樓夢》中的香囊是用彩色絲線在彩綢上繡製出各種圖案紋飾，然後經過縫製而成的形狀各異、大小不等的繡囊，內裝多種濃烈芳香氣味的中草藥研製的細末，因此又名香袋、花囊，也叫荷包。古代的香囊大都是布錦製作的，但也有其他材質，比如金銀，其中最具代表性的是陝西西安何家村窖藏出土的葡萄花鳥紋銀香囊。

可捂手、熏香、熏烤被褥，楊貴妃也有一款

一九七〇年在今西安何家村的基建工地上，施工人員從土裡挖出了兩個大陶甕和一個銀罐，裡面裝滿了金銀器、錢幣、藥材等珍貴而精美的文物，這個精緻的葡萄花鳥紋銀香囊便在

其中。人們看見這件圓嘟嘟的香薰用飾品，並不知其來歷，便給它取了個名字——熏球。它的真實名字因另一個重大的考古發現而確定。

十七年後，在陝西扶風法門寺也出土了兩個香囊，在記載地宮器物名稱物帳碑中提到「香囊兩枚，重十五兩三分」，考古學家才給它正名為「香囊」。歷史文獻裡面記載過很多關於香囊的內容，比如說白居易的詩句「暖手小香囊」，說明香囊是可以用來捂手。漢代古詩《孔雀東南飛》中也提到「紅羅複斗帳，四角垂香囊」，說明香囊可以用來裝飾。

還有書籍記載了香囊的使用方法為「妃和貴人之所用也」，說明香囊的使用人群社會地位較高。而在安史之亂中，唐玄宗在馬嵬坡被迫賜死楊貴妃，並葬於當地，悲痛欲絕，念念不忘。《舊唐書》卷五一中記載：「上皇自蜀還……密令中使改葬於他所，初瘞時以紫褥裹之，肌膚已壞，而香囊仍在。」當初埋葬時用於裹屍的絲織品以及屍體都已腐爛，唯有香囊尚存。這一記載也說明楊貴妃身上佩帶的香囊，可能是金屬製作。

唐朝的「黑科技」

該香囊外壁直徑四十六公釐、壁厚〇．五公釐，外層銀機制環通體為純銀材質製作，鏤空呈圓球形，並以葡萄花鳥紋樣做裝飾。內層金香盂素面，直徑二十九公釐、壁厚一公釐、鏈長七十五公釐、重三十六克。香囊由掛鉤、掛鏈、上下半球構成的球蓋與球身、內置焚香盂及內外持平環組成。等大的球蓋和球身之間用環扣相互扣合，可開啟。球身內部又設有內外兩個等大同心環和一個半球形焚香盂，透過銀質鉚釘與外壁鉚接。當半球合攏後，由於內外持平環和焚香盂自身重量的作用，香盂重心向下，使**外部球體無論怎樣轉動，焚香盂都能始終保持水平**狀態，不至於焚香撒落於外。這是古人利用機械原理所製作，精巧的設計體現了唐代工匠高超的技藝和聰明才智，令後人嘆絕。

唐代葡萄花鳥紋銀香囊直徑不足五公分，鏤空裝飾動植物紋樣工藝可謂精美。金銀自古以來就是貴金屬，是財富的象徵，香料本身亦屬於奢侈品，這件小小的器物盡顯奢華之色。香囊以球體形狀為主，圓潤的弧線結合銀質的柔和色澤，給人溫和、舒適的感覺。香囊上鏤空裝飾

▲ 葡萄花鳥紋銀香囊內部構造。

著枝葉繁茂的葡萄，蘊含豐收的期盼和願望，花鳥飛翔在葡萄間，動感十足。

仔細觀察會發現，花紋分布延續了中國傳統的對稱布局，結合球體的圓潤、光滑，更加體現了對稱的形式美。這種帶有鏈條的鏤空銀香球和奇特的設計，使其使用方便。點燃香囊內的香料，芳香很快從鏤空處溢出，沁人心脾；寒冬的時候借助香囊的溫度捂手取暖；掛在床帳四角既可以起到裝飾作用，還可使床帳伸展平整；也有就寢前用香囊熏烤被褥的記載，真可謂錦衣香裘。當然這種講究必定是社會上層人物的奢華生活一角。

金銀材質較軟、延展性強、易於加工，極好的韌性更好的展現了香囊特定的加工工藝和表現手法，匠人在這件小小的器物上熟練使用錘揲、鏨刻、鏤空、鎏金等方式，最大限度的展示金銀器物之美。取一塊合適大小的銀塊，反覆錘擊敲打，直至成為厚度適中的銀片，透過模具把預先設計好的葡萄花鳥紋銀香囊內部構造的圖形，敲擊錘揲出凹凸起伏的形狀，操作者再一手拿契子，一手拿錘子，用錘子在金銀素坯上以嫻熟的鏨刻工藝邊走邊打，勾勒出基本紋樣，接著按照圖案設計，刻挖掉不需要的部分，完成鏤空處理，最後經過鎏金工藝，銀的白、金的黃就在不經意間熠熠生輝。真可謂匠心獨運，巧奪天工。

葡萄花鳥紋銀香囊奇巧的功能性設計，表現在匠人對平衡原理的充分理解和運用上。**持平裝置完全符合陀螺儀原理**，不論香囊處在何種狀態，總是外部球體在轉動，機環使中間的焚香盂跟著轉動，而由於重力作用香盂是一直保持平衡的，這樣裡面的香料就不會散落出來，充分滿足了在各種環境條件下的使用需求。**歐美國家直至近代才發現這個原理，並廣泛應用於航空、航海領域**，而中國最晚在一千兩百年前的唐代，就已掌握了此項原理並熟練應用，古代勞動人民的智慧可窺見一斑。

葡萄原產於西方，漢代由西域傳入中國，隨之而來的還有西方的金屬製作工藝。因此，香囊的紋飾、加工工藝，都反映了絲綢之路帶來的文化傳播和交流。據北京大學考古學專業齊東方教授考證，包括這件香囊在內的何家村遺寶主人，**可能為唐代官位顯赫的尚書租庸使劉震**，因唐德宗建中四年（七八三年）爆發涇原兵變，劉震倉皇出逃，埋藏了這些寶物。

透過一個器物，我們可以和一個時代聯繫在一起，和一個人群聯繫在一起，和一個社會聯繫在一起。葡萄花紋銀香囊就使我們與大唐、與唐代社會上層貴族的生活和絲綢之路聯繫在一起。

68 鎏金舞馬銜杯紋銀壺

年代：唐，西元六一八至九〇七年；**尺寸**：通高十四．四公分、口徑二．二公分，底徑八．九至九．二公分；**材質**：銀鎏金；**出土地**：一九七〇年陝西省西安市南郊何家村唐代窖藏出土；**收藏地**：陝西歷史博物館。

一千多年前的大唐王朝似乎離我們非常遙遠，我們無法想像大唐帝王君臨天下時的豪情，也無法想像「更有銜杯終宴曲，垂頭掉尾醉如泥」的宮廷娛樂如何奢華。當一千多年後，一件叫鎏金舞馬銜杯紋銀壺的珍寶，以一種近乎炫耀的方式出現在世人眼前時，唐代宮廷生活的奢華彷彿就在昨天。

舞馬銜杯，不是想看就能看

一九七〇年十月五日，在今陝西省西安市南郊何家村的一個基建工地上，施工的工人發現了一個大型陶甕，打開甕蓋，金光閃閃，裡面裝滿了各種珍貴文物。隨著考古工作者的清理和勘探，另一個陶甕被發現。這兩個陶甕裡裝滿了金銀器、玉器、錢幣和藥材等器物，多達千餘件，琳琅滿目。唐代舞馬銜杯紋銀壺就是這次窖藏出土中發現的珍貴文物，現藏於陝西歷史博物館。

銀壺扁圓形狀，形似游牧民族日常使用的皮囊壺和馬鐙壺，用銀片錘打、焊接而成。壺口略呈圓柱狀，位於壺身頂端的一側；壺蓋為覆蓮樣式，以一條銀鏈與提梁連接；壺腹扁圓，略鼓，兩側面錘揲凸出鎏金舞馬紋樣，駿馬體態康健，口銜銀盃，奮首鼓尾，躍然起舞；壺下端焊微向外撇的圈足。鎏金的舞馬、壺蓋、提梁與壺身的白銀交相輝映，色調格外富麗。整件作品不到十五公分高，卻造型飽滿，富有張力，線條圓潤自然，比例恰當，具有極好的形式感和空間感。

根據壺身留下的加工痕跡看，工匠先用銀片錘打出壺的大致形狀，再以壓模的方法在壺腹兩面壓出兩匹相互對應的舞馬形象，然後再將兩端焊接，反覆打磨至平，所以**不仔細觀察或借助儀器，幾乎看不出焊接的痕跡**。工匠們精湛的錘揲技法，在銀壺駿馬的細節上發揮到了極致，口鼻眼的輪廓、軀幹的肌肉線條、飛揚的馬尾及鬃毛、飄揚的彩帶歷歷可見，定格了舞馬表演的瞬間，使舞馬獻壽時「屈膝銜杯赴節，傾心獻壽無疆」的場面躍然眼前。

舞馬，顧名思義就是能夠按照節拍起舞的馬。不過，低階官員和一般百姓可能是無緣觀看舞馬表演的，因為舞馬表演主要在宮廷。關於舞馬的記載最早可以追溯到三國時期，曹植《獻文帝馬表》云：「臣於先武皇帝（曹操）世，得大宛紫騂一匹，形法應圖，善持頭尾，教令習拜，今輒已能，又能行與鼓節相應。」可見，舞馬的馬匹是要經過嚴格訓練的。有關唐代舞馬的描述則更為詳細，有時甚至是上百匹舞馬同時表演，動作整齊劃一，場面十分壯觀熱烈。雖然關於舞馬的記載很多，但畢竟年代久遠，人們無法一窺舞馬表演的盛景，只能根據詩文描寫加以想像。**唐代舞馬銜杯紋銀壺的出土，為所有文字材料提供了實物印證。**

百馬齊舞祝壽

西域自古以產名馬著稱於世，西域人民很早就開始將馬匹與西域樂舞相結合，馴化出舞馬供人取樂，形成了古老而著名的舞馬藝術。

當年漢高祖被匈奴人圍困於白登，靠賄賂匈奴閼氏才得以解圍，意識到馬匹在行軍打仗中的重要性。隨著張騫「鑿空」西域，中原與西域的往來日益頻繁，西域良馬逐漸進入中原地區，奔行急速、筋骨強健的「天馬」對於漢唐時期軍事力量的強大功不可沒。

唐代舞馬的盛行與唐代社會對馬的喜好分不開。除了軍用，很多馬匹還用來娛樂，打馬球就是一項極受歡迎的活動。唐人尤其喜歡「胡馬」，根據產地可知有「突厥馬」、「康國馬」、「大宛馬」等，品種達八十多種，不同的馬匹習性、特徵、用途各不相同。當時在西域各國非常流行的舞馬活動也隨之傳入中原，格外受到上層統治者的青睞。

西域的舞馬分為兩種，即馬單獨舞和人騎在馬上讓馬舞蹈，這些訓練過的馬匹，能夠根據節拍表演有節奏的舞蹈動作。唐玄宗對舞馬甚是喜愛，曾下令教習四百隻舞馬，這些馬被分為左右兩部，每匹還取有「某家驕」、「某家寵」的名字，並「衣以文繡，絡以金銀，飾其鬃鬣，間雜珠玉」。玄宗還經常親臨訓練場觀看、指導。開元、天寶時期，每逢「中元節」、

「千秋節」（按：唐玄宗的生日，於每年八月初五）等重要節日，都要在興慶宮的勤政樓前舉行盛大宴會，接受文武百官及外國使臣、少數民族首領的朝賀，並進行大型的舞馬表演。王建《樓前》詩云：「天寶年間勤政樓，每年三日作千秋。飛龍老馬曾教舞，聞著音聲總舉頭。」

隨著舞馬活動的風靡，一種以模擬馬神態、動作的民間舞蹈——馬舞也開始盛行。一九六〇年吐魯番阿斯塔那三三六號墓出土的彩繪馬舞泥俑，三人一組，兩人裝扮成一匹馬，披上馬形的衣服，一個人頂著馬頭，雙足作為馬的前肢，另一個人扮成馬的後部，雙足作為馬的後肢，騎馬者戴黑襆頭，穿綠短衣，雙手或作舞狀或一手牽繮一手揮鞭，具體的表現出騎士勇猛剛毅的性格，和意在征服賓士翻騰的駿馬。

舞馬與馬舞傳入中原後，與中原藝術相結合形成精彩絕倫的馬舞藝術，不僅是一項共用的娛樂，更代表一種文化的交融，悠悠絲路，馬聲長鳴。狂歡後的落幕唐代在太宗至玄宗前期，經濟繁榮、國富民強，威名遠揚，萬國來朝，胡馬品種的引入使皇家有條件大規模馴養舞馬。

玄宗生日時，舞馬表演是必不可少的節目。《傾杯樂》的音樂響起時，身披錦帶、頸繫黃鈴的舞馬隨著節拍出場，群馬翩翩起舞，或奔騰、或旋轉、或雙蹄騰空、或引頸長嘶，隨著音樂節奏的高漲，馬群數十回奮首鼓尾，縱橫應節。有時候表演的馬會躍上三層高的板床，如飛似的旋轉，跳起胡旋舞；有時候數位壯士共舉一榻，馬即舞於榻上，周圍還有著黃衫、文玉帶、長相俊美的樂工數人，曲終前，舞馬「屈膝銜杯赴節，傾心獻壽無疆」，把祝壽活動推向高潮。

物極必反是亙古不變的規律。表面看大唐四海昇平、一片祥和，內部卻潛伏著深刻的社會危機。還沉浸在大唐盛世美夢中的玄宗皇帝，在天寶十四載（七五五年）驚聞平盧、范陽、河東三鎮節度使安祿山舉兵反唐，一時間惶恐無措，待安史叛軍一路勢如破竹，輕而易舉的攻陷長安，驕奢淫樂的李隆基帶著自己的寵妃楊玉環倉皇而逃，大唐江山陷入戰禍之中，盛極一時的舞馬表演成為歷史長河中的一朵浪花。

安祿山兵敗後，這些舞馬歸其大將田承嗣所有，但在他眼中這些馬就是一般的戰馬。一天，軍中宴樂，**鼓樂聲起**，**舞馬應聲而舞**，軍士鞭之，長鞭之下舞馬更是奮首鼓尾，田承嗣以為是馬怪，**下令鞭撻至死**。從此，舞馬祝壽這一獨特的宮廷娛樂形式便從中國歷史舞臺上銷聲匿跡了。大唐的盛世猶如舞馬的消逝一去不復返。

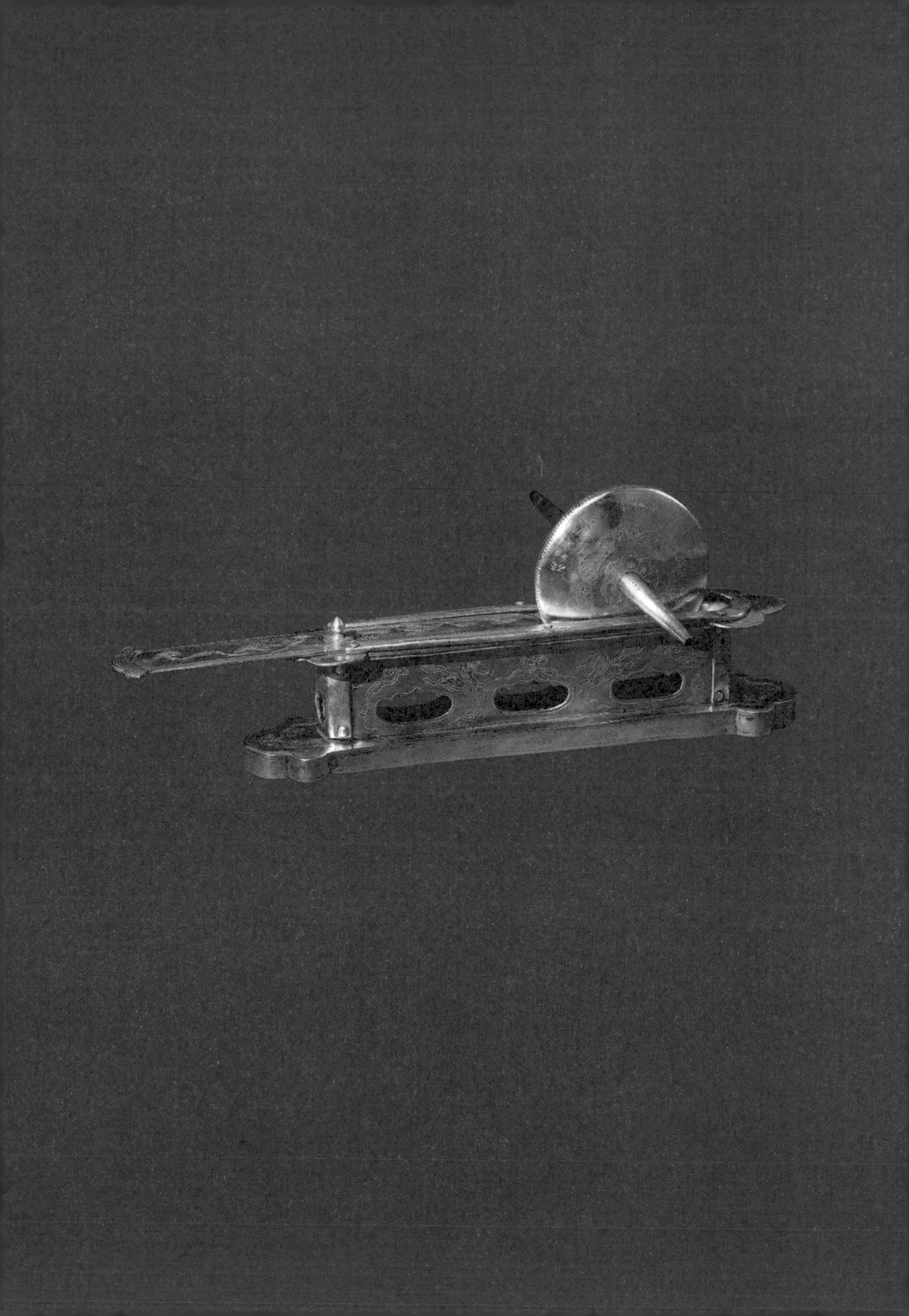

▼世界上唯一一套唐代茶具精品

69 法門寺地宮金銀茶具

年代：唐，西元六一八至九〇七年；**尺寸：**鎏金壺門座茶碾子通高七．一公分、長二十七．四公分、槽深三．四公分、轄板長二十．七公分、寬三公分；鎏金龜形銀盒長二十七．六公分、寬十四．七公分、通高十三．五公分；鎏金仙人駕鶴紋壺門座茶羅子高九．五公分、羅長十三．四公分、寬八．四公分；屜長十二．七公分、屜寬七．五公分、高兩公分；**材質：**金銀；**出土地：**一九八七年**陝西省扶風縣法門寺塔**地宮出土；**收藏地：**法門寺博物館。

中國是茶的故鄉，是茶文化的發祥地。古代先民種茶、製茶、品茶、鬥茶，還發明了一系列精美的茶具與之相配合，從一片樹葉，到一杯香茗，從一盞茶碗到一套茶具，凝聚了無數人的才智。法門寺出土的那套唐代宮廷茶具是目前世界上現存的最為講究、最為精美的茶具。

金器銀皿，寶光璀璨

茶具，古代亦稱茶器。「茶具」一詞最早見於漢代辭賦家王褒《僮約》中的「烹茶盡具」。唐代白居易有「此處置床繩，旁邊洗茶器」之句；晚唐文學家皮日休有「蕭疏桂影移茶具」之語。茶文化在唐代發展到頂峰，集茶文化精髓的《茶經》就誕生於大唐茶聖陸羽之手。陸羽將茶具定為二十四事，即二十四種，並對各種茶具的製作和用途做了詳細的說明，唐人吃茶的講究可見一斑。一般百姓尚且如此，皇室貴胄（按：貴族的後代）吃茶自然更加奢華。

法門寺地宮出土了一套唐代宮廷茶具，這是**世界上唯一一套唐代茶具精品，係唐僖宗李儇御用珍品。《物帳碑》中記載著這套茶器的「身世」**：懿宗供奉「火筋一對」，僖宗供奉「籠子一枚，重十六兩半。龜一枚，重二十兩。鹽臺一付，重十二兩。結條籠子一枚，重八兩三分。茶槽子、碾子、茶羅、匙子一付，七事共重八十兩」。這批茶具，展示了從烘焙、研磨、過篩、貯藏到烹煮、飲用等製茶工序及飲茶的全過程，且配套完整，自成體系，為目前世界上發現時代最早、等級最高的金銀茶具，它們不僅是一件件完美到極致的藝術精品，更反映了唐代茶文化所達到的最高境界，是唐代宮廷茶道、飲茶風尚的歷史見證。

從功能上分，這套茶具可以分為烘焙器、碾羅器、貯茶器、貯鹽椒器、烹煮器等五種。金銀絲結條籠子、鴻雁球路紋銀籠子是烘焙器。這兩件器物一件扁圓柱狀形、一件圓柱狀，均由極細金銀絲編製而成，由梁、蓋、器身、足等部分組成。唐人會把做好的茶餅放進籠子裡進行烘烤，然後儲存使用。

鎏金壼門座茶碾子、鎏金仙人駕鶴紋壼門座茶羅子是碾羅器。茶碾子形如如今中藥鋪的藥碾子，由碾槽、碾輪組成，更為巧妙的是為了保持衛生、防止茶渣飛濺，碾槽上還有可以抽出推進的轄板（參考第四二八頁圖）。茶羅子形似長方形盒子，上面蓋子可以打開，有兩層屜，上層有網，可以過濾，下層的屜，可以收納（參考左頁圖）。

鎏金龜形銀盒，便是貯茶之器，龜背為蓋，龜身為盒，使用時可以打開龜背取出茶末，也可以從龜口倒出茶末（參考下頁圖）。鎏金人物畫銀䍙子、蓮蕾紐摩羯紋三足架銀鹽臺、鎏金團花紋葵口圈足小銀碟用來貯存鹽椒，因唐人飲茶要放入鹽粒和花椒之類的調味品。蓮蕾紐摩羯紋三足架銀鹽臺設計尤為巧妙，它由蓋、臺盤、三足架組成，蓋上有蓮蕾捉手，蓮蕾中空，上下兩半可以開合，捉手下端是一片翻捲的荷葉，作為臺盤的蓋子，臺盤為綻放的蓮花，三足也有蓮花裝飾，造型十分別致、獨特。

烹煮器為鎏金鴻雁紋銀則、鎏金卷草紋長柄銀則，則面呈卵圓形，微凹，匙柄扁長鏨花鎏金，柄背光素。另有繫鏈銀頭箸。依陸羽《茶經》所記：「則者，量也，準也，度也」。有學者認為銀則是煮茶放鹽時的量具，有學者認為是點茶時用來擊拂（按：拍

▲ 鎏金仙人駕鶴紋壺門座茶羅子。

擊）的茶具，也有學者認為是投茶時所用的量具。

喫茶是一門學問

唐人飲茶與現在十分不同，一般分五步。先是烘焙茶餅，使之有香氣，再用紙包裹，陸羽《茶經》載「剡藤紙雙層縫製」為最佳。待茶葉冷卻後搗碎，放入茶碾中碾成粉末，再用羅細細的篩，羅下的茶末放入貯茶器中待用。取山泉水放入鍋中煮沸，氣泡如魚目為一沸時，要放入鹽、胡椒。氣泡如連珠為二沸時，舀出一瓢沸水備用，用則量茶末沿一個方向倒入鍋內，攪勻，稱作擊拂。最後一次水沸時，放入先前舀出的沸水。最後就可以分茶，盛入碗中，趁熱品飲。這些步驟看似簡單，實際操作十分複雜，每一步都需要掌握一定的分寸、火候，

▼ 鎏金龜形銀盒。

才能煮出符合唐人需求的好茶。就分茶來說，善於此道者，能在茶盞上用水紋和茶末形成各種圖案，創造獨特的藝術美。

唐人充分認識到了飲茶的作用，認為茶葉可以提神醒腦、蕩滌煩惱，可以消除疲勞、消除腥膻，還可以延年益壽。與現代人們對茶葉的認識基本一致。詩僧齊己的《嘗茶》詩：「味擊詩魔亂，香搜睡思輕。」《茶譜》載：「瀘州之茶辛而性熱，飲之療風；峽川石上紫花芽主治頭痛。」李德裕、李白、皎然等詩人均對茶葉的功用有一定的描述。文人墨客或在春季採茶之時三五相約，趁著春光，及時採茶行樂；或是相聚品茗，舉辦茶會、茶宴，吟詩作畫，暢談理想和抱負；對於非產茶區的友人，還以茶葉寄贈，以表惦念。如齊己《謝中上人寄茶》：「地遠勞相寄，無來又隔年。」李咸用《謝僧送茶》：「殷勤寄我清明前。」茶成為增強社交、溝通聯繫、增進感情的紐帶。

唐代飲茶之風與佛教之間的關係非常密切。唐代佛教以禪宗最盛，禪宗注重「坐禪修行」，主張排除心中雜念，專注虔誠，以達到身心合一、大德圓滿的境界，所以要求參禪的僧人「跏趺而坐」（按：盤足而坐，腳背放在股上）、「過午不食」。上述茶葉的功能在佛門得到充分應用，飲茶可以提神醒腦、促進思考，又能減輕飢餓感，故寺廟崇尚飲茶，種植茶樹，制定茶禮，設立茶堂，有的寺院門口還設有施茶僧。佛教寺院的茶稱為寺院茶，茶事活動成為佛事活動之一。寺院飲茶之風大盛，也直接影響到社會的各個階層，全國各地的善男信女在有能力的情況下皆來模仿。法門寺出土茶具就是僖宗皇帝作為供養品，而**供奉給佛祖釋迦摩尼真身舍利的**，**是獻給佛祖的重器**，一是表示虔誠禮佛、一心向佛的心願，二是代表佛教的茶供養。

《茶經》中說：「茶有九難：一是製造，二是識別，三是器具，四是火力，五是水質，六是炙烤，七是搗碎，八是烤煮，九是品飲。」對於一杯好茶來說，這些步驟缺一不可。對於唐代的愛茶之士來說，品嘗、鬥茶不僅僅是喝茶這麼簡單，更是一種生活的樂趣、一種飲茶的藝術、一種精神的享受。

中國茶文化與日本茶道

茶葉在古代曾與絲綢、瓷器齊名，很早就是中國對外貿易的傳統出口商品。唐代是中國古代經濟文化高度發展的鼎盛時期，隨著中國與鄰國經濟文化交流的加強，當時的長安城已成為世界經濟文化交流的中心。被譽為「綠色金子」的中國茶葉在唐代已傳播到世界許多國家和地區，飲茶風習向西傳至阿拉伯地區，向東傳至朝鮮、日本。

中國茶葉傳入日本，一般認為始於漢代，但有確切史料記載的，卻是唐代。唐玄宗開元十七年（七二九年），時值日本聖武天皇天平元年，聖武天皇曾召集百僧聽講《般若經》並親自賜茶，隨後又派高僧到中國學習佛經。森本司郎（日本）在《茶史漫話》一書中認為，茶傳入日本有兩人非常關鍵：一是七五三年東渡日本的僧人鑑真，帶去中國的茶葉；二是最澄法師，他在貞元二十年（八〇四年）到中國浙江天台山學法時，到當地寺院採茶區進行學習，並把茶樹樹苗帶到日本種植，被看作日本植茶第一人。另空海和尚也帶回茶籽，推動了茶道的發展。

宋朝是茶文化東傳日本的又一高峰。榮西禪師兩次來到中國，遍訪各地，居住達二十四年之久，回國時又攜帶茶樹種子親自種植，到晚年根據在中國考察的情況及自己在日本種茶經驗而寫成《吃茶養生記》。日本全國開始推廣飲茶，並養成以「和、敬、清、寂」為根本精神的日本茶道。可見，茶對促進中日文化交流起了十分重要的作用。

一片小小的植物葉子，經過數千年的形成和發展，融入了人們的哲學思想，實現過程和精神的相互統一，成為一種融合茶葉品評技法、各種藝術操作手段、品茗美好意境的文化現象。它源遠流長，歷史悠久，文化底蘊深厚，與宗教結緣，與道法自然融合，溝通中外文化交流，成為優秀傳統文化的組成部分，和獨具特色的一種文化模式。這就是中國茶，中國茶文化。

70 八稜秘色瓷淨水瓶

年代：唐，西元六一八至九〇七年；**尺寸**：高二十一．六公分、口徑二．二公分；**材質**：瓷；**出土地**：一九八七年陝西省扶風縣法門寺塔地宮出土；**收藏地**：法門寺博物館。

唐代著名詩人陸龜蒙曾在《秘色越器》一詩中寫道：「九秋風露越窯開，奪得千峰翠色來。好向中宵盛沆瀣，共嵇中散鬥遺杯。」秋天的晨風中，露水沾衣，透過風露可見出窯後的越窯器，如千峰疊嶂，其色似青如黛，與周圍的山峰融為一體，似奪得千峰萬山之翠色。這首詩裡描繪的便是中國古代最為神秘的瓷器——秘色瓷的絕美風采。然而秘色指哪種顏色，秘色瓷的實物是什麼樣子？一直沒有明確的資料記載，直至法門寺地宮的開啟，才解決了這個爭論不休的話題。

千年青瓷中的瑰寶

中國古代名窯之一的「越窯（浙江紹興）」出產一種神秘的瓷器，它色澤青綠、晶瑩潤澤、如冰似玉，人稱秘色瓷。關於「秘色」二字的爭論一直從宋代持續到明清時期，有人說這是吳越國供奉的瓷器，**一般大臣乃至平民百姓不能使用，故稱為秘色**；也有人說「色」字除了顏色的意思外，還有配方的意思，「秘色」指的是這種瓷器的**製作工藝和配方保密**。

古人關於秘色瓷的描寫精美異常，無可比擬。五代人徐夤讚嘆曰：「捩翠融青瑞色新，陶成先得貢吾君。巧剜明月染春水，輕旋薄冰盛綠雲。」由於人們一直未曾見到秘色瓷的實物，更增添了這種瓷器的神祕性，這個困擾人們多年的謎直到一九八七年的某一天才徐徐揭開。

一九八七年的某一天，搖搖欲墜的陝西扶風法門寺寶塔轟然倒塌，一批稀世之寶隨著地宮的暴露逐漸出現在世人面前。這些精美絕倫的珍寶數量眾多，**出土的《物帳碑》中記載了這批珍寶的名稱**。十四件秘色瓷穿過千年歷史，重見天日，秘色瓷的千古未解之謎揭開了謎底。

這批瓷器造型簡潔大方、美觀，共有碗七件，盤、碟六件，瓶一件。這件八稜秘色瓷淨水瓶是珍貴的佛教用品，瓶頸細長、直口、圓脣、肩部圓隆、腹呈瓣瓜稜形、圈足稍外侈。在瓶頸與瓶身相接處，裝飾有相應的八角凸稜紋三周，呈階梯狀。通體施明亮青釉，有開片。足底露胎，胎色淺灰而精緻細密。器型端莊規整、釉色晶瑩、胎質細密、瑩潤無比。出土時瓶口覆有一顆大寶珠，瓶內裝有二十九顆五色寶珠，屬於佛教供養「五賢瓶」、「五寶瓶」之類的佛具。這件器物雖然《物帳碑》中沒有記載，但其釉色、胎質與其他秘色瓷完全相同，確認是秘色瓷無疑。

秘色是什麼色？

人們驚奇的發現法門寺中的十三件秘色瓷，其釉色並非都是「千峰翠色」，而是有青有黃，這曾讓人感到困惑不解。其實，秘色瓷指的是一種稀見的顏色，**後來演變成盛讚當時越窯瓷器之精美的專有名詞**。**秘色瓷是青瓷中的極品**，技術上難度極高，除了釉料配方，幾乎全靠窯爐火候的把握。因為不同的火候、不同的溫度，燒造的瓷器釉色可以相去很遠。也許人們稱之為「秘」和這種特殊的要求有關吧，但「秘色」兩個字確實吸引了人們千年之久。

唐代是封建社會發展的頂峰之一，政治穩定，國力強盛，經濟繁榮，手工業門類眾多、規模龐大。飲茶風氣的盛行使人們對於瓷器的要求沒有局限在實用價值上，多關注其審美價值。越窯青瓷因其釉色便於烘托出茶色的碧綠而受到人們的青睞。為滿足皇家奢華生活的需要，九世紀初，朝廷率先在上林湖設置「貢窯」燒製「秘色瓷」。這一時期，作為生活實用器具的瓷器與其他珍寶一樣成為皇家御用珍品。法門寺出土的秘色瓷可能就是上林湖貢窯出產的精品，貢獻朝廷後，又被賞賜給法門寺。

秘色瓷表面釉面光滑，釉色純淨，只在底部留下細小的支燒痕跡。其實，秘色瓷顏色的純淨與其燒造方式是分不開的。越窯瓷器採用先進的匣缽技術，把瓷器放在陶盒裡，瓷器與陶盒接觸的地方有細小的支釘，這樣，既可減少支燒缺陷，又**隔絕了釉面與明火的接觸**，所產瓷器釉色鮮亮，品質明顯提高，是唐代製瓷業的工藝創新。

中國是瓷器的故鄉，瓷器是中國古代勞動人民的智慧結晶，為人類社會的進步與發展做出了重大貢獻。從八世紀末開始，中國陶瓷開始大量外銷，除了「絲國」，中國又以「瓷國」聞名於世。「China」的英文名字即來源於瓷器。瓷器從揚州、明州（今寧波）出發，或經朝鮮，或直達日本；或從廣州出發，到東南亞各國，或出麻六甲海峽進入印度洋，經斯里蘭卡、印度、巴基斯坦到波斯灣沿岸，成為海上絲綢之路貿易的主力軍，中國南海周邊沉船中發現大量瓷器也證實了中國瓷器貿易的輝煌。

小小的瓷器，推進了人類文明進步，成為促進海上絲綢之路沿線，各國繁榮發展的重要紐帶，是東西方交流合作的見證，也是世界人民共有的歷史文化遺產。

▼泣血悲書之作

71 顏真卿《祭姪文稿》

年代：唐，西元六一八至九〇七年；**尺寸：**橫七十五．五公分、縱二十八．三公分；**材質：**紙本；
收藏地：臺北故宮博物院。

唐代是中國書法藝術的全盛時期，顏真卿為唐代最傑出的書法家之一，他創造性的**將篆隸筆法和民間書法的精華融入**筆端，吸收新營養，終於形成剛強雄偉的行草書風，其書法藝術在中國書法史上占有極其重要的地位。《祭姪文稿》匆匆起草，任由一腔忠義、悲憤、痛悼之情，透過心手交應傾瀉於紙上，其筆畫的質性遒勁（按：遒音同「求」，強勁有力）而舒和，與沉痛切骨的情感融和無間，是血與淚凝聚成的不朽巨作，元代書法家鮮于樞評此作為「天下第二行書」，其當之無愧。

安史之亂中的兄弟情誼

「山雪河冰野蕭瑟，青是烽煙白人骨。」唐天寶十四載（七五五年），安祿山、史思明起兵反唐，這場叛亂給繁盛的唐王朝帶來了空前的浩劫。安史之亂之於唐人，就像是天外飛來的隕石，將盛唐歷史攔腰斬斷，把一個「一百四十年，國容何赫然」的錦繡帝國變成了修羅屠場。

叛軍於范陽揮師南下，河北地區大片淪陷。時顏真卿因得罪當朝奸相楊國忠，被貶為平原太守。其兄顏杲卿在常山任太守，兄弟二人聯合起來，高舉義旗，起兵討賊。真卿之姪、杲卿之子顏季明在兩城之間來回聯絡，通報消息。顏杲卿父子設計殺死鎮守土門關要塞的安祿山大將李欽湊，奪回土門關口，並由顏季明領兵把守，為唐王朝贏得了啟用郭子儀、調動大軍平息叛亂的

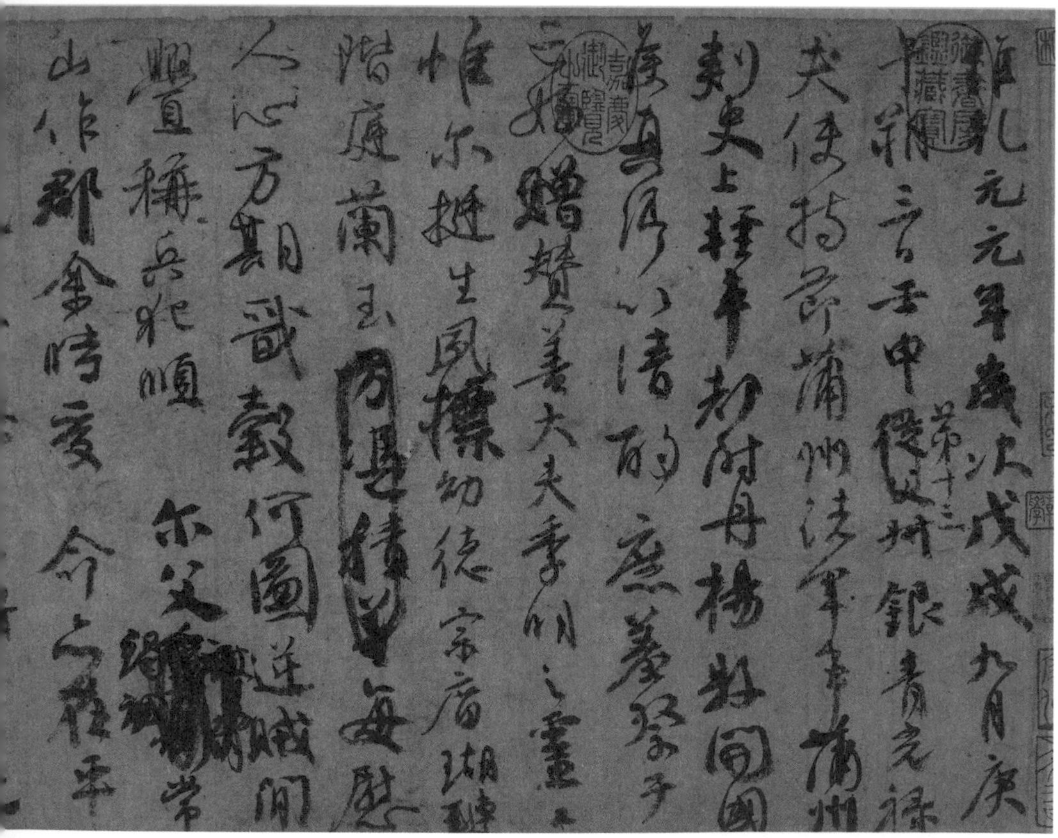

時間。

安祿山見勢不妙，急召正在攻打潼關的史思明返回河北，奪取土門關和常山城。河東節度使王承業坐視不救，杲卿激戰三天，城內水盡糧竭，寡不敵眾，城池終陷於敵手。叛軍將兵器架在季明脖上，威逼杲卿投降，杲卿不屈，叛軍砍下季明頭顱，季明身首異處。杲卿被刑時，至死罵不絕口。顏氏家族一門忠烈，三十餘人在這次叛亂中壯烈殉國。

安史之亂平息之後，顏真卿特地派人尋找杲卿一家屍骨，僅得杲卿一足、季明頭顱。面對國難家仇，五十

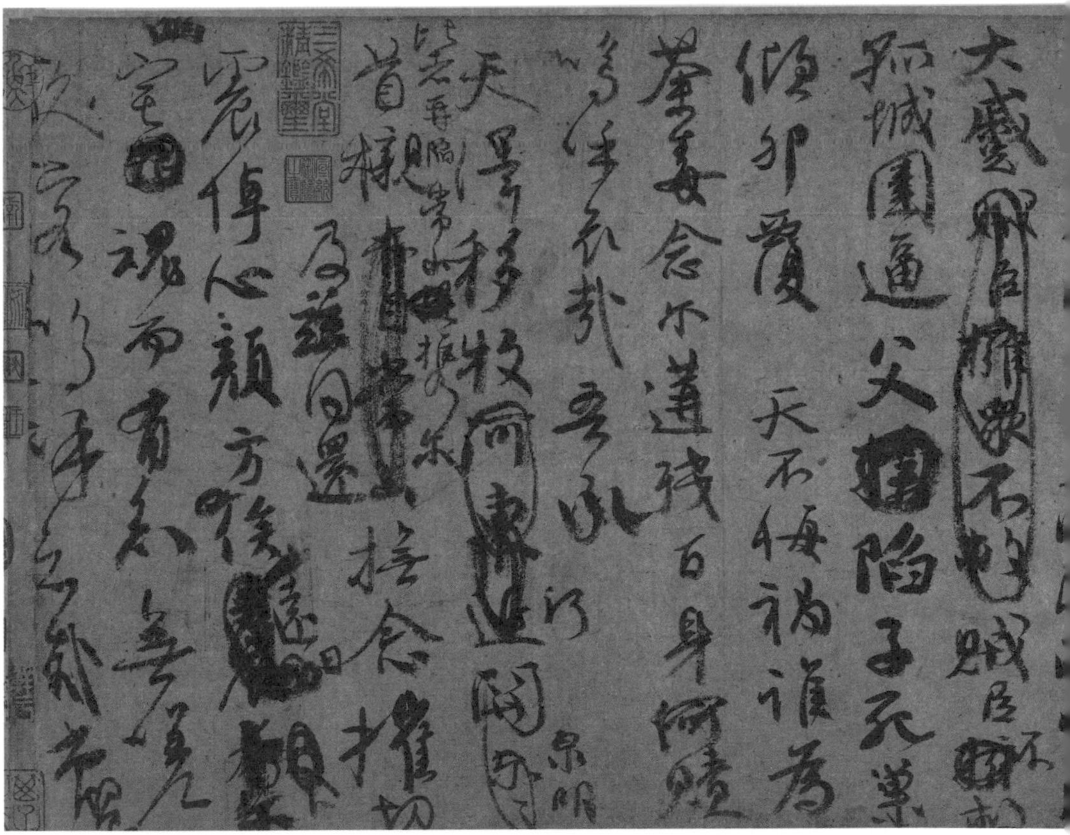

歲的顏真卿一時百感交結、老淚縱橫、悲從中來，因而撰文作祭，揮筆寫成流傳千古的《祭姪文稿》，計二十五行，共兩百三十字。

塗改之作，卻成了「天下第二行書」

《祭姪文稿》開篇為「維乾元元年、歲次戊戌、九月庚午朔、三日壬申。第十三（『從父』塗去）叔銀青光祿（脫『大』字）夫使持節蒲州諸軍事、蒲州刺史、上輕車都尉、丹楊縣開國侯真卿」，顏真卿說明了書寫的時間和自己的身分官職，以及祭文的目的，感情尚未迸發。

接著為「以清酌庶羞，祭于亡姪贈贊善大夫季明之靈曰：惟爾挺生，夙標幼德。宗廟瑚璉，階庭蘭玉（『方憑積善』塗去），每慰人心』，追憶姪兒顏季明小時候的聰穎與睿智，充滿了懷念之情，字體大小均等，舒朗適宜，如行雲流水般流暢。

當寫到叛亂時，「方期戩穀，何圖逆賊開釁，稱兵犯順。爾父竭誠（『制』塗去，改『被迫』再塗去），常山作郡。余時受命，亦在平原。仁兄愛我（『恐』塗去），俾爾傳言」，開啟了如交響樂的第二樂章，顏真卿內心的悲憤開始凝結彙聚，塗改的線條不加修飾，顯示作者心中積鬱已久的悲憤已經無法控制，接下來一筆奔騰、一蹴而就、直抒胸臆，如飛瀑直下、一瀉千里。

行文至「爾既歸止，爰開土門。土門既開，兇威大蹙（『賊臣擁眾不救』塗去）。賊臣不（『擁』塗去）救，孤城圍逼。父（『擒』塗去）陷子死，巢傾卵覆。天不悔禍，誰為荼毒」

時，顏真卿心中的憤恨像火山迸發、狂濤傾瀉，字形時大時小，行距寬窄不一，內心的悲痛透過書法呈現出來，讓文稿達到了第一個高潮。

「念爾遘殘，百身何贖？嗚乎哀哉！吾承天澤，移牧（『河東近』塗去）河關。泉明（『爾之』塗去）比者，再陷常山（『提』塗去）。攜爾首櫬，及茲同還（『亦自常山』塗去）。撫念摧切，震悼心顏」時，反覆塗抹，隨情揮灑，蒼涼悲壯，韻律激昂湧動，悲傷又一次猛烈的湧上心頭，撕心裂肺之痛讓顏真卿聲淚俱下，掀起了文稿的第二個高潮。

最後的文字是：「方俟遠日（塗去二字不可辨），卜（『為』塗去）爾幽宅（『舍』塗去）。魂而有知，無嗟久客。嗚呼哀哉，尚饗。」無奈的顏真卿期待姪子「魂而有知，無嗟久客」，早日魂歸故里。

書法藝術讓顏真卿一千年前的內心世界躍然紙上。蘇軾稱之為「書法無意乃佳」，元人鮮于樞更讚之為「天下第二行書」，可見評價之高。**此稿是在極度悲憤的情緒下書寫，顧不得筆墨的工拙，故字隨書法家情緒起伏，純是忠義情懷和深厚功力的自然流露。這在整個中國書法史上都是極為罕見的**。

《祭姪文稿》的悲憤與《寒食帖》的惆悵

顏真卿是中唐時期的書法創新的代表性人物，其楷書字體方正茂密、筆畫橫輕豎重、筆力雄強圓厚、氣勢莊嚴雄渾，「顏體」締造了一個獨特的書學境界。其行書有著遒勁鬱勃的風格，體現了大唐帝國繁盛的風度，是書法美與人格美完美結合的典例。

如果將顏真卿和蘇軾兩人的人生奮鬥史做一個比較，我們可以驚訝的發現他們有許多相同之處：他們都經科舉考試而中進士，又由進士入朝為官，在政治上都有遠大的抱負，為官都具有正直勤奮、不畏強權的特質。顏真卿因為官清廉、剛正不阿而遭楊國忠、元載等人遷怒、誹謗，四次遭貶終不改其志；蘇軾因多次上書反對王安石變法，幾經貶遷，後來以司馬光為代表的舊黨當權，全面廢除新法，蘇軾又以國家和人民利益為重，主張參用所長，再次遭貶謫。在升沉與漂泊中，他們飽嘗人世間的困苦，但依然性情曠達、襟懷開闊。因此，他們的書法都具有大氣磅礴、豪放雄健的一面，極具人格魅力。

《祭姪文稿》雖是有感而發，隨意揮灑，意不在書，卻以震撼人心的藝術感染力使之成為唐代，乃至整個書法史上最富抒情性的作品之一。三百多年後，蘇軾被困黃州，每為寒食、清明之雨所苦，感時傷懷，以神來之筆寫下《寒食帖》，沉鬱幽怨之情，動人心魄，成為宋代尚意書風的壓軸之作。在中國書法史上，再也難以找出第三件，如此具有情感衝擊力和穿透力的作品了。

▼古代情報連環圖

72 顧閎中《韓熙載夜宴圖》

年代：五代，西元九〇七至九六〇年；**尺寸：**縱二十八．七公分、橫三百三十五．五公分；**材質：**絹本；**收藏地：**北京故宮博物院。

「分久必合，合久必分」是歷史發展的必然規律，然而戰爭的破壞卻抑制不了藝術的發展，眾多文人墨客給我們留下了許多寶貴的遺產。《韓熙載夜宴圖》就是戰亂紛爭的五代時期產生的，最具有現實主義精神的代表性作品。作為**中國十大傳世名畫之一**，它有著無可估量的歷史文化價值，它是中國美術史的豐碑，是華夏文明的巨作。在這裡可以看得見古老東方民族獨特的藝術氣質。它且吟且舞且歌，令我們品味之、品賞之、咀嚼之，韻味無窮無盡。

窺探私生活的情報圖

五代十國，紛紛擾擾，爭鬥不休。

西元九三七年南唐立國，在江南建立政權，是十國當中版圖最大的王朝。南唐烈祖李昪休兵罷戰，對外敦睦鄰國，同時結好契丹牽制中原政權，以保境安民；對內輕徭薄賦、勸課農桑，

太常卿兼經筵侍
書程南雲題

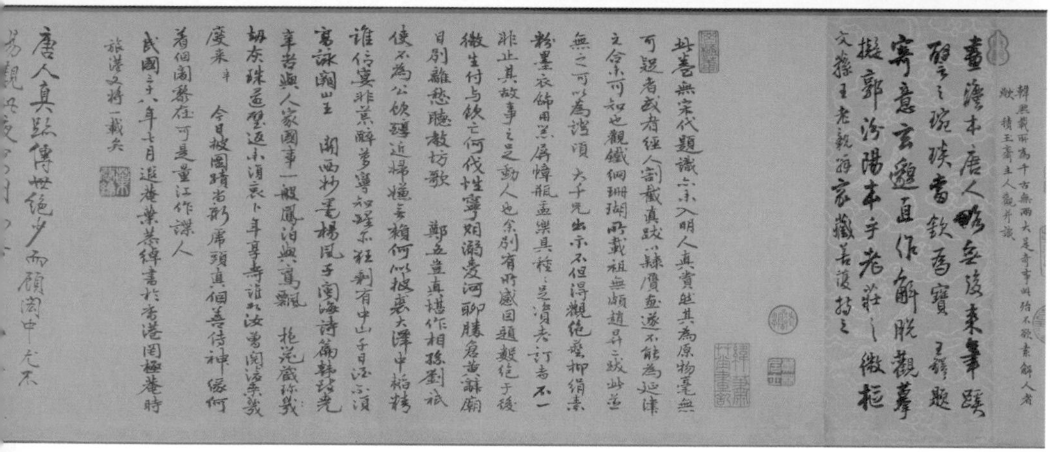

鼓勵工商業發展。息兵安民的國策，為江南地區的發展提供了安定的社會環境，經濟文化逐漸繁榮發展起來。南方的安定與富足，和江北的戰禍與蕭條形成鮮明對比，成為飽經戰亂滄桑的文人士大夫理想的棲身之所。江北士人多流落至此，「儒衣書服盛於南唐」，「文物有元和之風」。文人的大量湧入，再加上江南地區深厚的文學底蘊和文化基礎，使南唐成為一個藝術的王朝，為後來《韓熙載夜宴圖》的面

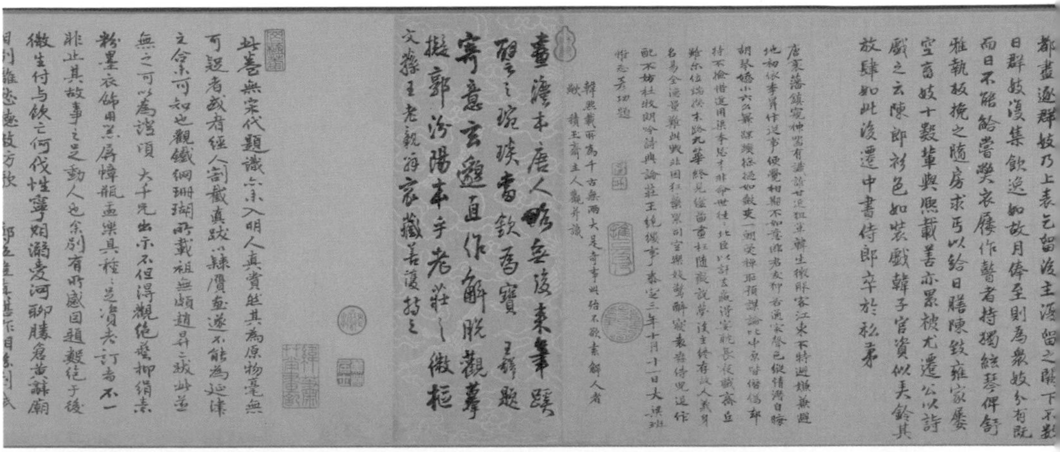

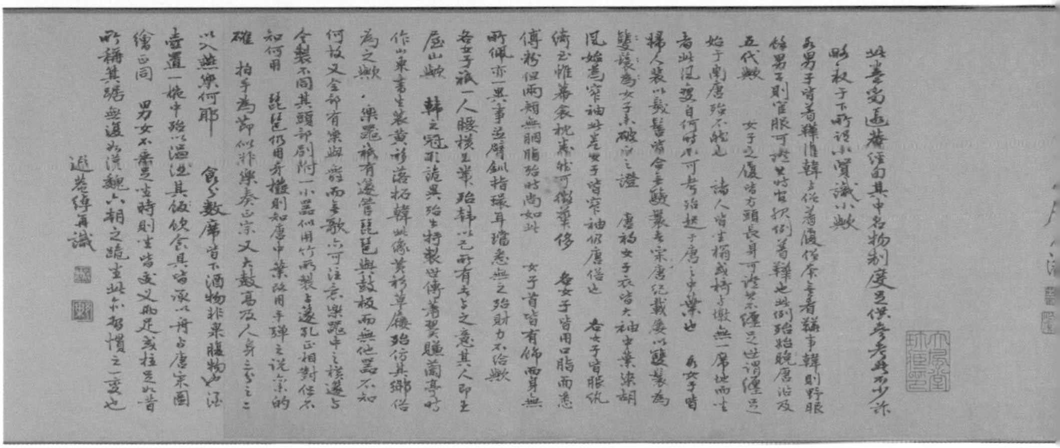

世提供了必要的環境。

中主李璟時期，南唐與吳越戰禍頻起，北方後周政權三度侵入南唐，壽州一戰，南唐軍隊一潰千里，被迫盡獻江北之地。為避後周鋒芒，李璟遷都洪州，自此國力受損，不復昔日強盛。待後主李煜即位時，南唐政治、社會矛盾積重難返，黨爭越演越烈，人心渙散，處於即將亡國的風雨飄搖之中。就在這一時期，畫家顧閎中的《韓熙載夜宴圖》面世，成為南唐最後的歡宴。「宴罷又成空，魂夢春夢中」，看到《韓熙載夜宴圖》總是令人不經意想到李後主的這句詞。畫面中的韓熙載是一位很有才華的官員，出身北方望族，投順南唐。初期深受南唐中主李璟的寵信，後主李煜繼位後，南唐已經處於衰落的狀態，李煜的軟弱加劇了南唐的滅亡。

李煜一方面向威脅南唐的北周屈辱求和，一方面又猜疑陷害北方來的官員，南唐統治集團內部鬥爭激烈，朝不保夕。在這種環境之中，**身居高職、又是來自北方的韓熙載為了保護自己，以聲色為韜晦之所**，每每夜宴宏開，與賓客縱情嬉遊，**期望以此迷惑李後主，不要懷疑、迫害他**。但李煜對他還是不放心，派出兩名宮廷畫師——周文矩與顧閎中「夜至其第，竊窺之，目識心記，圖繪以上之」。

韓熙載心知肚明，將夜夜笙歌、醉生夢死的生活來了場淋漓盡致的演繹，顧閎中憑藉著他那敏捷的洞察力和驚人的記憶力，**把韓熙載在家中的夜宴全過程默記在心**，回去後即刻揮筆作畫，成就絕世名畫。李後主看了此畫後，韓熙載等人才得到了暫時的安全。

這幅畫卷，描繪的就是韓府夜宴的整個過程，繪面採用傳統的表現連續故事的手法，將琵琶演奏、觀舞、宴間休息、清吹、歡送賓客五段場景一一展現。**各段獨立成章，又能連成整體**。第一段為「聽樂」，為夜宴初開時，几案上酒菜羅列，教坊司李嘉明之妹手捧琵琶，輕撥琴弦，七男五女或坐或立，主人公韓熙載跏趺坐於圍床，似乎沉寂在琵琶聲中。

第二段是「觀舞」。韓熙載寵妓王屋山扭動柔軟的腰肢，隨著鼓樂聲跳起六么舞，韓熙載在一面半人高的紅漆闌鼓前擊鼓助興，神態自若。其他人或拍手迎合、或手持雲板、或凝神觀舞，最有意思的是韓熙載的知心好友德明和尚，低頭合掌，目不斜視，似乎十分尷尬（參考左頁圖）。

第三段為「休憩」。韓熙載略有疲憊，正與四位女妓圍坐內室榻上休息，另有兩侍女似乎在商量新一輪的宴樂。第四段為「清吹」，韓熙載著白色寬衣，袒胸露腹、微搖絹扇，盤坐在胡椅上，面前一位女子與他交流著什麼，五位樂伎神情嫻雅的坐成一排吹奏簫笛。第五段為「調笑」。數位賓客與女妓調笑取樂，韓熙載著黃衫，復執鼓槌，端立正中，暗示著歡宴即將重開。

作者的觀察細緻入微，把韓熙載生活的情景描繪得淋漓盡致，畫面中四十多個人物神態各異，栩栩如生。畫家從一個生活的側面，生動的反映了當時統治階級奢靡的生活場面。畫家用驚人的觀察力，和對主人公命運與思想的深刻理解，在看似整個宴會沉浸在紙醉金迷的行樂中，暗示著韓熙載以失望收場。而這種落寞心情，反過來又加強了韓熙載對美好生活的追求與嚮往。

這幅巨作完成不久，後主李煜兵敗降宋，南唐國運在存在三十九年後戛然而止，《韓熙載夜宴圖》與後主李煜的亡國後詞一樣，成為南唐最後的奢華。

▲《韓熙載夜宴圖》局部。

中西「晚宴」不同

在人類燦若星河的藝術世界裡，繪畫是對現實物件的濃縮與精煉、概括與簡化，有屬於它自己的美學價值和哲學觀念。《韓熙載夜宴圖》是中國工筆人物畫的代表作，是中國傳統繪畫藝術的驕傲。在西方繪畫世界裡，《最後的晚餐》是達文西用他的筆，將晚餐的情景在瞬間定格，是世界美術寶庫中最完美的典範傑作。兩幅中西方的名畫描繪的都是晚宴的情景，裡面人物各有特徵，繪畫技法各有千秋，東西方繪畫的差異由此顯現。

就構圖而言，《韓熙載夜宴圖》是一個流動的畫面，畫家將這種流動式的美用散點透視法呈現出來，「以形寫神」，將五個場景、四十多個人物展現在一幅畫卷上，滿眼色慾的郎君、嬌小嫵媚的藝妓、聲色犬馬的大臣、尷尬的僧侶、穿梭的侍女……人物眾多卻聚散有致、賓主有序，場面動靜相宜。屏風充當了時空轉變的間隔，把一幅幅不同時空的故事連綴成篇，毫無違和感。

而達文西《最後的晚餐》在畫面的布局上別具新意。打破了耶穌弟子們坐成一排、耶穌獨坐一端的常見布局，讓十二門徒分坐於耶穌兩邊，耶穌孤寂的坐在中間，將這幅畫定格在了即將到達高潮前的那一刻，即耶穌說完「你們中有一個人出賣了我」的那一刻。耶穌的臉被身後明亮的窗戶映照，顯得莊嚴肅穆，他周遭慌亂的弟子們，流露出最真實的姿態神情，每個人的面部表情、眼神、動作各不相同。尤其是驚恐的猶大，手肘碰倒了鹽瓶，身體後仰，滿臉的惶恐與不安。

就色彩和線條來說，《韓熙載夜宴圖》色澤豔麗，富於層次感。多處採用了朱紅、朱砂、石青、石綠以及白粉等色，對比強烈。細看仕女們的服飾，可以看出重彩勾填的衣紋圖案，極其工細。對於衣物重疊和關節的轉折處，畫家巧妙的運用暈染技法，讓畫面虛實有序，形成統一整體。

《最後的晚餐》作者首先選用了較為和諧的暖色調黃色，使得畫面充滿溫馨之感。左邊的暗色調與右邊的亮色調形成對比。刻畫人物的線條圓潤而有力道，刻畫物體和牆壁背景的線條既肯定又剛直。曲與直的線條結合在同一個畫面中，使得線條與視覺產生了共鳴。

中西方的繪畫藝術是不同的，我們只有用心感受，才能體會它們不同的精神實質。中國工筆畫透過對人物的描繪，展現更多的內心世界，透過「形似」獲得「神似」，體現「天人合一」的思想，追求人與自然的和諧。《最後的晚餐》像是一尊雕塑，欣賞時內心會有一種震撼，這種震撼源於「神性」。兩種繪畫儘管有地域的差異，但表現的都是人類的心靈世界，其藝術價值屬於全人類。

棄房買畫的賠錢生意

清雍正年間，《韓熙載夜宴圖》為權臣年羹堯所有，年氏倒臺被抄家，此畫收歸皇室，被珍藏於清宮之內，歷經嘉慶、道光、咸豐、同治、光緒、宣統六朝，達一百多年之久。清朝滅亡後，溥儀將此畫作帶往東北。一九四五年八月十日，日本關東軍宣布「偽滿洲國」小朝廷轉移，溥儀匆匆出逃。《韓熙載夜宴圖》在這場動亂中散落到長春街頭，幾經輾轉，到了京城裝裱名匠馬霽川手中，他叫價黃金五百兩，最終**張大千用準備買房子的錢換回了這件國寶**。

一九五〇年，寓居香港的張大千決定移居阿根廷，為了籌措費用，他決定出售「大風堂」的鎮堂之寶——《韓熙載夜宴圖》以及南唐董源的《瀟湘圖》和元代方從義的《武夷山放棹圖》。彼時，不少國外文物機構、文物販子、香港本土大古董商，往返於中國香港和境外之間，攜鉅款購畫，伺機哄抬價格。有鑒於此，由周恩來總理直接部署，國家文物局局長鄭振鐸負責，成立了香港祕密收購小組，由香港大收藏家徐伯郊為三人收購小組組長。並決定以文化部的名義，正式申請從國家總預備費中撥出專款，專門用於收購流散在香港的文物。

得到張大千要出售名畫的消息後，與張大千為莫逆之交的徐伯郊立刻找到張大千，並表明了自己的真實身分，經過一番商討，**徐伯郊以兩萬美元這個當時極低的價格買下《韓熙載夜宴圖》、《瀟湘圖》以及張大千收集的一些敦煌卷帖、其他宋代畫冊等**。從此，《韓熙載夜宴圖》等一批國寶級文物，便成了國家文物局館藏稀世繪畫珍品。

《韓熙載夜宴圖》是幸運的，經歷一番顛沛流離後，已經安然的躺在北京故宮博物院中。回望悠遠時空，《韓熙載夜宴圖》展開的斑斕歷史畫卷，令人過目難忘、嘆為觀止。歷史展開的畫卷宏大壯闊，然而歷史也是由一個個具體的個人構成，那些畫、物、文字、場景，無不散發著那個時代特有的歷史溫度。

第8篇

多元文化碰撞交融的時期

隨著大唐盛世的落幕，短暫的五代十國將中原大地再度帶進了戰爭的苦難之中。然而在這種斷裂式的苦難內部，卻孕育著蓬勃的生機，中華文明開始由多元化向一體化邁進。兩宋時期培育出了市民社會的繁榮，一幅《清明上河圖》就是宋代市民社會的真實寫照。隨著印刷術的進步、製瓷業的繁榮，世界也因此而改變。

遼、金、西夏、大理、吐蕃等地方性政權在自己的統治範圍內，以一種包容和開放的態度，接受著中原地區的先進文化，逐步形成了具有獨特魅力的民族文化。蒙古崛起於草原，迅速結束了中華大地上的分裂局面，建立了元朝。元朝雖然短暫，在中華文明的發展進程中卻成就輝煌，奠定了現代中國版圖的基礎。

▼傳世可見唯一無開片紋路的汝窯青瓷

73 汝窯青瓷無紋水仙盆

年代：北宋，西元九六〇至一一二七年；**尺寸**：高六．九公分、橫二十三公分、縱十六．四公分；**材質**：瓷器；**收藏地**：臺北故宮博物院。

學貫東西、通曉古今的史學大家陳寅恪先生曾這樣盛讚宋代文化：「華夏民族之文化，歷數千載之演進，造極於趙宋之世。」除了詩詞文章、書法繪畫，宋瓷，堪稱是當時技術與審美、物質文化與精神文化的完美結合，是宋代文化的典範與象徵，也是後世一直追求和仿效的楷模與榜樣。

青瓷之魁

汝窯被後世奉為北宋五大名窯之首，震古鑠今，是中國古代瓷器發展史中，一顆璀璨耀眼之星。汝窯因地處河南汝州而得名，其燒造的瓷器有著天青色的釉、香灰色的胎，釉質**溫潤如玉，素面樸實無華；釉內有氣泡，如點點晨星；釉面有蟬翼紋般的開片**，若隱若現。簡言之，「青如天、面如玉、晨星稀、蟬翼紋」，就是汝瓷的特質。

汝瓷被譽為「青瓷之魁」，被形容為「雨過天晴雲破處」、「千峰碧波翠色來」，將自然之美與人工之美充分的結合在一起，也可以說是用人工之美充分展現了自然之美。

目前，就汝窯的傳世器物來看，較為明確的數量統計，**全世界有七十件左右**，再加上未公開或未知的，總計也不足百件，極為稀少。臺北故宮博物院典藏汝窯瓷器二十一件，其中水仙盆有三件。

水仙盆呈橢圓形、侈口、橢圓圈足，下承以四如意頭形足，底部有六個細小的支燒痕，均刻乾隆御製詩：「官窯莫辨宋還唐，火氣都無葆光。便是訛傳猧食器，蹴枰卻識豢恩償。龍腦香熏蜀錦裾，華清無事飼康居。亂碁解釋三郎急，誰識黃虬正不如。」造型典雅大氣，釉色均勻瑩潤。

除了臺北故宮博物院收藏的北宋汝窯的水仙盆外，還有一件現藏於日本大阪市立東洋陶瓷美術館。這件水仙盆口沿扣飾金屬，原為日本安宅家族舊藏，曾兩次被倫敦蘇富比拍賣。宋代瓷器中只有汝窯生產這種形制的水仙盆，它們能流傳至今，實屬不易。

汝瓷一片值萬金

汝窯燒製宮廷御用瓷器是在宋哲宗元祐元年（一〇八九年）到宋徽宗崇寧五年（一一〇六年）之間，**前後約二十年**。汝窯主要採用外裹足滿釉支燒法，即用各類匣缽一缽一器燒製而成，在盤、碗等體積較小器物的底部，往往可見細如芝麻的小支釘痕三至五個，與明代著名養生家高濂在《遵生八箋》中記載的汝窯：「汁中棕眼，隱若蟹爪，底有芝麻花細小掙釘」是一致的。

另外，也有少數器物採用墊餅的方式燒製而成，則圈足底端均無釉露胎。汝窯瓷器的釉色，以淡天青色為基本色調，是因為其胎、釉中氧化鐵的含量適當。此外，汝窯瓷器的釉中還摻有瑪瑙粉末。南宋學者周輝在《清波雜誌》中說：「汝窯，宮中禁燒，內有瑪瑙為釉，唯供御揀退方許出賣，近尤難得。」

實際上瑪瑙的主要成分為二氧化矽，往往含有鐵的著色元素，對汝瓷形成的特殊色澤會產生一定的作用。汝窯瓷器在燒成時，還原氣氛控制得恰到好處，十分精準，致使器物燒成後釉面滋潤，釉呈淡淡的天青色。汝窯燒造的時間並不長，但在器物形體、製作工藝、釉質釉色等方面極為講究，幾乎達到讓人無可挑剔的完美境界。

汝窯的產品不多，在當時就已一器難求。作為一代名窯，自明代以來，汝窯瓷器更是一直受到人們的追捧。**明代宣德時期，景德鎮御窯廠已開始仿燒汝釉瓷器**，清代雍正、乾隆、嘉慶、道光各朝也都有仿燒。後世的仿造，**以雍、乾兩朝最為成功**，主要是仿宋代汝窯瓷器的釉色逼真，胎釉質地遠在宣德仿製之上，達到了「神形兼備」的效果，可以以假亂真。

除了技術因素之外，能成功的燒造出仿汝窯瓷器，還與以內府收藏的古瓷為樣本照樣燒造有關。如在乾隆三年（一七三八年）六月，將舊藏的宋、明各色瓷器一百零八件交給景德鎮督陶官唐英為樣本進行生產，其中就有汝窯珍品。

唐英《陶成紀事碑記》中記載，清代仿燒汝窯器時，所用的標本有「仿銅骨無紋汝釉、仿宋器貓食盤、人面洗色澤」。這個**所謂的「貓食盤」其實就是水仙盆**。這種高水準的仿造，是後人對汝窯瓷器的一種致敬，也是汝窯瓷器生命的另一種延續。

▼宋代文人的風流與寂寞

74 蘇軾《黃州寒食詩帖》

年代：北宋，西元九六〇至一一二七年；**尺寸**：橫三十四．二公分、縱十八．九公分；**材質**：素箋本；**收藏地**：臺北故宮博物院。

蘇軾，蘇東坡，被稱作是國民偶像一點也不為過，婦孺老幼都能說得上幾句他的詩詞，「但願人長久，千里共嬋娟」、「老夫聊發少年狂」等等。蘇軾一生跌宕起伏，既有「春風得意馬蹄疾」的榮譽，也有「一蓑煙雨任平生」的淡泊；既可在廟堂之上高談闊論，當仁不讓，也能在田野之中結廬躬耕，自得其樂。這也正是蘇東坡的真我風采。當蘇東坡寫下「大江東去，浪淘盡，千古風流人物」時，是否有著對自己的認同和肯定，我們不得而知。但是，他在同一年寫下的《黃州寒食詩帖》已流傳近千年，成為蘇軾風流千古的見證。

被壓在石頭底下的蛤蟆

北宋是中國書法史上的一個高峰期，名家輩出，高手如雲，**領軍人物「蘇、黃、米、蔡」**更是出類拔萃，卓然獨立。其中，「蘇」指的就是蘇軾。蘇門四學士之一的黃庭堅評價蘇軾的

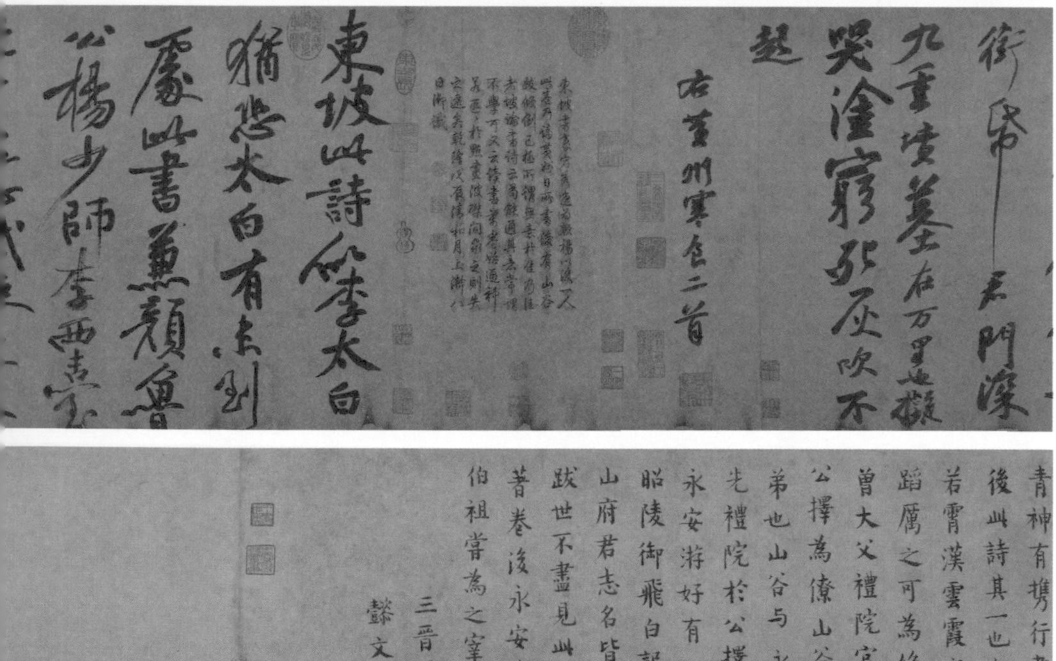
右黃州寒食二首

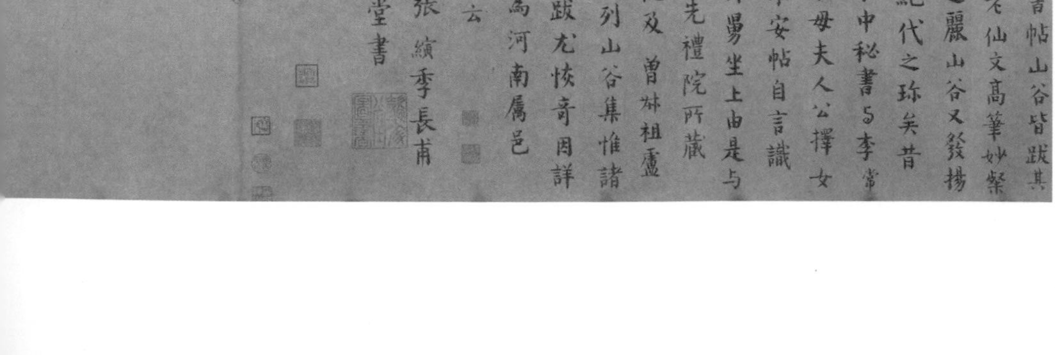
青神有携行書帖山谷皆跋其
後此詩其一也老仙文高筆妙粲
若霄漢雲霞之麗山谷又發揚
蹈厲之可為絕代之珍矣昔
曾大父禮院官中秘書与李常
公擇為僚山谷母夫人公擇女
弟也山谷与永安帖自言識
先禮院於公擇舅坐上由是与
永安游好有 先禮院所藏
昭陵御飛白記及 曾叔祖盧
山府君志名皆列山谷集惟諸
跋世不盡見此跋尤恢奇因詳
著卷後永安為河南屬邑
伯祖嘗為之宰云
三晉張縯季長甫
鬱文堂書

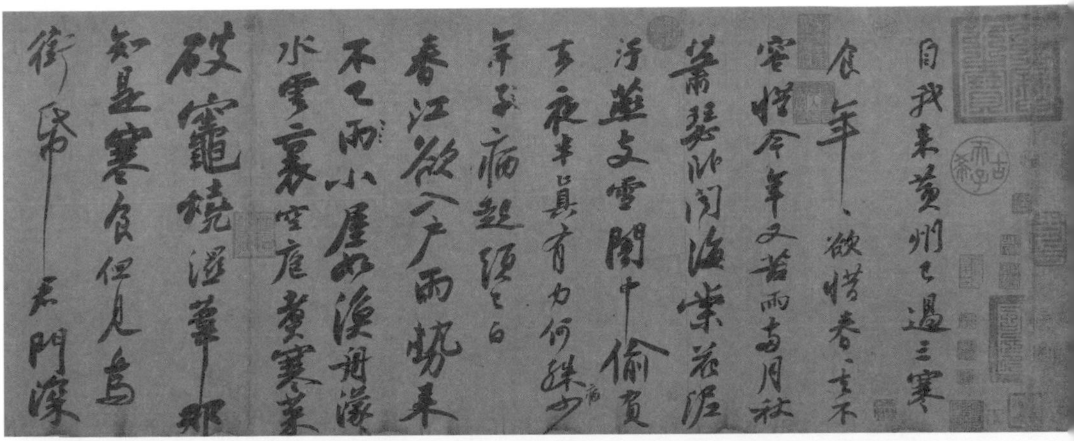
自我來黃州已過三寒
食年年欲惜春春去不
容惜今年又苦雨兩月秋
蕭瑟臥聞海棠花泥
汙燕支雪闇中偷負
去夜半真有力何殊病少
年病起頭已白
春江欲入戶雨勢來
不已小屋如漁舟濛濛
水雲裏空庖煮寒菜
破竈燒濕葦那
知是寒食但見烏
銜紙君門深

東坡或見此書應
笑我於無佛處
稱尊也
東坡老仙三詩先世舊所藏伯
祖永安大夫嘗謁山谷於眉之
青神有攜行書帖山谷皆跋其
後此詩其一也老仙文高筆妙粲
若霄漢雲霞之麗山谷又發揚
蹈厲之可為絕代之珍矣昔

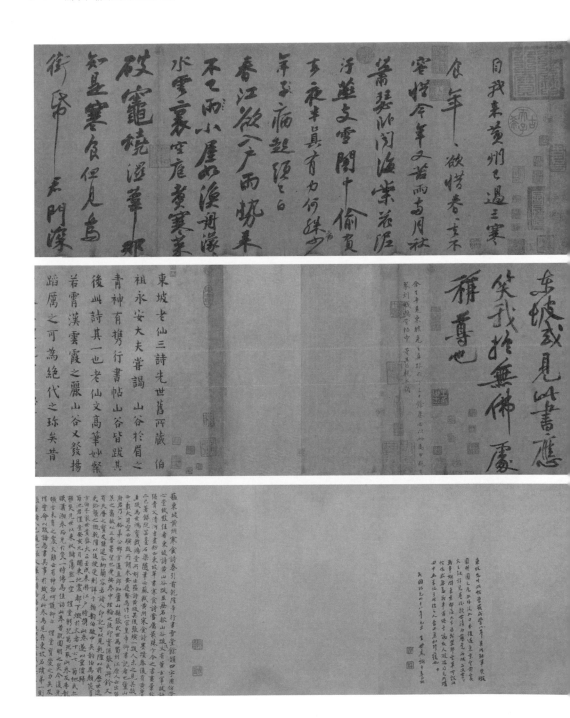

書法「於今為天下第一」、「本朝善書者，自當推（蘇）為第一。數百年後，必有知餘此論者」。可見，作為大文豪的蘇軾，不僅以詩詞、文章著稱於世，書法上的造詣也堪稱翹楚。在傳世的蘇軾書法作品中，《黃州寒食詩帖》最具代表性。

《黃州寒食詩帖》又名《寒食詩帖》，或稱《寒食帖》，蘇軾撰詩並書，墨跡素箋本，五言詩兩首，行書十七行，共計一百二十七字（按：不計刪字子、雨）。作品的主要內容如下：

自我來黃州，已過三寒食。年年欲惜春，春去不容惜。今年又苦雨，兩月秋蕭瑟。臥聞海棠花，泥汙燕支雪。闇中偷負去，夜半真有力。何殊病少年，（子）病起鬚已白。

春江欲入戶，雨勢來不已。（雨）小

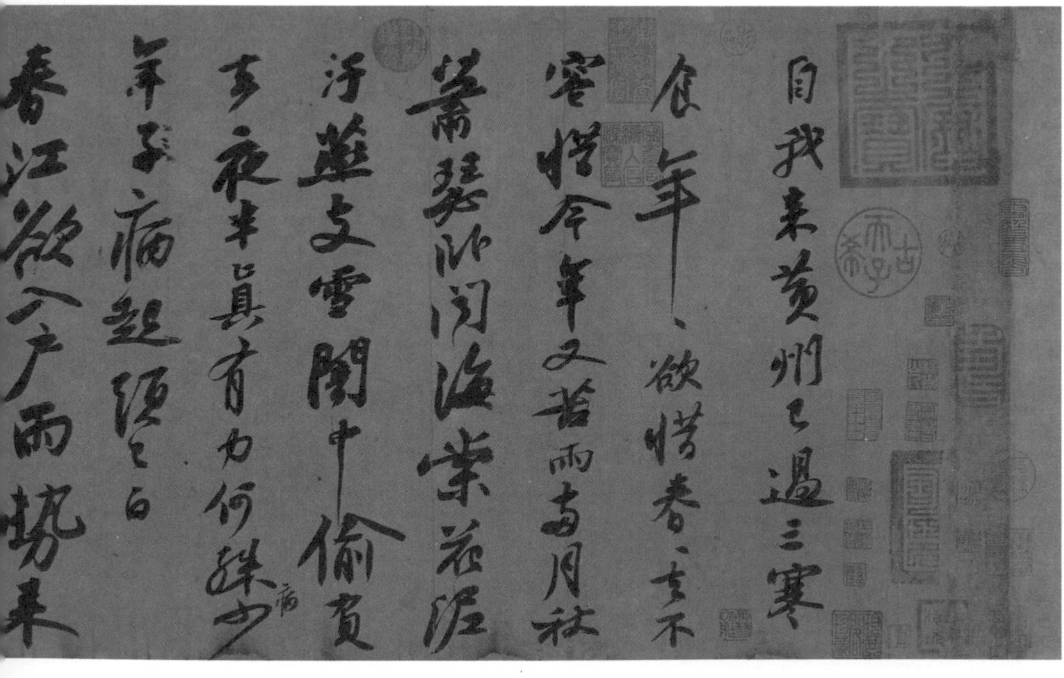

屋如漁舟，濛濛水雲裏。空庖煮寒菜，破竈（按：音同「灶」）燒濕葦。那知是寒食，但見烏銜帋。君門深九重，墳墓在萬里。也擬哭塗窮，死灰吹不起。

右黃州寒食二首。

蘇軾書寫此帖，當在宋神宗元豐五年（一〇八二年）。那時，他因「烏臺詩案」而被貶謫為黃州團練副使。北宋時的黃州，也就是今天的湖北黃岡。這兩首詩，詩意深沉苦澀，甚至有些壓抑，在蘇軾三千多首詩詞之中，既算不上傑作，也不為人所熟知。但是，在書法史上，它可稱得上是宋代美學的最佳典範。與蘇軾亦師亦友的黃庭堅機緣巧合見到《黃州寒食詩帖》，激動萬分，在詩稿後作了題跋：「東坡此詩似李太白，猶恐太白有未到處。此書兼顏魯公、楊少師、李西臺筆

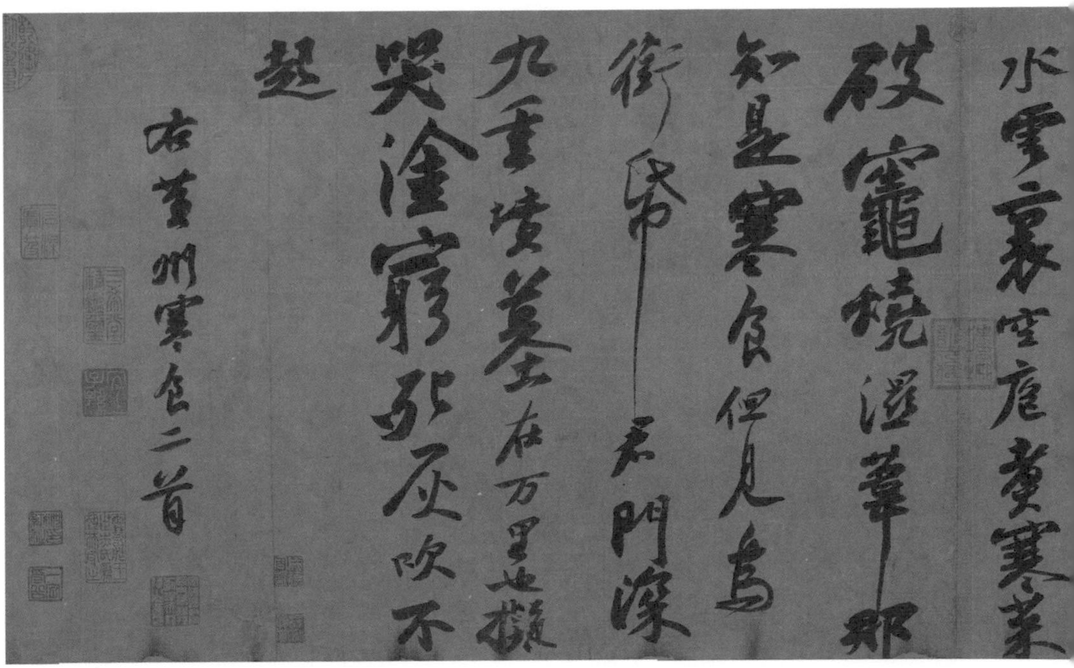

意。試使東坡復為之，未必及此。它日東坡或見此書，應笑我於無佛處稱尊也。」

蘇軾的詩，確實有與詩仙李白相近、相通之處。蘇軾寫過：「小舟從此逝，江海寄餘生」，而李白也曾寫道：「人生在世不稱意，明朝散髮弄扁舟」；兩人都對自由自在的江湖有著熱切的嚮往。該詩帖的書法，不僅淋漓盡致的展現了蘇軾書法的特點、新意、個性，還兼有唐代顏真卿、五代楊凝式和北宋李建中的筆意。蘇軾在書寫該詩帖時，一定是筆隨意走，一氣呵成，無拘無束。因此，若脫離了當時的心情、狀態、感受、遭遇等主客觀環境，讓蘇軾再寫一次，恐怕也未必能夠達到相同的水準。

而這才是真正的藝術品，真正有著無窮魅力的藝術品，真正蘊藏著創作者靈魂的藝術品。所以，元代書法家鮮于樞將《黃州寒食詩帖》譽為**繼東晉王羲之的《蘭亭序》、唐代顏真卿的《祭姪文稿》之後的「天下第三行書」**。這一評價，得到了後世的公認。若是將此詩帖僅放置於特定的兩宋時期加以品評，那麼稱之為「天下第一行書」也是毫無爭議的。

從《寒食帖》筆法上來看，整幅作品的點畫都顯得粗壯濃重，第一眼給人的感覺就是豐腴。作品中橫的墨色和用筆都偏輕，相較之下豎畫就比較粗而且墨色較重。在筆法方面，**唐代著名書法家顏真卿對蘇軾的影響最大**，顏真卿的書法在用筆上最大的一個特點就是**橫細豎粗、撇輕捺重**，蘇軾就吸收了這一特點並運用到自己的創作中。

《寒食帖》的字在結構上取橫勢，又平又扁，整體顯得寬博質樸。黃庭堅在評論蘇軾的字形時曾戲謔的稱之為「石壓蛤蟆」，將蘇軾字體的奇特扁平生動的表達了出來。在同一幅作品中間，字體大小對比最明顯的書法家應當首推蘇軾了。這幅作品中每個字大小的對比都非常明顯，其中倒數第二行的「哭途窮」這三個字所占的空間，比前一列「在萬里也擬」這五個字所占的空間還要大。字體上的這種強烈反差，使人們在欣賞作品時第一眼就可以注意到，也可以讓觀看者很容易體會到，蘇軾在**創作過程中的那種極度不穩定的心緒和情感**。

從《寒食帖》章法上看，行與行之間的距離顯得很稀疏，但在縱勢的相互呼應下，不僅沒有讓人感覺章法散亂，反而帶給人一種渾厚、靈動的感覺。整幅作品中的筆畫大都表現出一種開張的趨勢，也把墨色的濃淡、輕重巧妙的錯落開來，展現出一種獨特的韻律感。蘇軾書法獨有一種韻味，讓人看過之後，除了感覺天真和樸素之外，還帶有一點拙趣，絲毫沒有狂傲奇怪和做作的感覺。

爭相題跋蓋印的珍品

北宋時期，蘇軾的墨寶就已被朝野視為珍品，《黃州寒食詩帖》的遞藏源流非常清晰。元代，《黃州寒食詩帖》收藏於內府，元文宗孛兒只斤．圖帖睦爾在其上鈐（按：音同「前」，用印、蓋章）蓋了「天曆之寶」。明代，大書畫家董其昌將《黃州寒食詩帖》摹刻於《戲鴻堂帖》中，並題跋其上：「餘生平見東坡先生真跡，不下三十餘卷，必以此為甲觀。已摹刻《戲鴻堂帖》中。董其昌觀並題。」可謂再遇知音。清朝順治年間，《黃州寒食詩帖》轉到了益都（今山東青州）人孫承澤手中，因此上面有「北平孫氏」、「退谷」的鈐印。康熙年間，《黃州寒食詩帖》被著名書畫收藏家納蘭性德（字容若）收藏。納蘭性德喜得《黃州寒食詩帖》，愛不釋手，鈐蓋了不少印章，如「容若書畫」、「成德容若」、「成子容若」等等。

幾十年後，《黃州寒食詩帖》收歸大清內府，並刻入《三希堂法帖》。乾隆皇帝特書「雪堂餘韻」四字，以作為此墨寶的卷首題詞，並祈此墨寶與天地長存。乾隆皇帝在《黃州寒食詩帖》長卷上鈐蓋了不少印璽。咸豐十年（一八六〇年），庚申之變，「萬園之園」**圓明園慘遭英法聯軍焚毀，收藏在園內的《黃州寒食詩帖》長卷被烈火烤焦了邊沿，險遭厄運**。時隔不久，《黃州寒食詩帖》流落民間，為書畫家馮展雲所得。馮卒後，歸盛伯羲所有。清宣統年間，《黃州寒食詩帖》又被意園主人收藏。

一九一三年二月，梁鼎芬為倖存的《黃州寒食詩帖》長卷題簽：「宋蘇文忠《黃州寒食詩帖》真跡，張文襄稱為海內第一。意園物，獻盦（按：音同「安」）藏。宣統癸丑二月，梁鼎芬題記。」一九二二年，《黃州寒食帖》的收藏者顏世清遊覽日本江戶時，將詩帖以重價出售給菊池惺堂，致使這一件書法瑰寶流落異鄉。一九四五年，日本宣布無條件投降。戰爭剛一結束，時任國民政府外交部部長的王世傑，囑託友人在日本遍訪《黃州寒食詩帖》，並不惜重金購回，使得這一墨寶重歸故土。**詩帖現藏於臺北故宮博物院**。

75 張擇端《清明上河圖》

年代：北宋，西元九六〇至一一二七年；**尺寸**：長五百二十八．七公分，寬二十四．八公分；**材質**：絹本；**收藏地**：北京故宮博物院。

北宋張擇端的《清明上河圖》堪稱中國古代，表現社會生活內容最為豐富、情景最為生動、意蘊最為深厚、感染力最為強烈的風俗畫長卷。畫中繪有人物八百多名、牲畜九十多頭、車船五十多輛、樹木一百多棵、房屋一百多棟，此外還有河流、橋梁、城牆以及盆盆罐罐、桌椅板凳等，可以說是包羅萬象，無所不有。**如此規模的畫作可以說是前所未有**，對作畫者而言也是個巨大的突破、挑戰和考驗。這需要畫家成熟的構思、巧妙的安排、嚴謹的設計、準確的觀察、合理的把控、廣闊的視野、精細的筆繪、貫通的技法。只有如此，才能成就這一北宋開封「百科全書式」的圖畫。

重現北宋市井人物的生活風貌

宋代畫家張擇端繪製的長卷風俗畫《清明上河圖》，被譽為中國十大傳世名畫之一，也是

75 · 張擇端《清明上河圖》

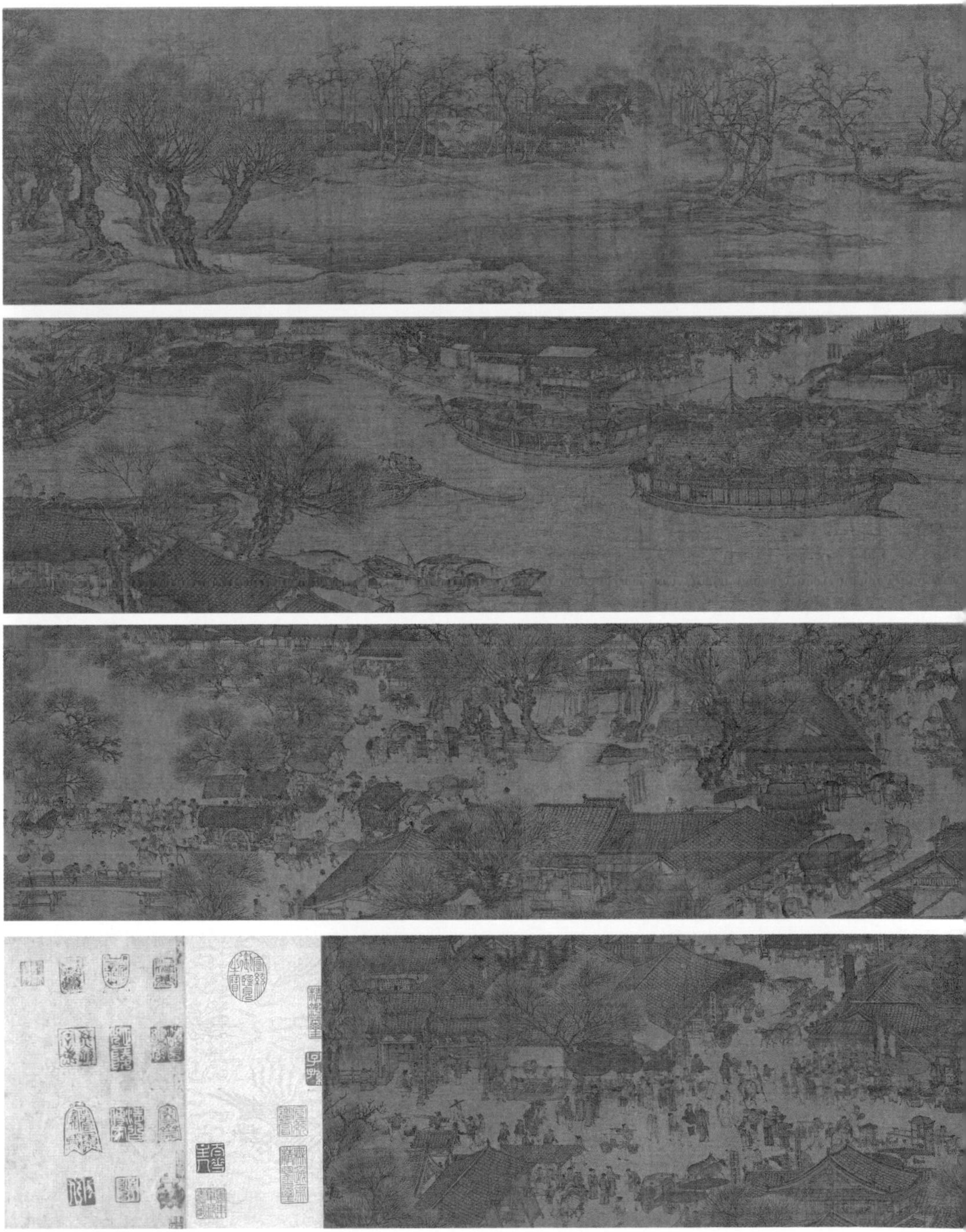

一幅享譽世界的名畫。畫面人物眾多，景象恢宏盛大，內容豐富多彩，筆法嚴謹精細，表現技巧生動靈活，以全景式的構圖，真實的反映了北宋京城汴梁（今河南開封）社會各個階層的不同生活。它所具備的強烈的藝術感染力、深厚的社會意義，使畫作的藝術性和思想性達到高度完美的統一。

《清明上河圖》以精緻的工筆，步步生景，畫面的內容結構，大致可分為三個段落。畫卷右端起，始為城郊的農村風光、寂靜的原野，略顯寒意，漸而有村落田疇、嫩柳初綠，上墳回城的轎馬人群，行走於稀疏的樹石、潺潺的溪流之間，點出了清明時節的景象。漸而人物增多，房舍逐漸稠密，河道也漸顯寬廣，畫面的氣氛隨之熱烈。

中段以虹橋為中心，形成了全畫最為緊湊、最為熱鬧的場面。虹橋橫跨於汴河之上，橋身全由巨木架成，有梁無柱，結構精巧，規模巨集敞，形制優美，宛如長虹。橋的兩端連接街市，來往行人熙熙攘攘，車水馬龍，與橋下緊張的水運相互呼應。橋下河面狹窄，水深流急。漕船之上，船工們正在與河水激烈搏鬥，有的撐篙、有的掌舵、有的放桅杆、有的擲纜繩、有的呼喊指揮。過橋的行人也駐足觀看，情不自禁的指點提醒、呼號助力，一時間，多少人手忙腳亂，鼎沸一片。

後段為城門內外的景象，城樓高聳巍峨，街道縱橫交錯，店鋪鱗次櫛比，茶坊、酒肆、腳店、肉鋪、寺觀、公廨等，一應俱全。街市中有專營羅錦匹帛、珠寶香料、香火紙馬的，有醫藥門診、大車修理、看相算命的，還有沿街叫賣零食及小百貨的，可以說是應有盡有。街上的行人摩肩接踵，絡繹不絕，男女老幼、士農工商、三教九流、形形色色，無所不備。

正如後世觀者所總結的那樣：「其位置，若城郭市橋屋廬之遠近高下，草樹馬牛驢駝之小大出沒，以及居者行者舟車之往還先後，皆曲盡其意態，而莫可數計，蓋汴京盛時偉觀也。」《清明上河圖》所繪這三個部分情景在高度統一的同時，又保持著相對的獨立性。統一是指三個部分所描繪的內容各不相同卻又密不可分，**三個部分的空間轉換也順暢自然，沒有突兀感**；獨立性是指三個部分在空間、敘事上，清晰的表現出了鄉間郊區、虹橋汴河與城門內外三種場景。這三個部分使畫面主次分明，疏密結合，首尾相連，渾然一體，酣暢淋漓，讓畫面具有起伏的運動感，彷彿置身於其中。

身世隱祕的畫家

《清明上河圖》的大名婦孺皆知，但吊詭的是，**創作者張擇端卻是個名不見經傳的畫家**。關於張擇端的文獻材料，現存的只有金代張著在《清明上河圖》卷後的八十五字跋文：「翰林張擇端，字正道，東武人也。幼讀書，遊學於京師。後習繪事，本工其界畫，尤嗜於舟車市橋郭徑，別成家數也。《按向氏評論圖畫記》云《西湖爭標圖》、《清明上河圖》選入神品，藏者宜寶之。大定丙午清明後一日。燕山張著跋。」據此可知，張擇端，字正道，大約出生於宋仁宗嘉祐年間（一〇五六至一〇六三年）末至英宗治平年間（一〇六四至一〇六七年），東武（今山東諸城）人。張擇端自幼熟讀詩書，長大遊學京師，後來可能由於科舉考試失利，轉攻繪畫，並**成為一名宮廷畫師**。

細查《清明上河圖》長卷的繪畫技藝，畫家對細微之處刻畫的精微地步及嫻熟程度，考慮到張擇端「後習繪事」的因素，該圖應是畫家的中年之作，時在崇寧年間（一一〇二至一一〇六年）。大約在崇寧四年（一一〇五年）的一天，張擇端完成畫作後將之裱成了手卷，呈遞給宋徽宗。宋徽宗看後大加讚賞，情不自禁的在卷首用瘦金書題寫了五個字，還加鈐了雙龍印，但這些在明朝末年已被損毀，那五個字應該就是「清明上河圖」。

根據張著《清明上河圖》跋文，張擇端有「《西湖爭標圖》、《清明上河圖》選入神品，藏者宜寶之」。也就是說，張擇端還有一幅《西湖爭標圖》為世人所重。現存天津博物館的《金明池爭標圖》，圖上有「張擇端呈進」五個不很顯眼的小字，就是與《清明上河圖》並稱的反映北宋汴梁城市生活面貌的又一傑作，二者堪稱雙璧。不過，前者在畫幅尺寸、所繪內容上遠遠少於後者，甚至後者為前者的一部分之說曾流行一時。所以，《清明上河圖》是張擇端最具代表性的作品。

多次入宮，曾遭劫被盜

《清明上河圖》是國畫中當之無愧的鴻篇巨帙，在宋代就被視作珍品。因此，《清明上河圖》一直不斷被模仿。據粗略統計，**現存的《清明上河圖》摹本有三十多本**，其中中國各大博物館就收藏十多本。不僅如此，《清明上河圖》還是後世帝王權貴競相追逐的目標，收藏家、鑑賞家夢寐以求的對象，加之改朝換代、社會動盪等諸多因素，《清明上河圖》本身的遭遇和經歷也造就了一段耐人尋味的傳奇。

明嘉靖三年（一五二四年），《清明上河圖》轉到兵部尚書長洲（今江蘇蘇州）陸完的手裡。陸完死後，他的夫人**將《清明上河圖》縫入枕中，寸步不離，視如身家性命，連親生兒子也不得一見**。不過，陸完死後，其子因欠官債，急等錢用，便將《清明上河圖》偷偷賣給昆山（今江蘇昆山）顧懋宏，後被嚴嵩父子強行索去。嘉靖四十四年（一五六五年），嚴嵩倒臺，嚴世蕃被斬，嚴府被抄，《清明上河圖》被收入皇宮。

清代，《清明上河圖》先由禮部侍郎陸費墀（安徽桐鄉人）收藏，畫上有他的鈐印題跋。陸費墀死後被抄家，《清明上河圖》又被湖廣總督、大學者畢沅購得。畢沅死後，亦遭抄家，《清明上河圖》被收入皇宮之中。嘉慶皇帝得此至寶，將其珍藏於建福宮的延春閣，並命人將它收錄在《石渠寶笈三編》一書內。因此，這幅《清明上河圖》舊稱「延春閣本」，包首題簽「張擇端清明上河圖」，畫上無作者款印。該畫在一九二四年之前被溥儀盜出皇宮，後來帶到長春偽皇宮，一九四五年抗戰勝利後散佚到民間。

中華人民共和國成立之初，該畫被政府收回，但**當時尚不知這就是張擇端的《清明上河圖》，因而混跡在東北博物館（今遼寧省博物館）臨時庫房裡的一堆破爛書畫裡**。一九五〇年八月，著名的書畫鑑定家楊仁愷先生在裡面發現了這件《清明上河圖》長卷，他在《一九五〇年東北博物館庋藏溥儀書畫鑑定報告書》中所附的《鑑定筆記》裡將此畫考訂為北宋張擇端的真跡，這件珍寶才得以重見天日。一九五三年十一月，《清明上河圖》長卷最終回到了**北京故宮博物院**。

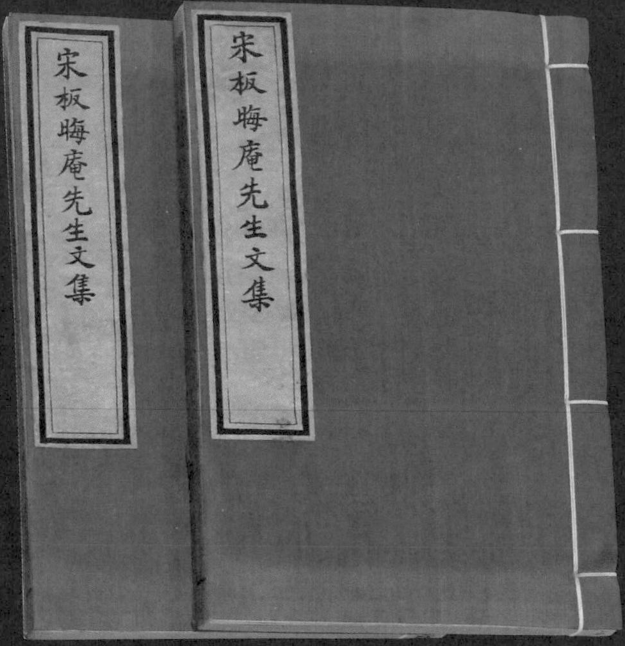
宋板晦庵先生文集
宋板晦庵先生文集

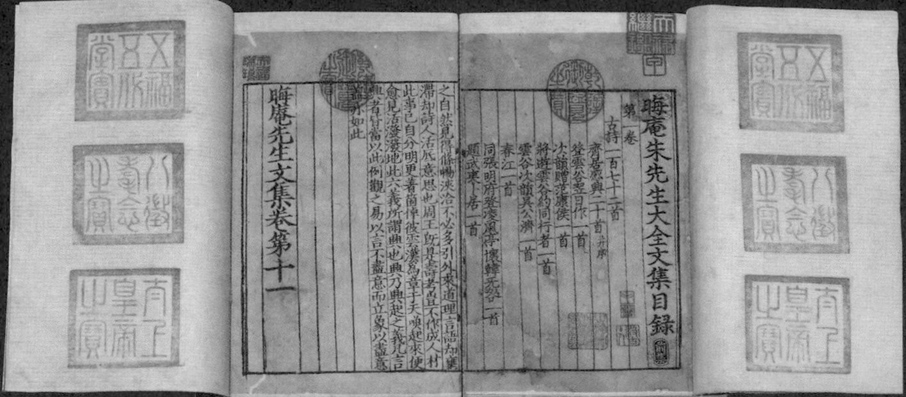
晦庵先生文集卷第十一
晦庵朱先生大全文集目錄

76 福建刻本《晦庵先生文集》

年代：南宋，西元一一二七至一二七九年；**尺寸**：縱二十三．六公分、橫十七．七公分；**材質**：紙；**收藏地**：臺北故宮博物院。

印刷術還未發明之前，書籍主要依靠抄寫而得以流傳。隋唐之際發明雕版印刷術和北宋畢昇發明活字印刷術以後，印刷逐漸成為書籍流傳的主要途徑。由於唐刻本僅局限於佛經、日曆等內容，再加上年代悠遠，保存不易。相對而言，宋刻本則數量多、數量精、內容豐富、流傳較廣。在版本學上，宋刻本被視為稀世珍本。

宋代理學的集大成者

朱熹（一一三〇至一二〇〇年），字元晦，一字仲晦，號晦庵，又號晦翁，別號紫陽。朱熹的祖籍是徽州婺源（今江西婺源），生於南劍州尤溪（今福建尤溪），後徙居建陽（今屬福建南平）考亭。南宋高宗紹興十八年（一一四八年）進士，授泉州同安主簿，任滿罷歸，長期賦閒。其實，若與其他的著名官員相比，朱熹的履歷很簡單，做官的經歷不足十年，其餘的時間都在著書立說、教書講學中度過。因此，我們推崇朱熹是大思想家、大教育家。

朱熹的思想與學術集北宋以來理學之大成，創立了「考亭學派」（或稱「閩學」），將孔孟儒學推向了新的高峰，帶來了新的生機。朱熹是自儒學創立後，地位和名望僅次於孔子、孟子的一位大儒。朱熹的思想與學術除了體現在他與時人的講授、交流之中以外，最重要的則是記錄在了朱熹自己的文章、著作之中。我們常說的「四書五經」，不僅是儒家學說的經典，也是封建王朝選拔人才的指定教科書。孔子「刪《詩》、《書》，定《禮》、《樂》，贊《周易》，修《春秋》」，《樂經》被認為失傳（一說無此書），五經齊備，五經之名早在漢朝就已確定。四書指的是《大學》、《中庸》、《論語》和《孟子》，就是朱熹首先將它們合編在了一起，合稱「四書五經」。

宋版書中的珍本

朱熹一生著述頗豐，其中大部分都彙集在了《晦庵先生文集》（亦名《朱文公文集》、《晦庵文集》等）之內。《晦庵先生文集》是朱熹一生心血的凝

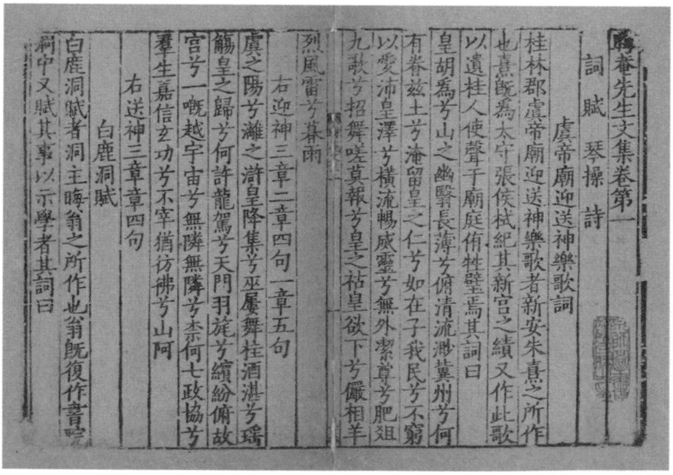
晦庵先生文集卷第一
詞賦 琴操 詩
虞帝廟迎送神樂歌詞
桂林郡虞帝廟迎送神樂歌者新安朱熹之所作
也熹既為太守張侯栻紀其新宮之績又作此歌
以遺桂人使聲于廟庭侑牲璧焉其詞曰
皇胡為兮山之幽翳長薄兮俯清流渺冀州兮何
有眷茲土兮淹留皇之仁兮如在子我民兮不窮
以愛沛皇澤兮橫流暢威靈兮無外潔尊兮肥俎
九歌兮招舞嗟莫報兮皇之祜皇欲下兮儼相羊
烈風雷兮暮雨
右迎神三章二章四句一章五句
虞之陽兮灕之滸皇降集兮巫屢舞桂酒湛兮瑤
觴皇之歸兮何許龍駕兮天門羽旄兮繽紛俯故
宮兮一慨越宇宙兮無隣無隣兮柰何七政協兮
羣生嘉信玄功兮不宰猶彷彿兮山阿
右送神三章章四句
白鹿洞賦
白鹿洞賦者洞主晦翁之所作也翁既復作書院
祠中又賦其事以示學者其詞曰

聚，畢生的智慧結晶，朱熹不僅親自結集審定，並且在其生前還有過三次刊刻：第一次在淳熙十五年（一一八八年），即前集之刻，刻於建陽麻沙；第二次為前集與後集之合刻，時間約在紹熙三年（一一九二年），刻於建陽麻沙；第三次在慶元四年（一一九八年），出自其弟子王晉輔之手，當時朱熹正遭遇黨禁之禍，所以祕刻於廣南。

朱熹的思想和學術對後世影響極為深遠，因此《晦庵先生文集》流傳極為廣泛，刻本數量眾多。現存最早的宋刻本《晦庵先生文集》，是朱熹生前第二次刊刻的版本，也是宋代以來《晦庵先生文集》的祖本，文物價值、學術價值和意義相當重大。此本在明代為毛氏汲古閣所藏，後收藏於清朝皇宮，僅見著錄於《天祿琳琅書目後編》：「《晦庵先生文集》二函十二冊，宋朱熹撰。前集十二卷，為古律詩、賦、策問、銘文、贊詞、歌、解義、表札、上書、記、題跋、序、墓誌銘、祭文；後集十八卷，為序、辨、論、問答、易贊、記、行狀、碑銘、墓誌。無編者姓名，亦無序跋。

書中標《晦庵先生文集》，而前集目錄之首標《晦庵朱先生大全文集》，後集二印不可辨。」又附朱文藏印「宋本」、「甲」、「毛晉」、「汲古主人」、「乾隆御覽之寶」、「五福五代堂寶」等。該刻本為大字本，無序跋，每半頁十二行二十一字，白口，間有小黑口，有魚尾。清朝末年，溥儀以賞賜胞弟溥傑為藉口，把包括《晦庵先生文集》在內的乾清宮東昭仁殿的全部宋、明版古籍珍本運到宮外。後來，《晦庵先生文集》輾轉為現代著名藏書家山陰（今浙江紹興）沈仲濤所收藏。後來沈仲濤將畢生的藏書，包括《晦庵先生文集》在內，一同捐贈給了臺北故宮博物院。

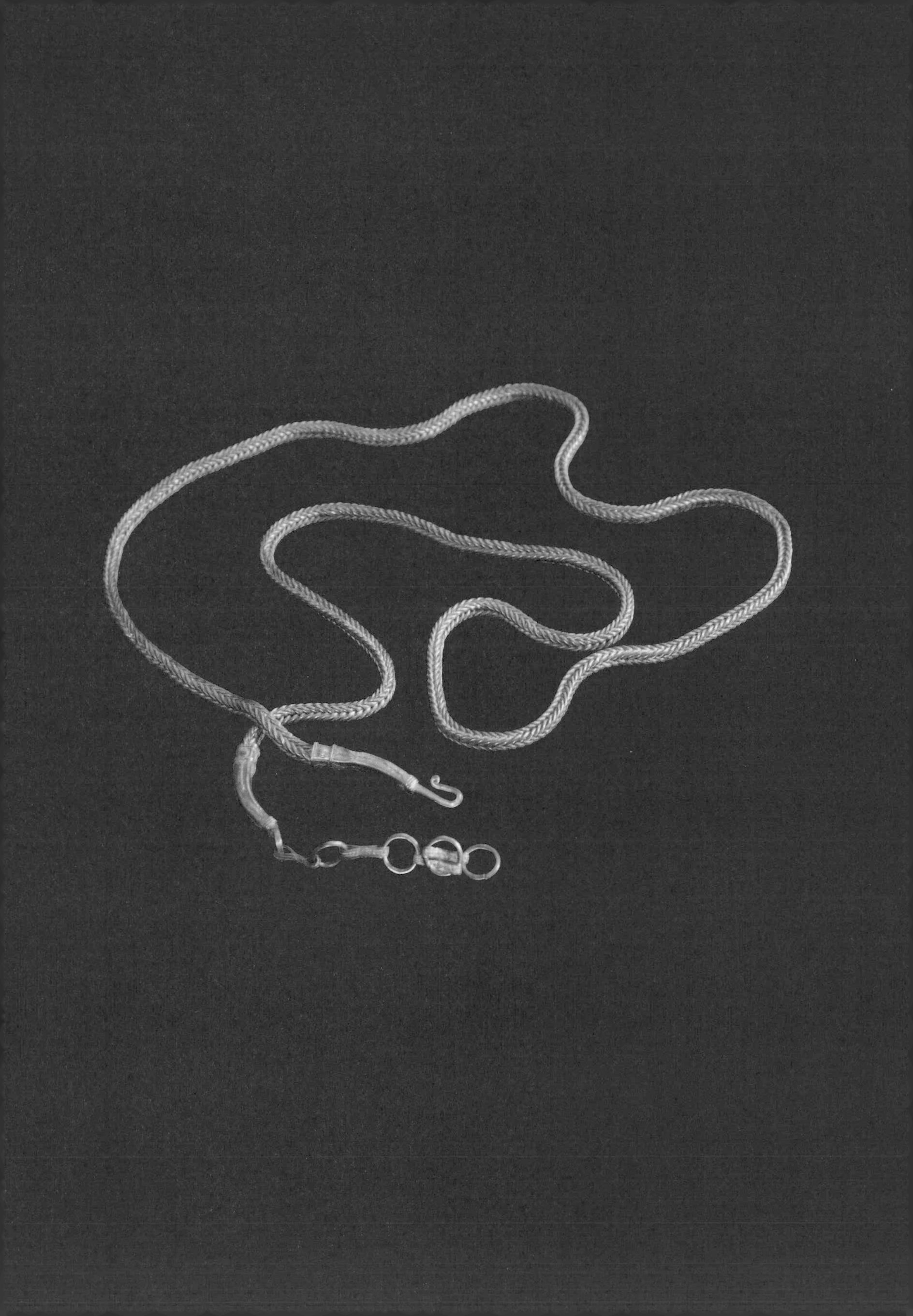

▼為海上絲綢之路提供實物依據

77 鎏金銀腰鏈

年代：南宋，西元一一二七至一二七九年；**尺寸**：長一百七十二公分；**材質**：鎏金銀質；**出土地**：二〇〇七年廣東省台山市上下川島海域南海一號**沉船出土**；**收藏地**：廣東海上絲綢之路博物館。

人類文明的產生與發展受地理環境的影響。中國作為世界四大文明古國之一，並且延續至今、未曾中斷，與其特定的地理環境有著密不可分的聯繫。在地理上，中國東臨大海，西北是戈壁和沙漠，西南有面積廣闊的青藏高原和雲貴高原。這種一面臨海、三面陸路的地理環境，使中國與外部世界形成了一種半開放、半隔絕的狀態。在這種狀態下，中國的西北部開闢了著名的絲綢之路，東部和東南沿海地區則開闢了與東亞、東南亞、南亞、阿拉伯半島國家，甚至東非國家交通、交流的海上絲綢之路。因此，除了九百六十萬平方公里的陸地上埋藏著豐富的文化遺產外，三百萬平方公里的海洋國土下面也有著驚人的古代寶藏。

海洋考古的開端

一九八〇年中葉以前，中國的水下考古和水下考古學還是一片空白。一九八五年，英國人邁克爾・哈徹（Michael Hatcher）在中國南海，私自打撈出大批的清康熙年間的青花瓷器，並於一九八六年四、五月間將這批盜掘的珍貴文物，在荷蘭阿姆斯特丹拍賣，引起了國際考古學、博物館學界的強烈不滿，並引起中國政府及文物部門的關注。這種沉痛的刺激使中國政府和文物考古界做出的反應之一就是：填補學科空白，展開中國水下考古工作。

一九八七年廣州救撈局與英國海洋探測打撈公司合作，在廣東陽江海域尋找東印度公司沉船時，意外的發現了一艘中國古代沉船。一九八九年，中國與日本水下考古學者合作進行調查，這艘古代沉船被正式命名為「南海一號」。二〇〇一年、二〇〇三年，中國水下考古學者對沉船進行了挖掘，發現沉船船體保存較好，雖然船的上層建構已經不存在，但主甲板及其以下的船舷、隔艙以及支撐結構（如龍骨、船肋）等，基本保存完整，船艙內放置著整齊的瓷器和其他貨物，是迄今為止南中國海域發現的，保存最為完整的宋代沉船。

二〇〇七年四月至十二月，南海一號被成功的整體打撈出水，安置在專門為其量身打造的廣東海上絲綢之路博物館內，並在其存放的「水晶宮」內注入了同質、同溫的海水，為沉船構建了一個與之前完全相同的、可以控制的存放環境，為進一步的挖掘、研究創造了極佳的工作條件。

二〇〇九年八月至九月，二〇一一年三月至五月，廣東省文物考古研究所水下考古研究中心人員，對沉船進行了兩次試掘，了解沉船情況，獲得一批重要的考古資料，並提取了部分文物。二〇一三年十一月二十八日，南海一號全面挖掘正式啟動，沉船的輪廓、艙室基本揭露，**至今仍在有條不紊的挖掘之中**。

聯繫中外文化的海上絲綢之路

透過對南海一號船體殘塊的木材檢測，確定船木包含了馬尾松和杉木兩類材質。馬尾松是生長於長江流域及其他區域的亞熱帶針葉樹種，因此南海一號沉船很有可能是中國南方地區製造的一艘商船。從已挖掘暴露的船體結構和船型判斷，南海一號沉船是長寬比較小、安全係數高、耐波性好、裝貨量大的「福船」類型（按：福船是中國古代風帆動力船類型之一，宋元時期海上的主要運輸船。「水密橫艙壁」這項技術，就是在福船上最先採用和發明的，特點是，一艙破了，還有第二艙、第三艙），船體保存較好，存有一定的立體結構，這在中國沉船考古中較為鮮見。

截至二〇一七年底，南海一號沉船總共出土文物兩萬一千多件，其中以瓷器、鐵器、銅器、銅錢為主，此外還有金器、銀器以及大量動植物標本、船木等。瓷器年代主要為從北宋中晚期至南宋早期的福建德化窯、泉州磁灶窯、景德鎮窯系、龍泉窯及廣州民窯的產品，包括影青瓷、青瓷、青白瓷和鉛綠釉的碗、盤、碟、壺與大小不一、形狀各異的粉盒、瓶等。

發現的近兩萬枚銅錢當中，最早為王莽時期的「貨泉」，其次為隋唐時期的「五銖」錢和「開元通寶」，少部分為五代十國錢幣，如後周的「周元通寶」、後唐的「唐國通寶」等，絕大部分為北宋的年號銅錢，最晚的為南宋「紹興元寶」。此外，還有銅鏡、石硯、石枕、石雕佛像、石雕觀音坐像、銀錠等等。據考古專家估計，南海一號沉船中的遺物總量可達六萬到八萬件之多。

在沉船內如此眾多的器物之中，有一件鎏金銀腰帶，長一百七十二公分，形制獨特，不同於中國傳統的腰帶，具有明顯的波斯風格，很可能為船主或船員所用，這也許暗示沉船或許與南亞或東南亞存在聯繫。這件鎏金銀腰帶，成為沉船所在的**廣東海上絲綢之路博物館的鎮館之寶**。

關於南海一號沉船的文物價值，大致包括三個方面：一是這艘沉船本身就是一件價值連城的文物，對中國古代造船工藝、航海技術以及木質文物，長久保存的研究提供了實物標本；二是船上裝載的文物數量眾多，其中不少文物非常精美，有些甚至是**以中國的原材料為國外客戶訂製的生活用品**，對研究宋代的外銷瓷、對外貿易、經濟發展提供了珍貴的實物資料；最為重要的一點是，南海一號沉船為「海上絲綢之路」提供了豐富的物質證據。過去研究海上絲綢之路，大都是依據文獻資料進行研究，海洋航路上發現的實物資料相當稀少。而南海一號沉船的海域應該在由泉州、廣州港經廣東西部沿海駛向東南亞乃至印度、西亞地區的「海上絲綢之路」的航線上，這將為復原「海上絲綢之路」提供重要的實物依據。

▼墓葬藝術中的遼代社會生活

78 宣化遼墓壁畫

年代：遼，西元九〇七至一一二五年；**尺寸：**橫一百八十一公分、縱一百五十二公分；**材質：**壁畫；**出土地：**一九七四年河北省張家口市宣化區下八里村張世卿家族墓出土。

遼朝是以契丹貴族為主體，所建立的一個強大的少數民族政權，吞併燕雲十六州，雄踞北方，與北宋對峙，在中國歷史上占有重要的地位。契丹民族原為逐水草而居、以畜牧游獵為生的草原民族。然而在遼朝建立之後，隨著契丹族進入中原地區，漢族和契丹族的融合日益加劇，形成了獨特的文化。而反映這一歷史潮流的最直接實物證據，就是河北張家口宣化區下八里的遼代張氏家族墓壁畫。

契丹統治下的漢人家族

一九七一年春，在今張家口市宣化區下八里村，農民在當地東北正山南坡平整土地時，發現仿木結構的磚砌古墓一座。墓室雖經盜掘，但墓內四壁和頂部的壁畫保存完好。當地文化主管部門還曾將墓門封閉保存。一九七四年冬，考古工作者開始對墓室進行挖掘清理，出土各種

▼ 宣化遼墓壁畫之《門衛圖》。

陶瓷器、木俑、志石（按：即墓誌）等，同時發現了大面積的墓室壁畫。壁畫是這次挖掘的重要收穫之一。壁畫分布於墓室四壁和頂部，總面積約八十六平方公尺。壁畫內容大部分是描寫墓主人生前的生活，同時也反映了當時社會生活的一些側面，和民間藝人的創作才能。壁畫雖經近千年的雨水浸蝕，色彩仍很鮮豔。

根據墓誌記載，墓主人為張世卿，宣化人，其家族世代在宣化這塊美麗富饒的土地上繁衍生息，一直堅守本分，耕讀傳家。到張世卿一代，家產累積得已經相當豐厚，成為當地有名的大地主。遼道宗大安四年（一〇八八年），遼國部分地區遭受嚴重的農業災荒，餓死者無數，甚至出現「民削榆皮食之，繼而人相食」的恐怖地步，遼政府只好實行「立入粟補官法」，期望透過以官帽換糧食的方法，鼓勵富戶大賈們為國分憂，替民解困。此時，張世卿拿出兩千五百斛（約一百五十噸）穀物，救濟災民，以助國用。遼天祚帝被他忠赤之心所感動，特授其創業右班殿直，後來累官至銀青崇祿大夫、國子祭酒、監察御史、雲騎尉。

墓誌還反映了當時漢人和契丹人通婚的情況。墓誌中提到「孫男二人，長曰伸，妻耶律氏」，說明到了遼代統治晚期，原本僅限於上層的漢族和契丹族通婚，已經擴張到社會中下層，漢族和契丹族通婚已是普遍現象。

遼代社會生活的真實寫照

宣化遼墓壁畫的重要特點是以家庭生活為主。墓室立壁的題材主要有門衛、門神、散樂、備茶、備酒、府庫、備經、挑燈、婦人啟門、家內侍者、屏風等家庭生活場景。在家庭生活中又以佛事占重要地位。

從墓誌記述得知墓主人是虔誠的佛教信徒。他們實行火葬是「依西天茶毗禮」，把崇佛誦經看作人生最重要的大事。如張世卿墓《備經圖》中，高桌上除放置《金剛經》、《常清淨經》經盒和香爐、花瓶外，還有漆托白瓷盞茶具。張公誘墓《備經圖》中，桌上放經盒、長柄香爐、花瓶，一女侍正啟門端盤而入，盤上放置茶盞，暗示誦經必飲茶。《備茶圖》是宣化遼墓中最常見的一種壁畫，對碾茶、候湯、點茶、送茶等情節都有細緻表現。當時備茶的諸多用具在壁畫中都有描繪，這在古代壁畫中是獨一無二的。這些**《備茶圖》所表現的意境既不是主人品茶之好，也不是**

▼ 宣化遼墓壁畫之《備茶圖》。

風靡北宋朝野的點茶時尚，而是墓主人佛事誦經生活之一部分。

六號墓前室東壁《備茶圖》，展現了五位侍者備茶的場面（參考右頁圖）。畫的正中前方，一名漢族裝束的小童坐在地上低頭用茶碾在碾茶，旁邊的盤子裡還有一塊待碾的圓茶餅，另一名**契丹裝束**的少年鼓著雙腮給煮茶的風爐吹氣。一名**契丹男侍**站立在這少年身後，伸出雙手似乎正要取走風爐上煮茶的茶壺。男侍右側有一高桌，桌上放著杯、壺、茶盒、提簍等物，桌前有兩隻小狗嬉戲，桌子左面還有兩套捧盒，似乎裝著食物。畫面左上部是兩個漢族裝束的侍女，兩人都手捧茶盞，最左側那個已經轉身移步，似乎要去給主人送茶。這幅作品情趣盎然，透過備茶侍者的行為動作，真實反映了遼代的社會生活，其構思之巧令人讚嘆。這正是宣化遼墓壁畫為人喜愛的重要原因。

▼金代龍形文物代表

79 銅坐龍

年代：金，西元一一一五至一二三四年；**尺寸：**通高十九・六公分；**材質：**青銅；**出土地：**一九五六年黑龍江省哈爾濱市阿城區金上京會寧府遺址出土；**收藏地：**黑龍江省博物館。

金代的上京會寧府，故地即今**黑龍江省哈爾濱市阿城區的白城**。金朝自金太祖完顏阿骨打始，至金太宗、金熙宗，直到海陵王完顏亮於貞元元年（一一五三）遷都燕京，均**定都於此**，**稱為上京**，前後三十八年。此地也被叫做金源，是女真族的龍興之所，是金朝初期的政治中心。

龍頭、犬身、麒麟背、獅尾

上京會寧府以北宋都城汴京為藍本進行過多次大規模的修建，最南為乾元殿，**宋徽宗、欽宗蒙塵北狩**，**在此朝見金國皇帝**。其北為敷德殿（即朝殿），是官員朝見皇帝的地方。再北為慶元宮，為安放金太祖以下各帝遺像之處，就是金朝的原廟。又北為明德宮、明德殿，供太后居住。此外，還興建了太廟、社稷壇等等。金上京規模宏大，功能完備，宮殿富麗堂皇，是金源文化發展的重鎮。

一九六五年，金上京故城西垣南段牆腳下發現一件銅坐龍，一九七四年由發現人送交縣文管所，一九九〇年調歸黑龍江省博物館收藏。這件銅坐龍昂首張口似長吟、肩微前弓、前左腿翹起、其爪飛踏瑞雲。瑞雲與後腿相連。右前腿略向前方直立，爪與地面相接。龍尾上翹向外蜷曲。龍首、肩部和四肢飾有捲鬣。在龍的前右腿、尾部及瑞雲處，有一雙向分開的扁錠殘跡，應當是為與它物相連接固定而鑄。它集四種動物特徵於一體：龍頭、犬身、麒麟背、獅尾。這件銅坐龍構思巧妙，造型新異，鑄造精細，為金代龍形文物的代表。這件銅坐龍，是中國出土的第一件金代銅坐龍。

▲ 銅坐龍側面。

目前中國所見年代最早的銅坐龍，出土於北京豐臺唐史思明墓中。這件銅坐龍略小，頭向左斜，張口，頸部有一火焰珠，前腿直立，後腿曲踞，長尾穿過後腿襠向上捲至腰部。軀幹有鱗片，前肢五爪，後肢三爪。從形象上來講，這兩件銅坐龍有著一定的承襲關係。

一九九〇年，北京市文物研究所的考古人員在白紙坊立交橋一帶，也就是金中都皇宮內的主殿大安殿遺址範圍也挖掘出了一件銅坐龍，通高三十一．五公分，重約一．三公斤，圓首，獨角，嘴內含珠，鱗片狀角延伸至背部，弓身踞坐，前足直立，兩側有翼，後足屈膝，足作五爪，絞股雙尾上翹，向外捲。底部有四個釘孔，內有鐵釘鏽痕。二〇〇二年六月，北京市文物研究所的考古人員在房山區金代皇家陵寢遺址的考古調查、勘察和試掘中，又發現了兩件銅坐龍。這兩件銅坐龍的形制、樣式與前兩件金代銅坐龍基本相似。

皇室的御用器物

那麼，**這幾件金代的銅坐龍是用來做什麼的呢**？也就是說，他們的功能或者作用是什麼呢？

金上京的銅坐龍，是中國出土的第一尊金代銅坐龍，曾在阿城縣文管所工作的許子榮先生依據《金史．輿服志》中的記載：「又大輦，宋陶穀創意為之……大輦，赤質，正方，油畫，金塗銀葉龍鳳裝。其上四面施行龍、雲朵、火珠，方鑒，銀絲囊網，珠翠結雲龍，鈿窠霞子。四角龍頭銜香囊。頂輪施耀葉，中有銀蓮花、坐龍」，認為這尊銅坐龍**可能為金朝皇帝輦輅**（按：音同「捻路」，古代皇帝坐車前的橫木）**上的飾物**。這枚銅坐龍原有三副銅釘，每副為相併的兩個扁釘，用以嵌固在物體上。此後，相關辭書、報刊在介紹這尊金代銅坐龍時，均認同並引用了這一**觀點**。這也是學界對金代銅坐龍功用的最初判定。

有學者提出，銅坐龍是避邪神獸，高高站在金代皇帝殿前平臺上所設的幄帳頂上，起避凶除惡保平安之用；還有學者認為，銅坐龍是一種鎮墓獸。其實，綜合來看，黑龍江阿城的銅坐龍出土於金代早期都城上京會寧府皇城遺址的西端，其他幾尊金代銅坐龍均出土於北京，也就是金中都，都與金代皇家建築遺址密切相關，如金中都的城牆、宮殿遺址，金代皇陵的地面建築遺址。**古代的華表**（按：豎立在宮殿、墳墓、城門前的大柱）、**望柱**、**殿宇等建築物上均有石質或陶瓷質的坐龍**，**大小與銅坐龍相當**，按坐式龍易於固定的特點，金代的銅坐龍更有可能是金代**皇家建築上的一種構件**，具有裝飾作用和守護功能。

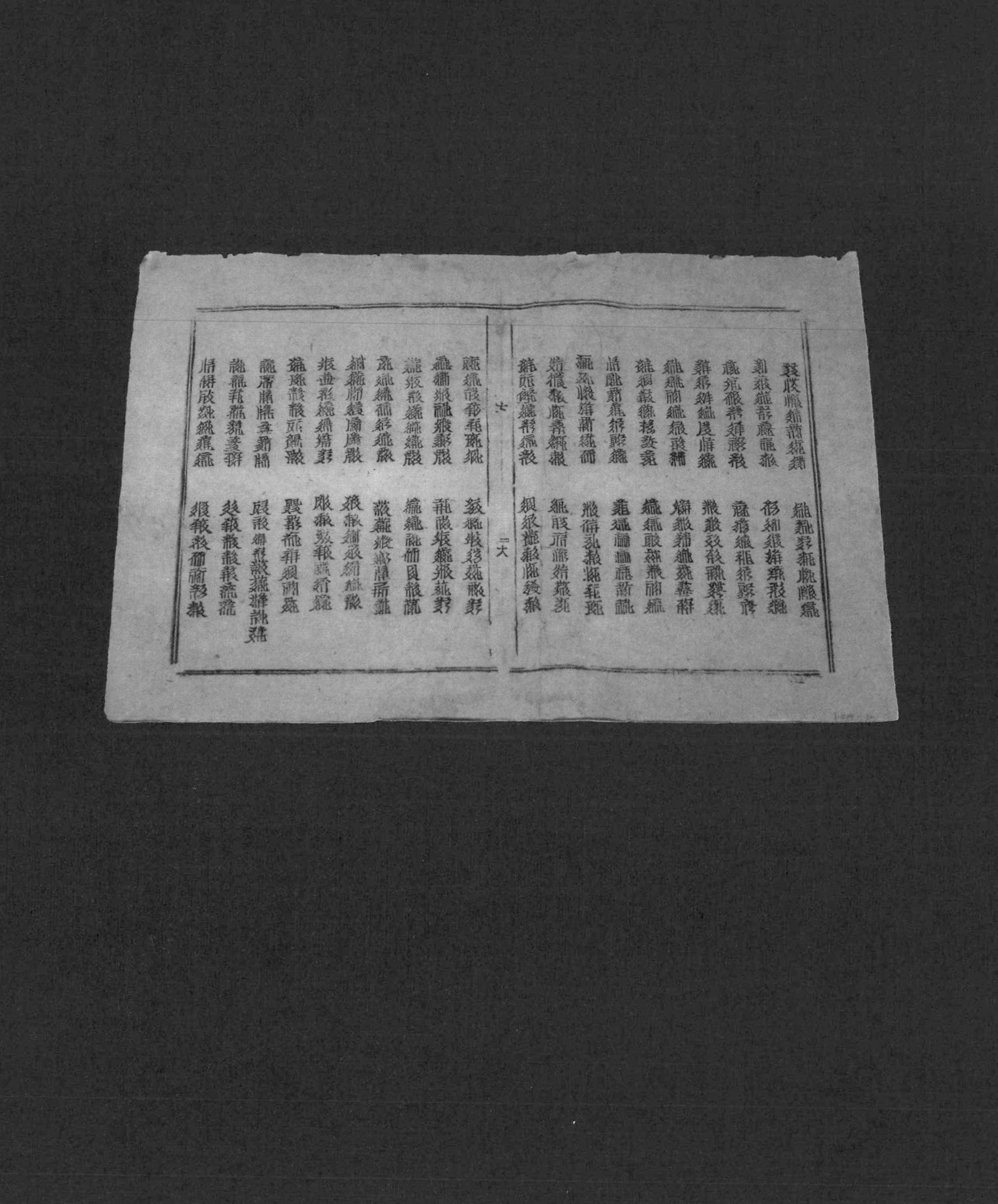

[illegible]

▼最早發現的木活字印本實物

80 西夏文《吉祥遍至口和本續》

年代：西夏，西元一〇三八至一二二七年；**尺寸：**版框高三十．七公分、寬三十八公分；**材質：**紙本；**出土地：**一九九一年寧夏回族自治區賀蘭縣拜寺溝方塔出土；**收藏地：**寧夏博物館。

西夏是十一世紀至十三世紀以党項族為主體，在中國西北地方建立的一個少數民族政權。西夏文獻，既是西夏文化的重要載體，也是中國古典文獻、歷史文物的重要組成部分。從文字種類看，西夏文獻主要可分為西夏文文獻、漢文文獻、藏文文獻及梵文文獻等。西夏文文獻絕大多數為西夏國的原始文獻，在西夏文獻中的史料價值最高，研究的價值也最大。**自二十世紀初以來，西夏文獻大量被發現**。其中寧夏賀蘭縣拜寺溝方塔內出土的西夏文獻，其數量之多，種類之豐富，僅次於內蒙古黑水城出土文獻，具有極高的研究價值。

神祕的西夏文字

一九九〇年十一月，寧夏賀蘭縣拜寺溝內的一座磚砌方形十三層密簷式塔，被不法分子蓄意炸毀，成為廢墟。第二年的八月至九月，寧夏文物考古研究所的考古人員對方塔廢墟進行挖掘與清理，獲得了大量西夏時代的遺物。據粗略統計，方塔清理出的佛經文書共三十六件（種），約十二萬字。其中西夏文刻本約十萬字，寫本約七千字；漢文刻本約三千字，寫本約一萬字。另有佛畫殘件五種，以及塔心柱銘文、西夏文木牌等。在這些佛經文書中，有九冊保存較為完整的**西夏文佛經**，一般統稱為《吉祥遍至口和本續》。

這九本佛經，皆為刻本，白麻紙精印，蝴蝶裝。完本者有封皮、扉頁；封皮左上側貼有刻印的長條書籤，書名外環邊框；封皮紙略厚，呈土黃色；封皮裡側另褙一紙，有的褙紙為佛經廢頁，褙時字面向裡。全頁版框高三十．七公分、寬三十八公分；四界有子母欄，欄距上下二十三．五公分，無界格，半面左右十五．二公分。版心寬一．二公分，上半為書名簡稱，下半為頁碼；頁碼有漢文、西夏文、漢夏合文三種形式。每半面十行，每行二十二字，字約一公分。佛經文字工整秀麗，版面疏朗明快，紙質平滑，墨色清新，是古代優秀版本之一。此次發現的《吉祥遍至口和本續》，完本每本十七至三十七頁，完殘本總計兩百二十頁，約十萬字。

西夏王朝的印刷業

西夏文佛經並不是稀物，在中國北京、寧夏、甘肅、陝西、內蒙古等地區的文博、圖書機構，在俄羅斯、英國、日本、法國、德國、瑞典、印度等國的相關文化機構都有收藏，總計近四百種。**《吉祥遍至口和本續》之所以重要，第一**，在目前已知的西夏文佛經中尚無此經，屬**海內外孤本**。第二，它是藏傳佛教密宗經典的西夏文譯本，「本續」二字就是它的標誌，還可能是藏文大藏經已經失傳，而被西夏文譯本保留下來的藏密經典。**《本續》有經文本身，又有紀文、廣義文、解補配套**，它所包含的訊息量遠遠超過了經文本身。第三，《本續》作為首尾完整的藏傳佛教西夏文譯本，不僅是研究西夏語言文字的重要資料，研究西夏佛教、藏傳佛教的寶貴資料，也是認識和研究當時紙張製造、版本印刷、書法藝術、裝幀藝術的實物資料。

拜寺溝方塔的挖掘者，也是《吉祥遍至口和本續》的發現者，常年從事考古學和西夏學研究的著名專家牛達生先生經過潛心研究，認為《吉祥遍至口和本續》是**西夏後期印本，係木活字版所印**，並於一九九三年在北京召開的「第一屆中國印刷史學術研討會」上正式公布了這一研究成果。由於此前沒有發現更早的木活字印刷品，**學界普遍認為木活字為元代王禎所發明**，因此這一發現受到格外重視。

中國文化部於一九九六年組織了對「西夏木活字研究成果」的鑑定，確認《吉祥遍至口和本續》是迄今為止世界上發現最早的木活字印本實物，它對研究中國印刷史和古代活字印刷技藝具有重大價值。被譽為「文明之母」的印刷術，是中國古代的四大發明之一。中國古代印刷，主要是指隋唐之交出現的雕版印刷和北宋畢昇發明的活字印刷。然而令人遺憾的是，在中國浩如煙海的漢文古籍中，迄今尚未發現宋元時期的活字印本。西夏時期的活字印本《吉祥遍至口和本續》的發現，填補了中國早期活字印刷遺存資料的空白。

紙是印刷的先決條件，與印刷的發展有著密切的關係。同樣，造紙術也是中國古代的四大發明之一。《吉祥遍至口和本續》正文用紙，紙樣色澤較白，近似於一般生白布的色調；紙質均勻細平，不見明顯的粗大纖維束；紙頁平滑度正面較好，反面略差；有明顯的簾紋，寬度約一公釐，簾紋數約每公分七條。經測定，紙頁白度三六・八％，厚度〇・一三公釐，紙重三十克／^{2}公尺。

《本續》正文用紙，為古代一種品質較好的書寫印刷用紙。其纖維原料為苧麻及大麻（破布），是經過石灰和草木灰處理、中等程度打漿、紙藥配漿、竹簾抄紙、人工乾燥等工藝過程生產出來的。《本續》封皮用紙，是以白淨的棉、麻破布為原料，經過剪切備料、舂搗打漿、低濃分散解離、加入澱粉等紙藥、用竹簾抄製成濕紙頁、覆簾壓榨脫水等工序後，再用人工乾燥而成。因此，紙頁兩面平滑度差較小，纖維束少。乾燥後的紙頁，再經過入黃處理（黃柏汁染色），使紙變為黃色，並兼有防蛀蟲的作用。

以研究中國古代科學技術史而聞名於世的英國著名學者李約瑟（Joseph Needham）曾說過：「我認為在全部人類文明中，沒有比造紙史和印刷史更加重要的了。」造紙術和印刷術都是中國古人智慧的結晶，李約瑟的這一論斷，可以說在發現的《吉祥遍至口和本續》中得到充分實證。

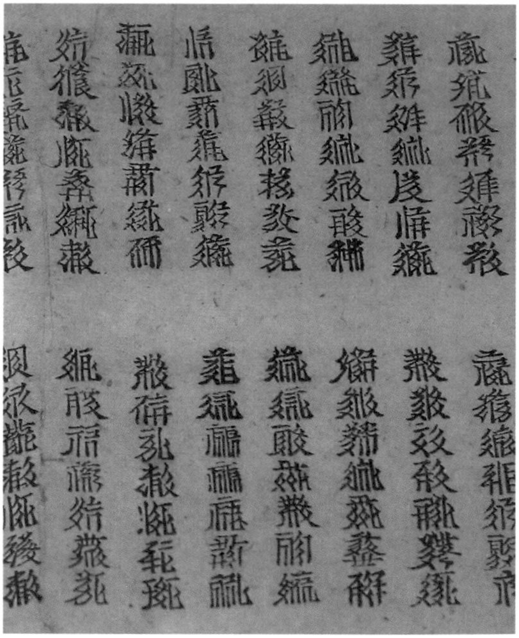

▲《吉祥遍至口和本續》局部。

81 銀背光金阿嵯耶觀音像

年代：大理，西元九三七至一二五四年；**尺寸：**通高二十九．五公分；**材質：**金；**出土地：**一九七八年雲南省大理市崇聖寺千尋塔出土；**收藏地：**雲南省博物館。

雲南的氣候舒適宜人、四季如春、景色絢麗、風光旖旎，享有「七彩」之美譽，令人心馳神往。雲南的歷史悠久綿長，雲南的文化神祕獨特，除了熱情善良的少數民族，品質上乘的茶葉和翡翠，被稱作「雲南福星」的阿嵯耶觀音像絕對算得上是雲南的一個精神與藝術的象徵。

從南詔到大理

南詔是中國歷史上存在時間較長、特色頗為突出的一個地方性政權。隋末唐初，在雲南大理洱海周圍形成了六個勢力較大的烏蠻、白蠻部落，合稱「六詔」（「詔」是當地的土語，有「王」和「地區」兩層含義）。其中，蒙舍詔因處於其他五詔之南，故又稱「南詔」。唐玄宗時，皮邏閣在唐朝的支持下統一了六詔，並於開元二十六年（七三八年）被封為雲南王。第二年，皮邏閣遷都大和城（今大理南太和村），建立了南詔國。唐昭宗天復二年（九〇

二年），權臣鄭買嗣殺死南詔王，南詔亡。後晉天福二年（九三七年）通海節度使段思平建國號大理，直至南宋理宗寶祐二年（一二五四年）為蒙古所滅。從南詔到大理，佛教一直是最為盛行的宗教，至今依舊聳立在點蒼山麓的崇聖寺千尋塔就是最好的見證。

大理崇聖寺三塔呈鼎足狀立於蒼山洱海之間，一大二小；大塔居中，又名千尋塔，為十六級方形密簷磚塔；另外兩座小塔分列南北，均為十層，平面呈八角形。崇聖寺三塔歷史悠久，始建於唐（南詔），大理、元、明、清歷代均有維修。

一九七八年至一九八一年，**大陸文物部門在對崇聖寺三塔進行維修時，於千尋塔（大塔）的塔頂和塔基內發現了南詔、大理國時期的珍貴文物**六百八十多件，包括佛教造像一百五十三尊，其中佛六十四尊、菩薩七十六尊、護法天神與其他造像十三尊。從質地分，佛類有金像五尊、銀像十尊、鎏金銅像十九尊、銅像十三尊、水晶像兩尊、泥像十二尊、石像與木雕像各一尊；菩薩類有金像兩尊、銀像五尊、鎏金銅像二十二尊、銅像三十二尊、瓷像三尊、玉石像一尊、木雕像一尊、泥像三尊。這批佛教造像對研究南詔、大理國佛教史、藝術史等方面有著重要的價值（阿嵯耶意為規範行為之導師）。

雲南福星

千尋塔內共出土阿嵯耶觀音像五尊，其中金質兩尊、鎏金銅質一尊、銀質一尊、木質一尊。最具代表性的是，有鏤空雕花銀質火焰形背光的阿嵯耶觀音像，此像高髮髻，頭戴化佛冠，髻上繞有絲束，分多股下垂，袒露上身，項飾瓔珞，戴三角形臂釧，右手腕戴聯珠式手鐲，兩耳戴耳墜，細腰直立，下著大裙，裙上飾褶子，腰帶飾花形扣結，飄帶繫於兩腰下垂於地，手結妙音天印，赤足，足下有二榫。

阿嵯耶觀音像有明顯的**印度造像風格**，他上身全是裸露的，胸部有突起的二圓點以示乳頭。髮髻做得高高隆起，將髮高盤於頭頂，像一個王冠，而且用一個珠玉的帶子將頭髮束住，另一些頭髮則曲捲下垂，披在肩上。一條裝飾華麗的帶子環繞於額頭，在這條帶子的中央突起三角形花紋的裝飾。在他的頭飾上方，坐著一尊阿彌陀佛。兩耳垂戴有耳墜子，脖子上戴著一個精心製作的珠寶項圈，上飾雲蓮紋，雙臂戴三角形花紋的臂釧，在右手腕戴一隻手鐲。右手舉至胸側，覆掌，食指、大拇指相撚，餘三指散直向上，左手仰掌，手心微微向上，結妙音天印。

他穿著一條薄裙，裙上有褶子，裙下端呈魚尾形。一塊圍巾環著他的腰肢，在前面打了一個裝飾花結；另一塊圍巾則披在前面，環兩側股打結。腰部繫有一條寶蓮花紋飾金腰帶。阿嵯耶觀音面相和善，略帶笑容，鼻子扁塌，嘴形寬闊，嘴唇豐厚，上身袒露，下著貼身薄裙，赤足，手結妙音天印。

他的**這些特徵與中國內地唐、宋時期信仰的楊柳觀音、持蓮觀音等三十三體觀音像差別很大**。千尋塔出土的五尊觀音像的時代為大理國。另外，千尋塔上原來還供奉有一尊大理國皇帝段正興出錢為太子段易長生、段易長興等鑄造的阿嵯耶觀音像，中華人民共和國成立前被盜，現藏美國聖地牙哥藝術館。這說明大理國時期曾有多尊阿嵯耶觀音像供養在千尋塔上。

大理崇聖寺千尋塔出土的阿嵯耶觀音像，作為大理時期的珍貴藝術品，是大理古代勞動人民智慧的結晶。這些觀音像的粉本（按：畫稿。畫家作畫先以粉筆畫的底稿）是由印度僧人菩立陀訶於南詔保和二年（八二五年），從印度傳入的。在鑄造阿嵯耶觀音像的過程中，大理地區的古代工匠參照這個粉本的同時，又結合南詔、大理時期王族所戴的王冠、白族人的臉型，鑄造出了這種兼有中國大理和印度風格的綜合型造像。從中可以看出，地處中國西南的南詔、大理在文化上的開放性和包容性，他們一方面大量吸收中原內地的先進文化，另一方面也吸收了外國的優秀文化，創造了一種獨具特色的地方文化。阿嵯耶觀音像不僅僅是雲南一省的藝術瑰寶，更是中國人民與印度，及東南亞各國往來和文化藝術交流的見證。

82 劉貫道《畫元世祖出獵圖》

年代：元，西元一二〇六至一三六八年；**尺寸**：縱一百八十二．九公分、橫一百零四．一公分；**材質**：絹本；**收藏地**：臺北故宮博物院。

元代大學者王惲曾說：「國朝大事，曰征伐、曰蒐狩、曰宴饗，三者而已。」精闢的總結出了蒙元統治者的主要活動。其中，蒐狩主要指的就是狩獵。蒙古族是馬背上的民族，習於弓馬，縱橫馳騁是其民族特性。狩獵是最能展現其民族特點和風采的方式之一。

認識不一樣的忽必烈

《元世祖出獵圖》是一幅以元世祖忽必烈遊獵活動，為表現主題的蒙元宮廷畫，是蒙元時期宮廷畫的代表作品，一直以來備受蒙元史和美術史學者關注。《元世祖出獵圖》畫面的左下角有題款「至元十七年二月御衣局使臣劉貫道恭畫」，清楚的表明創作時間及作者。至元十七年，即一二八〇年，正當元世祖忽必烈在位之時。畫家劉貫道，其生平履歷最早見於至正二十五年（一三六五年）夏文彥編著的《圖繪寶鑑》。劉貫道，其字仲賢，中山（今河北定州）人。他擅長畫道釋人物和類似北宋李成、郭熙一路畫風的山水，還兼擅花竹、鳥獸。至元十六年（一二七九年），他因畫《裕宗御容像》大受賞識，補御衣局使。

清康熙年間，權傾朝野的重臣明珠次子、名滿天下的詞人納蘭性德之弟納蘭揆敘《益戒堂詩後集》中有《題元世祖出獵圖》詩一首：「至元天子英武姿，校獵每以秋冬期。我今展圖如見之，沙漠慘澹移於斯……月來日往綿歲時，此畫完整無缺虧。偶然瀏覽渾忘疲，便覺滿室生涼颸。壯觀咫尺慰所思，何待振策遊邊陲。」生動、詳盡的描繪了畫中的場景。

《畫元世祖出獵圖》的藝術魅力

該畫的內容取材於元世祖行獵的場面。在歷史上，蒙古族狩獵一直被譽為天下奇觀。但這幅畫沒有著眼於浩浩蕩蕩、金戈鐵馬的場面與氣勢，而是表現出了一種從容自若、閒庭信步的恬淡與逸趣。畫家只挑選了十個人物，加以精雕細刻，使之各盡其態。畫面情調平淡溫和，以陰柔出之，並不以陽剛制勝。我們可以看到，元世祖忽必烈位於靠近中央的地方，御青馬、戴貂冠、身衣白裘、腳蹬皮靴，昂然坐在馬上，從容而威武。他的頭部略微向左偏轉，雙目凝視遠方，目光堅定而神情泰然。與元世祖並轡而立的可能是皇后，她身著白袍，在坐騎紅纓佩飾的映襯下，顯得非常優美，和元世祖剛毅偉岸的身姿形成對比（參考左頁圖）。

在前景以及世祖帝后的兩側共有八名侍從，有的腰攜箭箙（按：音同「服」，盛箭的器具）、有的手持獵鷹、有的彎弓尋羽，他們或縱犬、或持矛、或揚鞭，姿態或仰或俯，人物、坐騎各不相同。其中，畫面左下方的三名人物頗具特色。第一人闊臉長鬚，身著藍衣，頭戴紅帽，跨坐於一匹白馬之上，右臂擎有一隻**通體雪白的海東青**，頗為醒目。海東青自唐代以來即為獵鷹猛禽中的名品，在遼、金、元三朝更是倍受統治者青睞與推崇。南宋徐夢莘所著《三朝北盟會編》中記載：「海東青者出五國，五國之東接大海，自海東而來者，謂之海東青。小而俊健，爪白者尤以為異。」白色海東青在元代尤為珍貴，為皇室所獨有。

稍下方的第二人身著綠衣，留有婆焦髮型，背身坐於黃馬上，身後馱有幾隻獵物，此人右臂立有一隻**獵隼**，**體型較小**，**全身呈淡黃色**。位於全軸最下方的第三人青衣尖帽，禿頂黃髯，仰面昂視，體貌特徵明顯，應是來自西亞或中亞的色目人，其身後**有一隻獵豹安坐於馬背之上**，獵豹的頸間繫有一道繩索，緊握於前方的獵人手中。這種專門用於狩獵的豹子並不產於東亞、北亞地區，應是隨著蒙古帝國的擴張，從西亞或非洲地區傳入的。遠景畫得很簡單，一隊商旅行駝

▲《元世祖出獵圖》局部。

出沒於山丘之中，使人彷彿置身於遼闊的塞外大漠。

從技法上看，畫家充分發揮了線條的表現力，不論是線條的勁挺與柔和，還是運筆的疾遲與輕重，皆臻於妙境。**元世祖的形象，與臺北故宮博物院收藏的歷代帝后像中的元世祖像極為相似**，可能出於寫實之筆。在**馬的畫法上，則又繼承了唐宋畫馬名家的手筆**，造型準確逼真，用筆勁健，設色清雅。

畫面的構圖，疏密得當，錯落有致，人物互相呼應，前景、中景、遠景安排得層次分明。畫面的動靜、詳略、虛實關係也處理得相當成功。畫家把筆墨集中在人物的刻畫上，對於人物和坐騎的**每一個細部，包括繁複的裝飾花紋和細如遊絲的馬鬃都一絲不苟**。但是他**對於環境卻很少刻畫**，只是呈現給我們廣闊遼遠的曠野，留下讓人遐想與深味的空間。

透過這幅作品，人們不僅可以看到蒙古貴族狩獵的場景，更能領略到蒙元統治下，民族的多元化和文化的多元化。這幅作品為後代研究元代人物肖像畫、蒙古貴族服飾、蒙元政治社會生活和典章制度提供了重要依據。

83 景德鎮窯青花鳳首扁壺

年代：元，西元一二〇六至一三六八年；**尺寸：**高十八．七公分、底徑四．五公分、口徑四公分；**材質：**瓷器；**出土地：**一九七〇年北京市西城區舊鼓樓大街豁口東元代窖藏出土；**收藏地：**首都博物館。

「China」在英語中既有「中國」的含義，又有「瓷器」的意思。此外，還有一種解釋，即古代中國景德鎮名為「昌南」，其發音與「china」相似。西方世界以瓷器或者瓷器製造地點來稱呼中國，可見中國瓷器和製瓷業在世界文化當中占有獨特地位，同時也顯示出西方對於中國瓷器的充分認可。青花瓷成熟於元代，是元朝製瓷業的突出成就。青花瓷和景德鎮都是中外經濟往來、文化交流的重要組成部分。

北京出土的元青花

一九七〇年，北京舊鼓樓大街豁口東在修建地鐵二號線的施工之中，無意間發現了一處元代瓷器窖藏，出土了十件青花瓷和六件影青瓷。十件元青花同時出土，而且件件精美，這在當

時絕對是一項重大而驚豔的發現。其中有一件鳳首扁壺，造型別緻精美，裝飾典雅生動，是一件從未見過的器物，在令人驚嘆、讚美之餘，也將人們對元青花的認識與欣賞，帶到了另一種高度和層次。

這件青花鳳首扁壺，小侈口、尖圓脣、短直頸、器身為扁圓形，一側為曲狀短流、一側為圓形柄，矮圈足。該器布滿紋飾，頸部飾一周雲雷紋，壺身上部繪一展翅飛翔的鸞鳳，流裝飾成昂起的鳳首，柄作捲曲的鳳尾，壺身下部畫纏枝牡丹紋，圈足外壁飾一周垂蓮紋。足底的砂胎上掛一層很薄的護胎釉。這件扁壺造型獨特而生動，色彩鮮豔而清新，只可惜遺失了壺蓋。

從整體上看，這件青花扁壺將造型與紋飾巧妙的結合在一起，達到了立體與平面的完美統一。瓷壺以短流為鳳首、壺體為鳳身、曲柄為鳳尾，用鸞鳳的形象將器物的三個部分自然的銜接、充分的融合在一起；同時扁壺的形制也賦予了鸞鳳一種豐滿、動感、鮮活的狀態，體現了功能與藝術、實用與審美的完美結合，確實是一件不可多得的藝術珍品。另外，**鳳與龍一樣，都是元朝政府禁止民間私造的紋飾**，有著嚴格的規定和明確的限制。因此，這件超凡脫俗的鳳首扁壺一定是元朝官府作坊燒造的產品，代表著擁有者非比尋常的身分與地位。

身價上億的青花瓷

青花瓷是指用鈷料（呈色劑）在白瓷胎上描繪圖案紋飾，然後施一層透明釉，在高溫中一次燒成的釉下彩瓷。青花瓷早在唐代就已經開始燒造。不過，在唐、宋時期，青花瓷並沒能從青瓷、白瓷占據主導的格局中脫穎而出，一直處於默默無聞的狀態。到了**元代，景德鎮生產的青花瓷異軍突起**，創造了青花瓷器史上的第一個高峰，在陶瓷史上具有非常重要的地位。工藝、釉色和燒製技巧成熟的元青花，直接開啟了明清時期，青花瓷器的廣泛盛行與持續繁榮。

現在，一提及元青花，絕對會令人怦然心動，浮想聯翩。但是相對於其他種類的瓷器來說，人們對元青花的了解、接受、重視和追捧要晚得多。一九二九年，英國人霍布遜（R・L・Hobson）發表〈明以前的青花瓷〉一文，介紹了收藏在英國大維德基金會帶有至正十一年（一三五一年）年款題記的青花雲龍紋象耳瓶，但並未進行深入、廣泛的研究，也沒能引起人們的共鳴。一九五〇年，美國學者波普（John Alexnder Pope）博士以這兩件青花雲龍紋象耳瓶為依據，對照伊朗阿德比爾寺和土耳其托普卡匹博物館的收藏，開始對元青花進行真正意義上的研究。

由於此瓶帶有明確紀年，他便以之為標準器，把這一類的青花瓷器稱作「至正型」，這是後世**學者首次把元青花從傳世的大批青花瓷中分離出來**，並為進一步廣泛、深入的辨認、研究元青花器物提出了堅實的根據。「一石激起千層浪」，由此引發了世界各國人們對元青花的進一步研究。一九七〇年，中國學者也開始重視對元青花的研究，而青花鳳首扁壺恰在一九七〇年出土。不難想像，青花鳳首扁壺的出現，帶給世人的驚喜是多麼巨大。隨著人們對元青花的認同不斷加強，其身價也不斷增長。

元青花人物故事梅瓶「蕭何月下追韓信」，出土於明代開國功臣沐英的墓葬之中，後來成為南京博物院的鎮院之寶。二〇〇六年出土於鍾祥市，明代郢靖王墓葬中的元青花四愛圖梅瓶，成為湖北省博物館的四大鎮館之寶之一。二〇〇五年七月十三日，在英國佳士得（Christie's）公司拍賣會上，元青花鬼谷下山圖大罐以一千五百六十八・八萬英鎊（約新臺幣十・七億元）的高價成交，**創下了佳士得公司亞洲藝術品拍賣的最高成交紀錄**，也創造了元青花拍賣的最高紀錄，至今仍舊令人豔羨不已。今後還會有更多的元青花器被發現、被收藏，而作為首都博物館鎮館之寶的這件青花鳳首扁壺，仍舊會以其獨特的魅力吸引著人們。

無獨有偶，在北京出土這件青花扁壺二十八年後，在距離北京三千多公里外的新疆伊犁哈薩克自治州，霍城縣蘆草溝鎮西寧莊村也出土了一件形制、紋飾、色調與之基本相同的青花鳳首扁壺。這件青花扁壺的出土地點，在蒙元時期稱為「阿力麻里」，是蒙古四大汗國之一的察合臺汗國的王庭所在地，有著「中亞樂園」的美譽，也是一個可與號稱「汗巴里」的元大都相媲美的中心城市。二〇〇九年，首都博物館舉辦「青花的記憶——元代青花瓷文化展」時，這兩件青花鳳首扁壺共處一堂，交相輝映，相映成趣。可以說，這是兩件青花器物約七百年前自景德鎮一別之後的首次聚首，不禁令人想起「鳳凰于飛，和鳴鏘鏘」的美好場景。

▼牆壁上的藝術

84 元雜劇壁畫

年代：元，西元一二〇六至一三六八年；**尺寸：**高四・一一公尺、寬三・一一公尺；**收藏地：**山西省洪洞縣廣勝寺明應王殿。

中國的戲曲歷史悠久，如果從已具備構成戲劇的因素——兩個以上的人物、存在矛盾衝突、形成情節，在一定時間、一定場所表演給觀眾看——來考察，它始自先秦時期；如果從融合唱、念、做、打諸藝術因素而構成一種特殊的戲劇樣式——戲曲來看，則通常認為形成於宋金時期。隨著戲曲藝術的不斷發展，到了元明清三朝，相繼出現了元雜劇、明清傳奇和地方戲興盛的局面，充分說明**戲曲已進入成熟階段**，也就是繁榮發展時期。**尤其是元雜劇**，具有明顯的標誌作用。

中國古代戲曲的成熟

元雜劇是融合曲詞、歌舞、音樂、說唱、雜戲表演、舞臺布置等為一體的綜合藝術樣式，是中國古代戲曲成熟的標誌，也是中國戲曲發展史上的一個高峰。關漢卿、白樸、鄭光祖和馬致遠並稱「元曲四大家」。關漢卿的《竇娥冤》、馬致遠的《漢宮秋》、鄭光祖的婚姻自由《倩女離魂》等，還有紀君祥的捨生取義《趙氏孤兒》、王實甫的終成眷屬《西廂記》，悲可泣血捶膺，喜則令人深味，都是紅極一時的劇本和演出，也是我們有所耳聞，甚至是津津樂道的故事。因此，元曲可與漢賦、唐詩、宋詞相比肩，在元代的文學藝術中煥發出奪目的光彩，成為中國古代文學藝術寶庫中的一朵奇葩。近代大學者王國維說過：「凡一代有一代之文學：楚之騷、漢之賦、六代之駢語、唐之詩、宋之詞、元之曲，皆所謂一代之文學，而後世莫能繼焉者也。」由此可見元曲的地位和成就。

元雜劇是一種表演的藝術和活動，僅憑現存的少量的文字記載和舞臺遺址，很難想像或者復原當時演出的具體場景。幸運的是，在**山西省洪洞縣廣勝寺明應王殿內**，至今還保存著一幅表現元雜劇情景的壁畫，且這幅壁畫的創作年代正處於元雜劇的興盛時期。同時，這幅元雜劇壁畫的所在地區——元代的平陽，正是元雜劇發展的重鎮，也是元雜劇作家輩出的地方，為我們了解和認識元雜劇的演出，提供了直觀而真實的資料。

元雜劇演出場景的再現

明應王殿是明應王廟（俗稱水神廟）的主殿，殿內供奉著當地霍泉水神明應王。明應王廟始建於唐代，元代曾兩次重修，保存至今，可以說是歷史悠久。明應王殿坐北朝南，殿內北部供奉著明應王像，四壁繪滿了壁畫，共計有六幅，風格一致，時代相同，它在內容上是**中國現**

存寺廟宮觀壁畫之中，唯一不以佛道為題材的孤例。其中，南壁東側（也就是殿門的東側）的壁畫，就是著名的元雜劇壁畫。

畫面上方為楷體書寫的橫額「**堯都見愛，大行散樂忠都秀在此作場**，泰定元年四月日」。「堯都」，指明應王殿所在的平陽地區，因傳說堯帝曾在此處建都而得名。「堯都見愛」就是在平陽地區廣受歡迎。「大行」是「大行院」的簡稱，是指金、元時期稱雜劇或院本藝人居住的地方，也指演雜劇或院本的藝人。「散樂」，即我們所說的雜劇。「忠都秀」應該是演員中的主角——通俗的說就是戲班的臺柱的姓名。這一個橫額，將內容、人物、地點、時間等主要情況都交代得非常清楚。

畫中繪演員與司樂等共計十一人，其中四名女性、七位男性；分列兩排，前排五人，身著戲裝，為演員；後排五人，身穿元人常服，是樂手，所持樂器有大鼓、笛、杖鼓、拍板等。畫上部演員後面繪布幔，左邊一名女子正掀開一角向外窺視。幔上又掛兩幅畫，左邊畫一持劍壯士，右邊繪一青龍。第一排五人，全是由演員化裝的劇中人，無疑是畫面的重點。左起第一人，頭戴軟翅巾，身穿圓領青袍，腰繫玉帶，右手持宮扇。左起第二人，頭戴黑色攢頂，身穿鑲邊土黃色開襟長袍，繡花搭膊，布襪，黃色單梁鞋，袒露胸部，以左手指居中者，右手作勢，若有所托持，其面相作濃眉，白色眼圈，戴黑色連鬢假鬚，露嘴。

左起第三人，頭戴展腳襆頭，身穿圓領大袖的紅袍，手持笏板，足登烏靴，僅露靴尖，面容清秀，微髭。兩耳戴有金環，說明其為女性扮演。其位置在第一排居中，也許就是橫額所題的主要演員「忠都秀」，是重中之重。左起第四人，所戴與東坡巾近似，但腦後有軟翅，身穿淡青色鑲邊長袍，叉手，面相作掃帚眉，眼眉之間略勾白粉，兩眉各勾三筆墨色，也是誇張滑稽，戴露著嘴的蒼色假鬚。左起第五人，頭戴東坡巾，身穿圓領淡黃袍，右手放置腹前，左手持長柄刀，與左起第四人都為女性所扮飾。這幅壁畫，色彩絢麗多姿、技法精妙、風格高超，不僅體現了元代繪畫的高超水準，也是元雜劇演出的珍貴形象資料。

▼元代的流通紙幣

85 至元通行寶鈔

年代：元，西元一二〇六至一三六八年；**尺寸：**縱三十一公分、橫二十一．八公分；**材質：**桑皮紙；**出土地：**一九五九年在西藏自治區，日喀則市薩迦縣薩迦寺內發現；**收藏地：**中國國家博物館。

中國貨幣至今已有幾千年的歷史，它是中國璀璨文化的重要標誌之一。縱觀中國古代貨幣發展史，就其主體而論，可以分為三大發展階段，即物品貨幣階段、金屬鑄幣階段和紙幣階段。殷商以前是物品貨幣階段，貨幣的主體是可用於交換的實物，如牛、羊、布帛、珠玉、龜貝等，它的最高階段是海貝。殷商至北宋為金屬鑄幣階段，貨幣的主體

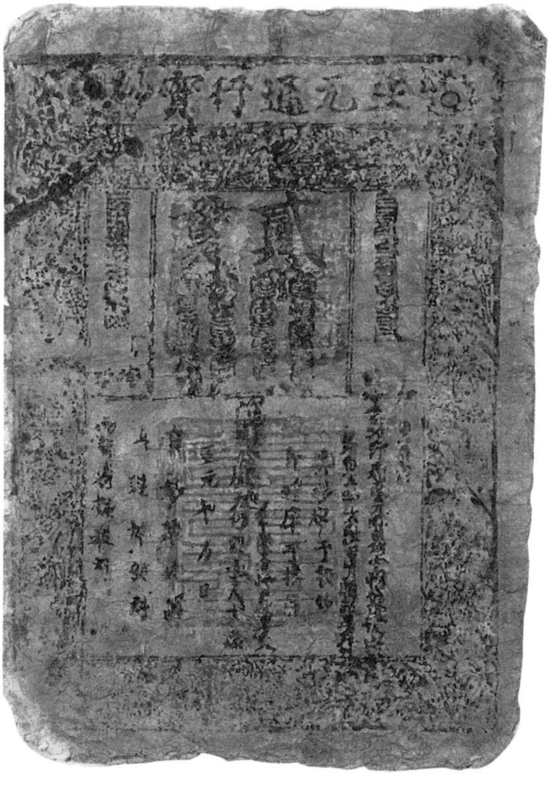

是金屬錢幣，它的最高形態是方孔圜錢，其中五銖錢是中國歷史上使用最久、最成功的錢幣，唐宋錢幣絕大多數都是年號錢。宋、元、明、清四朝為紙幣由產生到逐步完善的階段。元朝政府首次實行全國統一的紙幣制度，對中國紙幣的發展產生了深遠的影響。

紙幣溯源

紙幣是當今世界各國普遍使用的貨幣形式，每天見、每天用，是人們最為熟悉不過的物品。**中國是世界上最早使用紙幣的國家**，擁有著紙幣的「發明權」。早在十世紀末，四川民間就已經出現了最早的紙幣——交子，由一些被稱作交子鋪或者交子戶的大商家經營。到了宋仁宗天聖元年（一〇二三年）十一月，政府設立了專門機構管理交子的發行事宜，從此紙幣作為官方貨幣的重要形式，為以後歷代所採用。

交子之後，北宋、南宋官方政府又先後發行過錢引、會子、關子等紙幣。同時代的金朝受到宋朝的影響也發行了交鈔，以及「貞祐寶券」、「貞祐通寶」、「興定寶泉」、「元光重寶」等多種紙幣。蒙元時期，許多典章制度沿襲金制，紙幣制度也被繼承下來。特別是在元世祖**忽必烈在位期間，將紙幣的發行權完全收歸中央**，元世祖於中統元年（一二六〇年）七月印行了「中統元寶交鈔」，十月，又發行了「中統元寶鈔」，使政府發行的紙幣成為唯一合法貨幣，實現了紙幣制度的統一。

至元二十四年（一二八七年），元朝政府又發行了「至元通行寶鈔」。中統鈔、至元鈔與後來元順帝至正十年（一三五〇年）發行的「至正中統交鈔」是元朝歷史上最重要的三種紙幣。其中，又以「至元通行寶鈔」使用時間最長，也是在流通中最主要、影響力最廣泛的貨幣。總體來講，元代是中國歷史上紙幣空前盛行時期，發行數量之多、流通範圍之廣，遠遠超過了宋、金兩朝。從世界範圍來看，元鈔是世界上最早使用的純紙幣，並有著相當完備的純紙幣流通制度，這在世界貨幣史上具有重要的意義與影響。

中國皇帝的「點金術」

在中國國家博物館收藏有一塊印製「至元通行寶鈔」所用的鈔版。這件鈔版為長方形，正面是文字和紋飾，背面有四足，應該是印刷時固定鈔版用的。因為要在版面上用墨印成寶鈔，所以鈔版上所有文字與紋路都是反的。在鈔版的最上方，有一橫格，內有正楷「至元通行寶鈔」六字，兩邊飾以火焰寶珠。格下版面四邊為纏龍紋飾，中間用一道橫線分為上、下兩部分，上部中央橫書「貳貫」二字，字下有兩貫錢紋，每貫各由兩疊五百文串起。左右則分別刻有八思巴文譯寫漢文的「至元寶鈔」、「諸路通行」，文下則各是漢字「字料」、「字型大小」。版面下部則是十行漢字，內容文字排列如下：

尚書省，奏准印造至元寶鈔，宣課差發內，並行收受，不限年月。諸路通行。寶鈔庫子攢司、印造庫子攢司。偽造者處死。首告者賞銀五定（錠），仍給犯人家產。至元年月日。寶鈔庫使副、印造庫使副。尚書省提舉司。

「至元通行寶鈔」的面值共分十一等，由五文至二貫。按發行時政府的規定，至元鈔一貫值中統鈔五貫。**至元寶鈔主要以白銀為鈔本——準備金**，為了使其幣值穩定，元政府將金銀集中於國庫，金銀買賣皆由官方控制，禁止民間使用金銀、銅錢，並禁止金銀、銅錢出口。這些措施與近現代的紙幣制度已經非常接近，可以說，作為一種貨幣制度，紙幣在元代已經發展得非常完善了。

元鈔的用紙是由專門作坊製造的特種紙，以桑樹皮為主料，添加適量的棉、麻植物纖維製成，也稱桑皮紙。元鈔的紙質厚闊柔韌，耐磨、耐水、耐腐蝕，缺點則是顏色暗淡發灰黑色，如果印墨及印製技術稍稍掌握不好，鈔券字跡、圖案就會模糊不清，無法使用。

蒙元帝國是一個具有世界性的帝國，疆域廣大、地域遼闊、橫跨歐亞、溝通東西。在其極盛時，中國紙幣曾北窮朔漠、西貫中亞，通行無阻，有些歐洲人來到東方，都以驚異的眼光看待這一事實。如著名的威尼斯商人、中世紀四大旅行家之一的馬可．波羅（Marco Polo）說：「大汗國中商人所至之處，用此**紙幣以給賞用、以購商物、以取其貨物之售價，竟與純金無別**。」他甚至把發行紙幣一事，看作是中國皇帝的「點金術」。

第9篇

封建王朝的最後輝煌

明清時期歷時近六百年，是我國封建社會的最後發展階段，明清文化首先具有集歷代之大成的時代特徵，如《永樂大典》、《古今圖書集成》、《四庫全書》等，對中國文化史做出重大貢獻。

明清學術上，在古籍訓詁考訂方面取得巨大成就，尤其是以戴震、惠棟為代表的乾嘉學派，對中國文化做了總體性的、探索規律的研究，考究諸子、歷史、地理、天文曆法、音律、典章制度，成績卓著、令人矚目。另一方面，明清文化已經進入西學東漸、中西文化交會的初級階段：明末清初利瑪竇、湯若望等歐洲耶穌會會士的東來，讓中國人第一次直接了解到近代早期西方文化，初步顯示出近代科學思維的風貌。

86 青花海水紋香爐

年代：明永樂，西元一四〇三至一四二四年；**尺寸**：高五十五・五公分、口徑三十七・三公分、足距三十八公分；**材質**：瓷；**收藏地**：北京故宮博物院。

翻開明代歷史，自開國的明太祖朱元璋以下，後繼者中以豐功偉績而彪炳史冊者，首屈一指的當推明成祖朱棣、大名鼎鼎的永樂大帝。明成祖，年號永樂（一四〇三至一四二四年），在位二十二年。他即位後，勵精圖治、奮發有為，遷都北京，親征漠北，社會經濟進一步發展，全國統一形勢也得到進一步鞏固，明朝國力達到鼎盛，百姓安居樂業。鄭和下西洋、編纂中國古代類書（按：輯錄各門類或某一門類的資料，並按一定方式編排，以供查檢、徵引）之冠《永樂大典》等，一系列重大歷史事件都發生在這一時期。

黃金時期的永樂青花瓷

故宮博物院所藏此件青花大香爐，闊口、短頸、鼓腹，下承以三象腿形足，肩部置兩朝天耳；內施白釉，外壁通體繪海水江崖紋。此爐與青海省博物館藏「大明永樂年制」款銅爐器形相似，但其形體碩大，青花色澤濃豔，暈散明顯，凝結的黑斑密布於紋飾中，紋飾則寓意江山永固。能夠燒造出如此結構雄渾、紋飾精美的重型瓷器，一方面反映出當時景德鎮窯工高超的製瓷技藝，另一方面也彰顯了永樂時期明朝強盛的國力。

青花海水紋香爐是明代永樂時期景德鎮御窯廠生產的官窯瓷器，傳世僅兩件，分別收藏在北京故宮博物院和南京博物院。據研究人員推測，**當時御窯廠先後燒製了三件款式相同的青花壽山福海紋香爐**，一件因其燒成後爐身變形被打碎埋於地下，另兩件送入宮廷。值得一提的是，海水紋在元代瓷器上已不鮮見，但到明初永樂、宣德時期海水紋有進一步發展。以此爐為例，通常有起伏相疊的波浪及湧起的浪花，其裝飾性較元代大大加強。當然，海水紋飾的流行一時，自然是與自永樂年間開始的鄭和七下西洋、宣揚大明國威於海外諸邦的世界航海史上的空前壯舉有密切關係。

▲ 青花海水紋香爐底部。

獨領風騷的永樂青花瓷

從中國的瓷器發展史上來看，雖然唐三彩出現過少部分藍釉，但是元代以前**藍色的釉彩**並沒有占據主流。由此可以推論，此種藍色**並不是從一開始就被中原漢人所接受**。元朝景德鎮燒製青花瓷的主要目的是向西亞和中東地區出口。有學者認為這種白地藍花的瓷器的生產是為了**迎合穆斯林的審美風格**。永樂時期景德鎮青花瓷繼承了元代青花瓷的色彩，燒成後的顏色特別濃豔，一改洪武時期青花瓷器青花發色灰暗的缺點，形成了**獨特的永樂風格**。鄭和下西洋帶去大量的瓷器，其中包括青花瓷，永樂青花以其獨特的風格受到西方市場的青睞。

關於永樂時期青花瓷的顏料，有「蘇麻離青」、「蘇勃泥」、「蘇泥勃」等說法。從文獻上看來因為語音相近，大都認為「蘇勃泥」或「蘇泥勃」是從「蘇麻離青」一名演繹而來。也有學者透過科技手段對幾種青料做了分析，認為「蘇麻離青」和「蘇勃泥」是兩種不同的青料，前者來源於西亞波斯地區，主要是元青花和永樂青花的顏料，後者又稱「回青」，是明宣德後期青花瓷使用的顏料。對於「蘇麻離青」具體的產地，學界還沒有統一的認識，但這一**青料來源於國外是不爭的事實**。

中國的海外貿易在宋、元時期比較發達，而到了明洪武時期突然開始厲行海禁。到了永樂時期，社會穩定、國力強盛，明成祖對周邊國家採取了積極的政策。從永樂三年（一四〇五年）開始，一直到永樂二十二年（一四二七年），在這十九年間，明朝先後七次派出鄭和率領貿易船隊出使「西洋」和「南洋」地區的各個國家。這使得明初期中斷的海外貿易再次接續起來，使得中國的茶葉、絲綢、瓷器等特產遠銷國外，同時也互通有無，進口貨物中就包括了生產景德鎮青花瓷的「蘇麻離青」。

而進口「蘇麻離青」還有一條陸上通道，主要來自波斯地區。《明會典》和《明實錄》中常有西域回夷進貢「蘇麻離青」，以供燒製御用青花瓷的記載。由此可見，明永樂時期青花瓷色澤濃豔的客觀原因，和物質保證就是這兩條中外交流的通道。而主觀原因主要是出口的需要，迎合國外地區的審美。

永樂青花瓷是中國青花瓷史上的重要發展階段，以其胎釉精細、青花色澤濃豔、造型多樣和紋飾優美而負盛名。這些都與當時王朝的興盛息息相關，如果沒有永樂時期對外貿易的蓬勃發展、中外文化的頻繁交流、相容並蓄的文化氛圍、景德鎮工匠的高超技法，永樂時期青花瓷不可能成為中國瓷器發展史上的一個里程碑。

87 《永樂大典》

年代：明永樂，西元一四〇三至一四二四年；**尺寸：**單冊高五十．三公分，寬三十公分；**材質：**紙本；**收藏地：**中國國家圖書館、臺北故宮博物院。

二〇〇三年十月十日，「中國檔案文獻遺產工程」國家諮詢委員會評審會在北京召開。在初選通過的五十件（組）檔案文獻中，專家評定出三十五件（組）檔案文獻列入第二批中國檔案文獻遺產名錄。其中，中國古代規模最大、最為成熟的類書《永樂大典》成功入圍。按說，《永樂大典》是以圖書的形式面世的，跟我們傳統意義上的檔案文獻還是有所不同的。但是，**《永樂大典》從來沒有刊印過**，無論是「永樂正本」，還是「嘉靖副本」，都是抄本，嚴格的說屬於圖檔，有圖書的「形」，更有檔案原始性的「質」。《永樂大典》的命運可謂跌宕起伏，它的運勢其實就是明清兩朝政治社會的一個縮影。

早在洪武二十一年（一三八八年），明太祖朱元璋就想「編輯經史百家之言為《類要》」，但由於新朝初定百廢待舉，這個想法沒有付諸實施。永樂元年（一四〇三年），明成祖朱棣認為：「天下古今事物**散載諸書，篇帙浩繁，不易檢閱**」，命令解縉等人組織儒士，編

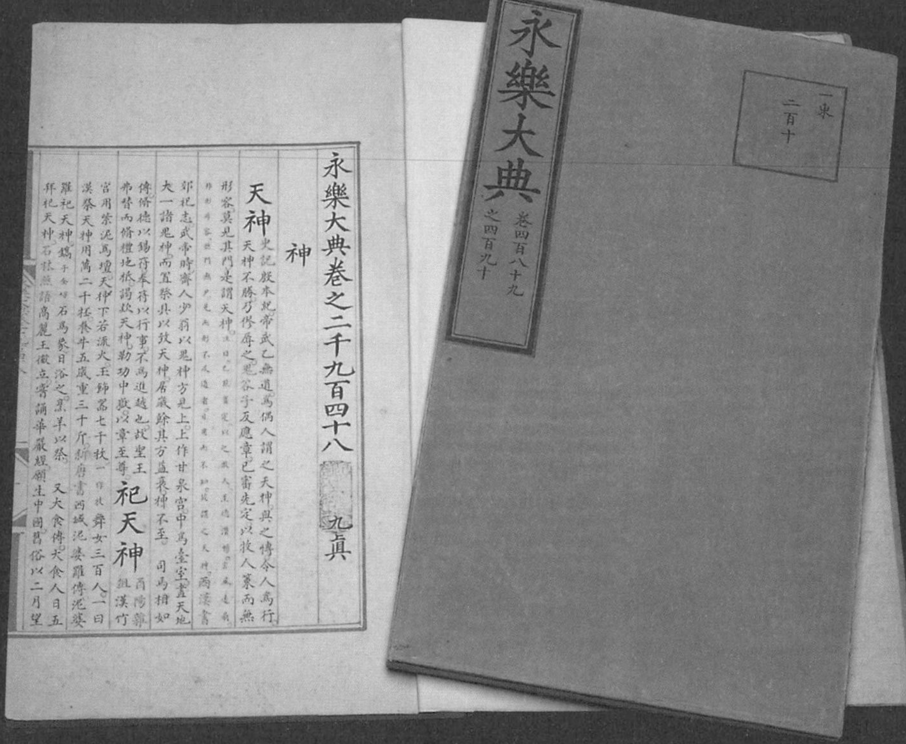
永樂大典卷之二千九百四十八
九真
神
天神
祀天神
永樂大典
卷四百八十九
之四百九十
一東
二百十

纂一部大型類書，並規定了編纂宗旨：「凡書契以來經史子集百家之書，至於天文、地志、陰陽、醫卜、僧道、技藝之言，備輯於一書，毋厭浩繁！」大學士解縉接到明成祖的命令後，立即著手編輯此書，奉旨召集文士一百四十七人，夜以繼日，第二年就完成了任務。明成祖賜書名《文獻大成》，但是對書卻極不滿意，認為「所纂尚多未備」。於是又在永樂三年（一四〇五年）再命姚廣孝、鄭賜、劉季箎、解縉等人重修，並召集朝臣文士、四方宿學老儒兩千一百九十六人，分別擔任編輯、校訂、抄寫、繪圖、圈點等工作。為了編纂此書，明成祖允許編纂者調用皇家圖書館文淵閣的全部藏書，還派人到各地搜求採集圖書，為編纂圖書提供了充分的保障。

史上最大的百科全書

《永樂大典》的編排方式非常科學，全書總的體例是按照《洪武正韻》的韻目，按韻分列單字，每一個單字下注音韻訓釋，備錄篆、隸、楷、草各種字體，再依次把有關天文、地理、人事、名物以及奇文異見、詩文詞曲，隨字收載。也就是以「**用韻以統字，用字以繫事**」的編輯方法，彙集了上自先秦、下迄明初以來書籍中的有關資料整段或整篇，甚至整部抄錄。

據不完全統計，當時輯錄的圖書包括經、史、子、集、釋藏、道經、北劇、南戲、平話、工技、農藝、醫學等各種類型，多達八千多種。《永樂大典》收錄了許多後世已經殘缺或佚失的珍貴書籍，如《薛仁貴征遼事略》、宋本《水經注》等，其所徵引的材料，都是完整的抄錄原文，許多寶貴的文獻賴此保存原貌，因而人們稱《永樂大典》為「輯佚明初以前珍本祕笈的寶庫」。

永樂五年（一四〇七年），輯錄的成稿進呈朝廷，明成祖審閱後甚為滿意，親自為其撰寫序言，並定名為《永樂大典》。接下來就是清抄，到第二年的冬天，全部工作正式完成。全書的規模可以說是空前的，共兩萬兩千八百七十七卷，目錄六十卷，分裝一**萬一千零九十五冊**，**約三．七億字**。這是中國歷史上最大的一部百科全書，**比《不列顛百科全書》成書年代早了三百多年**。

該書修成後，收藏於南京文淵閣。永樂十九年（一四二一年），明成祖遷都北京，也將《永樂大典》運至北京，收藏在北京新宮裡的文樓。《永樂大典》不僅篇幅巨大、收集廣泛，而且繕寫工整，書中正文全部用毛筆以楷書寫成，每半頁八行，大字占一行，小字抄成雙行，每行二十八個字。另外，書中插圖精美，山川地形皆以白描手法繪製，形態逼真，書為硬裱書面，由粗黃布包著，典雅莊重，被譽為有史以來世界上罕見的珍品。

命運跌宕，下落成謎的《永樂大典》

《永樂大典》的命運頗具戲劇色彩。可惜不是喜劇，而是悲劇，更是鬧劇。可以說，它的厄運比明王朝的厄運來得更快、更持久、更離奇。首先是**「永樂正本」下落不明**。許多人猜測它毀於明亡之際的戰亂，但史籍沒有確切記載，所以正本的去向成了千古之謎。

也有學者提出，「永樂正本」極有可能隨嘉靖皇帝葬在永陵，理由是：一、嘉靖皇帝沉溺煉丹術，生前視《永樂大典》為至寶，死後隨葬可能是早已做好的安排。二、當時嘉靖皇帝下令重錄副本時，嘉靖最器重的文官徐階向他奏明，重錄只能「對本抄寫」，工程浩大，不可能很快完成，嘉靖則強調「重錄」是為「兩處收藏」，「以備不虞」，必須加緊完成。四年後，**嘉靖駕崩**，**三個月後下葬**。葬禮剛剛完畢，隆慶皇帝就宣布《永樂大典》已抄成，並重賞抄錄的眾臣。也就從此時起，**正本便神祕的失蹤了**。嘉靖的葬禮跟《永樂大典》正本的失蹤時間如此巧合，同時一反皇家修典必大肆宣傳典藏何處，以及在官修書目中著錄的做法，使人浮想聯翩。

相對正本失蹤而言，「嘉靖副本」的命運更加跌宕。清雍正年間，「**嘉靖副本**」由皇史宬移藏翰林院。至乾隆年間為編修《四庫全書》，朝廷要用「嘉靖副本」做參考，而此時，人們驚訝的發現，《永樂大典》居然**少了兩千四百二十二卷**，共計一千多冊，只留下九千多冊。原來，雍正年間翰林院的學士能夠借閱《永樂大典》，還可以借回家閱讀，**許多人借後不還**，再加上當時管理不嚴，許多太監

也紛紛將《永樂大典》偷盜出宮去賣錢，以至「嘉靖副本」缺損嚴重。清道光之後，《永樂大典》更是束之高閣，蛛網塵封，鼠齧蟲咬，翰林院的官員也趁機當了孔乙己（按：魯迅小說中的人物，為一個沒有考上秀才的讀書人，缺乏實際技能，後因偷書而被打斷了腿），偷了不少書。

在這種情況下，宮外的民間市場也開始關注流散的副本，外國收藏者也逐步介入，以十兩銀子一冊的高價暗中收購，裡應外合，更加劇了**「嘉靖副本」的佚失**。不過，跟後面的厄運相比，《永樂大典》在雍正至道光的一百年間的遭遇還算是微不足道。咸豐十年（一八六〇年），英法聯軍攻入北京，洗劫了翰林院，給《永樂大典》帶來最大的劫難，有相當一部分被劫運到了英國，後藏於大英圖書館。到了光緒二十年（一八九四年），**總計一萬一千零九十五冊的《永樂大典》僅存八百多冊**。

光緒二十六年（一九〇〇年），八國聯軍侵犯北京，燒殺搶掠，《永樂大典》再度遭遇劫難。當時，慈禧倉皇西逃，留下義和團跟八國聯軍展開激戰，位於北京西交民巷的翰林院也淪為戰場，珍藏《永樂大典》的敬一亭被毀，玉石俱焚，藏書四散。在激烈的巷戰中，八國聯軍**用質地厚實的《永樂大典》代替磚頭**，**修築防禦工事**，甚至用來墊馬槽，或作為「上馬石」。更有甚者，當侵略者的炮車陷入泥濘時，竟用《永樂大典》墊道。而對東方文化稍微了解一二，知道此書價值的侵略者，又乘機肆意搶掠。

當時任英使館官員的**威爾**（**Putnam Weale**）在《庚子使館被圍記》（*Indiscreet Letters from Beking*）中寫道：「使館中研究中國文學者，在火光中恣情揀選，抱之而奔。」一個叫翟理斯

（Herbert Allen Giles）的官員，拿走卷一三三四五中的一冊，送給他父親作為紀念品。英人莫利遜從廢墟瓦礫中取走六冊。劫掠之後，他們還揚揚自得的說：「將來中國遺失之文字，或在歐洲出現，亦一異事也。」經歷了八國聯軍的洗劫，清政府收拾殘局時，清理出**殘存的《永樂大典》六十四冊**，由京師圖書館收藏。

中華人民共和國成立以後，一些公私收藏家紛紛把自己珍藏多年的《永樂大典》零冊捐獻出來。中國政府陸續從海外、民間收回一些散冊。如一九五〇年，蘇聯把沙俄和日本侵略者劫走的六十四冊歸還中國，德意志民主共和國也歸還了三冊。據統計，流失到海外的《永樂大典》現在散藏在日本、美國、德國、韓國、越南的機構或個人手中，再加上中國國家圖書館收藏的兩百二十一冊，上海圖書館收藏的一冊，臺灣收藏的六十冊，**現存於世的《永樂大典》計約三百七十多冊**。

《永樂大典》散冊最近的一次發現是在一九八三年，有人寫信向中國國家圖書館反映，稱山東掖縣一位農民家裡存有一冊《永樂大典》。專家立刻前去察看，確認這冊《永樂大典》是真正的原本，書的紙張也是古代上等的皮紙。原來，這冊古籍是作為這戶農家女主人七十年前的嫁妝陪嫁過來的，是女主人用來壓圖樣的。那時的農村，做鞋要剪紙樣，剪好的紙樣還要壓平整，而這冊古籍不但書大而且平整厚實，用來壓紙樣真是物盡其用，再合適不過了。至於這冊難得的國寶文獻是如何流散到農家的，女主人也只說是祖先留下的。最終，這冊《永樂大典》入藏國家圖書館。

《永樂大典》的價值

《永樂大典》在明代祕藏禁中，屬於專供帝王御用之物。別說一般讀書人，就是翰林院學士也難以有閱讀的機會。儘管永樂之後，**整個明代除了嘉靖皇帝因很荒誕的原因酷愛這套曠世大典之外，別的皇帝對明成祖的心血並不怎麼在意。**

《永樂大典》的真正利用是從清代開始的，最早認識到這部典籍價值的是全祖望和李紱。清雍正年間，開三禮書局，他們破天荒的得到了閱讀機會，發現**其中許多是「世所未見之書」**，**「或可補人間之缺本、或可以正後世之偽書**……不可謂非宇宙之鴻寶也」。於是相約每日讀二十卷，把要輯的幾種書標出來，另由四人抄寫。

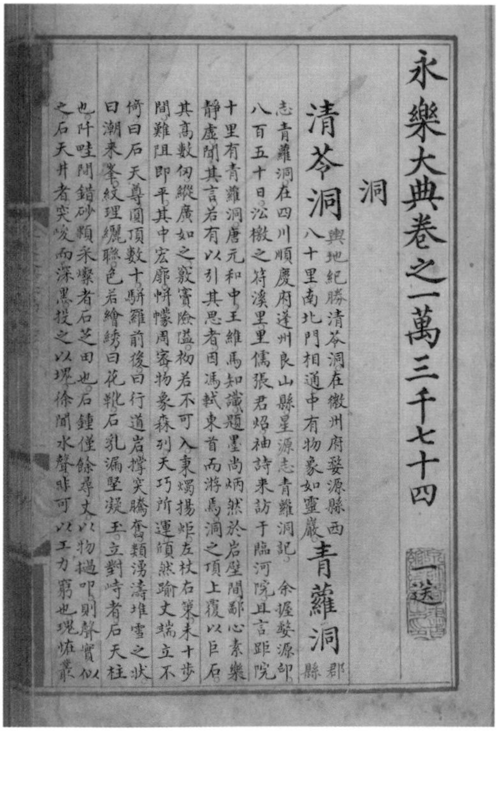
永樂大典卷之一萬三千七十四
洞
清岑洞 輿地紀勝清岑洞在徽州府婺源縣西八十里南北門相通中有物象如靈巖 郡縣
青蘿洞 志青蘿洞在四川順慶府蓬州良山縣星源志青蘿洞記余握婺源郡八百五十日沿檄之符溪里里儒張君焰袖詩來訪于臨河院且言距院十里有青蘿洞唐元和中王維馬知識題墨尚炳然於岩壁間鄙心素樂靜虛聞其言若有以引其思者因馮軾東首而游焉洞之項上覆以巨石其高數仞縱廣如之竅竇險隘拗若不可入秉燭揚炬左杖右策未十步間難阻即平其中宏廓悁懞周密物象森列天巧所運殨然踰丈端立不倚曰石天尊圓頂數十駢羅前後曰行道岩撐突騰奮類湧濤堆雪之狀曰潮來峯紋理纚聯色若繪綉曰花靴石乳漏堅凝玉立對峙者石天柱也阡畦間錯砂顆采爍者石芝田也石鐘僅餘尋丈以物擿叩則聲實似之石天井者突峻而深黑投之以瑰徐聞水聲非可以工力窮也

由於卷帙浩繁，這項工作不是個人所能承擔的，到第二年全祖望罷官回鄉，這項工作無法繼續下去，但他們已蒐錄整理出王安石《周官新義》、田氏《學習蹊徑》、高氏《春秋義宗》等十種典籍。清乾隆年間開四庫全書館時，安徽學政朱筠奏請「校《永樂大典》，擇其中人不常見之書，輯之」，得到了乾隆皇帝的批准，並專門成立了「校勘《永樂大典》散篇辦書處」，開始時人員為三十人，後又增加九人，著名學者戴震、邵晉涵、周永年等參加了這項工作。到乾隆四十六年（一七八一年），共蒐錄整理出書籍：經部六十六種、史部四十一種、子部一百零三種、集部一百七十五種，總計三百八十五種、四千九百四十六卷。

值得一提的是，《永樂大典》有關宋、元的史料極為豐富，清人法式善說：「苟欲考宋、元兩朝制度文章，蓋有取之不盡，用之不竭者焉。」這樣的評價一點也不過分。如卷一萬四千六百二十至卷一萬四千六百二十九收有《吏部條法》一書，這是一部有關宋代官吏銓敘、考績制度的檔案彙編，所記至南宋理宗一朝，可補《宋會要》修至寧宗朝為止的空缺。

羅振玉曾據日人所藏《永樂大典》中的二卷《吏部條法》影印，並視為珍寶祕笈，現在還可據《永樂大典》再補輯七卷，這將更有利於我們對宋代職官制度的研究。而堪稱一代宏典的《元經世大典》，雖《永樂大典》中僅存片段，亦可為研究元代典章制度者所取證。

當然，《永樂大典》作為中國古代規模最大、最為成熟的類書，其價值遠遠不只上面提到的幾點。即便是現存的殘卷，在中國古代文學、醫學、語言、地理等方面也堪稱豐富的寶藏。

▼要價十一億，皇帝用的酒杯

88 鬥彩雞缸杯

年代：明成化，西元一四六五至一四八七年；**尺寸：**高三．四公分、口徑八．三公分、足徑四．三公分；**材質：**瓷；**收藏地：**北京故宮博物院。

通覽中國瓷器的發展史，**宋代無疑是顛峰時期**，名窯湧現，精品迭出。但這並不意味著後世瓷器就乏善可陳，降及明代，鬥彩、五彩等新創燒品種爭奇鬥豔，其中不乏經典傳世之作，而成化鬥彩雞缸杯就是其中的稀世名品。

創中國瓷器拍賣紀錄的小酒杯

北京故宮博物院所藏之鬥彩雞缸杯，杯敞口微撇，口下漸斂，平底，臥足。杯體小巧，輪廓柔韌，直中隱曲，曲中顯直，呈現出端莊婉麗、清雅雋秀的風韻。杯外壁以牡丹湖石和蘭草湖石將畫面分成兩組：一組繪雄雞昂首傲視，一雌雞與一小雞在啄食一蜈蚣，另有兩隻小雞玩逐；另一組繪一雄雞引頸啼鳴，一雌雞與三小雞啄食一蜈蚣，畫面形象生動，情趣盎然，一派初春景象。足底邊一周無釉。底心青花雙方欄內楷書「大明成化年製」雙行六字款。此杯以新穎的造型、清新可人的裝飾、精緻的工藝備受讚賞，堪稱明成化鬥彩器之典型代表。

其胎質潔白細膩，薄輕透體，白釉柔和瑩潤，表裡如一；杯壁飾圖與形體相配，疏朗而渾然有致；畫面設色有釉下青花及釉上鮮紅、葉綠、水綠、鵝黃、薑黃、黑等彩，運用了填彩、覆彩、染彩、點彩等技法，以青花勾線並平染湖石，以鮮紅覆花朵，水綠覆葉片，鵝黃、薑黃填塗小雞，又以紅彩點雞冠和羽翅，綠彩染坡地。施彩於濃淡之間，素雅、鮮麗兼而有之，有五代畫師黃荃花鳥畫的敷色之妙。整個畫面神采奕奕，盡寫生之趣。

成化一朝，鬥彩雞缸杯就已經身價不菲。萬曆年間，「**神宗時尚食，御前有成化彩雞缸杯一雙，值錢十萬**」。時人沈德符在其《萬曆野獲編》中稱：「成窯酒杯，每對至博銀百金。」到了後世，雞缸杯更是受到了收藏家們的狂熱追捧，乃至有「寧存成窯，不苟富貴」之說。最近的一次公開拍賣是在二〇一四年四月八日，玫茵堂珍藏明成化鬥彩雞缸杯在香港蘇富比重要中國瓷

器及工藝品春拍上，以二·八一二**四億元港幣**（按：約新臺幣十一·二一億元）成交價刷新中國瓷器世界拍賣紀錄。

鬥彩！中國陶瓷史上的創舉

「鬥彩」一詞，在瓷書中出現較晚，清中期《南窯筆記》中才見有「鬥彩」之說，這是由於成化彩瓷製作工藝精湛，在明代就有很高身價。後人為讚美成化彩瓷，將**釉下青花與釉上五彩互相爭奇鬥豔的這一品種稱作「鬥彩」**，具有精美和珍貴的含義，它在中國及世界陶瓷史上占有特殊的地位。

鬥彩屬青花加彩類，成化鬥彩為代表作，在一九八〇年前，鬥彩始燒於明代成化已成定論。一九八五年至二〇〇一年，先後發現密藏在西藏薩迦寺的明宣德青花五彩鴛鴦蓮塘碗、青花五彩鴛鴦蓮塘高足碗，一九八八年十一月景德鎮御窯廠遺址，出土了明宣德款青花五彩鴛鴦蓮塘盤（殘器），證實了成化鬥彩是在宣德青花五彩的基礎上發展起來的。

成化鬥彩的裝飾方法，主要分為兩種：一種是填彩技法，用青花在瓷胎上勾出紋飾的輪廓線，罩上透明釉，燒成淡描青花瓷器，再在釉面青花雙勾線內填以所需色彩，由一種到多種不等，而後再入爐烘燒製成。另一種是除填彩外兼用點彩、染彩和覆彩的方法裝飾畫面。用青花在瓷胎上勾出紋飾輪廓線的全體或主體，加上青花渲染的局部紋飾，罩上透明釉，**經高溫燒成青花瓷器，再在釉面上根據紋飾的設色需要**，靈活運用不同的施彩方法，**再經爐火烘燒而成**，這類彩瓷的器表紋飾展開後，宛如一幅繪製精巧、色彩宜人的工筆繪畫。

成化鬥彩瓷器在外流散的非常少，大部分收藏在北京故宮和臺北故宮博物院，約有四十多個品種、兩百五十多件，是**專為宮廷燒製**的一種精美細瓷，為官窯上品，產量很少，非常難得。其在造型、紋飾、施彩等方面的製作技巧，都超越前代。直到今天它仍然是一朵鮮豔的奇葩，閃耀著異彩，有著迷人的藝術魅力。

89 《出警圖》和《入蹕圖》

年代：明，西元一三六八至一六四四年；**尺寸**：《出警圖》縱九十二．一公分、橫兩千六百零一．三公分；《入蹕圖》縱九十二．一公分、橫三千零三．六公分；**材質**：絹本；**收藏地**：臺北故宮博物院。

《出警圖》（下頁圖片上兩幅）和《入蹕圖》（下頁圖片下兩幅）是明代宮廷繪畫中頗值得一提的作品，描繪的是素以深居簡出、懈怠政務著稱的明代皇帝（據考證係**明神宗**）**出京謁陵的現實場景**，人物眾多、場面宏偉，是歷代繪畫作品中少見的超級巨作。透過這兩幅作品，後人不但可以一窺明朝皇帝的「真面目」，而且對於研究明代皇家儀衛制度、祭祀禮儀、官員服飾、車駕鹵簿（按：古代皇帝出行時的儀從和警衛。後亦泛稱一般官員的儀仗）等均有重要價值。

明代宮廷畫家的傑作

《出警圖》和《入蹕圖》中的皇帝到底是哪一位，作品沒有明確交代，但很多專家撰文分

89・《出警圖》和《入蹕圖》

析，畫面主角應該是明神宗萬曆皇帝，且畫面中皇帝相貌與北京故宮博物院所藏，明神宗萬曆帝畫像也比較吻合。雖然畫面主角到底是哪位皇帝並不重要，但兩幅長卷中所展現的大量絢麗精緻的服飾、車輿、儀仗等，卻是明朝皇家和國家實力的展現。故誕生於這個歷史時期的巨幅長卷，就具備了幾分皇家威儀，成為當時國家景象的一個縮影和寫照。

這兩幅作品的表現形式，是極為工整絢麗的，畫面**對每一個形象和細節都不惜筆墨，從皇帝到各級官吏再到普通士卒，每一個人物形象都描繪工整**、線條清晰、服飾紋理生動到位、渲染細膩，馬匹、大象等動物和儀仗等也都靈活生動。

當然，作為皇家和官方的一種表達方式，《出警圖》和《入蹕圖》自然也有一些程序化、套路化的表現形式，如描繪尊者（皇帝）的人物比例明顯要大於周圍侍從和官員士卒，對官員士卒的服飾裝扮的描繪要更多於對人物神情的刻畫。

除了皇帝和重要人物外，絕大多數人都沒有在歷史上留下姓名，不足以從描繪的畫面中，一一對應當時歷史中的各個鮮活人物，但兩幅長卷中各個人物的相貌都不相同，神態也因個人身分和姿態而有所變化，反映出作者仍在盡力還原生活、表現實際。同時，兩幅長卷中皇帝的神態，也因其本人處於不同姿態和狀態下（騎馬和坐船）而有細節變化，表現了作者駕馭筆墨的高超能力。另外，這兩幅長卷畫面構圖平衡、主次鮮明，色彩絢麗卻不凌亂，展現了當時明代中國上層社會的豪華氣象，具有藝術和歷史文獻雙重價值。

明代皇家祭祖大典的真實再現

《出警圖》和《入蹕圖》描繪的是一支龐大的皇家謁陵隊伍，由北京城德勝門出發，作者沿途鋪設盛大的衛儀陣容，直至皇帝謁陵的目的地——離京城四十五公里外的天壽山——這裡是明朝歷代皇帝的陵寢所在，也就是今天的十三陵。《出警圖》與《入蹕圖》雖是各自分開的兩幅長卷，但是所繪的卻同是掃墓、巡視的過程，區別僅在於**《出警圖》繪皇帝騎馬**、由陸路出京，而**《入蹕圖》則畫皇帝坐船**，走水路還宮，因而通常被合稱為《出警入蹕圖》。明代皇室謁陵出發、抵達、返回的整個時空歷程，都被濃縮於這兩幅長卷之中，人物眾多，場面宏偉，皇帝一出一入，相互呼應，氣勢壯觀。它們是**臺北故宮博物院所藏手卷畫作中，尺幅最長的兩幅**。

這兩幅作品，均**未署作者姓名**，不過可以確定的是，任何一位畫師的一己之力都太過微薄，如此驚世巨作必定是出自當時許多宮廷畫師的合力創作。整個畫卷構圖簡潔明快，文武百官佇列整齊，儀仗侍衛井然有序，襯以桃紅柳綠、郊野春景之自然景色。《出警圖》自右而左，人馬行列路上行進，隊伍整齊，前後導從，秩序井然；《入蹕圖》則自左而右，循水路而歸，車輅儀仗以及大部分之羽林軍士不能乘船者，則傍岸而行。全卷繪畫，中規中矩，一絲不苟，體現了明代宮廷繪畫的高超技藝。

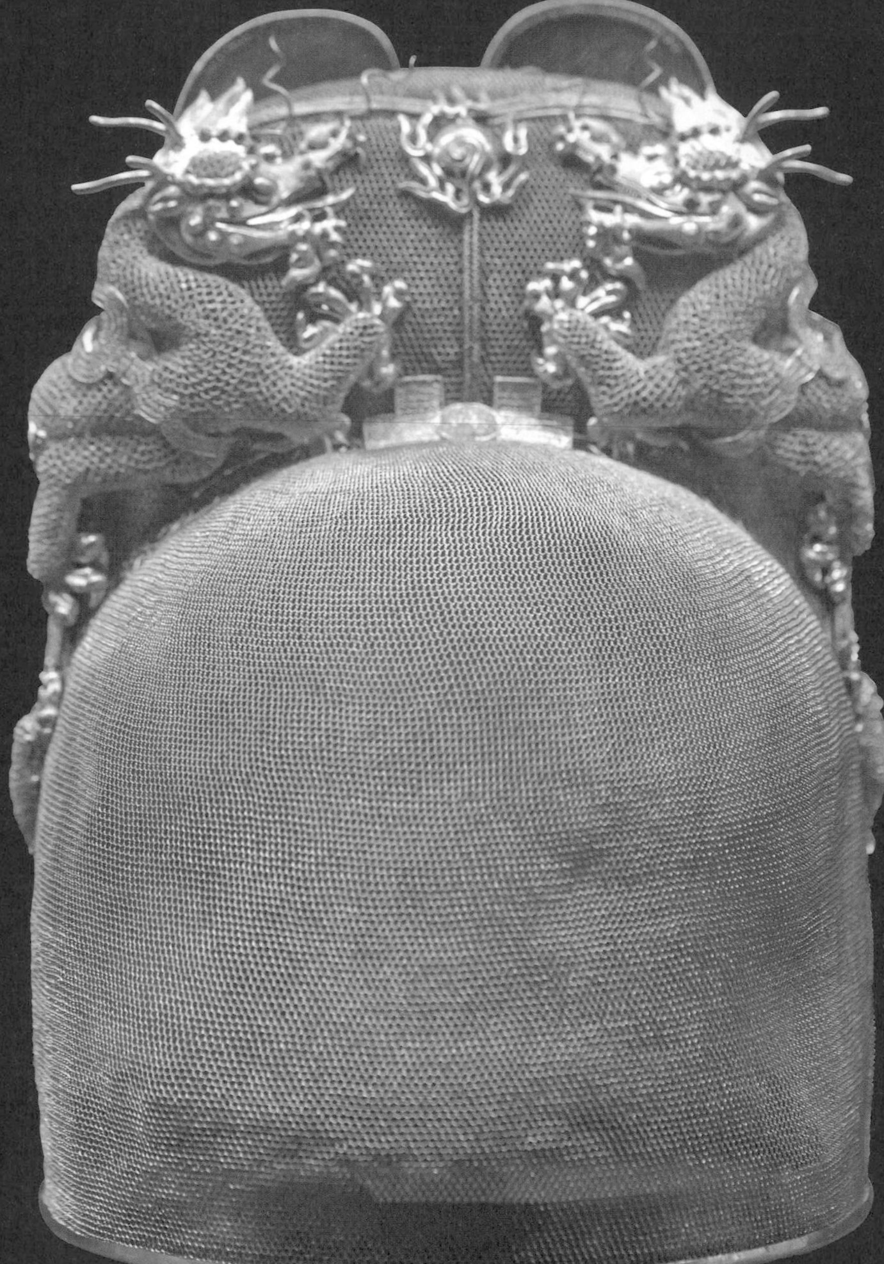

▼現存唯一一頂帝王金冠

90 金絲翼善冠

年代：明萬曆年間，西元一五七三至一六二〇年；**尺寸：**通高二十四公分、冠口徑二十・五公分，重八百二十六克；**材質：**金；**出土地：**一九五七年北京市明十三陵定陵地宮出土；**收藏地：**定陵博物館。

明定陵是明神宗朱翊鈞（年號萬曆）與其兩個皇后（孝端王皇后、孝靖王皇后）合葬的陵墓，坐落在長陵西南方的大峪山下，其主要建築有祾恩門、祾恩殿、寶城、明樓和地下宮殿等，占地約十八萬兩千平方公尺，是**明十三陵中唯一一座被挖掘了的陵墓**。

明定陵的考古挖掘

一九五六年至一九五七年，中國考古工作者對明定陵地宮進行了考古挖掘，此後有關部門又對出土文物進行修整，並修葺地上古建築，一九五九年就原址建為定陵博物館。

考古人員進入地宮時，見到神宗、孝端、孝靖一帝二后的棺槨被安放在漢白玉寶床上；由於年深日久，三具棺槨均已出現不同程度的糟朽坍塌情況。現場清理發現：孝端皇后屍身上蓋緞被，下鋪一床織金緞被，再往下有四層褥墊，其中一層褥墊上綴著一百枚「消災延壽」金錢。

孝端皇后頭戴黑紗尖形棕帽，裝飾著金簪，上身穿繡龍方補黃綢夾衣，下身穿黃色纏枝蓮花緞夾褲，足蹬黃緞鞋，腰間繫著繡雲龍紋長裙。孝靖皇后棺內出土了一件羅地灑線繡百子衣，圖案優美，極富感染力，升龍、行龍左右盤繞，龍身四周飾以雲水，極其威嚴。在前後襟與衣袖上共**繡有一百個活潑童子**，姿態各異，或讀書、或出遊、或沐浴，不一而足。周圍飾金銀錠、方勝、古錢、犀角等八寶，還有以梅花、荷花、桃花、菊花、山茶等花卉組成的春、夏、秋、冬圖案，蘊含「子孫萬代，多福多壽」的寓意。

神宗的棺槨內則塞滿了各種陪葬品，最上層蓋的是織錦被，被下放著袍服和織錦匹料，屍身的下面墊著一床錦被，被下還有九層被褥，其中一床被褥上綴著十七枚「吉祥如意」金錢。神宗頭戴烏紗翼善冠，身穿刺繡袞服，腰繫玉帶，下身穿黃素綾褲，足蹬紅素緞高繡靴。神宗頭側圓盒內**發現金絲翼善冠一頂**，用極細的金絲編織堆壘出二龍戲珠圖案，孔眼細小而均勻，造型生動活潑。如此繁複的製作，外表卻不露絲毫接頭，體現出高超的手工技藝。

經過仔細清理分類，三具棺槨共發現各種珍貴金器數百件，其中以帝、后的金冠最為精美；各種袍料、匹料和服飾用品達六百多件，其中尤以皇帝的緙絲十二章袞服龍袍，和皇后的羅地灑線繡百子衣最為珍貴。整個定陵地下宮殿出土了各類器物三千多件，其中有金器、銀器、玉器、珠寶、金冠、鳳冠、兗服、冕旒（按：音同「流」，冠冕上垂懸的珠玉）、百子衣等。明定陵的考古挖掘，為明史研究提供了重要的實物資料，其地宮結構堪稱明代皇陵規制的代表。

明代宮廷金銀器製作花絲工藝的登峰造極之作

翼善冠作為古代冠服的一種，由來已久。這種形制的冠源於「折上巾」，相傳始於北周武帝時，到唐初才定型。明朝建立後，翼善冠被定為皇帝常服之一，同時也是太子及親王、郡王之常服。

由於皇家冠服是彰顯帝后威嚴的飾物，所以歷來做工特別精細，這頂金絲翼善冠的製作就採用了拉絲、搓花絲、掐絲、累絲、編絲、填絲、鏨雕、焊接等多種工藝製成，而且技藝精湛、技法純熟。金冠包括前屋、後山（分前、後兩片）和金折角三部分。前屋部分是用五百一十八根直徑為〇．二公釐的細金絲，以「燈籠空兒」花紋編織而成，編結難度很大，技術要求很高。**孔眼勻稱，找不到編織的來龍去脈，沒有接頭斷絲的破綻**。後山飾以雙龍戲珠，二龍昂首相對，中間嵌一火珠，龍足有屈有伸，造型生動、氣勢雄渾。

兩條金龍做工極其考究，**龍身上的龍鱗多達八千四百多片**，都是用累絲焊接法一點一點焊接而成的，需要先精心做好，再小心翼翼的焊上。花絲在焊接時，必須由經驗豐富的高手看準火候、手疾眼快的操作完成。**這麼繁複的焊接工藝，放眼望去卻看不到焊接之處**，足見明代累絲焊接工藝已經達到了爐火純青、登峰造極的地步。龍頭的鏨刻更是精妙絕倫，其頭部凹凸不平，口、鼻、眼、耳、鬚、髮全部鏨刻而成，非常生動；特別是龍頭上的髮紋清晰均勻如同工筆劃一般，鏨技嫻熟，飄灑自如。

金銀製作中的花絲既是成型工藝，也是裝飾工藝，其發展早期多用作裝飾，隨著技藝的成熟則多用於造型。由於工藝特點，其所用的金銀材料成色普遍較高，其表現手法有掐、攢、填、焊、堆、壘、織、編等。進入明代，花絲製作迎來了第一個藝術高峰，花絲的造型能力得到極大發展。這既有元代的積澱，也有明匠的鑽研，更重要的因素是明統治者對花絲的青睞。在明內府廣泛製作和長期頒賜的官樣飾品中，金鳳簪、金八寶鐲、頭面各色簪釵等多以花絲製作，這樣的需求不僅督促工匠始終保持較高的製作水準，同時也促進了技藝的流傳。

明中後期，花絲中的編結技法發展到極致，而其經典代表作便是享有盛譽的萬曆帝金絲翼善冠。這頂金冠是明代細金工藝中的巔峰之作，同時也是迄今為止中國現存的，唯一一頂帝王金冠，堪稱國寶。

91 唐寅《事茗圖》

年代：明，西元一三六八至一六四四年；**尺寸：**縱三十一·一公分、橫一百零五·八公分；**材質：**紙本；**收藏地：**北京故宮博物院。

唐寅（一四七〇至一五二四年），字伯虎，又字子畏，號六如居士、桃花庵主、逃禪仙吏等，南直隸蘇州府吳縣（今江蘇蘇州）人。他不僅以詩文擅名，其畫名更著，與沈周、文徵明、仇英並稱「吳門四家」。他是明代文化藝術史上舉足輕重的人物之一，享有極高的歷史知名度，有關他的各種故事傳說在民間廣為流傳。

江南才子唐伯虎

唐寅出生於蘇州吳縣皋橋吳趨里商賈之家，他自幼聰明伶俐。少年時即有俠客英雄之理想，視魯仲連與朱家為偶像。弘治初年，曾與祝允明（字希哲，號枝山）、文徵明等人倡導古文辭。二十五歲時，他的家庭遭遇急劇變故，**短短一、兩年之內，父母、妻兒及唯一的妹妹都離開了人世**，只剩下弟弟唐申一家與他相依為命。接連的不幸讓唐寅一度陷入消沉，後經文徵明父親文林（一四四五至一四九九年）和好友祝允明的勸導，悲痛之餘潛心學問，試圖努力考取功名以告慰亡親。在日後寫作的《白髮》一詩中，這種決計痛改前非，向科場進發的心態一覽無餘：「清朝攬明鏡，玄首有華絲。愴然百感興，雨泣忽成悲。憂思固逾度，榮衛豈及哀。夭壽不疑天，功名須壯時。涼風中夜發，皓月經天馳。君子重言行，努力以自私。」

明孝宗弘治十一年（一四九八年），唐寅參加鄉試高中解元。第二年，與江陰富子徐經一同參加會試。由於兩人在京師進出張揚，惹人注目，會試中三場考試結束時，城中傳出「江陰富人徐經賄金預得試題」之流言，戶科給事華昶便匆匆彈劾主考程敏政鬻（按：音同「玉」，賣）題。雖鬻題之事缺乏確鑿證據，但輿論喧嘩不已，最終主考程敏政被貶為浙蕃小

吏，唐寅則「責為部郵」，只能做個地方官的隨從，這意味著他將長久作為打理繁碎事務的卑微吏員，而**日後擔任重要或高級職務的官員基本無望**，這必然使才華橫溢且背負光耀門庭之責的唐寅深以為恥。於是他滿懷「士也可殺，不能再辱」的悲憤和絕望棄吏而歸。

從此縱情山水風月之間，後築室「桃花塢」聊以自娛。但他的歸隱之心、避世之志實為對現實世界的消極反抗，是為自己的懷才不遇鳴不平。一旦有望再返宦場，他勢必拋卻隱逸之心，再回歸官場沉浮。他在《夜讀》一詩中豪氣干雲的宣稱：「人言死後還三跳，我要生前做一場。名不顯時心不朽，再挑燈火看文章。」可見封官晉爵之心只是被他故意藏匿，卻沒從心底澈底磨滅，後來的寧王府一行亦足可證之。

四十五歲時，應寧王朱宸濠之請赴南昌半年多，原以為滿腹才華終有施展之地，然而命運卻給了唐寅一次更為嚴峻的考驗。他察覺到寧王有圖謀不軌之心，被迫裝瘋賣傻才得以脫身而歸。這次豫章之行，他乘興而去，卻斯文掃地而回，身心俱被摧殘，而此事讓他最終放棄了建功立名之心，轉而徹底投入詩、酒、茶、書、畫的世界裡抒發自己苦悶的情懷。自此「茶灶魚竿養野心，水田漠漠樹陰陰」，「笑舞狂歌五十年，花中行樂月中眠」。一生的坎坷，消磨了少年的凌雲之志，也讓他終於覺悟，唯有在「淡泊隱逸」中，借吟詩繪畫、花月茶酒寄託理想，才能讓靈魂有所依附。因此，唐寅的絕仕歸隱，既是對吳人傳統的沿襲，又受時代文人氛圍的浸潤，也是經歷生活痛苦之餘，尋求內心安寧和快樂的必然選擇。

明代文人山居閒適生活的真實寫照

唐寅《事茗圖》所描繪的是文人雅士夏日品茶的生活情景：開卷但見翠峰如黛，巨岩崢嶸，飛瀑直下，溪流淙淙；位於參天古松下的數間精緻茅舍內，側室一童子正在煮茗烹茶，正室則有一人面對壺具，若有所待；屋外流水小橋上有一老翁倚杖緩行，抱琴侍童緊隨其後，正應邀前來品茗聚談。整個畫面清幽靜謐，人物傳神，流水有聲，動靜結合。透過畫面，觀者彷彿可以聽見潺潺水聲，聞到淡淡茶香。此圖生動而形象的表現了文人雅士幽居的生活情趣，也是作者透過自己的筆端，將文人心目中理想化的世外桃源，具體化於尺幅之上。幅後自題詩曰：「日長何所事？茗碗自賫（按：音同「機」）持。料得南窗下，清風滿鬢絲。」

尤為巧妙的是，這幅名作《事茗圖》，**是唐寅送給一位名叫陳事茗的朋友**。此事原來並不清楚，直到此畫幾經周折歸藏北京故宮博物院後，專家根據卷後陸粲於嘉靖乙未年所書《事茗辯》跋文，才弄清楚了陳事茗的相關事蹟。事茗姓陳，是書法家王寵的朋友，王寵又為唐寅的兒女親家，故陳氏與唐寅也交往甚多。一幅描繪事茗的茶畫，送給文友陳事茗，實在是最巧妙不過的雅事！此畫卷前有文徵明所書畫名，「事茗」兩個雄渾蒼勁的隸書大字，落款「吳趨唐寅」，字體流暢灑脫，有「唐居士」、「吳趨」、「唐伯虎」三印。

此圖為唐伯虎最具代表性的傳世佳作：畫面構圖嚴謹、別出新意，山水人物用筆工細精緻，線條秀潤流暢，墨色皴（按：音同「村」）染圓潤柔和，**似多取法於北宋李成、郭熙二家，兼融元人筆墨**；全作畫風清勁秀雅，景物開闊，意境清幽，層次分明，為唐寅秀逸畫格的精作。入清之後，曾入內府收藏，畫作卷右的乾隆帝御題詩可為明證：「記得惠山精舍裏，竹爐瀹（按：音同「月」）茗綠杯持。解元文筆閒相仿，消渴何勞玉常絲。」落款附記：「甲戌（一七五四年）閏四月，雨餘幾暇，偶展此卷，因摹其意，即用卷中原韻題之，并書於此。御筆。」並蓋有「乾隆御賞之寶」之印。這也是這幅國寶名畫的珍貴處之一。

尤值一提的是，在中國茶文化中，同茶詩、茶文相比，有關茶事的繪畫作品相對較少，而唐寅的這幅《事茗圖》被公認為茶事名畫，並被列為國寶。唐寅素能詩文、兼善書法繪畫，晚年縱放、嗜茶，有茶畫多幅、茶詩多首；由於科場挫折、絕於仕途，他在飲茶作畫中經常流露出懷才不遇、孤芳自賞之情。此作中事茗者懷才不遇、空有大志卻無所事事，只能從品飲事茗中尋求寄託：端坐南窗，清風徐來，品飲一盞好茶，亦不失為人生一大快事。而這也正是唐寅本人人生境遇與生活狀態的真實寫照。

▼明末張獻忠起義的歷史見證

92 虎鈕永昌大元帥金印

年代：明崇禎，西元一六二八至一六四四年；**尺寸：**邊長十．三公分，印臺厚一．六公分、通高八．六公分；**材質：**金；**出土地：**二〇一三年四川省眉山市彭山區江口沉銀遺址出土；**收藏地：**不詳。

「石龍對石虎，金銀萬萬五。誰人識得破，買到成都府。」明末農民起義領袖張獻忠於岷江中，千船沉銀的傳說在民間一直廣為流傳。而這首流傳數百年的童謠，也成為無數人追尋張獻忠財寶的「尋銀訣」。二〇一六年，一場震驚中外的盜墓大案的破獲，終於解開了江口沉銀寶藏的神祕面紗，讓世人看到了明末最真實的歷史面貌。

「江口沉銀」寶藏曝光，傳說被證實

據史料記載，明末農民起義領袖張獻忠反明起義後，於明思宗崇禎十七年（一六四四年）八月初九占領成都，建立大西國，改元大順。一六四七年七月，張獻忠率部與明朝殘將、川西地方將領楊展在彭山江口激戰，潰不成軍；張獻忠和部分官兵逃回成都，而其滿載金銀的船隻多數被燒毀或擊沉江中。張獻忠究竟聚斂了多少財富？千船沉銀是民間傳說還是確有其事？這個百年謎團，隨著震驚世人的張獻忠沉銀盜掘案的偵破，這才撥開迷霧、真相大白。

二〇一**六年的四川彭山江口盜寶大案**，被列為二〇一六年全國文物第一案：案件偵辦前後歷時近三年，警方追回文物上千件，經四名國家文物專家鑒定，其中有一百件屬於國家珍貴文物。而這一百件中，包括八件國家一級文物、三十八件二級文物、五十四件三級文物，涉案文物交易金額達三億多元。在這批追回的文物當中，一級文物虎鈕永昌大元帥金印尤為引人注目。這枚稀世珍寶，於二〇一三年春被**彭山當地的一個盜掘集團從江底泥沙中偶然挖得**，隨後以八百萬元的高價賣給了文物商人。

這件虎鈕永昌大元帥金印，虎形印鈕氣勢悍猛、鮮活靈動，印面文字為九疊篆陽文「永昌大元帥印」，印臺上陰刻「永昌大元帥印，癸未年仲冬吉日造」，顯示其鑄造於一六四三年農曆十一月。**該金印是張獻忠江口沉銀挖掘研究，及文物研究中的核心文物**，對於考證沉船文物性質，和揭開明末一些鮮為人知的史事極為關鍵。其實，頗受關注的並不是這方金燦燦、沉甸甸的帥印本身，而是其神祕莫測、撲朔迷離的歷史背景和來歷。同時，人們對此印上的「永昌」年號和「大元帥」職銜產生了許多質疑。

謎樣的金印鑄造者

有專家學者認為，此物不見得為張獻忠本人所用之印；也有專家學者認為，這是張獻忠建立大西國後，專門給自己量身訂做的金印；也有學者認為，這是李自成在北京建立大順政權後，為了拉攏張獻忠而給他訂制的大元帥之印；還有學者認為，金印有可能是過往船隻沉船遺失江中的。總之，見仁見智，眾說紛紜。可以肯定的是，這枚金印是屬於張獻忠當年的江口沉船遺物，但是並不能確定它就是張獻忠之物。我們綜合各種歷史文獻加以考證，可以初步得出以下結論：虎鈕永昌大元帥金印並不是張獻忠之印，而**是李自成大順政權所鑄、在某個特定歷史條件下頒賜給張獻忠的**。

認為此印不是張獻忠之印的理由有以下三點：

一、「永昌」之號與張獻忠無涉。張獻忠攻占成都後稱帝建立政權，國號大西，年號大順。

二、「大元帥」不是張獻忠的軍制。張獻忠稱帝建國之前，一直自號「八大王」，手下有孫可望、李定國、劉文秀、艾能奇四養子，均為將軍。張獻忠軍中是典型的家族式、山大王式軍事管理模式，從來沒有設立過大元帥這一最高軍事職銜。

三、金印製作年代與張獻忠當時時局處境不符。金印印臺上陰刻「永昌大元帥印，癸未年仲冬吉日造」，標明該金印鑄造於崇禎十六年（一六四三年）十一月；然而歷史資料記載，張獻忠此時正在攻取常德府，直至十一月二十二日，張獻忠才親率大軍占領常德府。占領常德府後，他還要集中精力、兵力和時間，與楊嗣昌之子楊山松的團練周旋。因此，張獻忠雖於此時占領了常德府，卻仍糾纏於戰事，根本沒有條件、時間和動機來鑄造此印。

認為此印是李自成大順政權之物的理由也有以下三點：

一、「永昌」是李自成的年號。李自成在西安建立大順國，年號永昌；而且大順政權只有永昌一個年號，時間不到兩年。在明末這一歷史時段，「永昌」可以看作是李自成的專屬代名詞。

二、「元帥」是李自成的軍制。李自成在湖北襄陽建立農民政權時，就明確了軍事建制，即中、左、右、前、後五營，其中中營為標營。據《明季北略》記載：李自成「自稱倡義大元帥，為一品；權將軍，二品」。湖北通城李自成大順博物館（籌）收藏的「順天倡義大元帥」玉印，也證實了這一歷史事實。

三、金印鑄造時間正是李自成在西安籌建大順國之時。歷史記載，崇禎十六年（一六四三年）十月十一日，李自成率農民軍進入西安，隨即就安排文臣著手籌畫建國事宜，自己則率兵回米脂故里光宗耀祖去了。虎鈕永昌大元帥金印鑄造的時間為「癸未年仲冬」，即一六四三年農曆十一月，正是李自成在西安籌建大順國的時間。

綜上分析，可以判斷張獻忠彭山江口沉船遺物中的核心文物——虎鈕永昌大元帥金印，是李自成大順政權之印，而不是張獻忠之物。那麼，作為大順政權如此高級別、貴重的帥印，怎麼會到了張獻忠之手呢？這就有必要分析李自成與張獻忠二人之間的關係。

李、張二人同為明末農民起義的領袖，有著各自的勢力，加上時局變化、外部環境錯綜複雜，所以關係很複雜，有聯合也有鬥爭。張獻忠資格老，李自成發展好；大西軍騎兵強、擅長流動作戰，大順軍勢力漸大、可主力對決。但是**李自成手段更厲害**，在不斷發展壯大的過程中消滅、吞併了多股中小起義軍勢力，**令張獻忠對其有所畏懼**。崇禎十六年（一六四三年），張獻忠攻克武昌，李自成恐嚇他：「老回回（馬守應）已降，曹（羅汝才，外號曹操）、革（革裡眼，賀一龍）、左（賀錦外號左金王）皆被殺，行將及汝矣」；張獻忠委曲求全，「多賚金寶，報使於自成。自成留其使，獻忠恨之」。

崇禎十七年（一六四四年）正月，李自成稱帝：「十七年春正月，李自成稱王於西安，僭國號大順，改元永昌。自成久覬尊號，懼張獻忠、老回回相結為患，既入秦，通好獻忠。」據此記載，可以合理推斷，這枚虎鈕永昌大元帥金印應當就是**李自成「通好獻忠」的產物**，李自成鑄此高規格的帥印頒賜給張，目的在於對張籠絡之、羈縻之，為自己稱帝鋪平道路。可以說，此印正反映了明末農民戰爭中，李自成與張獻忠之間複雜而曲折的關係。當然，這一推斷還有待於今後文物、文獻方面新的重大發現加以進一步驗證。

天承運　表
皇帝諭曰從來帝王之治天下未嘗不以敬
天法
祖為首務敬
天法
祖之實在柔遠能邇休養蒼生共四海之利為利一天下之心為心保邦於未危
致治於未亂夙夜孜孜寤寐不遑為久遠之國計庶乎近之今朕年屆七
旬在位六十一年實賴
天地
宗社之默佑非朕涼德之所至也歷觀史冊自黃帝甲子迄今四千三百五十餘
年共三百一帝如朕在位之久者甚少朕臨御至二十年時不敢逆料至
三十年三十年時不敢逆料至四十年今已六十一年矣尚書洪範所載
一曰壽二曰富三曰康寧四曰攸好德五曰考終命五福以考終命列於
第五者誠以其難得故也今朕年已登耆富有四海子孫百五十餘人天
下安樂朕之福亦云厚矣即或有不虞心亦泰然念自御極以來雖不敢
自謂能移風易俗家給人足上擬三代明聖之主而欲致海宇昇平人民
樂業孜孜汲汲小心敬慎夙夜不遑未嘗少懈數十年來殫心竭力有如
一日此豈僅勞苦二字所能該括耶前代帝王或享年不永史論概以為
酒色所致此皆書生好為譏評雖純全盡美之君亦必抉摘瑕疵朕今為
前代帝王剖白言之蓋由天下事繁不勝勞憊之所致也諸葛亮云鞠躬
盡瘁死而後已為人臣者惟諸葛亮能如此耳若帝王仔肩甚重無可旁
諉豈臣下所可比擬臣下可仕則仕可止則止年老致政而歸抱子弄孫
猶得優游自適為君者勤劬一生了無休息之日如舜雖稱無為而治然
身歿於蒼梧禹乘四載胼手胝足終於會稽似此皆勤勞政事巡行周歷
不遑寧處豈可謂之崇尚無為清靜自持乎易遯卦六爻未嘗言及人主
之事可見人主原無宴息之地可以退藏鞠躬盡瘁誠謂此也自古得天
下之正莫如我朝
太祖
太宗初無取天下之心嘗兵及京城諸大臣咸云當取
太宗皇帝曰明與我國素非和好今欲取之甚易但念係中國之主不忍取也後
流賊李自成攻破京城崇禎自縊臣民相率來迎乃翦滅闖寇入承大統
稽查典禮安葬崇禎昔漢高祖係泗上亭長明太祖一皇覺寺僧項羽起兵
攻秦而天下卒歸於漢元末陳友諒等並起而天下卒歸於明我朝承
先烈應
天順人撫有區宇以此見亂臣賊子無非為真主驅除也凡帝王自有天命應享壽
考者不能使之不享壽考應享太平者不能使之不享太平朕自幼讀
書於古今道理粗能通曉又年力盛時能彎十五力弓發十三把箭用兵
臨戎之事皆所優為然平生未嘗妄殺一人平定三藩掃清漠北皆出一
心運籌戶部帑金非用師賑饑未敢妄費謂皆小民脂膏故也所有巡狩
行宮不施采繢每處所費不過一二萬金較之河工歲費三百餘萬尚不
及百分之一昔梁武帝亦創業英雄後至耄年為侯景所逼遂有臺城之
禍隋文帝亦開創之主不能預知其子煬帝之惡卒致不克令終皆由辨
之不早也朕之子孫百有餘人朕年已七十諸王大臣官員軍民以及蒙
古人等無不愛惜朕年邁之人今雖以壽終朕亦愉悅至
太祖皇帝之子禮親王饒餘王之子孫現今俱各安全朕身後爾等若能協心保
全朕亦欣然安逝雍親王皇四子胤禛人品貴重深肖朕躬必能克承大
統著繼朕登基即皇帝位即遵典制持服二十七日釋服布告中外咸使
聞知

康熙六十一年十一月十三日

93 聖祖仁皇帝遺詔

年代：清康熙六十一年，西元一七二二年；**尺寸**：高七十七公分、廣一百五十五·七公分；**材質**：紙本；**收藏地**：臺北中央研究院歷史文物陳列館。

在清朝的歷代皇帝中，雍正帝大概是最具神祕色彩、最富有爭議的一位。從繼承大統到猝然離世，雍正十三年的帝王生涯似乎自始至終都充滿疑雲，似乎他的每一步都伴隨著爭論與非議……其中的焦點，無疑就是他即位的合法性問題：康熙帝臨終時指定的皇位繼承人究竟是誰？雍正有沒有透過操弄政治手段謀奪了皇位？

九王奪嫡，史上最慘烈皇位之爭

清聖祖康熙皇帝是清代傑出的帝王，在位六十一年，君臨天下時間之久，為中國歷史之最。由於皇子眾多，康熙皇帝在建儲問題上處置失當，尤其是兩廢太子，直接導致了康熙末年的「九王奪嫡」的爆發。

在康熙皇帝生前，諸皇子為了爭奪儲位，私結黨羽。以嫡長子胤礽為首的太子黨最先出現，其次實力雄厚的皇八子胤禩與皇九子胤禟、皇十四子胤禵（一名胤禎）結成了皇八子黨，皇四子胤禛則有一個若隱若現的皇四子黨，而康熙皇帝的庶長子胤禔也參與其中，意欲爭漁翁之利。這其中鬥爭最激烈的是太子黨和皇八子黨。

太子胤礽年僅兩歲就確立了儲君之位，然而康熙皇帝的高壽對於太子來說已經不能忍受，長期的父子矛盾積累和兄弟傾軋，導致康熙四十七年（一七〇八年）太子第一次被廢。孰料此事一出，非但沒能化解危機，反而更激起了諸皇子對於儲君之位的爭奪。康熙皇帝權衡再三，又復立太子。在此期間，皇四子胤禛始終扮演太子的堅定支持者，而庶長子胤禔則在鬥爭中被永遠圈禁。

有了第一次被廢的經歷，太子胤礽非但沒有吸取教訓，反而變本加厲的進行打擊報復，導致朝野震盪。無奈之下，康熙五十一年（一七一二年）太子再度被廢，並被圈禁起來。此後，關於儲位的爭奪進入了白熱化階段。其間皇八子胤禩及其黨羽積極活動，謀求嗣立。這種明目張膽的動作，引起了康熙皇帝的反感，他曾說：「胤禩因不得立為皇太子，恨朕切骨，伊王黨羽亦皆如此。二阿哥悖逆，屢失人心。胤禩則結人心，此人之險，實百倍於二阿哥也。」在奪嫡之爭中，皇四子胤禛笑到了最後，順利登上了皇位。

正是由於「九王奪嫡」，胤禛繼位之後，關於其即位合法性的言論四處流布，而影響最大的就是人們熟知的篡改詔書之說。據說當時康熙想要傳位給皇十四子胤禵，詔書寫的是「傳位十四子胤禎」，而皇四子胤禛則勾結隆科多擅改遺詔，將「十」字改為「於」字，將「禎」字改為「禛」字，於是詔書就變成了「傳位於四子胤禛」。此種說法在野史中甚為流行，這也是清代著名的謎案之一。

雍正殺父改詔篡位？

二〇〇九年十月七日，備受兩岸文化學術界矚目的「雍正——清世宗文物大展」在臺北故宮博物院拉開帷幕，這是一場以清世宗雍正帝其人其事及其時代為展覽主題、力求還原雍正帝真實形象的展覽。此次展覽選取了雍正一朝包含繪畫、書法、檔案、古籍、璽印、瓷器、珍玩等各類藝術珍品在內的珍貴文物共兩百四十六件，意在透過這些頗具人文氣息、精緻典雅的藝術品，還原歷史上雍正皇帝的真面目。在這兩百多件展品中，**最為引人注目的當數聖祖仁皇帝遺詔**。

清代的遺詔通常用滿、漢兩種文字書寫同一內容，即清代詔旨所慣常採用的所謂「滿漢合璧」式。此次展出的康熙皇帝遺詔為漢文寫本，全本文字頗多、洋洋灑灑千餘言，其中最核心的一句是：「雍親王皇四子胤禛，人品貴重，深肖朕躬，必能克承大統，著繼朕登基，即皇帝位」。字跡清晰、**並無塗抹改飾痕跡，明確表達出雍正就是康熙指定的皇位繼承人**這一資訊。

這份遺詔告訴人們一個重要的資訊，清代皇帝傳位詔書的書寫格式是有嚴格規定的，而要想在字畫上進行篡改十分困難。加之其書寫模式不但要有漢文，還要有滿文，稍有不慎，必露破綻。唯一遺憾的是，目前我們所能看到的康熙遺詔的**滿文版本都有損毀，而且損毀的主要地方就是關於繼承人的內容**，這無形中就增加了斷定胤禛即位合法性的難度。

儘管史學界對此還存在各種爭議，但在沒有發現更具說服力的物證之前，這份從形式到內容乃至書寫字跡細節都無可辯駁的漢文遺詔，是能夠證明雍正即位合法性的重要歷史文獻，可以廓清雍正帝即位疑雲、為雍正帝正名的重要國寶級文物。

▼ 清聖祖遺詔滿文部分。

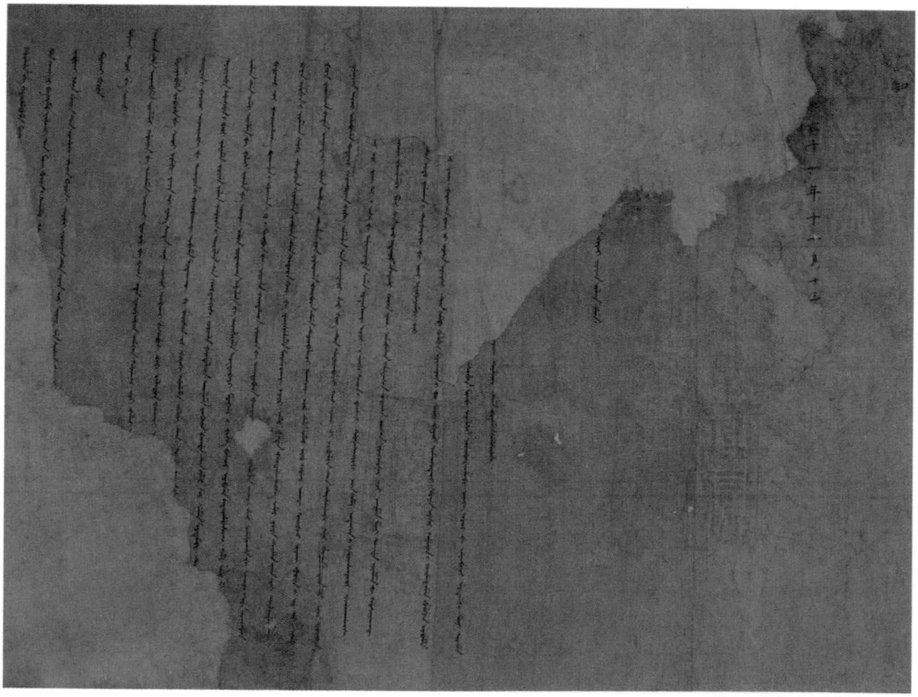

▼雍正琺瑯彩的傑出代表

94 琺瑯彩瓷錦堂富貴碗

年代：清雍正，西元一七二三至一七三五年；**尺寸**：高六．八公分、口徑十四．六公分、底徑六公分；**材質**：瓷；**收藏地**：臺北故宮博物院。

在清朝統治的近三百年漫長歲月裡，有一個不僅為清人所豔羨，也向來為史學界所津津樂道的歷史時期，這就是「康乾盛世」。與盛世百餘年間繁榮的社會經濟、強盛的國力相對應的，是這一時期在手工技藝方面的突出水準與成就。當然，康熙、雍正、乾隆三位帝王在文化藝術領域的造詣與品味，無疑也對此起到了重要的助推作用。就製瓷而論，這一時期新創燒的琺瑯彩瓷可謂是別具一格、饒有情趣。

琺瑯彩瓷的燒製

琺瑯彩瓷，是指使用琺瑯彩料在瓷胎上彩繪裝飾紋樣的瓷器，亦稱**「瓷胎畫琺瑯」**，**最早於清康熙五十一年（一七一二年）燒造成功**，至雍正時得到極大發展，自乾隆以後漸趨衰落。

雍正朝是琺瑯彩瓷獲得長足發展的重要時期。康熙末在西洋畫琺瑯器與技藝傳入的影響下，琺

瑯彩瓷清宮創燒成功。雍正帝繼承了康熙力圖超越西洋、擺脫對西洋的依賴的想法，自即位後持續力推琺瑯彩瓷的研製燒造。

雍正琺瑯彩的製作與康熙時期有顯著不同，首先，這時的琺瑯彩已由追求金屬效果發展為追求瓷器的本質表現，因此在胎體方面，不再用反瓷而採用景德鎮新燒成的優質細白瓷，這種細白瓷無論在白度或透明度上都超過明代永樂的白釉瓷，為雍正朝及以後的琺瑯彩和粉彩的製作提供了有利條件。此外，也有直接用雍和宮及清宮內的舊藏白瓷。不管是新燒還是舊藏的白瓷，質地都具有薄、輕、潤、細、潔的特點，將其作為胎體使用，是雍正朝琺瑯彩和粉彩能有突破性發展的關鍵之一。

北京故宮博物院至今仍保存許多雍正溥胎白瓷器，部分可能是當時製作琺瑯彩瓷的備用品。其次，**康熙朝琺瑯料全部由外國進口**，**雍正朝**在宮內製作的各種琺瑯器數量猛增，進口料已供不應求，於是雍正六年（一七二八年）二月諭旨怡親王允祥「試煉」琺瑯料，同年七月試煉成功，**此後的琺瑯彩多用清宮自製彩料**。新增琺瑯料中有許多顏色是進口料所無的。據清宮檔案，新增色彩有軟白、香色、淡松黃色、藕荷色、淺綠色、醬色、深葡萄色、青銅色、松黃色等，色彩種類大為豐富。由於彩料豐富，一件雍正琺瑯彩瓷器上的紋飾，常常同時施以二、三十種顏色。

乾隆以後，琺瑯彩瓷便漸趨衰落。它的全部發展歷程雖然前後僅七十餘年，卻將中國古代彩瓷推向頂峰，湧現出一大批精美絕倫、聞名於世的彩瓷佳作，這只琺瑯彩瓷錦堂富貴碗便是其中之一。

高雅大氣的雍正琺瑯彩

雍正帝還於雍正五年（一七二七年）特地降旨頒發「內廷恭造式樣」，指示宮廷器物必須與宮外生產的「外造之氣」有所區別。如在裝飾紋樣上，由於雍正帝親自定調「秀雅」、「細緻」的要求，同時又**指定唐岱、戴恆、賀金昆、湯振基和郎世寧等供奉內廷的畫家，為畫琺瑯器製作稿樣**，影響所及，無論是滿飾紋樣或裝飾有詩、書、畫、印四種元素的組群，全都美輪美奐。

詩、書、畫、印四種元素相結合的這一裝飾紋樣，一方面因其鮮見於宮外造作，而堪稱「內廷恭造式樣」的典型代表；另一方面，追根溯源，雖然在康熙朝偶有此種先例，但裝飾在雍正朝琺瑯彩瓷上的圖畫、題句和印章，乃至於器底款識，都有更為豐富多元的組合和樣式，不僅康熙朝的風格為之一變，並且在畫匠和書手的通力合作下，詩、畫、印三者意涵相通、相得益彰，展現了雍正朝琺瑯彩瓷更高的藝術水準。

臺北故宮博物院珍藏的琺瑯彩瓷錦堂富貴碗，就是雍正琺瑯彩的傑出代表。此碗弧壁、圈足，底有藍料正楷「雍正年製」四字款；碗胎體極薄，屬於半脫胎，內外釉白如雪、瑩潤如玉。碗外壁一側繪雉雞牡丹花，另一側題墨彩詩句，色彩鮮豔雅逸，畫法精工絕倫。

畫面中心是一雄雉雞，在山石牡丹叢中尋食，尾翼上的各色羽毛絨光如絹，絢爛奪目。雉雞的頭頸是藤黃色、背部藍綠相間、腹腿鐵紅、尾羽赭褐色；周圍的山石花草以粉紅、藕荷、杏黃、淡黃、水綠等嬌嫩顏色相襯托，直如一幅工筆花鳥畫般絢麗動人。又配以五言行草書體詩句：「嫩蕊包金粉，重葩結繡雲。」字句的首、尾有胭脂水章「佳麗」及「金成」、「旭映」。由於敷施彩料較厚，以致花紋凸起，富有立體感。

此碗造型明麗秀逸，詩、書、畫、印四合一的裝飾紋樣精到雅致，充分體現了雍正帝不俗的審美意趣和生活品味。

▼清朝「治理」西藏的實物佐證

95 金賁巴瓶及牙籤

年代：清乾隆，西元一七三六至一七九六年；**尺寸：**通高三十四公分、口徑十二公分、腹部直徑二十一．三公分、重兩千八百五十克；**材質：**金；**收藏地：**西藏自治區拉薩大昭寺和北京雍和宮各有一個。

在中國歷代封建王朝中，清代是中國統一的多民族國家發展和鞏固的重要歷史時期，這與清朝統治者相對高明的民族政策、強調「因其教不易其俗，齊其政不易其宜」的方針，以及針對民族地區採取的治理手段有著密不可分的關係。

清廷長期用心經營西藏地區，除了採取果斷的軍事行動平定歷次叛亂外，還頒布《欽定藏內善後章程》，規定中央派駐駐藏大臣會同達賴喇嘛和班禪額爾德尼共同治藏、活佛轉世靈童認定採取「金瓶掣籤」制等一系列具有法律意義的制度，極大的強化了中央政府對西藏的控制力，使得清廷的中央意志得以有效的貫徹到西藏地方的治理中去。金賁巴瓶就是清朝治藏「金瓶掣籤」制度的實物佐證。

自清廷於乾隆五十七年（一七九二年）頒布《欽定藏內善後章程》後，藏傳佛教在選定活佛轉世靈童時，**必須在中央政府代表的監督下，用「金瓶掣籤」的形式確定人選**。金瓶即金賁巴瓶，「賁巴」是藏語「瓶」的意思。當年清廷御製有兩件金瓶，一件頒賜給拉薩大昭寺，用於選定達賴喇嘛、班禪額爾德尼轉世靈童；另一件存放在北京雍和宮，用於選定章嘉呼圖克圖、哲布尊丹巴呼圖克圖兩大活佛的轉世靈童。

金瓶掣籤制度

金賁巴瓶是乾隆皇帝為改變西藏大活佛轉世制度而特製的。藏傳佛教是蒙、藏等民族虔誠信奉的宗教。按照佛經意旨，達賴喇嘛、班禪額爾德尼、章嘉呼圖克圖、哲布尊丹巴呼圖克圖等宗教領袖被尊奉為「黃教之宗」的大活佛，他們圓寂後「不迷本性」，都要投胎轉世、出現「轉世靈童」，選定轉世靈童大活佛呼畢勒罕（蒙語「轉世」的意思）作為繼承者，這就是相沿已久的活佛轉世制度。

乾隆五十七年（一七九二年），清政府在出兵平息了廓爾喀人對西藏的侵擾之後，乾隆皇帝決心對蒙、藏地區的活佛轉世制度進行必要的修改，決定**採用新的方式來選定活佛**，**這就是金瓶掣籤制度**：將尋覓到的轉世靈童的姓名、出生日期，用滿、漢、藏三體文字分別寫在象牙籤上，用紙包好籤後放於金賁巴瓶內，然後由熟悉經典的喇嘛誦經七日，七日後中央駐藏大臣親臨監督，由瓶中掣取一籤確定轉世靈童最終人選；章嘉呼圖克圖和哲布尊丹巴呼圖克圖兩大活佛選定轉世靈童，則由清廷理藩院尚書親臨雍和宮監督金瓶掣籤來確定。此制保留了活佛轉世這一藏傳佛教沿襲已久的制度，同時保證了中央政府的監督，以杜絕蒙、藏上層大貴族對活佛轉世的人為操縱。

活佛轉世的見證

金賁巴瓶是由乾隆皇帝以賁巴瓶為原型，親自設計、親自監督工匠製作的，從樣式、花紋到裝飾、選材，乾隆皇帝都做出了詳細的指示。其實，清宮造辦處有眾多的能工巧匠，金瓶的製作工藝也不複雜，本來可以按照圖紙直接完成，但乾隆皇帝卻要求工匠先做一個小樣呈覽，滿意後才可以正式動手做。看過小樣後，乾隆皇帝覺得原定鑲嵌的紅、黃、藍寶石不太適合，於是，又改成了歷來受藏族人民喜愛的松石、珊瑚、青金石等作為裝飾，由內廷造辦處開始製作。乾隆皇帝親自過問金賁巴瓶的設計製作、特意考慮到藏地的風俗習慣這一細節，凸顯了清廷對於西藏問題的高度重視。

金賁巴瓶為純黃金打造，瓶座與瓶蓋裝飾有雲頭、海水、如意寶珠等圖案，瓶蓋頂部嵌有一顆白玉，下面則是松石、珊瑚、青金石，瓶腹上部飾有精美的如意雲頭圖案，中部則鏨刻著十相自在圖。金瓶外包裹五色錦緞製成的瓶衣，瓶口內插有籤筒，筒內放置如意頭象牙籤五支，供確定轉世靈童時用。此瓶的特殊意義在於：它是藏傳佛教金瓶掣籤制度的重要器物和象徵，也是**活佛轉世靈童必須經過當時中央政府認定的歷史見證**。

金瓶掣籤制度提高了中央政府的權威，此後，西藏班禪額爾德尼、達賴喇嘛等大活佛都是透過金瓶掣籤制度選定的，第一個啟動金瓶掣籤並得到認定的達賴，是九世達賴的轉世靈童，即十世達賴楚臣嘉措；第一個用金瓶掣籤認定的班禪是七世班禪轉世靈童，即八世班禪丹白旺修。自清王朝至民國的兩百多年間，西藏地區就有七十多名活佛透過金瓶掣籤認定。金瓶掣籤制度的訂立，不僅廉潔了宗教內部在活佛轉世靈童的認定上出現的流弊，而且加強了中央與西藏地方的關係，具有歷史意義，是當之無愧的國寶級文物。

96 各種釉彩大瓶

年代：清乾隆，西元一七三六至一七九六年；**尺寸**：高八十六．四公分、口徑二十七．四公分、足徑三十三公分；**材質**：瓷；**收藏地**：北京故宮博物院。

在故宮武英殿瓷器館的中心位置，有展示一件不同凡響的瓷瓶，其體積之巨大、釉彩之豐富、裝飾之華麗，足以吸引任何一位置身瓷器館的遊客駐足觀賞、擊節讚賞。這就是享有「中華瓷王」、「瓷母」之美譽的清乾隆各種釉彩大瓶。

傳世瓷器之母

各種釉彩大瓶係清代乾隆年間燒製，是**中國古代製瓷工藝達到顛峰的代表作**。瓶洗口、長頸、長圓腹、圈足外撇、頸兩側各置一螭耳。器身自上而下裝飾的釉彩達十五層之多。所使用的釉上彩裝飾品種有金彩、琺瑯彩、粉彩等，釉下彩裝飾品種有青花，還有釉上彩與釉下彩相結合的鬥彩。所使用的釉有仿哥釉、松石綠釉、窯變釉、粉青釉、霽藍釉、仿汝釉、仿官釉、醬釉等。

主體紋飾在瓶的腹部，為霽藍釉描金開光粉彩吉祥圖案，共十二幅開光圖案：其中六幅為寫實圖畫，分別為「三陽開泰」、「吉慶有餘」、「丹鳳朝陽」、「太平有象」、「仙山瓊閣」、「博古九鼎」；另六幅為錦地「卍」字、蝙蝠、如意、蟠螭、靈芝、花卉，分別寓意「萬」、「福」、「如意」、「辟邪」、「長壽」、「富貴」，輔助紋飾主要有纏枝紋、纏枝蓮紋、團花紋等。十二幅開光畫面十分精緻，內容多取諧音字義、祈頌吉祥的傳統內容。瓶內及圈足內施松石綠釉，外底中心署青花篆書「大清乾隆年製」六字三行款。整個大瓶以眾多畫面配合繁多的釉彩裝飾，呈現出繁縟奢華的藝術風格。

高超的陶瓷技藝

不過，也有人認為這件「瓷母」大瓶不過是一件集合各種釉彩及紋飾的堆砌之作、炫技之品，實際上並非如此，可從以下幾點來看：

一、「瓷母」體現出了乾隆朝瓷器繁縟奢華的藝術風格。每個朝代瓷器的藝術風格，都與其所處時代的政治經濟、帝王喜好及風俗習慣等有著密切的聯繫。乾隆朝國力鼎盛、海內昇平，乾隆帝又是一個頗具藝術修養且又好大喜功的君主，加上此時景德鎮的製瓷工藝也已達到極高水準。所以就有了許之衡在《飲流齋說瓷》中對乾隆朝瓷器的評價：「至乾隆則**華縟極矣**，**精巧之至**，幾於鬼斧神工。」

二、「瓷母」是乾隆朝製瓷工藝達到顛峰的體現。「瓷母」上採用的**釉上、釉下等釉彩達到了十五層之多**，從燒造工藝上看，青花與仿官釉、仿汝釉、仿哥釉、窯變釉、粉青釉、霽藍釉等均屬高溫釉彩，需先焙燒；而粉彩、琺瑯彩、金彩及松石綠釉等均屬低溫釉彩，須後焙燒，**如此複雜的工藝**只有在全面掌握各種釉彩性能的情況下，才能順利完成。所以說，想要成功燒造工藝如此複雜的大瓶，全面而精準的掌握各種釉彩的燒製特點是關鍵所在。

「瓷母」是中國歷代瓷器中涵蓋吉祥文化最為豐富的器物。器腹上十二組或寫實、或寫意的開光吉祥圖案，涵蓋了中國傳統文化中的福、壽、富貴、如意等眾多吉祥文化，將如此眾多的吉祥圖案聚於一器，在中國瓷器史上是極為罕見的。

正因如此，對於這件凝結著清代製瓷工匠心血的瓷之重器，我們不應該簡單的用「堆砌」、「炫技」等詞眼來輕率的評論；應以一種欣賞的心態去看待這件「瓷母」，並盡可能的提高我們的現代製瓷工藝水準以與之趨近。這才是今天人們應有的態度。

各種釉彩大瓶側面。▶

97 郎世寧《百駿圖》

年代：清，西元一六一六至一九一一年；**尺寸：**縱一百零二公分、橫八百一十三公分；**材質：**絹本；**收藏地：**臺北故宮博物院。

郎世寧（Giuseppe Castiglione），義大利人，原名朱塞佩．伽斯底里奧內，生於義大利米蘭，清康熙帝五十四年（一七一五年）作為**天主教耶穌會的修道士**來中國傳教，隨即入宮進入如意館，為清代宮廷十大畫家之一。他歷經康、雍、乾三朝，在清廷從事繪畫五十多年，並參加了圓明園西洋樓的設計工作，極大的**影響了康熙之後清代宮廷繪畫的風格和審美趣味**。他的主要代表作有《十駿犬圖》、《百駿圖》、《乾隆大閱圖》、《瑞谷圖》、《花鳥圖》、《百子圖》等。

中西合璧《百駿圖》

《百駿圖》共繪駿馬百匹，它們或站或臥、或翻滾嬉戲、或交鬥覓食，聚散不一，自由舒閒。畫面中的馬兒和人物、山水、草木，無不精緻寫實，比例結構的精準和對光的運用所表現出的立體感，顯示出畫**家深厚的西畫功底。而勾線、皴染又都是傳統的中國手法。**

這幅形象逼真、構圖繁雜、色彩濃麗的長卷給人印象最深的地方，是畫家給予人們足夠的空間，它不是一覽無餘，而是令人產生無邊的遐想。畫面的首尾各有牧者數人，控制著整個馬群，體現了一種人與自然界其他生物間的和諧共生關係。在表現手法上，**郎世寧充分展現了歐洲明暗畫法的特色，馬匹的立體感十**

分強，用筆細膩，注重動物皮毛質感的表現。

郎世寧引領的藝術潮流

郎世寧的主要貢獻在於大膽探索西畫中用的新路，熔中西畫法為一爐，創造了一種前所未有的新畫法、新格體，堪稱郎世寧新體畫。郎世寧來到中國後仔細研習了中國畫的繪畫技巧，他的中國畫具有堅實的寫實功力、流暢道地的墨線、一絲不苟的層層暈染，外加無

法效仿的顏色運用，中西合璧，讓人耳目一新。郎世寧以其獨創的新畫體，博得了皇帝的賞識和信任。從現存的郎世寧畫作來看，它既有歐洲油畫如實反映現實的藝術概括，又有中國傳統繪畫之筆墨趣味，確實有較高的藝術感染力。郎世寧以其嚴謹扎實的寫實功底、注重明暗效果的繪畫特色，以及作品整體上濃厚的歐洲繪畫風格和情調，確立了自己在清朝宮廷畫師中的地位。

清代是中國宮廷繪畫的頂峰時期。正是在郎世寧中西合璧繪畫技法的影響下，才形成了別具一格的宮廷畫風。郎氏尤擅畫馬，這幅《百駿圖》便是其生平百餘幅馬作品中的傑出代表作，其藝術價值、文化價值都是不可低估的（郎世寧過世後葬於北京市現址為北京市委黨校院區內）。

▼寓意吉祥的玉雕珍寶

98 翠玉白菜

年代：清，西元一六一六至一九一一年；**尺寸**：長十八．七公分、寬九．一公分、厚五公分；**材質**：翡翠；**收藏地**：臺北故宮博物院。

來臺灣觀光旅遊的遊客，大都會把臺北故宮博物院，列為行程中必不可少的重要一站；而幾乎所有去參觀的遊客，都不會錯過與東坡肉石、毛公鼎並稱為「故宮三寶」的翠玉白菜。

雅俗相宜、量材就質的鎮院之寶

其實要論及器物本身的歷史，這棵翠玉白菜充其量也就是清代中後期的作品，年代並不久遠，但它的珍貴之處在於其雕工之精巧、寓意之美好。這棵白菜尺寸與真實白菜的相似度近乎百分之百。全件係由一塊一半灰白、一半翠綠的翠玉石料雕琢而成，不知名的工匠充分運用巧雕的工藝技巧，把玉料的綠色部位雕成菜葉、灰白色部位雕成菜梗，並且還創造性的把原本玉料上需要剔除的瑕疵，巧雕為趴在菜葉上的兩隻小昆蟲，活靈活現、滋潤新鮮。日常的題材與精巧的雕工的完美結合，讓觀者備感親切又嘆為觀止。尤值一提的是，菜葉上的兩隻小昆蟲也

不是信手雕來的隨意之作，它們是寓意多子多孫的螽斯和蝗蟲，而且蝗蟲和螽斯的每一根觸角都清晰可見，足見其製作者的精湛技藝。

瑾妃的嫁妝

這件作品原陳設於紫禁城的永和宮，此宮在清末是光緒皇帝妃子瑾妃的寢宮，相傳這棵翠玉白菜即為瑾妃隨嫁的嫁妝之一，蘊含著多重美好的寓意。首先白菜音同百財，寓意財富，又寓意清白、象徵新嫁娘的純潔。特定的兩隻昆蟲則寓意多子多孫，祈願新婦子孫眾多。白菜雖是再尋常不過的蔬菜，但因其寓意好、設計巧，充分體現了作為嫁妝所應具備的美好祝願功能。概括而言，自然材質、匠心設計、意蘊象徵這三者充分而完美的結合，最終成就了翠玉白菜這一不可多得的玉雕珍品。

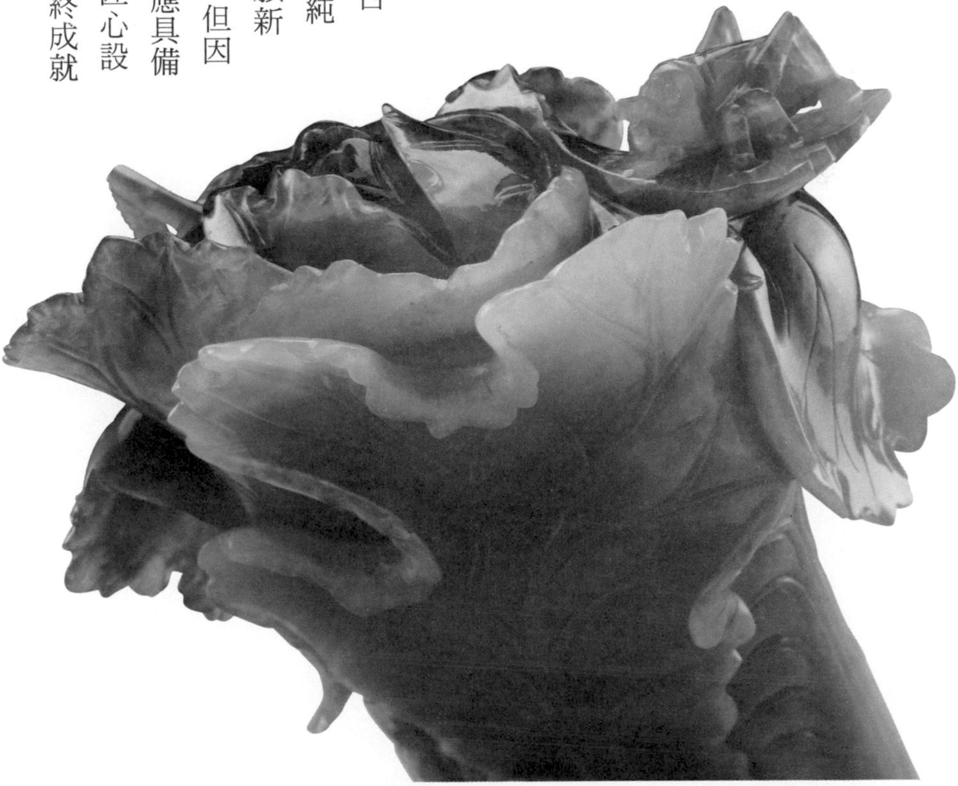

99 北洋水師鎮遠艦鐵錨

年代：清光緒，西元一八七五至一九〇八年；**尺寸**：長四・一五公尺、寬兩公尺、重約四噸；**材質**：鐵；**收藏地**：中國人民革命軍事博物館。

在中國人民革命軍事博物館兵器館西廣場，陳列著一副長四公尺、寬兩公尺、重達四噸的巨大鐵錨，這就是當年清政府北洋水師巡洋艦「鎮遠」號上的鐵錨。鐵錨遍體鐫刻著歲月的滄桑印痕，向參觀者訴說著不堪回首的往事……。

慘敗的甲午海戰

「鎮遠」艦是清朝海軍北洋艦隊主力鐵甲戰列艦之一，一八八五年從德國伏爾鏗造船廠訂購駛抵中國，與「定遠」、「濟遠」、「經遠」、「來遠」、「致遠」、「靖遠」、「平遠」等七艦並稱為北洋「八遠」。該艦排水量七千三百三十五噸、航速十四・五節、艦上配備火炮二十二門、魚雷發射管三具、戰鬥乘員三百三十一人，具有很強的攻防能力，是北洋海軍的中堅力量。

「鎮遠」艦和同級同型的姊妹艦「定遠」艦，是中國近代海軍史上最早的兩艘主戰軍艦。它們誕生於十九世紀中後葉的中國洋務自強時代，最終又消逝在決定近代中日兩國命運的甲午戰爭中。定、鎮二艦由李鴻章主導購建，他曾委派專員赴西歐多國考察，最後**決定在德國伏爾鏗造船廠簽約建造兩艘鐵甲艦**。李鴻章將此二艦分別命名為「定遠」（Ting Yuen）、「鎮遠」（Chen Yuen）。一八八五年十月，二艦駛抵大沽口，「鎮遠」、「定遠」正式編入北洋水師。

一八九四年九月十七日，中日甲午海戰爆發。清政府海軍實力號稱亞洲第一、世界第九，花費數百萬兩白銀打造的北洋水師在與日本聯合艦隊的一系列激烈交戰後，損失慘重，退守威海衛基地。「損失慘重」簡單四個字，意味著「經遠」、「致遠」等軍艦沉沒，「來遠」等戰艦受傷，死傷官兵千餘人，「致遠」艦管帶鄧世昌等名將殉國。威海衛軍港不久也為日軍攻占，北洋水師所屬「威震亞洲」的鐵甲軍艦，一部分被擊沉，一部分被日軍俘獲。甲午海戰，中國近代史上的第一次、也是最後一次大規模海戰，以慘敗而告終。

「鎮遠」鐵錨的回歸

「鎮遠」艦在威海保衛戰中被日軍俘獲，後被編入日本聯合艦隊服役，至第一次世界大戰前被拆解；為了紀念甲午海戰的勝利，**日本將艦上的鐵錨和「靖遠」艦的鐵錨一同陳列在東京上野公園**，還將「鎮遠」艦主炮彈頭十枚置於鐵錨周圍，彈頭又焊上「鎮遠」艦錨鏈二十尋（按：古代八尺稱為一尋，約兩百四十八．八公分）以環繞陳列場地，同時在一旁立有海戰碑向世人炫耀。但凡華僑、中國留學生經過此處，無不引以為恥。「鎮遠」艦鐵錨成了每一個中國人心中的痛……。

一九四五年八月，取得了抗日戰爭的勝利。中國國民政府和中國海軍當局產生了收回「鎮遠」艦和「靖遠」艦鐵錨等遺物的想法。但駐日盟軍最高將領、美國麥克阿瑟將軍並不以為然。中國政府屢次提出，都被拖延下來。

一九四七年二月，海軍少校鍾漢波受中國政府委派赴日任中國駐日代表團參謀。行前，海軍總司令桂永清召見了鍾漢波，向他交代：甲午海戰，「鎮遠」、「靖遠」兩艦為日所俘，其艦錨、艦鏈及炮彈等被陳列在日本東京上野公園，乃國恥。你抵日到職後，立即將其索還，以除恥辱。鍾漢波毫不猶豫的答應下來。鍾漢波一行到達日本之後，立即著手進行索還兩艦遺物的工作。在此之前，中國政府的外交人員就曾索取過這些遺物，但都無疾而終，不了了之。鑒於以前的失敗，鍾漢波做了深入細緻的調查，同時仔細研究戰爭結束以後的相關文件，最終拿出了切實有利的證據。在鍾漢波的努力不懈下，駐日本盟軍總部終於同意歸還鐵錨等遺物。

一九四七年四月四日，盟軍總部將艦錨歸還案受理辦妥。**備忘錄正本送達「中華民國」駐日代表團，內容是歸還「鎮遠」、「靖遠」艦錨兩個**、錨鏈二十尋、炮彈彈頭十顆。一九四七年五月一日上午九時，在東京芝浦碼頭舉行接收簽字儀式。五月一日上午九時，鍾漢波抵達東京芝浦碼頭，參加接收簽字儀式。鍾漢波代表中華民國政府接收該批艦錨等物，由美國遠東海軍司令部海軍上尉米勒第將文件交與鍾漢波簽字，證明已經接收，陳放在芝浦碼頭。中國駐日代表團第一組海軍上尉劉光平、第三組組員劉豫生也同時在場見證。美方海軍亦有隨同官員及日本政府人員數人參加接收，儀式簡單而隆重。

簽收儀式完畢後，鍾漢波等回到駐地，將簽收正本呈交組長王丕承，王丕承核閱後存案歸檔。根據安排，此批接收的鐵錨等分兩次運回國內，第一次將二十尋、五十三公尺長的錨鏈和十顆炮彈彈頭，交由日本歸還中華民國之海關緝私艦「飛星」號，於一九四七年五月四日運回上海。第二次艦錨兩個，交由歸還中華民國之輪船「隆順」號於十月二十三日運滬。這批被虜物後轉到青島海軍軍官學校陳列。一九五九年，「鎮遠」艦鐵錨被送到中國人民革命軍事博物館。如今，「鎮遠」艦鐵錨靜靜的躺在那裡。

▼封建王朝的澈底終結

100 清朝宣統皇帝溥儀退位詔書

年代：清宣統三年；**尺寸**：不詳；**材質**：紙；**收藏地**：中國國家博物館。

清宣統三年十二月二十五日（一九一二年二月十二日），清王朝最後一位皇帝，中國自秦始皇創立皇帝制度以來，最後一位承緒封建法統的皇帝——宣統帝愛新覺羅．溥儀正式頒布退位詔書。此詔的頒布，不僅標誌著清王朝在全國統治的結束，同時也宣告了中國延續了兩千多年的封建帝制的終結。

清王朝帷幕落下

清末的中國，列強環伺、內憂外患、民不聊生，國家和民族都已經到了危亡之際。武昌起義爆發後，各地紛紛響應，清王朝本已風雨飄搖的統治陷於土崩瓦解。在多方勢力的斡旋、調停之下，清廷最終決定放棄政權、接受共和。當時在位的宣統帝尚在幼年，故由隆裕皇太后臨朝稱制、代理朝政，退位詔書也以隆裕皇太后的名義頒布，全文如下：

朕欽奉隆裕皇太后懿旨：

前因民軍起事，各省響應，九夏沸騰，生靈塗炭。特命袁世凱遣員與民軍代表討論大局，議開國會，公決政體。兩月以來，尚無確當辦法。南北睽隔，彼此相持，商輟於途，士露於野。徒以國體一日不決，故民生一日不安。今全國人民心理，多傾向共和。南中各省，既倡議於前；北方諸將，亦主張於後，人心所嚮，天命可知。予亦何忍因一姓之尊榮，拂兆民之好惡。是用外觀大勢，內審輿情，特率皇帝將統治權公諸全國，定為共和立憲國體。近慰海內厭亂望治之心，遠協古聖天下為公之義。

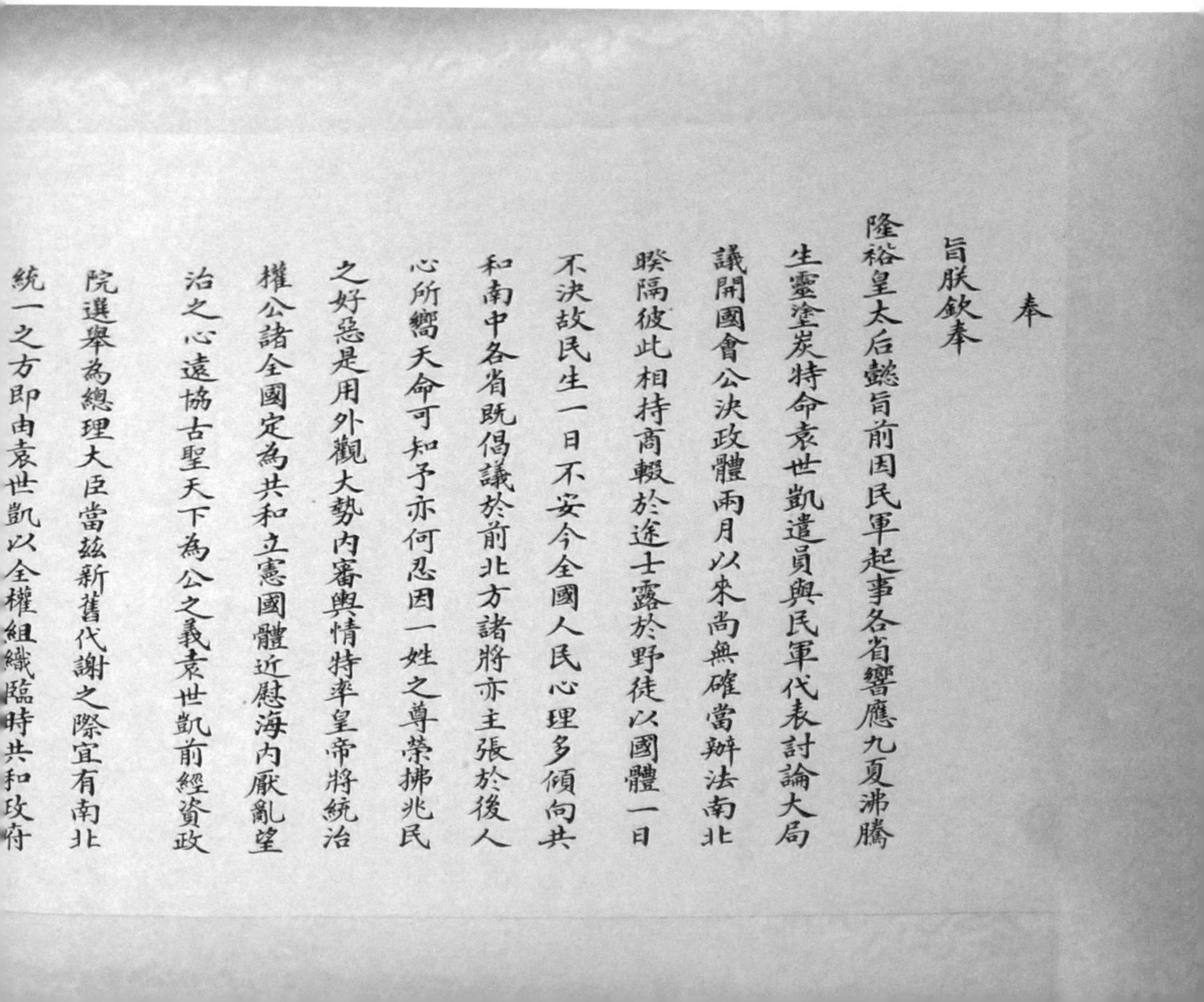
奉
旨朕欽奉
隆裕皇太后懿旨前因民軍起事各省響應九夏沸騰
生靈塗炭特命袁世凱遣員與民軍代表討論大局
議開國會公決政體兩月以來尚無確當辦法南北
睽隔彼此相持商輟於途士露於野徒以國體一日
不決故民生一日不安今全國人民心理多傾向共
和南中各省既倡議於前北方諸將亦主張於後人
心所嚮天命可知予亦何忍因一姓之尊榮拂兆民
之好惡是用外觀大勢內審輿情特率皇帝將統治
權公諸全國定為共和立憲國體近慰海內厭亂望
治之心遠協古聖天下為公之義袁世凱前經資政
院選舉為總理大臣當茲新舊代謝之際宜有南北
統一之方即由袁世凱以全權組織臨時共和政府

袁世凱前經資政院選舉為總理大臣，當茲新舊代謝之際，宜有南北統一之方。即由袁世凱以全權組織臨時共和政府，與民軍協商統一辦法。總期人民安堵，海宇乂安，仍合滿、漢、蒙、回、藏五族完全領土為一大中華民國。予與皇帝得以退處寬閑，優游歲月，長受國民之優禮，親見郅治之告成，豈不懿歟！欽此。

此詔書的頒布，宣告了清王朝統治的終結：計自愛新覺羅．努爾哈赤創立後金，至宣統帝溥儀退位，立國凡兩百九十七年；若自順治帝入主中原起算，則為兩百六十八

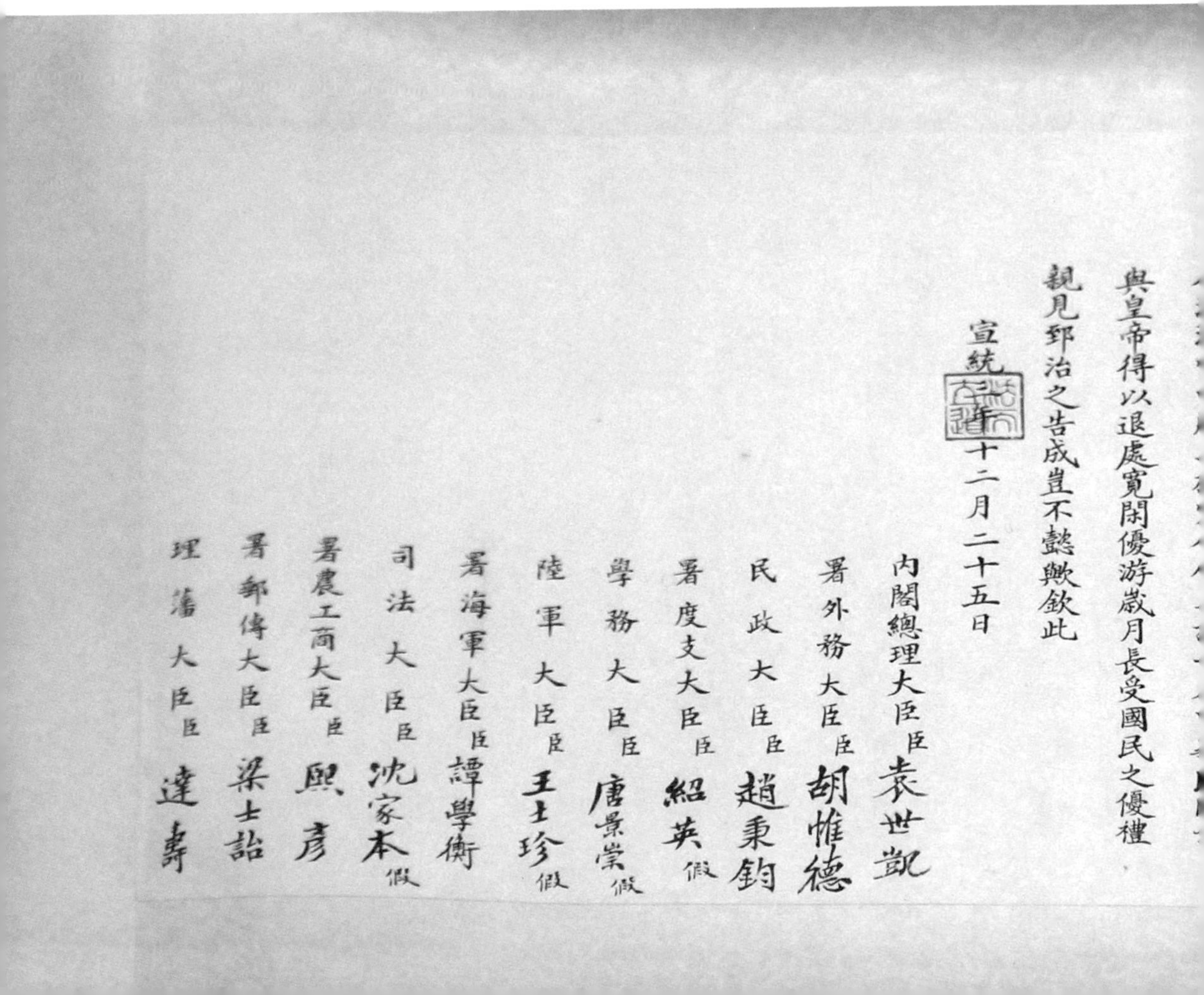
與皇帝得以退處寬閑優游歲月長受國民之優禮
親見郅治之告成豈不懿歟欽此
宣統　年十二月二十五日
內閣總理大臣臣袁世凱
署外務大臣臣胡惟德
民政大臣臣趙秉鈞
署度支大臣臣紹英 假
學務大臣臣唐景崇 假
陸軍大臣臣王士珍 假
署海軍大臣臣譚學衡
司法大臣臣沈家本 假
署農工商大臣臣熙彥
署郵傳大臣臣梁士詒
理藩大臣臣達壽

年。這份退位詔書，究竟係何人執筆起草，一直眾說紛紜，大多數傾向於起草人為立憲派領袖張謇（按：音同「簡」），並且是由張謇的幕僚楊廷棟等執筆起草，經張謇潤色，再由袁世凱審閱後才交與隆裕太后宣讀。但據一九一二年二月二十二日的《申報》標題為《清后頒詔遜位時之傷心語》的報導：此次宣布共和，清諭係由前清學部次官張元奇擬稿，由徐世昌刪訂潤色，於二十五日早九鐘前，清后升養心殿後，由袁世凱君進呈。隆裕太后閱未終篇已淚如雨下，隨交世續、徐世昌蓋用御寶。此亦為一說。

封建帝制的終結

清帝退位詔書與以往歷代的退位詔書的不同之處在於：以往的退位詔書內容都是皇帝向權臣移交政權，而清帝退位詔書發布的，則是皇帝向資產階級革命派移交政權的主張。在性質上清帝退位詔書與以往歷代的退位詔書並無本質上的不同，它們都是國內政治活動中皇帝、皇族與權臣派系鬥爭妥協的產物，因此它主要是一種政治文件，並不具有憲法和法律的性質。

清帝退位詔書加快了中國實行「共和」的步伐，在一定程度上實現了政權的和平交接，這無疑是值得肯定的。孫中山也曾指出：「今日滿清退位，中華民國成立，民族、民權兩主義俱達到，惟有民生主義尚未著手，今後吾人所當致力者，即在此事。」但是**詔書中明確授權「由袁世凱以全權組織臨時共和政府」**，**而不是孫中山和南京臨時政府**，因此它在很大程度上支持了袁世凱的篡權和復辟活動，這無疑給新生的中華民國留下了重大隱患。

退位詔書的頒布，雖然宣告了中國歷史上實行了兩千多年的封建帝制的終結，但由於帝國主義列強的干涉，和軟弱的資產階級革命派的妥協退讓，大地主、大買辦階級（按：殖民地、半殖民地國家裡，依附外國壟斷資本並為他們服務的大資產階級）的政治代表袁世凱的篡權活動得到初步實現：一九一二年二月十四日，孫中山向南京臨時參議院提出辭去臨時大總統職務；二月十五日，南京臨時參議院選舉袁世凱為中華民國臨時大總統；三月十日，袁世凱在北京宣誓就職，執掌了全國大權，但中國半殖民地半封建的社會性質並沒有因此改變。

後記

本書在編輯出版過程中，得到了多方面的支持，無論是選題的策劃還是文稿的撰寫，都是諸多專業人士努力和辛苦的結果，在此謹向他們表示最崇高的敬意。第一、二章由首都師範大學歷史學院博士李彥英撰寫。第三章和第八章由北京市文物研究所副研究員孫猛、北京師範大學附屬實驗中學王宇涵撰寫。第四章由北京古代建築博物館保管部主任、副研究員董紹鵬撰寫。第五章由暨南大學歷史學博士冉曉旭撰寫。第六章由北京市古代建築研究所副研究員劉文豐撰寫。第七章由首都師範大學歷史學院博士李彥平撰寫。第九章由上海市信息管理學校文物保護與修復專業專任教師王雲松撰寫。書中所插配的國寶級文物圖片，得到了著名文物攝影師王露老師、郝勤建老師的大力支持。在此一併表示感謝！

由於編者水準有限和時間倉促，書中舛誤疏漏之處在所難免，懇請廣大讀者予以批評指正。

編者

國家圖書館出版品預行編目（CIP）資料

看得到的中國史：用100件文物，見證中華文明的誕生、融合和擴展。文物與歷史碰撞，你對世界來龍去脈的理解馬上不一樣／佟洵、王雲松主編.
-- 臺北市：大是文化，2019.08
608面；17×23公分 --（TELL；021）
ISBN 978-957-9654-16-6(平裝)

1.中國史 2.文明史 3.通俗史話

630 108007642

TELL 021

看得到的中國史

用100件文物，見證中華文明的誕生、融合和擴展。文物與歷史碰撞，你對世界來龍去脈的理解馬上不一樣

編　　者／佟洵、王雲松主編
責任編輯／蕭麗娟
校對編輯／馬祥芬
美術編輯／林彥君
副總編輯／顏惠君
總 編 輯／吳依瑋
發 行 人／徐仲秋
會　　計／許鳳雪、陳嬅娟
版權經理／郝麗珍
行銷企劃／徐千晴、周以婷
業務專員／馬絮盈、留婉茹
業務經理／林裕安
總 經 理／陳絜吾

出 版 者／大是文化有限公司
臺北市 100 衡陽路 7 號 8 樓
編輯部電話：（02）23757911
購書相關資訊請洽：（02）23757911 分機 122
24 小時讀者服務傳真：（02）23756999
讀者服務 Email：haom@ms28.hinet.net
郵政劃撥帳號／ 19983366 戶名／大是文化有限公司

法律顧問／永然聯合法律事務所
香港發行／豐達出版發行有限公司 Rich Publishing & Distribut Ltd
香港柴灣永泰道 70 號柴灣工業城第 2 期 1805 室
Unit 1805, Ph. 2, Chai Wan Ind City, 70 Wing Tai Rd, Chai Wan, Hong Kong
電話：21726513　傳真：21724355
E-mail：cary@subseasy.com.hk

封面設計／ Patrice
內頁排版設計／ Judy
印　　刷／緯峰印刷股份有限公司
出版日期／ 2019 年 8 月初版
定　　價／新臺幣 699 元（缺頁或裝訂錯誤的書，請寄回更換）
ISBN 978-957-9654-16-6